（原书第5版）

美联储传
一部现代金融史

[美]G.爱德华·格里芬 / 著　　罗伟 蔡浩宇 董威琪 / 译

THE CREATURE FROM
JEKYLL ISLAND
A Second Look at the Federal Reserve

中信出版集团 · 北京

图书在版编目（CIP）数据

美联储传：一部现代金融史 / (美) G.爱德华·格
里芬著；罗伟，蔡浩宇，董威琪译. -- 北京：中信出
版社，2017.8 (2024.6重印)
　书名原文: The Creature from Jekyll Island: A
Second Look at the Federal Reserve
　ISBN 978-7-5086-7749-1

　Ⅰ. ①美…　Ⅱ. ①G…②罗…③蔡…④董…　Ⅲ. ①
美国联邦储备系统－经济史　Ⅳ. ①F837.129

中国版本图书馆CIP数据核字（2017）第137849号

美联储传：一部现代金融史

著　　者：[美] G.爱德华·格里芬
译　　者：罗　伟　蔡浩宇　董威琪
出版发行：中信出版集团股份有限公司
　　　　　（北京市朝阳区东三环北路27号嘉铭中心　邮编　100020）
承　印　者：北京文昌阁彩色印刷有限责任公司

开　　本：650mm×960mm　1/16　　印　张：38.75　　字　　数：484千字
版　　次：2017 年 8 月第 1 版　　　　印　　次：2024 年 6 月第 8 次印刷
京权图字：01-2017-3491
书　　号：ISBN 978 - 7 - 5086 - 7749 - 1
定　　价：98.00 元

目 录

第一部分　这是头怎样的怪物？　/1

联邦储备系统是什么？答案可能出乎你所料：既没有联邦也没有储备，而且，联邦储备银行甚至连银行都算不上。这个谜团的答案不在故事的开头，而在本书的中间。这不是教材，因而我们不受年代顺序限制。本书的主题不是一门需要掌握的功课，而是一道有待解决的谜题。所以让我们从最初的地方开始吧。

第二部分 一堂货币速成课 /135

本部分和接下来的第三部分（共计八章）会涉及按照主题而非年代顺序组织起来的一些素材。其中好几个素材会跳过那些在后面章节才会出现的事件。而且，素材范围之广可能会让读者琢磨，它们和美联储有什么关系？请稍安毋躁，重要的东西总会在最后水落石出。笔者认为，在了解事件前，应该先搞清楚概念与原则，少了这些背景的美联储往事将变得枯燥无味。有了这些背景，美联储故事就如同一部激动人心的戏剧一样，极大地影响了我们今天的生活。所以就让我们从发现货币自身的一些特质开始，来进行这段冒险吧。

第三部分 新式炼金术 /213

古时的炼金术士苦苦寻求如何将铅炼制成黄金，却落得一场虚空，白费功夫。而现代的炼金术士完美解决了这个难题。战争中的铅弹为那些控制曼德雷克机制的魔术师创造了无穷无尽的黄金来源。令人震惊的事实逐渐浮出水面，那就是如果无法创造货币，那么，大多数现代战争都不会燃起硝烟。只要曼德雷克机制依旧在行使职能，未来战争就无法避免。接下来，我们来说说这个故事是如何发生的。

第四部分　三家银行的故事　/295

有人说，以史为鉴，可以明得失。如果我说美联储是美国第四家中央银行，而非第一家，你一定会大吃一惊。美国曾经经历过这样的事，每一次，结果都大致相同。想知道发生了什么？那么，让我们将时间机器的坐标设置到1690年的马萨诸塞殖民地。欲知后事如何，请继续阅读。

第五部分　大丰收　/387

货币和政治学家一直在阐述联邦储备系统理论的优点。它已经成为现代的经济信仰，经济生活离开它根本无法持续。理论已经准备好了，由此创造出来的"怪物"在1913年搬进了它的巢穴，并从此栖居在那里。如果我们想知道它是一个为人类服务的生物，还是一个吃人的怪物，我们只需要看看它已经做了什么。经过这些年的测试之后，我们可以确定它做了什么，和它将继续做什么。或者，引用一句格言来说，"观其行而知其人"。现在让我们来检验一下收获成果吧。

第六部分　走向未来的时空之旅　/495

在本书的前面部分，我们穿越时空讲了很多故事。我们首先从回顾过去开始，在几个世纪的时间跨度中交错来回。我们看到了战争、背信弃义、通过投机攫取暴利和政治上的欺诈。这些历史有助于我们理解现状。现在，我们准备驾驭时间机器进入未来时空。这将是一次让人不安的旅行。即将到来的大多数情况会让人感到不悦。不过它到现在还没有出现。它仅仅是当前各种势力的投射。如果我们不喜欢所看到的内容，我们仍有机会去改变。未来将取决于我们的选择。

如何阅读本书

　　大部头的书会让人知难而退。我们往往喜欢把它们束之高阁，直到有大把空闲时间时才去翻看——也就是说，往往没人读这些书。因此，本书每章的开头和结尾都有一段总括，只读这些的话一个小时就够了。它们尽管不含细节和文献资料，但概括了要点，能够让读者概览整个故事。因此，本书最好的读法就是先读每个部分的总括，再读每章的概述和总结。哪怕读者并不着急，这也不失为一种极好的读法。阅读本书就如同开启一趟复杂的旅程，在上路前先看看"地图"——每个部分的总括更易于把握主题。

网上参考资料

　　互联网是获得资料的有用来源，但与印刷品不同的是，互联网的资料往往无法长久保存。网页上的新闻报道过一段时间就会被删除，或者网站也可能关闭。因此，作者很难标出援引自网络的资料来源。因此，本书中所有引用自网络的参考资料都请登录www.relityzone.com/footnotes查看。如果本网站有一天关闭了，作者也愿意尽力提供包含这些资料的光盘。如有需要，请联络加利福尼亚州西湖村4646信箱，邮编：91359。这些重要的历史资料不应被淹没。

前　言

这个世界真的还需要一本写美联储的书吗？

这个问题纠缠了我好几年。愿意出发去黑暗丛林里与那恶龙搏斗的作家们不在少数，我的图书馆藏书就是默默无言的证明。但大多数情况下，他们写的书都没有被大众注意到，那条喷着鼻息的恶龙仍然在其巢穴中发号施令。似乎没有什么理由能够认为我可以在这么多人曾经摔倒的地方爬起来。

然而，这个念头却挥之不去。毫无疑问，在我心中，我把美联储看成我们这片土地上产生的最危险的"怪物"之一。更有甚者，随着探究，我接触到越来越真实可信的数据，我开始认识到我正在调查史上最大的"悬疑故事"之一。而更为糟糕的是，我发现了罪魁祸首。

必须有人把这个故事公之于众，但问题是公众并不想听到它。毕竟这不是什么好消息，而我们当然已经受够了这类坏消息。

另一个构成交流障碍的是，这个故事真的是太不可思议了，也就是"不可信"。现实与已被接受的神话之间存在着天壤之别，以至于对大多数人来说，他们简直无法相信这个故事。任何一个讲述这段故事的人都会立即被怀疑是个偏执狂，有谁会听一个疯子胡说八道呢？

最后，这个主题本身也不好讲述。它可能太错综复杂了。好吧，至少它起初就不简单。这方面的专题论文读起来往往像是那些银行学和财政学的教科书。我们很容易被充斥着学科术语和抽象概念的高黏度"蛛网"所俘获。只有货币学家们才有动力去掌握这种新语言，但即便是他们，也会出现很大的分歧。比如，在一群多年探讨货币改革问题的货币专家最近所传阅的一封信函中，编辑这样写道："令人沮丧的是，我们发现就这一关键问题，我们之间无法达成更多的共识。对于许多定义以及目前我们的货币体系运行得如何，我们甚至都无法达成不偏不倚、坦诚而正确的共识。"

为何我现在要向着这只恶龙的獠牙冲过去呢？这是因为我相信公众态度的风向已经确凿地改变了。随着正在集聚的经济风暴日益临近，越来越多的人会收看天气预报节目的——哪怕传来的是坏消息。再者，这个故事的真实性已经越来越明显，以至于我相信我的读者别无选择，只能接受它，一切关于故事讲述者是否精神不正常的疑云都会烟消云散。如果村里那个傻子托着一只钟说是教堂尖塔上的钟掉了下来，那么……

最后，我已然发现，这个话题没有它起初看上去的那样复杂。而且，在踏上那条蜿蜒的老路上时，我也决定避开那些陷阱。因此接下来的就会是一个关于罪行的故事，而非一门犯罪学课程。

原本我预计这本书的篇幅只有现在的一半，打算花大约一年时间把它写完。但从一开始它自己就有了生命力，而我却沦为其意志驱使下的一个仆人。它拒绝待在预先限制好的躯壳里，如同从瓶子里释放出来的精灵一般，它膨胀到一个惊人的身量。当写完后审视完整稿件时，我惊讶地意识到，自己所写的内容是最初设想的四倍。

首先，本书加了一堂货币速成课，讲了一些关于银行和货币的基本常识。如果缺乏这些常识，就无法理解银行体制内习以为常的那些设计。

其次，本书还讲述了这个世界上的那些中央银行——美联储是其中之一——是如何成为战争催化剂的。这可真是着实给这个话题添了一把火，因为这表明我们不仅是在和钱打交道，还牵扯到了血腥、苦难，以及自由本身。

再次，本书还讲述了美国中央银行史。有必要认识到，在美国，美联储出现之前，类似的概念已经有过三次尝试了。我们需要知道这点，并且尤其需要知道的是，为何美联储之前的那三家中央银行最终都被废弃了。

最后，本书还分析了美联储自身以及自1913年以来它的斑斑劣迹。这可能是本书中最不重要的一部分内容，但这也是现状的成因。说它最不重要不是因为这个话题本身无足轻重，而是因为之前这个话题已经有人写过了，他们都比我更有资格、更有能力。可正如我之前提到过的，除了一些专业的历史学者外，这些书基本上没人读过。

交织成这项研究之网的可辨线索有7条，它们构成了终结美联储的理由。对业余旁观者来说，不经粉饰或解释，就这么赤裸裸地陈述出这些理由，听上去仿佛是无稽之谈。而本书的目标就是要证明这些陈述其实是显而易见的。

基于以下理由，美联储应该被终结：

一、它不能实现所宣称的目标。（第1章）

二、它是一个损害公众利益的卡特尔[1]。（第3章）

三、它是高利贷的超级工具。（第10章）

四、它造就了多数不公平的税收。（第10章）

五、它鼓励战争。（第14章）

六、它使经济动荡不安。（第23章）

七、它是极权主义的工具。（第5章和第26章）

这是一个关于无限货币和隐性权力的故事。好消息是它和任何一部小说一样，要多迷人就有多迷人。这使我完全相信在阅读它的过程中可以平添乐趣与激情。

坏消息是接下来的每个细节都是真实的。

G. 爱德华·格里芬

---

[1] 垄断组织的一种表现形式，指由一系列类似企业组成的联盟，通过某种协议或规定实施行业垄断。——译者注

致 谢

　　一个窃取某位作者作品的写手叫做剽窃者，一个窃取许多作者作品的写手叫做研究者。我兜这么个圈子是想要感谢在我之前研究这一话题的许多人的努力。要想感谢他们，唯一可能的方式就是通过脚注和文献资料。要是没有他们一点一滴积累起来的作品，恐怕我要花费毕生时间去把本书中的那些资料拼凑在一起。

　　然而，据我所知，除了这些史实外，本书还有不计其数的概念是由我首创的。首先便是在我看来那些太过重要而不能任其掩埋在真实数据之下的特定"自然法则"公式。这些法则以及其他我特有的表达方式都很容易识别，并且都是我的独创。

　　我要特别感谢迈利尔·克利尔（Myril Creer）和吉姆·托夫特（Jim Toft），他们首先邀请我就这一主题作了演讲，这便促使我比较深入地研究了它。我还要感谢赫尔博·乔因尔（Herb Joiner），他在那场演讲后鼓励我"把它落实下来"。本书就是以此为开端的七年之旅的最终成果。我还要感谢怀因·C.里克特（Wayne C. Rickert），他为这项工作的启动提供了资金支持，当这项工作缓慢推进时他展示出超凡的耐心。还要感谢比尔·贾斯珀（Bill Jasper），他提供了许多罕见文件的复本。同样也要感谢琳达·珀尔斯坦因（Linda Perlstein）和梅琳达·韦曼（Melinda Wiman），她们在我忙于这项工作之际替我打理公司事务。我还要对我妻子帕特里西亚（Patricia）特别表示我个人的谢意，她能忍受我为完成本书长期不在家，还一丝不苟地为我校对书稿，并且在整个成书过程中提出了最具洞察力的批评意见。

最后，我还要感谢阅读过前几版的读者们，他们帮助我完善了本书。由于他们的努力，第二版时大部分难以避免的错误都得到了纠正。即便如此，认为本书接下来读到的部分都没有错误仍然是个鲁莽的想法。我已经试着认真对待哪怕是最小的细节了，但一个人不可能在收获一大片庄稼时连一点点谷粒都不掉下。因此，我真诚欢迎来自各位新读者的勘误和建议。以我最乐观的估计，我想这些勘误和建议都会体现在未来本书的新版当中。

引 言

下列问答印发在1957年4月3日的英国幽默杂志《笨拙》（*Punch*）上，我们把它作为一个合适的引言放在这里，同时也作为一个精神体操，读者们可以借此给头脑做个热身，准备投入到本书的阅读中。

问：银行是用来做什么的？

答：挣钱的。

问：为客户挣钱？

答：为银行自己。

问：为什么银行广告不提这事？

答：那样广告效果就不好了。但广告里隐晦地提到了大约2.49亿美元储备金，那就是他们挣的钱。

问：从客户身上挣的钱？

答：我想是这样的。

问：他们也提到了银行大约有5亿美元的资产，这也是他们挣的钱吗？

答：不是很准确。这是他们用来挣钱的那笔钱。

问：我知道了。他们把这笔钱放在一个安全地点吗？

答：不。他们把这笔钱贷给银行的客户。

问：那么他们并没有这笔钱喽？

答：是的。

问：那这笔钱怎么会变成资产的？

答：他们认为，等这笔钱收回来的时候就变成资产了。

问：但他们总得有些钱放在某个安全地点吧？

答：是的，通常是5亿美元上下，那叫债务。

问：既然他们有钱，为什么不把这笔钱还了呢？

答：因为这笔钱不属于他们。

问：那他们为什么持有这笔钱呢？

答：这笔钱是银行客户借给他们的。

问：你是说客户们借给银行钱？

答：的确如此。客户们把钱放到自己的账户上，其实钱是借给了银行。

问：银行用这笔钱干吗呢？

答：贷给其他客户。

问：但你刚才说过银行贷给其他客户的钱是资产？

答：是的。

问：那么资产和债务就是一回事咯？

答：你可真不能这么说。

问：但是你刚刚就是这么说的。如果我放100美元在我账户上，银行就有偿还它的义务，因此这就是笔债务。但如果银行把这100美元又贷给其他人，那么这个人就有义务偿还它，因此这就成了资产。同样都是这100美元，不是吗？

答：是的，但是……

问：这样这100美元就自相抵消了。这难道不是意味着银行其实根本就没钱吗？

答：理论上……

问：别管理论了。如果银行没钱的话，那它们是从哪里得到约2.49亿美元的储备金呢？

答：我告诉过你，这是银行自己挣的钱。

问：怎么挣的呢？

答：是这样的，当银行把你的100美元贷给其他人时，他们要向那个人收利息的。

问：收多少？

答：这得看银行利率。比如说5.5%，这是他们的盈利。

问：为什么不是我的盈利，这难道不是我的钱吗？

答：银行的理论是……

问：当我把自己那100美元借给银行时我怎么没有向银行收利息？

答：你收了。

问：是吗，收了多少？

答：这得看银行利率。比如说0.5%。

问：羊毛出在羊身上啊？

答：但只有把钱放在银行里不取，他们才会给你利息。

问：但我当然是打算再把钱取出来的。要是我不打算取的话，完全可以把钱埋在院子里啊，不是吗？

答：银行不愿让你把钱再取出来。

问：为什么不愿意呢？按照你刚才的说法，我放到银行的钱是债务。我取钱减少他们的债务，难道他们还不高兴吗？

答：不高兴。因为如果你把钱取出来，他们就不能把这笔钱贷给其他人了。

问：但如果我非要把这笔钱取出来的话，银行不得不由着我吧？

答：当然，悉听尊便。

问：但如果银行已经把我那笔钱贷给其他客户了呢？

答：那么他们会把其他人的钱给你。

问：但如果那个人也想要回他的那笔钱……那么银行还会把这钱给我吗？

答：您是在故意装傻充愣。

问：我认为我正在变聪明。如果每个人都同时想要回他们的钱怎么办？

答：银行运作理论认为这种情况不会发生。

问：所以银行指望的就是不要兑现他们的承诺咯？

答：我不会这么说的。

问：那是当然。那么好吧，如果你觉得你没有别的什么能告诉我的话……

答：确实没有什么要告诉的了。现在你可以去开一个银行账户了。

问：再问最后一个问题。

答：请问。

问：我直接去开个银行是不是更好？

ONE

这是头怎样的怪物？

联邦储备系统是什么？答案可能出乎你所料：既没有联邦也没有储备，而且，联邦储备银行甚至连银行都算不上。这个谜团的答案不在故事的开头，而在本书的中间。这不是教材，因而我们不受年代顺序限制。本书的主题不是一门需要掌握的功课，而是一道有待解决的谜题。所以让我们从最初的地方开始吧。

第1章
通往杰基尔岛的旅程

佐治亚州杰基尔岛上召开的那场秘密会议构想出了美联储——一个旨在保护其成员免于竞争的银行卡特尔的诞生；以及如何说服国会和公众，让它们相信这个银行卡特尔是美国政府代理人的战略。

那一夜，新泽西火车站寒冷彻骨。那一年的首场雪降临了，雪花围着路灯飞舞。11月的冷风把铁轨棚顶上的瓦片吹得呼呼作响，并从棚子椽子间穿过，发出长长的哀嚎。

快到晚上10点了，除了匆忙小跑去赶当天最后一班南下班车的几个旅客外，车站空空荡荡。这里的铁路设施是1910年的典型配置，大多数车厢都是由躺椅改装成的狭窄的上下层卧铺。那些囊中羞涩的人只能待在紧连着火车头的硬座车厢里，默默承受着火车引擎渗透过来的噪音和烟雾。在卧铺和硬座车厢之间是餐车车厢，它巧妙地分开了这两类乘客。以今天的标准来看，这种环境相当邋遢。床铺和铺垫很硬，用的是一层金属或斑斑点点的木板，颜色不是深绿，就是灰白。

这几个匆忙赶往车厢躲避寒风的旅客中，很少有人注意到月台远端正在发生的事情。在一扇这个时间点很少会打开的门旁正在发生着令人吃惊的一幕。几乎紧贴着铁路轨道末端横杠的地方停着一辆长车厢，它吸引了几个人驻足观看。在打磨得锃锃发亮的铜手柄、把手、车身和金银丝饰物的映衬下，它那发出微光的黑漆特别显眼。尽管光线昏暗，车身笼罩在阴影当中，但透过开着的车门，还是可以看到里面有红木嵌板、天鹅绒帘幕、长毛绒扶手椅和一个酒水齐备的吧台。穿着白色制服的列车员们忙着他们的日常事务。空气中能够闻到昂贵雪茄的气味。车站的其他车厢两头都写着数字以相互区分，唯独这个豪华车厢没有标数字，在它两头的中间位置挂着一个小牌子，上面写着这几个字：奥尔德里奇（ALDRICH）。

来自罗德岛州的参议员尼尔森·奥尔德里奇（Nelson Aldrich）的大名即便在新泽西也几乎家喻户晓。到1910年时，他已经成为首都华盛顿特区最有权势的人物之一，在他频繁前往华尔街的旅途期间，纽约和新泽西的铁路上经常可以看到他的私人火车车厢。奥尔德里奇可不仅仅是个参议员，他被认为是商界大亨们的政界发言人。作为J.P.摩根（J. P. Morgan）的投资成员之一，他在银行业、制造业和公共设施行业都有着大量股份。他的女婿是小约翰·D.洛克菲勒（John D. Rockefeller, Jr.），60年后，小洛克菲勒的孙子尼尔森·奥尔德里奇·洛克菲勒（Nelson Aldrich Rockefeller）将会成为美国副总统。

当奥尔德里奇到达车站时，所有人都明白他是这节私人车厢的主人。他身着毛领长氅，头戴丝质礼帽，手拄银头拐杖，和其私人秘书谢尔顿（Shelton）一起麻利地迈下月台。在他们身后跟着的是一大群用力拖拽各色箱包的列车员。

参议员刚进车厢不久，又来了几个带着类似行李的旅客，最后一位在乘务员最后一次喊"全体上车喽"前几分钟才上来，他随身带着一个猎枪盒。

奥尔德里奇踱步穿过车站时，大多数目击者很轻易就认出了他，其他那些面孔却显得陌生。这些"陌生人"被指示分别到达，这样做是为了避开列车员，即便他们在车站内遇见了也要假装不认识。上车后他们被告知只用名不用姓，以免泄露彼此的身份。由于这些防范措施，即便是私人车厢的列车员和乘务员也不知道这些乘客的姓名。

车站正门那边的火车引擎发出了两声巨响。突然间人们感到轻微的颤动，激动人心的旅程开始了。可列车刚开出站后不久就突然停了下来，然后，出乎所有人的意料，它掉转方向开始朝着车站开回去。是他们落下了什么东西吗？还是火车引擎出了问题？

突然间，火车顿了一下，车厢间挂钩的咬合声解答了人们心头的疑问，原来只是在车尾加挂了一节车厢。也许是邮车？转瞬间火车再次前行，旁观者的思绪都回到前方的旅程，以及列车上那可怜巴巴的住宿条件上去了。

就这样，当那夜乘客们在列车车轮滚过铁轨时发出的有节奏的咣当声中昏昏睡去时，很少有人梦到，在他们这趟列车车尾那节车厢里，聚集着拥有当时整个世界全部财富约四分之一的六个人。下面是当晚奥尔德里奇车厢的乘客名单：

1. 尼尔森·W.奥尔德里奇，共和党的参议院"党鞭"[1]，国家货币委员会（National Monetary Commission）主席、J.P.摩根的生意伙伴、小约翰·D.洛克菲勒的老丈人。

2. 亚伯拉罕·皮亚特·安德鲁（Abraham Piatt Andrew），美国财政部助理部长。

3. 弗兰克·A.范德里普（Frank A Vanderlip），当时最有实力的银行——纽约国民城市银行（National city Bank of New York）总裁，他还是威廉·洛克菲勒（William Rockefeller）和国际投资银行库恩-勒布公司（Kuhn，Loeb & Company）的代表。

4. 亨利·P.戴维森（Henry P Davison），J.P.摩根公司高级合伙人。

5. 本杰明·斯特朗（Benjamin Strong），J.P.摩根旗下银行家信托

---

[1] "党鞭"（Whip）是政党名词，起源于英国，是指议会内的代表政党领袖、政党纪律主管。——译者注

公司（Bankers Trust Company）总裁。[1]

6. 保罗·M.沃伯格（Paul M Warburg），库恩–勒布公司合伙人，英法罗斯柴尔德银行王朝的代表，德荷沃伯格银行财团首脑马科斯·沃伯格（Max Warburg）的兄弟。[2]

财富的集中

1910年时对金融资源的集中控制已经很先进了。在美国，这种集中控制主要有两大焦点：摩根集团和洛克菲勒集团。每个焦点周围都集聚着一批商业银行、承兑银行和投资公司。欧洲也走上了这样一条路，甚至走得更远，最终集聚出了罗斯柴尔德集团和沃伯格集团。1931年5月3日，《纽约时报》的一篇文章针对摩根集团最核心成员之一乔治·贝克（George Baker）之死作出了这样的评论："杰基尔岛俱乐部成员代表着世界全部财富的六分之一。"这里所指的仅仅是摩根集团的成员（仅含杰基尔岛俱乐部成员），没有包括洛克菲勒集团和欧洲的金融家们。当所有这些大集团都包括进来时，恐怕前文估计的这些集团占世界财富总量的四分之一都显得保守了。

1913年，即《联邦储备法案》（Federal Reserve Act）成为法律的

---

[1] 在笔者与亚伯拉罕·安德鲁的大侄子安德鲁·L.格雷的私人通信中，格雷先生表示斯特朗当时不在现场，而当时在场的弗兰克·范德里普却在其回忆录中说斯特朗在场。范德里普怎么会搞错呢？对此格雷是这样说的："他在写回忆录时都快80岁了，文中疑点颇多……也许臆想的成分多于回想。"假使范德里普真搞错了的话，后果也没那么严重，因为正如格雷所承认的："斯特朗本来就该是要参加这一机密会晤的几人之一。"由于缺乏证明斯特朗当时不在场的进一步证据，我们不得不接受范德里普的描述。——作者注（下文中无特殊说明的注释均为作者注）

[2] 在本书的前37个印次当中，J.P.摩根纽约第一国民银行的总裁查尔斯·诺顿都在这份名单中。但是，迈克尔·史汀维克的研究证明这是不可能的。史汀维克根据披露的历史资料和诺顿家族的私人记录证明：（1）诺顿先生在1910年11月时并不在摩根的银行里任职；（2）诺顿当时担任塔夫脱总统的私人秘书；（3）杰基尔岛会议期间，诺顿先生正陪同塔夫脱总统在巴拿马访问。此外，与会的其他人也从未提到过诺顿先生参加了会议。本书的早期版本之所以把诺顿先生列入，是因为参考了其他资料，如J.劳伦斯·拉夫林：《联邦储备法案的缘起与问题》（纽约：麦克米兰出版社，1933年版），泰勒·巴格韦尔：《美国象征：杰基尔岛俱乐部》（南加州：阿卡迪亚出版社，1998年版）。不过，根据史汀维克先生的研究，作者认为诺顿并未参会，也没有理由参会。我并不清楚诺顿先生什么时候被加进了这份名单，但我觉得有必要澄清这一点。

这一年，由路易斯安那州的阿尔森·普若（Arsene Pujo）主持的货币与银行分委员会完成了其关于美国金融力量集中程度的调查。普若被认为是石油界的代言人，而石油界恰恰也是本次调查的对象之一，并做了很多混淆视听、干扰调查的举动。尽管如此，委员会最后的调查报告总的来说还是令人震惊的：

> 委员会对所提交的证据是满意的……少数几个金融领袖间建立了一个泾渭分明的利益团体……这导致绝大多数的金钱与信贷正在迅速向这些人手中集中，为他们所控制……

> 在我们现有的公司证券发行与流通制度下，正在投资的公众并不直接从集团那里购买证券，证券从发行者那里通过中间人流向投资者。只有大银行和银行家才能接近集中的资源，只有这些掌控市场与证券流通机制的大银行和银行家才有实力承购、包销大规模证券的发行工作，而他们使用的是其他人放在银行、信托公司和人寿保险公司的金钱。那些对我们的铁路公司和工厂资金进行操控的人能够引导这些资金的去向，这样，打造这些普通民众的巨大金钱蓄水池的人就可以为所欲为：哪里有他们想要冒的险，他们就朝哪里打开这蓄水池的阀门，而且他们能够让阀门不朝他们没有同意的方向打开……

> 当我们想到下列事实：我们国家银行里面的储备金也有很大一部分流入到这些金钱信贷蓄水池中，这些银行家同时也是公共货币市场之外那些放贷银行的代理人与联络人，一小部分人及其同伙与合作者现在通过持有大量股份、在其董事会中任职，以及有价值的资助进一步加强了他们对这些机构资源的控制——当我们想到所有这一切时，我们开始认识到，在过去五年中，这种对我国最大的金融、铁路和工业集团的实际主导与有效控制已经发展到了何种程度，以及这种主导

和控制对我们国家的福祉所造成的破坏。[1]

这就是那晚秘密聚集在奥尔德里奇参议员豪华私人车厢里踏上旅程的那六个人所代表的财富与权势的本质。

目的地：杰基尔岛

次日下午，当这趟列车接近其目的地北卡罗来纳州罗利市时，它慢慢减速，最后在车站末端外的调车场停了下来。车站工作人员很快拉下一个换轨器，火车头顶着最后一节车厢进入了一条岔道，在岔道上这节车厢迅速脱钩，停了下来。一会儿后，当旅客们在终点站下车踏上月台时，他们乘坐的这趟列车看上去和他们上车时完全一样。他们根本不会知道，就在此刻，昨晚和他们同行的这几个人所在的那节车厢已经挂到另外一辆火车上，在下个整点到来前就会再次出发前往南方。

这个金融精英团踏上的是一条1000英里的旅程，他们首先会到亚特兰大，然后去萨凡纳，最后抵达佐治亚州小城不伦瑞克。猛一看，不伦瑞克怎么看也不像是旅途的目的地。这座小城坐落在佐治亚州海边，最初是个渔村，有个不大但活跃的运输棉花和杂物的港口，仅有数千人口。但在那时，从南卡罗莱纳到佛罗里达海岸线外的海岛已经是巨富们喜欢的过冬度假地了。其中一个位于不伦瑞克附近海面上的岛屿刚刚被J.P.摩根和他的几个生意伙伴买了下来，他们在秋冬时节来此打鸭猎鹿，避开北方的严寒。这就是杰基尔岛。

当奥尔德里奇车厢在不伦瑞克那小小的车站脱钩划入岔道时，吸引了当地人的注意，小城周报的办公室里很快便传起了风言风语。当车厢里的这群人等着被送往码头时，几个当地周报的工作人员走近他

---

[1]　赫尔曼·E.克鲁斯编：《美国货币与银行文件资料史》（纽约：切尔西出版社，1983年版），第三卷，《1913年2月28日普若委员会的最终报告》，第222–224页。

们开始问问题：奥尔德里奇先生的客人们是谁？他们为何来这里？有不同寻常的事情正在发生吗？杰基尔岛的主人之一戴维斯先生是当地报纸的知名人物，他告诉这些工作人员，仅仅是些私人朋友来岛上打打鸭子散散心。在得知并没有什么值得报告的新闻后，记者们放心地回到了办公室。

即便当他们到达这座偏远小岛上之后，保密措施仍然没有撤销，只准用名不能用姓的规矩仍被遵守了九天。全职招待和佣人们统统被放了假，为了这次岛上的会晤，他们特地带来了一批经过精心掩饰的全新人马。这样做是为了确保没有一个佣人能认出这些客人的身份。很难想象史上有任何事件——包括准备发动战争——会比这事更加神秘和隐蔽，公众完全不得而知。

这次杰基尔岛会晤的目的不是打鸭子，简单来说，是为了就一个银行卡特尔的组织架构和运作机制达成共识。这个卡特尔的目标和所有同类一样，是为了通过将成员之间的竞争最小化来达到利益最大化，让新来的竞争者难以进场，以及动用政府的政治力量来巩固卡特尔协定。说得更具体点，这次会晤是为了缔造美联储的蓝图。

这则故事确认属实

事后多年，教育工作者、评论家和史学家都否认杰基尔岛会晤曾经发生过。即便如今，多数人接受的观点还是，这次会晤相对来讲并不重要，只有那些没有多少阅历的偏执狂才想去试图搞清楚它的来龙去脉。罗恩·彻诺（Ron Chernow）写道："杰基尔岛会晤是千条阴谋理论的源泉。"[1]然而，这个故事还是以耸人听闻的细节一点点地被

---

[1] 罗恩·彻诺：《摩根财团：美国一代银行王朝和现代金融业的崛起》（纽约：大西洋月刊出版社，1990年版），第129页。

拼接起来了，这些细节直接或间接来自当时实际在场的那些人。

这次会晤首次以印刷文字形式被披露，是在1916年的《莱斯利周刊》（*Leslie's Weekly*）上，作者是一名叫做B.C.福布斯（B.C. Forbes）的年轻财经记者，他后来创办了《福布斯》杂志。文章主要是在拍保罗·沃伯格的马屁，可能沃伯格在和福布斯交谈时透露了消息。不管怎样，这几段公开文字包含着对这次会晤性质与目的的夸张但非常准确的概括：

想象一下这样一幅图景：一群这个国家最有影响力的银行家偷偷溜出纽约，在夜色的掩护下登上一辆私人火车车厢，神不知鬼不觉地飞速南下数百英里。他们投身一次绝密行动，避开耳目，只带着寥寥几个仆人来到一座岛上，在那里整整待了一个星期。其间严格保密，不透露姓名，以免被仆人识破身份，从而将这场美国金融史上最诡异、最秘密的探险泄露出去，为世人所知。

我不是在哗众取宠，我是在向世界首次汇报这则真实的故事：奥尔德里奇著名的货币报告，即我们新货币体系的基础，是如何写成的。[1]

1930年，保罗·沃伯格写了一本篇幅宏大的书——《联邦储备系统的起源与发展》（*The Federal Reserve System, Its Origin and Growth*），全书1750页。在这部鸿篇巨制中，他描写了那场会晤及其目的，但没有提及会晤地点和列席人员。但他确实写道："那次会晤的结果完全是秘而不宣的，哪怕是举办过这样一次会晤这一事实都不能公开。"随后，他在一个脚注中补充道："即便已经过去18年了，一想到奥尔德里奇参议员请求所有与会人员守口如瓶，我还是觉得不能不受拘束地描写那次最有趣的会晤。"[2]

[1] B.C.福布斯：《那些造就美国的人》，引自《莱斯利周刊》，1916年10月19日，第423页。

[2] 保罗·沃伯格：《联邦储备系统的起源与发展》（纽约：麦克米兰出版社，1930年版），第1卷，第58页。显然沃伯格是在此书出版前2年写下这句话的。

34年后，保罗·沃伯格的儿子詹姆斯写的一本书中，提到一个关于杰基尔岛会晤的有趣见解。詹姆斯曾经被富兰克林·罗斯福总统任命为预算局局长，"二战"期间曾经当过战时情报办公室主任。在这本书中，他描写了他那从未摸过枪的父亲如何从朋友那里借来一把猎枪，伪装成猎鸭人登上了火车。[1]

这段轶事在纳撒尼尔·怀特·史蒂芬森（Nathaniel Wright Stephenson）写的奥尔德里奇参议员官方传记中得到了印证：

1910年秋，六个人（再加上奥尔德里奇）外出猎鸭，也就是说，他们告诉世人他们此行是去打鸭子的。六人当中的一位，沃伯格先生，为我们描述了当他带着猎鸭人的全套装备在新泽西城登上一列私人列车车厢时的有趣感觉。好笑之处在于他平生从未打过鸭子，而且也不打算打……猎鸭完全是在瞎扯。[2]

史蒂芬森接着又描写了他们在不伦瑞克火车站的遭遇，他告诉我们，在这批人到达后不久，站长就走进他们的车厢并且吓了他们一跳，因为站长见多识广，显然认识他们当中的每一个人。雪上加霜的是，他说外面正有一群记者在等候。戴维斯冲了上去。"出去，老头。"他说道，"我这就告诉你是怎么回事。"没有人知道那天早晨站在铁路边上的人们听到了一个什么样的故事，但片刻后戴维斯咧嘴笑着回来了。"搞定了。"他确定地说，"他们不会泄露我们的事了。"

史蒂芬森继续写道："其他人没有搭话。记者们散去了，这次诡异旅行的秘密没有被泄露出去。没有人问戴维斯是如何做到的，他自己也没有主动说。"[3]

---

[1] 詹姆斯·沃伯格：《归家漫漫路》（纽约：双日出版社，1964年版），第29页。

[2] 纳撒尼尔·怀特·史蒂芬森：《美国政治中的尼尔森·奥尔德里奇》（纽约：斯克里布讷尔出版社，1930年版；纽约：克利卡特出版社，1971年再版），第373页。

[3] 同上，第376页。

1935年2月9日的那期《周六晚邮报》（*Saturday Evening Post*）上出现了一篇弗兰克·范德里普写的文章，他写道：

尽管我的价值观是，大集团做事要更加对社会公众开放，但在1910年底时，我却秘密地——或更加确切地讲，是偷偷摸摸地——像所有密谋者一样参与了会议……在提及我们秘密去杰基尔岛构想美联储的事件时，我这么说并没有丝毫夸张。

我们被告知不要透露我们的姓氏，而且在我们出发当晚要避免在一起吃饭。我们还得到指示，一个个出来，尽可能低调地走到新泽西哈德逊湾的铁道尽头去。奥尔德里奇参议员的私人火车车厢已经就绪，会在那里等我们，它就挂在南去列车的最后面……

上车后我们开始遵守不提姓氏的禁忌，我们以"本""保罗""尼尔森""亚伯"（指的是亚伯拉罕·皮亚特·安德鲁）互称。戴维森和我伪装得更加彻底，弃用了我们自己的名字。按照"我们总是对的"这一理论，他成了威尔伯（Wilbur），我成了奥威尔（Orville），这是为了纪念那两位飞行先驱莱特兄弟……

仆人和列车员们也许会认识我们当中的一两个人，但他们不认识所有人。而正是我们这些人的名字放在一起，才使得我们这次神秘之旅在华盛顿、华尔街甚至伦敦显得举足轻重。我们只知道，我们必须不能被识破，否则我们所花费的所有时间与努力都会白费。假使公众知晓我们这群特别的人聚在一起开张银行支票的话，那么无论国会通过与否，这张支票都不可能开得出来。[1]

---

[1] 弗兰克·A.范德里普：《从农场男孩到金融家》，载于《周六晚报》，1933年2月9日，第25–70页。同样的故事两年后出现在范德里普的同名书中（纽约：D.阿普尔顿世纪公司，1935年版），第210–219页。

完全是卡特尔的架构

杰基尔岛会晤的结果形成了再典型不过的卡特尔结构。卡特尔是由一组相互独立的企业结合起来，以协调各成员企业的生产和价格或销售。卡特尔的目标是削减竞争、增加盈利，手段就是共同垄断他们所在的产业，从而迫使公众花更多的钱去购买商品或服务。

这里有世界顶级银行财团的代表：摩根、洛克菲勒、罗斯柴尔德、沃伯格和库恩–勒布。他们过去常常是竞争对手。毋庸置疑，他们之间存在着相当程度的互不信任，他们都用尽心机，以便在达成共识时处于有利地位。但他们都被一个更为重要的欲望驱使，一起来对付他们共同的敌人，这个敌人就是竞争。

1910年，美国的银行数量正以一个非同寻常的速度在增长。事实上，在之前十年里，银行数量增加了两倍多，超过了两万家。而且，大部分新增银行在南方和西部，使得纽约银行的市场份额遭到了显著削弱。19世纪80年代时，几乎所有的银行都是国有银行，这意味着它们受联邦政府辖制。它们大体上都在大城市，法律允许它们以纸币形式发行自己的货币。然而，甚至还早在1896年，非国有银行数量已经增长到占总数的61%，它们已经控制了全国银行存款总量的54%。到1913年《联邦储备法案》通过时，这两个数字已经分别为71%和57%。[1]在这些来自纽约的"猎鸭人"眼中，这是一个必须逆转过来的趋势。

竞争还来自工业中的另一个新趋势，即动用利润而非借来的资本来实现未来的增长。这是自由市场利率的一个自然结果，这个利率在负债与节俭间设定了一个现实的平衡点。利率足够低，能吸引那些认

---

[1] 加布里埃尔·柯尔克：《保守主义的胜利》（纽约：麦克米兰集团旗下格伦索自由出版社，1963年版），第140页。

真的借款人，他们信心满满地认为其商业冒险肯定会取得成功从而能够还款。同时利率又足够高，能吓退那些心猿意马的冒险家，或那些另有资金来源——比如自己的资本——的人。这种负债、节俭间的平衡是有限资金供应的结果。正如我们将见到的，银行可以创造出超过其实际存款的贷款，但这种行为也有限度，而这个限度最终由银行所持有的黄金供应量来决定。如此一来，1900年到1910年间，美国各集团公司资金增量的70%都是在内部完成的，这便使得工业越来越独立于银行。[1]甚至联邦政府都变得节俭了，它有着不断增长的黄金，正在持续地支撑着美元——那些内战时期发行的绿币——并迅速削减着国债。

还有一个必须要加以遏制的苗头。银行家们——同时也是商人们——想要的是干预自由市场，把利率平衡点下调，以促使人们贷款而非节俭。为了达到这个目的，只需要把金钱供应与黄金脱钩，使供应量更加充足——或者用他们的话来说，更加"有弹性"。

银行破产的幽灵

然而，最大的威胁并非来自竞争或私人资本，而最终是来自公众，其形式是银行家们所谓的银行挤兑（run on the bank）。这是因为，银行每接受一笔客户存款，就要在其账户上回款以达成"平衡"，这等于是保证客户随时可以取回他的存款。同样，当另外一位客户从银行贷款时，他也要"平衡"账户，如果有人要取回存款，这个账户里的钱就会被取出。这便创造了一个定时炸弹，因为在那个时间点，银行已经超出其金库存量过多地作出了"有需必付"的承诺。

---

[1] 威廉·格雷德：《神殿的秘密》（纽约：西蒙与舒斯特出版社，1987年版），第274-275页；也见于柯尔克前引书，第145页。

即便那位存款客户认为他可以随时取出他的钱，在现实中那笔钱其实已经给了另一位贷款客户，根本就不在银行里了。

而银行被允许贷出比其得到的存款更多的钱，这一事实使这个问题更加恶化。我将在后面的章节详述这个机制为何看上去不可能失效，但现代银行承诺付钱的数量超过其存款量的十倍却也是事实。而因为这些待付的账目中仅有3%以现金形式放在银行金库中——其他则被投入数量更多的贷款和投资中——银行的承诺往往超过其真实偿付能力的300倍。[1] 只有当绝大部分存款者不想同时要回自己的钱时，这个体系才不会出问题。但假如公众信心已经动摇，更多的人想要提出自己的钱，那么这个机制就会崩溃。银行不能兑现其所有的承诺，只好关门，随之自然而然地往往就是倒闭了。

货币外流

即便没有发生存款者导致银行挤兑的情况，也有可能出现类似的糟糕局面——在美联储诞生之前，的确常常发生。有时候，人们不在银行柜台取钱，而只是签下支票来购买商品和服务。收到这些支票的人拿着它们去银行存放起来，如果这家银行恰好是开出支票的那家，那么一切还好，因为无需再次挪动金库里的真金实银。但如果支票持有人去了另外一家银行，支票就会被快速回传给开票行，那么这事就得在两家银行间解决了。

然而这并非是个单行道，"市区"银行要求"郊区"银行付款的同时，"郊区"银行也在清偿支票，要求"市区"银行付款。只要两个方向的现金流相当，万事都可以只通过记账来解决。但如果双方的现金流不对等，其中一家银行就得送上真金实银去另一家银行补缺。

---

[1] 或者说银行储备金的缺口超过了33333%（算法为10比1除以0.03=333.333，换算为百分比就是33333%）。

如果所需的金钱数量超过了银行总存款量的几个百分点，结果便和由存款者引发的银行挤兑一样。这种来自其他银行而非存款者的金钱需求叫做货币外流（currency drain）。

1910年，最常见的银行因货币外流而不得不宣布破产的原因是这家银行所遵循的放贷政策比其竞争者更加放肆。它被要求支付更多的钱，因为它贷出的钱更多。贷出银行储户存款的90%（每存10美元只留下1美元）就够危险了，但事实上，大多数时候这样还够用。可仍然有些银行更加铤而走险，它们试图离悬崖更近些，它们把这个比例推进到92%、95%、99%。毕竟，银行挣钱的方式就是搜刮利润，而要挣钱的唯一方法就是放贷，放得越多越好。因此，在那些更为放肆的银行当中，有一种行为被称为"贷起来"（loan up），换个说法就是把它们的储备金率"推下去"。

银行家的乌托邦

如果每家银行都能和其他银行一样，被迫发放与其储备金相同比例的贷款，那么不管这个比例有多小，长期来看，银行间要清偿的支票额是平衡的，就不可能发生大规模的货币外流。在这种体制下，整个银行业可能会崩溃，但不是每家银行——至少那些组成卡特尔的银行不会倒闭。无论离边界有多近，至少所有银行都会在距离边界同样远的地方行走。这种统一步调下，没有哪家银行会因其没有履行义务而受到指责。指责会被归向"经济""政府政策""利率""贸易赤字""美元汇率"，抑或是"资本主义制度"本身。

但在1910年，这样一个银行家们的乌托邦还有待缔造。以储备金为基准，如果市区银行开始以比其竞争对手更大的比例来放贷的话，那么它待支付的支票额也会更大。这样，实行更加宽松贷款政策的银行不得不从其储备金里提钱，来付款给那些更加保守的银行，而当这些资金被耗尽时，这家银行往往被迫破产。

历史学家约翰·克莱恩（John Klein）告诉我们："1873年、1884年、1893年和1907年的金融恐慌很大程度上是……储备银行进行储备金投机和过多存款创造（deposit creation）[1]……的必然结果。这些恐慌由货币外流所引发，这些货币外流都是在相对繁荣的时期，银行过度放贷产生的。"[2]也就是说，"恐慌"及其带来的银行挤兑并非是由经济中的负面因素引起的，而是由那些被贷款耗光、直至没有剩下任何储备金的银行身上发生的货币外流引起的。银行没有因为这个体制羸弱而瘫痪，体制却因为银行羸弱而瘫痪了。

这是另一个把这六个人不远千里带到佐治亚州沿海一个蕞尔小岛的普遍问题。他们全都是潜在的激烈竞争对手，但他们脑子里最紧要的问题就是这个所谓的恐慌，以及过去二十年里实实在在发生过的1748次银行瘫痪事件。不管怎样，他们得团结起来，得设计出一个方案，让他们能够维持超出实际能力的"有需必付"的承诺。为了这样做，他们得找到一个方法来迫使所有银行远离危险边界，并且当不可避免的灾难发生时，将公众指责从自己身上移开。通过这个设计，他们要使其看上去是国家经济而非私有银行运作出了问题，进而就可以用税收而非他们自己的资金来抵消损失了。

以下就是在杰基尔岛聚首的数量虽少但实力雄厚的这些人所面临的主要挑战：

1. 如何遏止那些构成竞争的小银行不断增长的影响力，并且确保国家金融资源的控制权仍然掌握在在场这些人手中。

2. 如何使货币供应更加富有弹性，从而逆转目前私人资本集资的

---

[1] 指中央银行新增一笔通货流入银行后，经银行体系连续存贷所引致的存款总额成倍增长。——译者注

[2] 维拉·C.史密斯：《中央银行运作的基本原理》（伦敦：P.S.金父子出版社，1936年版），第36页。

趋势，并重新掌控工业贷款市场。

3. 怎样把这个国家里各个银行的小储备金库合并成一个大金库，这样所有银行就会愿意遵循同样的贷款-存款比率。这至少会使它们当中的一些银行不发生货币外流，或防止银行挤兑。

4. 如果这最终会导致整个银行体制的崩溃，怎样才能把银行家的损失转嫁到纳税者头上去。

卡特尔换了个名字

人人都知道，所有问题的解决之道是一个卡特尔机制，而欧洲已经设置出这样一个卡特尔，并且已经将它投入到类似的运作当中。和所有的卡特尔一样，这个卡特尔也要经立法产生，在保护消费者的名义下，以政府的力量来维持运作。因此，摆在他们面前最重要的任务可以作为第五条列在下面：

5.如何说服国会，让他们相信这个机制是一个保护公众的措施。

这个任务可着实是个技术活，因为美国人不喜欢卡特尔这个概念。商业企业集中定价并阻止竞争这个想法与自由企业机制格格不入。但如果不用卡特尔这个词，如果这个机制用感情上更加中性的词来形容——甚至可以是更加诱人的——那么这场战役就已经胜利了一半。

因而，第一个决定就是"欧规美随"，这个卡特尔以后就会作为一个中央银行来运作了。可即便中央银行这个词也还不是个足够普通的词。出于公关和立法的目的，他们将会设置出一个连"银行"都被规避的新词，并且这个新词要暗含联邦政府的形象。不仅如此，为了避免给人以"集权"的印象，他们还会为这个卡特尔建立地区支部，并把这个作为一个"卖点"。史蒂芬森告诉我们："在杰基尔岛，奥尔德里奇以一个创建中央银行的激进想法切入讨论当中。他想把一个大的欧洲央行，比如英格兰银行，彻头彻尾地移植到美国。"[1]但有过从政经历的他知道这样一个计划得瞒着公众。正如约翰·肯尼斯·加尔布莱斯（John Kenneth Galbraith）所阐述的那样："正是他（奥尔德里奇）的这个想法盖过了反对意见，即不是只有一家中央银行，而是很多家。而银行这个字眼则被规避了。"[2]

除了奥尔德里奇外，其余在场的人都是银行家，但只有一个人是欧洲央行运行模式专家。由于具备了这种专业知识，在整个讨论过程中，保罗·沃伯格成了主心骨。随便在美联储创立研究文献中挑出来一段细读，就足以发现他的确是这个卡特尔的主要智囊。加尔布莱斯写道："……沃伯格被比较公允地称为这个系统之父。"[3]塞利格曼国际银行（J. & W. Seligman）家族成员、哥伦比亚大学经济学系主任埃德温·塞利格曼（Edwin Seligman）教授写道："……就其建立而言，沃伯格先生比这个国家当中的任何一个人都更有资格说《联邦储备法案》是他完成的。"[4]

沃尔巴克斯老爹的原型

保罗·M.沃伯格是位于德国汉堡与荷兰阿姆斯特丹两地的M.M.沃伯格投资银行集团的领导成员之一。九年前他刚来到美国，然而在他来美后不久，靠着罗斯柴尔德集团提供的主要资金，他和他兄弟菲利克斯（Felix）就能够购得纽约投资银行集团库恩–勒布公司的合伙

---

[1] 史蒂芬森前引书，第378页。

[2] 约翰·肯尼斯·加尔布莱斯：《钱从哪儿来，到哪儿去》（波士顿，休顿–米福林出版社，1975年版），第122页。

[3] 同上，第123页。

[4] 《政治科学学院公报》，1914年第4卷，第4期，第387页。

资格，同时继续扮演着汉堡的沃伯格公司合伙人的角色。[1]20年后，保罗将是美国最富有的人之一，对这个国家铁路系统的控制力无人能敌。

从我们这个时代回看那段历史，难以理解保罗这个人在当时有多么重要。但我们可以从《小孤儿安妮》（*Little Orphan Annie*）连环漫画中的传奇人物沃尔巴克斯老爹（Daddy Warbucks）身上的轶事了解一二。这部连环漫画是当时人们对保罗·沃伯格乐善好施行为的一种想象。保罗拥有一种近乎魔幻的能力，他能通过他那无可限量的财富力量赢得善名。

三弟马克斯·沃伯格是大哥的财务顾问和德意志帝国银行的董事。这家银行自然也是美联储构建过程中参考的诸多卡特尔模型之一。顺便提下，这家帝国银行就是几年后发生在德国的那场大规模超级通货膨胀的缔造者，这场通货膨胀摧毁了资产阶级和德国经济。[2]

保罗·沃伯格很快就成为在美国建立中央银行的鼓吹者，富有说服力的他在华尔街声名鹊起。杰基尔岛会晤前三年，他发行了几本小册子。一本叫《我们银行制度的缺陷与需求》（*Defects and Needs of Our Banking System*），另一本叫《改良中央银行的计划》（*A Plan for A Modified Central Bank*）。这些文章在金融界和学术圈中都引发了广泛关注，为未来关于银行立法的讨论奠定了学术基调。在这些文章中，沃伯格抱怨说，美国的货币制度由于依赖黄金和政府债券而处处受制，因为这两者都供应有限。他提出，美国需要一种富有弹性的货币供给制度，能够根据商业的景气情况而膨胀或收缩。他说解决办法就是效仿德国，那里的银行光凭"商业票据"（commercial paper）

---

[1] 安东尼·萨顿：《华尔街与富兰克林·D.罗斯福》（纽约：新罗谢尔阿灵顿屋出版社，1975年版），第92页。

[2] 指1922—1923年发生在德国的超级通货膨胀事件。1922年，德国通过一项立法，央行不再受政府控制，货币发行权实际被私人银行家掌控，导致货币超发，引发严重的通货膨胀。——译者注

就能发行货币——"商业票据"是银行家用的术语，意为公司借据。

沃伯格不遗余力地奔走。他对着富有影响力的听众进行出色的演讲，他还有条不紊地就这一话题写作并发表了一系列文章。比如，那年3月，《纽约时报》上就刊登了沃伯格写的13篇系列连载文章，他在文中详细阐述了他所说的"美国储备银行"。[1]

明白人都懂这是啥意思

对公众而言，沃伯格的大部分文章和演讲都是空话。为了掩饰中央银行只不过是个合法的卡特尔这一事实，其倡导者不得不投放大量充斥着专业术语的烟幕弹。这些术语总是在讲央行是怎样为商界、公众与国家谋福祉的，它会如何降低利率，为所需工业项目提供资金，并且阻止经济恐慌的发生。在其冠冕堂皇的外表下，一点点都没有显露出那个从上至下设计好的宏伟计划，那个牺牲公众而服务于私人利益的计划。

然而，一个冷峻的现实是，那些理解力更强的银行家们完全知晓这个计划的存在。次年在美国银行家协会的一场演讲中，奥尔德里奇对那些真正理解他言中之意的人说道："这个还在构想中的组织不是银行，而是一个目标明确的、涵盖我国所有银行的集团联盟。"[2]准确地说，是个银行联盟。

两年后，还是对这群银行家的一次演讲中，大通国民银行（Chase National Bank）的A.巴顿·赫伯恩（A. Barton Hepburn）更加直言不讳。他说："采取的措施是组织中央银行的方法及原则。的确，如果它能达成法案倡议者的期望，就能让所有整合进来的银行

---

[1] J.劳伦斯·拉夫林:《美联储法案：其起源与问题》（纽约：麦克米兰出版社，1933年版），第9页。

[2] 巴利·西格尔:《金钱危机：美联储、经济与货币改革》（马萨诸塞州：巴林杰出版社，1984年版），第102页。

形成中央式的主导力量。"[1]而这种说法和卡尔特的通俗定义如出一辙。

1914年，即《联邦储备法案》变成法律的一年后，奥尔德里奇参议员就不必那么谨言慎行了。那年7月，他在《独立》（*The Independent*）杂志上发表的一篇文章中大言不惭地说："在这部法案通过前，纽约的银行家只能掌控纽约的储备金库，而现在，我们能够掌控整个国家的银行储备了。"

神话成了史实

被接受的历史事实是，美联储是为稳定我们的经济而缔造的。关于这个话题，一本使用最为广泛的教科书上是这么写的："它肇始于1907年的经济恐慌，脱胎于那一年令人警醒的银行挤兑瘟疫：这个国家吃尽了飘忽不定的私人银行运作机制所带来的秩序混乱的苦头，再也不想重蹈覆辙了。"[2]哪怕是最为天真的学生也必定会觉察，这种一厢情愿的观点与美联储实际表现之间所存在着巨大冲突。自从其发轫以来直到现在，美国经历了1921年和1929年的经济崩溃，1929—1939年间的大萧条，1953年、1957年、1969年、1975年和1981年的经济衰退，1987年股市的"黑色星期五"，以及一次高达1000%的摧毁美元90%购买力的通货膨胀。[3]

让我们把最后一点更加具体化。到1990年时，为了买到1914年只值1000美元的东西，你得有10000美元才行。[4]这种令人匪夷所思的价值上的损失，基本上以不可见的税收形式转移给了联邦政府，而美联

---

[1] 柯尔克前引书，第235页。

[2] 保罗·A.萨缪尔森：《经济学（第8版）》（纽约：麦克格劳–希尔出版社，1970年版），第272页。

[3] 罗纳德·H.纳什：《货币、银行与圣经伦理》，载于《杜雷尔货币与银行期刊》，1990年2月。

[4] 1913年刚刚引进收入税，但当时税率很低。不算收入税，那时候1000美元的收入其实相当于现在的15400美元。如果再考虑到联邦政府和当地政府的双重征收，那么就相当于近2万美元了。

储则是这种暗渡陈仓的渠道。

行动必将产生后果，美联储机制征用私人财富所产生的后果现在就落在我们头上了。在如今这个十年里，公司债务在飙升，个人债务之高前所未见，公司和个人破产率都处在空前高位；银行、储蓄和贷款机构破产的数量前所未有，国债利息吞噬了我们一半的纳税；重工业基本上都被国外的竞争者排挤掉了，美国史上首次出现国际贸易赤字；洛杉矶市区和其他都市区的75%为外国人所有，大半个国家都处在经济衰退中。

终结美联储的第一个理由

这就是本想用来稳定我国经济而创造出来的美联储的成绩单！无可争辩，这一制度没有达到其所宣称的目标。而且，在经历了反复的人事更换、共和党和民主党不同的执政时期、无数次的货币经济学实验、其章程的近百次修改，以及不计其数的新规则与技术的发展之后，我们本应有充足的机会去弥补其程序上的瑕疵。因此，我们有理由得出这样一个结论：这个制度失效了。不是因为它需要一套新的规则或是一个更睿智的领导人，而是因为它不能达成其所宣称的目标。

如果一个机构不能达成其目标的话，那么就没有理由保存它了——除非它可以以某种方式作出改变，并转变其能力。那么这就导致了一个问题：为何这一制度不能达成其所宣称的目标呢？令人痛苦的回答是：因为那些从来就不是其真正的目标。当你认识到它是在什么样的情形下得以缔造时，当你好好想想其缔造者们的身份时，当你考察它在历史上的实际表现时，你就会发现，美联储不过就是个披着政府外衣的卡特尔。无疑那些运作它的人的动机是想要维持充分就业、高生产力、低通货膨胀，以及一个大体健康有活力的经济。他们可不想宰了这只下了这么多漂亮金蛋的鹅。当公众利益与这个卡特尔的私人需求间产生冲突时——几乎天天都会产生——公众就得被牺牲掉。这就是这只巨兽的本性，期盼一个卡特尔不这样做是愚蠢的。

这一观点不为那些权威机构和媒体所接受。它们的使命显然是让美国人相信，这一制度没有内在的缺点，出现问题只是因为它恰好被一些笨手笨脚的马大哈所掌控了。例如，1987年，《华盛顿邮报》前助理总编威廉·格雷德的书《神殿的秘密》（*Secrets of The Temple*）由西蒙与舒斯特出版社出版。这本书对美联储的失效作出了批评，但根据格雷德的说法，失效并非是美联储自身的缺陷导致的，而仅仅是因为经济因素是"如此错综复杂"，而那些努力想让这个制度起作用的好人们尚未完全弄懂它。但是，不要担心，国民们，他们正在研究！这是我们的主流媒体上常见的批评。然而，格雷德自己的研究却指向一个完全不同的诠释。在提到这个制度的起源时，他写道：

随着那些不依靠华尔街的新公司欣欣向荣地发展，那些为它们打理资金的新地区性银行也蓬勃发展。聚集于纽约的银行存款数量仍然巨大，大概占全国的半数，但这一份额正在稳定下降中。华尔街仍然是"这片街区最大的孩子"，但越来越不能欺凌别的孩子了。

这一趋势是一个关键史实，也是一个被误解的现实，它完全改变了创造美联储这项改革立法的政治意义。彼时，国会当中那股在进步主义改革者中颇有市场并为其真心拥护的保守派的智慧就是，政府机构将最终驾驭"货币托拉斯"，去除其力量，并建立起对货币和信用的广泛而民主的控制……而结果却几乎完全相反。1913年开启的货币改革其实帮助维持了现状，稳定了旧秩序。以金钱为中心的银行家们不仅会获得对这家新中央银行的主导权，而且还会对这个将不稳定因素和他们的地位下降隔绝掉的新机制甘之如饴。美联储一旦开始运作起来，金融力量的稳步稀释过程就会停下来。华尔街将会延续其主导地位——甚至加强它。[1]

胡佛战争、改革与和平研究所（The Hoover Institution on War, Revolution，and Peace）前研究员、加州大学经济学教授安东尼·萨顿（Antony Sutton）给出了更加入木三分的分析。他写道：

沃伯格的计划简单得让人吃惊：让整个美国社会都为华尔街打工。即便是在今天……象牙塔里的理论家们用各种毫无意义的公式写满了黑板，平民大众则被通货膨胀和即将到来的信贷崩溃搞得晕头转向，在其中苦苦挣扎。而对这一问题的简洁解释却无人问津，也几乎完全不被理解。美联储是个垄断货币供应的合法私人组织，它为少数人的利益运作，却披着捍卫与提高公众福祉的外衣。[2]

杰基尔岛之旅及其孵化出来的这头巨兽的真正意义，由保罗·沃伯格那令人赞赏的传记作者哈罗德·科尔洛克（Harold Kellock）用下面这段话不经意间概括了出来：

保罗·M.沃伯格也许是那些以个人力量发起一场革命的人当中脾气最温和的一个了。这是场不流血的革命：他没有试图去鼓动人民大众拿起武器。他踏向前去，仅有的武器是一个理念。然而他却胜利了，这真不可思议。这个男人害羞而敏感，却把他的思想印刻到一个1亿人口的国家头上。[3]

本章总结

1910年11月，美联储的基本构建方案是在J.P.摩根位于佐治亚州沿海杰基尔岛上的度假私宅里举办的一次秘密会议上起草的。那些与会人员是华尔街上那些大型金融机构的代表，同时也间接代表着欧洲

---

[1] 格雷德前引书，第275页。

[2] 萨顿前引书，第94页。

[3] 哈罗德·科尔洛克：《革命家沃伯格》，载于《世纪》杂志，1915年5月，第79页。

的金融势力。之所以保密，理由也很简单。假使大家知道金融界的各大对立门派在一起碰头了，人们肯定会警觉起来，会怀疑这些银行家是不是正在密谋一项遏制贸易的协定——而这恰恰是他们所做的事情。正在酝酿中的是一项有着五个目标的卡特尔协定：遏止美国新银行的不断增长的竞争；获得为贷款可以凭空造币的特权；控制所有银行的储备金，好让那些更为肆无忌惮的家伙无货币外流和银行挤兑之忧；让纳税人为这个卡特尔注定的失败背黑锅；让国会相信他们的目标是保护公众。他们还达成了这样的共识：银行家们将会成为政客们的合作伙伴，这个卡特尔的结构将会是家中央银行。记录显示美联储没有达到其公开宣称的那些目标，这是因为那些宣言根本就不是其真正目的。作为一个银行卡特尔，在上述五个目标的意义上，它绝对成功。

第2章

比赛的名字是紧急救助

> 本章用观赏型体育比赛的比喻来解释美联储的规则，在其运作下，当银行贷款恶化时，纳税人要为银行的损失买单，为它们提供紧急财政救助。

上一章我们讲到，杰基尔岛那群构想出美联储的人其实是创造了一个由大银行主导的国家卡特尔。我们还提到，这个卡特尔的一个主要目标就是把联邦政府也拉下水，并由政府把不可避免的损失从那些银行所有者身上转嫁到纳税人头上。当然，这是本书中比较有争议的论点之一。然而，当你面对自美联储建立以来的海量历史证据时，似乎只有这种解释才行得通。因此，让我们再次穿越时间。我们已经回顾了1910年故事刚开始的时候，现在让我们回到当下。

为了弄懂银行的损失是如何转嫁给纳税人的，首先需要对这个机制的设计以及运作略知一二。我们必须弄懂某些程序和公式，否则整个过程就像是一团乱麻。打个比方吧，我们毕生都被隔绝在南方的一个海岛上，根本不知道外面的世界是啥样。想象一下，当我们第一次上岸来到大陆，目睹一场职业橄榄球比赛时的场景。我们会难以置信地盯着那些穿着奇装异服、宛如外星来客的人，他们的身体相互碰撞，把一个奇形怪状的好玩东西扔来扔去。他们争抢它，好像它很值钱似的，偶尔又把它踢出场，好像它不值一文似的。他们相互追逐，把对方撞到地上，又爬起来重新组织，准备再次发起冲锋。这一切都伴随着成千上万名观众莫名其妙的呐喊而进行。如果我们不知道这是一场比赛，不知道这项比赛的规则，整件事情似乎就是一团乱麻、完全疯狂的。

通过美联储运作的货币制度与橄榄球比赛很有共通之处。首先，某些动作会一遍又一遍地不断重复，只是为了应对特定情况而有些许变化。其次，运动员们必须严格遵守某些明确规则。再次，这个游戏有个清晰的目标，每个运动员都把实现这个目标当成首要任务。最后，如果观众不熟悉这个目标、不懂比赛规则的话，他们就根本理解不了正在发生的事情。而最后这一点，就是今天大多数美国人在金融事务上的普遍状态。

那么，让我们尽量用直白的语言来说出这个目标是什么，以及运动员期待怎样达成它。为了揭开这个过程的秘密，我们会首先来个概览。当概念理清后，我们接下去就分析新近发生的真实案例。

这个比赛名叫紧急救助。之前讲过，这个比赛的目标是把大银行所有者蒙受的损失转嫁给纳税人。达成这一点的过程如下。

比赛的规则

当美联储允许商业银行凭空发行支票货币（checkbook money）时，这个比赛就开始了（关于这项难以置信的技艺是如何达成的细节将会在第10章讲到）。银行从这些唾手可得的钱上获利，赚钱的方法不是花掉它们，而是贷给其他人收取利息。

银行把这样一笔贷款记账是作为资产计入的，因为它是用来盈利的，而且认为某天还能收回来。银行同时在分类账簿上记上一笔数量相同的债务，这是因为这笔刚被创造出来的支票货币已经进入流通，而其大部分都会到达其他银行，这些银行会把已经付讫的支票返回发票行要求付款。个人客户也可能会把这张支票带到银行来要求兑现。因此，发票行就有与这笔贷款资产等额的潜在现金支付义务。

当借贷人不能还贷，从而没有资产可以拿来偿还时，银行就得把这笔贷款作为亏损注销掉。然而，由于这笔钱的大部分起初都是凭空而来的，因此，除了记账开销外，银行没有蒙受任何损失。实际上几乎没有有形价值消失，因为它主要是项记账条目。

即便账目上的损失也可能是银行不想看到的，因为这会让这笔贷款作为资产从出借者那里消除，同时不会减轻债务。这当中的差额得用银行所有者的净资产来弥补。换句话说，贷款资产消除了，但货币债务还在。原先那张支票还在外面流通，哪怕借款人不能偿还，开票行仍然有清偿这些支票的义务。这样一来，使账目达到平衡的唯一可行方法就是动用银行股东们的投入资本，或从银行当前盈利中扣除这一部分损失。不管采用哪种方法，银行拥有者都会蒙受一笔与那份坏账贷款等额的损失。因而，对他们来说，损失是真实的。如果银行被迫注销大量贷款坏账的话，其数额可能会超过银行所有者的全部净资产额。当这种情况发生时，比赛结束，银行破产。

对于以上这种情况的关注足够促使大多数银行家执行谨慎的贷款政策。事实上，他们当中的大多数人在处理个人和小企业主业务时确实如履薄冰。但现在美联储、联邦存款保险公司（Federal Deposit Insurance Corporation）和联邦存款贷款公司（Federal Deposit Loan Corporation）保证那些贷给大公司和其他政府的大宗贷款不会完全由银行家们自己承担，以免这些贷款变成坏账。这样做的理论前提是，倘若这些大公司和银行被允许破产，那整个国家就会遭受大量失业和经济动荡。这可真是一石多鸟。

永久债务的玩法

这种政策的最终结果就是，银行没有小心谨慎的动力，因为自身愚蠢而犯下的错误总是有人替它们承担。贷款额越大越好，因为它会以最小的代价为银行获得最大的盈利。一笔贷给第三世界国家的贷款的年利息达数百万美元，但不会比贷给当地商人的5万美元贷款难处理多少。如果利息支付了，那可真是大赚了一笔。如果贷款沦为坏账了，联邦政府会"保护公众"，通过随后会讲到的种种机制来确保银行能够继续得到利息。

个人和小企业主们发现，越来越难以有合理的利率贷款了，因为银行能够从贷给大公司和国外政府的款项上赚到更多的钱。而且，数额更大的贷款对银行而言也更安全，因为即便它们变成坏账，政府也会慷慨相助，对小额贷款就没有这种担保。如果政府说不救那个小企业，经济就会崩溃，公众是不会买账的。钱太少是没有说服力的，只有当数额大到让人难以接受时，这个花招才能蒙混过关。

银行从来不想真的要回它们贷出去的款项，而只是想要证明借款人的可靠性，明白这点很重要。它们是通过从贷款而非偿还贷款身上收取利息来盈利。倘若一笔贷款得到偿还了，银行还得再去找个借款人，这可真是个耗时耗力的麻烦事。让目前的借款人只付利息而不还款则要好得多，这个过程叫延期还贷。银行更喜欢贷款给政府的其中一个理由便是它们不想还贷。1982年，沃尔特·威斯顿（Walter Wriston）在担任花旗银行主席时曾这样称颂这种行为的好处：

如果我们有一部和《广告真实法》相似的《政府真实法》的话，那么国库发行的每张钞票都得印上这句话："本钞到期时，需以被出售给公众的同样一张钞票予以偿清。"

当这种行为每周都在美国上演时，它被称为国债拍卖（Treasury

bill auction）。可当基本同样的过程在国外发生、以外语宣传时，我国的新闻媒体往往会说该国"正在延期还贷"。

想知道背后的原因，只需要了解关于政府借款的基本事实。首先就是历史上鲜有记录说某个政府完全不受债务困扰，不管是什么政府。没有一个通过购买国债借钱给政府的人指望过政府能够按时还债，除非我们的政府再度发行同样额度的债务。[1]

延期还款的玩法

由于这个制度让银行能够通过放出不靠谱的大额贷款盈利，因而银行就会放出这种贷款。而且，可以预测的是，大部分这种不靠谱的贷款最后会沦为坏账。当借款人最后摊牌说无法还款时，银行就会用延期还款来答复。"延期"被精心策划，搞得好像银行是在作出让步，而现实情况却是，这是通往永久利息之路的关键一步。

最终借款人到了连利息都付不起的地步，这时玩法会变得更加复杂。银行不想失去利息，因为这是它的现金流。但银行也承担不起放任借款人失信的后果，因为那会导致一笔销账，进而耗损银行所有者的净资产，使银行受损。因此，银行下一个动作就是凭空再造出一笔钱贷给借款人，好让他有足够的钱继续偿还利息，而他现在必须还新旧两笔贷款的利息了。看上去类似某种灾难的场面被瞬间逆转，又成了一场正在创造高分值的辉煌比赛。这不仅把旧贷款作为资产留在了银行账面上，而且还增加了这笔资产的规模，产生了更多需要偿还的利息，从而使银行盈利更为丰厚。

---

[1] 沃尔特·B.威斯顿：《对抗灾难的银行制度》，载于《纽约时报》，1982年9月14日。

加注的玩法

借款人迟早会喘不过气来，他可不想还完利息后变得一无所有。他开始意识到自己只不过是在为银行打工，于是便再次停止还息。这时比赛双方交头接耳，商量着下面怎么打，然后他们跑回争球线上，相互投去威胁性的目光。借款人反正是不能也不会再偿还了，要是可以的话你们来抢好了。贷款人则威胁要把借款人开除出俱乐部，务必要让这个家伙以后都不能再贷到款。最后，一个"妥协"又达成了。和之前一样，银行同意再凭空造出一笔钱贷给借款人，来偿还之前那两笔贷款的利息，但这次银行加注了，他们为借款人提供了另外一笔钱，让他花在别的地方，不要用这笔钱来还息。这真是个完美得分。借款人突然获得了一笔可以用于自身目标的现金，外加足够的钱用来偿还那烦人的利息。而另一方面，银行也有了更多资产、更高的利息收入和盈利。这是场多么激动人心的比赛啊！

重整的玩法

之前几种打法可以重复多次，直至现实最终让借款人明白，他正在一个债务深坑中越陷越深，没有希望爬出来了。通常，当所要偿还的利息大到几乎相当于公司全部所得或一国全部税收的地步时，借款人才会认识到这点。在这个关口上，借款人会拒绝借更多款延期偿还，坏账似乎不可避免了。

但且慢，看看场上情况再说。队员们回到了争球线上，场上掀起了轩然大波，裁判被喊了过来。两声尖利的口哨声告诉我们，双方各得一分。头顶上的公众处理机制发声了："这次贷款不算，重来。"

重整（rescheduling）往往意味着更低利率和更长还款期的结合，

其效果基本是隔靴搔痒。它降低了要偿还的月息，但同时把还款期推到未来，这使借款人当前的负担变得轻些了，但也使得还款变得更加不可能了。它推迟了算总账的那天，但同时，你可以猜到：这笔贷款仍然是笔资产，利息会继续还下去。

保护公众的玩法

最后，算总账的那天到来了。借款人意识到他永远也不能还清所有钱，于是断然拒绝再为这笔借贷付利息。放最后大招的时候到了。

根据《银行安全文摘》（*Banking Safety Digest*）这本专门评价美国银行和储蓄贷款机构安全等级的杂志，大多数涉及"问题贷款"的银行盈利都非常丰厚：

请注意，除去贷向第三世界的款项外，我国大部分大银行盈利颇丰。和持续恶化中的储蓄贷款机构灾难形成对照的是，银行的盈利成为它们得以持续甩掉（尽管是慢慢甩掉）其海外债务的引擎……以去年的盈利水平计算，理论上银行界能够在两年内"买断"它们自己贷给拉美的全部贷款。[1]

银行可以将其贷给跨国公司和外国政府的坏账带来的损失吸收掉，但这不符合规则。这会让银行股东们蒙受重大损失，在这样的调整期内，他们将所获寥寥或得不到分红，任何一个走上这条路的银行首席执行官都离丢掉饭碗不远了。这不是比赛计划的一部分，下面的事实就说明了这一点：在拉美，在这一小部分债务被吸收掉的同时，银行们还在继续向世界上其他国家提供巨额贷款，特别是非洲、亚洲和东欧国家的政府。由于第4章将会分析到的那些原因，几乎不用指望的是，这些贷款的表现会与贷给拉美的那些半斤八两。但不要吸收

---

[1] 《海外借债——引发一场严重衰退的祸根？》，载于《银行安全文摘》，1989年8月，第3页。

这些损失的最重要的原因是，有种标准玩法可以让这些坏掉的贷款起死回生，并重新激活从它们身上流出来的大量现金流。

具体是这样做到的：双方的队长走向裁判和比赛组织者，要求延长比赛。他们给出的理由是为公众着想，这些正在享受比赛好时光的观众们看到比赛结束一定会伤心的。他们还要求，观众们在场馆内享受比赛的同时，指派停车场的工作人员不动声色地将每部汽车的轮子都卸下来。这些轮子可以被卖掉，得来的钱可以给所有运动员、裁判和比赛组织者加薪。考虑到他们正在打加时赛，多给钱也是公平的。当这笔交易最终敲定时，会哨响三声，届时场馆内将会响彻欢呼声。

以某种雷同的形式，同样一出戏将会在银行界这样上演：放贷银行的首脑和还不上贷的公司或政府的财会专员会凑到一起，向国会提出建议。他们会解释说借款人的还贷能力已经穷尽，如果联邦政府再不出手，美国人民就会面临严重后果。不仅国内会出现失业和经济困难，世界各处市场也会出现大规模骚动。而由于美国如今非常依赖这些市场，美国的出口会下降，国外资本将会枯竭，美国会元气大伤。他们会说，当下需要国会直接或间接提供资金给借款人，以便让他继续偿还这笔贷款的利息，并且还会开启新的开销项目，这些项目带来的盈利足以让借款人很快还清所有的欠款。

作为这个提议的一部分，借款人会同意接受一个三方仲裁会的指导，采用一个谨慎方案，以确保这笔新得到的钱一点都不会浪费。银行也会同意勾销一小部分贷款以显示其愿意分担的诚意。自然，这一举动会在这场比赛刚刚开始时就被预见到，这是以退为进的一步棋。毕竟，首先这部分被一笔勾销的贷款带来的损失本来就是凭空产生的，而如果不放出这最后的大招，整笔贷款都被会勾销。而且，和现金流被激活带来的收益相比，这笔被勾销的贷款是小巫见大巫。

担保偿付的玩法

最后大招的一个标准变式是，政府并非总是直接提供资金，而是为这笔资金提供信用，这意味着将来万一借款人再次失信的话，政府会保证偿付。一旦国会同意这么做的话，政府就成了这笔贷款的共同偿还人，不可避免的损失就会从银行的账面上转移到美国纳税人的头上。

金钱现在开始通过一套复杂系统流进银行，这套系统包括联邦政府机构、国际机构、国外援助和直接补贴。所有这些机构从美国人那里吸来资金，流转给已经疲惫不堪的借款人，他们把这些资金再付给银行为其贷款所用。其实这笔钱只有很少一部分来自税收，几乎都是美联储发行的。当这些新造的钱回到银行后，银行很快又把它们投入到实体经济中，它们便在那里和已有的旧钱汇合，稀释了旧钱的价值。结果便是物价持续上涨，美元不断贬值。

美国人不知道他们正在买单。他们知道有人正在偷他们的汽车轮子，但他们以为小偷是那些抬高物价的贪婪商人，或是要求涨工资的自私打工者，或是为其庄稼收成狮子大开口的狡猾农场主，或是哄抬美国物价的国外富人。他们没有意识到，这些"小偷"也是一种币值不断遭到（或是通过）美联储侵蚀的货币制度的受害者。

早前，一期菲尔·唐纳休（Phil Donahue）的电视节目戏剧化地表达了公众对这项比赛的一无所知。节目话题是储蓄贷款危机及其会给纳税人带来的数十亿美元的损失。观众席中的一位男子站起来愤怒地问道："政府为什么不能替纳税人偿还这些债务呢？"近百名观众居然都酣畅淋漓地拍手称快！

通过破产达到繁荣

由于那些数额巨大的公司贷款常常由联邦政府担保，有人会以为放出这些贷款的银行永远不会出问题，可还是有许多这类银行把自己推向了破产的深渊。正如我们会在本书后面章节看到的那样，破产其实是这个部分准备金制度（fractional-reserve banking）本身的固有成分。

然而，只要客户被蒙在鼓里，银行即便在破产状态下也会运行得很好。钱被无中生有地造出来，仅仅需要在银行账面上填上几个条目，它就会从一种想象出来的形式变成另外一种。而极富生产力的银行簿记总能使最下面那一行看上去是平衡的。当存款人无论出于何种理由决定提出他们的钱时，问题来了。哎哟，钱不够周转了。当这种情况发生时，银行的秘密终于要大白于天下了。银行必须关上门，而存款人还在外面排着队等着……是的，还在那里，只是在等着。

这个问题的合理解决方法是要求银行和其他商家一样履行其合同。如果他们告诉客户说存款是"有需必付"的话，那么他们就该握有足够现金以信守这一承诺，不管客户何时要取钱，要取多少钱。也就是说，他们应该在其金库里保存与其存款额完全相等的现金数量。当我们把帽子摘下递给保管帽子的女孩并得到一张凭条时，我们可不希望她把帽子租出去，然后在我们吃饭时，她再想办法在我们离开前把帽子弄回来。我们希望所有的帽子都一直在那里，好让我们在想戴上帽子时，可以准确找到我们自己的那顶帽子。

另一方面，如果银行告诉我们，它要把我们的存款贷给他人，我们可以从中赚点利息的话，那么它也该直截了当地告诉我们，提醒我们不能立刻要回我们所存的钱。为什么不能呢？因为这笔钱被贷出去了，不在银行的金库里。那些靠自己的账户吃利息的客户应该被告知他们存的是定期存款，不是活期存款，因为银行得需要一段时间才能补上那笔被贷出去的钱。

以上这些道理都不难理解，然而美国银行的客户却很少知道这些。他们被告知，只要他们想的话，随时可以要回他们的钱以及利息。即便客户没收利息，银行也会收，这就是如此之多的客户服务可以不花或不直接花费成本即可提供的原因所在。时不时地拖上个30天或60天还是可能的，但对那些被转化成10年、20年或30年的贷款而言，延期取款则基本不可行。银行只是在赌一个概率，即大部分时间一切顺利。

我们会在之后的章节细细探究这个问题，当下我们只要知道，仅仅了解银行体系的玩法是不够的。美联储让造出超过需要的储帽柜这件事合法化、机构化了，它还设计出种种复杂方法来把它乔装打扮一番，把它变成银行制度恰当而平常的特征。学习金融的学生们被告知，这个机制只能这样运作，别无他法。一旦这样的前提条件被接受，那么所有的注意力就不是放在其内在缺陷上，而是穷尽方法与之共存，并使它尽可能变得不那么讨人厌。

在仅有一小部分人会同时想要从银行取钱这样一个假设的前提下，美联储允许这个国家的商业银行在实际运作中仅以少得令人难以置信的现金去兑现它们"有需必付"的承诺。当一家银行用光了钱、不能信守其诺言时，美联储就会出面充当最终的贷款人——这是银行界的行话，意思是美联储随时准备凭空造出钱来借给任何深陷麻烦中的银行（详见第8章）。但实际上，这样做不是总能奏效，也是有限度的。即便是美联储也不会去支持一家深陷泥潭、毫无机会的银行。当一家银行账面上的资产少于其债务时，比赛规则就会要求将损失转嫁到储户们头上。这意味着储户们得付两次款，一次是纳税，一次是存款。完成这一操作的机制叫联邦存款保险公司。

联邦存款保险公司的玩法

联邦存款保险公司担保，不管银行的财务状况如何，每份上了保险的存款都会得到偿付。这份偿付的钱出自一份特别资金，该资金根据对涉事银行的评估来确定，银行当然不必自掏腰包。和其他开销一样，这笔花费的大部分都最终以更高的服务费用及更低的存款利率的形式转嫁给银行客户。

联邦存款保险公司常常被描述为一种保险基金，但这只是极其糟糕的虚假广告。保险的一个基本条件是，它必须要规避承销商称为"道德风险"的那种情形。有了"保险"，保单持有人自然就没有动力去避免或阻止投保的风险。既然有人承担"道德风险"，人们很自然会变得疏忽大意，也就增加投保的情况实际发生的概率。举个例子来说，政府打算出台一项政策，规定每个人都交一笔同样的钱凑成一笔资金，好让他们免交停车罚款。那么，让我们冒昧指出，一旦这种愚蠢的方案得以采用，不外乎发生两种情况：（1）不久之后人人都会收到违规停车罚单，以及（2）现在开出的罚单太多了，这些罚单所征收的税款已经远远超过方案出台之前人们交的罚款总量。

联邦存款保险公司正是以这种方式运行的。储户们被告知，一旦银行倒闭，他们那上了保险的账户会得到担保。为了替这个担保买单，每家银行都要按特定的百分比从其总储备金里划出一定的核定付款额。这个百分比对于所有银行来说都是一样的，不管它们之前的运行记录如何，也无论它们的贷款政策有多么大的风险。在这样的情况下，银行就不用花钱去买放心。那些贷款政策更具风险性的银行比那些更加小心谨慎的同行收取更高的利率。它们也更容易利用这笔资金赚钱，但成本不会多出一分。小心谨慎的银行觉得自己受到了不公正的对待，为了跟上竞争对手的步伐，渐渐也按捺不住，出台了更具风险性的贷款政策，从这笔资金的保护体制中获得属于它们的"应得份额"。道德风险就这样被嵌在这个机制中。和免收违规停车罚款一样，联邦存款保险公司也增加了那种承保情形实际发生的概率。它不是问题的解决之道，而是问题的一部分。

真正的保险只能是一份祝愿

一个真正完全自愿并能对实际风险起未雨绸缪作用的存款保险项目只能是一份祝愿。那些其账面上有可靠贷款的银行能够以合理的费用得到对其存款的担保，这是因为保险公司偿付的概率很小。而那些有不可靠贷款的银行则可能要付出高得多的费用，甚至可能会面临有价无市的境地。这样储户们无需进一步打探就会立即知道，不能去没有保险的银行存钱。为了吸收存款，各家银行不得不上保险。为了能以一个它们承担得起的费用上保险，它们不得不向保险公司证明其财务状况良好。于是，那些达不到良好业务运作最低标准的银行不久就会因无人问津而被迫退出市场。一个自愿的、私有的保险项目会比任何一种政策机制都更有效和忠实地成为整个银行业市场规范的有力维护者。不幸的是，这不是如今美国银行界的样子。

联邦存款保险公司所提供的"担保"无论如何都不具备任何保险的意义。它只不过是在那些最具影响力的银行卡特尔成员们出现财务困难时提供紧急援助机制的一部分。诚如我们已经看到的，这个机制的第一道防线是向国会请求用税收来让那些变成坏账的巨额贷款重获生机。一旦这道防线垮了，银行就再也不能通过在账面上做手脚来掩饰其已经破产这一事实。几乎可以肯定的是，这时那些忧心忡忡的储户马上就会排起长队来取钱——但银行没有钱。因而，第二道防线就是让联邦存款保险公司出手，来付钱给这些储户。

银行家们当然不想让这种情况发生，这只是万不得已的最后一招。如果银行用这种方式来挽救的话，那么管理层就会解散，结局往往是会被另一家银行整合。而且，涉事银行的股票市值会暴跌，但这只会影响那些小股东。那些握有控制性权益的人和银行的管理层在这场迟早要临头的大祸到来之前，很早就春江水暖鸭先知，他们能够在股价还处在高位时，就抛售掉其手中的大量股票。那些制造问题的人很少会自食其果，蒙受经济损失。

联邦存款保险公司的资金永远不够用

联邦存款保险公司永远不可能有足够的钱去履行其对整个银行系统所负有的潜在责任。如果的确存在这样一笔钱的话，这笔钱只会在银行自己手中，而那样的话银行也不用买保险了。相反，联邦存款保险公司运作的假设前提和银行如出一辙：只有一小部分人会同时要钱用。因而储备金从来不会高于总债务的区区几个百分点。典型的情况是，联邦存款保险公司每承保100美元存款，手中只有1.2美元。而在本书写作的这个年代，这一数字已经下降到区区70美分，并且还在下降。这就意味着，这头危险的金融巨兽的力量是那张救生安全网的约99倍。体制内一两家大银行倒下就足够耗光全部资金了。

而且情况还会恶化。尽管账面上会显示资金高达数千万甚至几百亿美元，但这也只不过是通过在账面上做手脚做出来的表面文章而已。根据法律规定，银行评估后确定的款项必须以长期国债的形式投资出去，这意味着这笔钱被贷给政府后随即被国会花了出去。于是，这一过程的最后一步就是联邦存款保险公司自己的钱也花光了，只好先向国库再向国会寻求帮助。这一步自然是最后绝望时的无奈之举，然而在媒体的宣传中它却成了这个制度伟大力量的标志。《美国新闻与世界报道》（*U.S. News & World Report*）干巴巴地形容道："假使这些机构还需要更多钱的话，国会将会恳请得到联邦政府的完全信任与信贷。"[1]哦，天哪，这难道不是太美妙了吗？知道那笔资金被保护得这么好，都让人飘飘然了。

让我们看看"联邦政府的完全信任与信贷"的真正意思是什么。已经深陷债务中的国会同样也没有钱，它不敢为弥补这个亏空公开征税，因此它申请通过发售更多的国债来发起新一轮贷款。公众会领走这些借据当中的一部分，其余的则由美联储买走。如果正在发生一场货币危机并且贷款规模庞大，美联储则会独揽这些国债。

可美联储也没有钱。于是它就凭空造出和这些借据等量的新钱，然后，通过中央银行体制的魔力，联邦存款保险公司最终获得了注资。这些新钱涌入银行，在那里它们被付给储户们。从那里出发，它们冲到实体经济的各个角落中，稀释了全部货币的价值，从而导致物价上涨。原有的收入能买到的东西越来越少，因此我们学会了适应这种一点点萎缩的购买力。但，你看到了吗？银行的大门又开了，所有的储户都很开心——直到他们回去开车，发现车轮不见了！

这就是"联邦政府的完全信任与信贷"的真意。

本章总结

尽管关于国家货币的那些事儿可能会显得神秘而混乱，它们还是受制于一些完备的规则，银行家和政客都得严格遵守。这些事件的核心真相是：银行制度中的所有钱都是通过放贷过程凭空造出来的。因而，一笔贷款的坏账几乎不会给银行带来实际损失，但它会以资产减少的形式出现在银行账面上，此时并没有相应的债务减少。如果坏

[1] 《那些苦苦挣扎的银行、存款与贷款机构中的存款是多么固若金汤》，载于《美国新闻与世界报道》杂志，1985年3月25日，第73页。

账贷款规模超过了其资产，银行就会出现技术性倒闭，必须关门歇业了。因此，银行生存下去的首个规则就是要避免从账面上勾销巨量的贷款坏账，并且可能的话至少得从这些贷款身上继续收取利息。为了达到这个目的，那些陷入险境的贷款被延期与加码。贷款人因此获得了继续付利息的钱，还有了可以利用的新资金。基本问题没有解决，只是被拖延成了更糟的情形。

为了帮助这个银行卡特尔，最终解决办法就是当未来贷款人失信时，让联邦政府来担保还贷。这就需要说服国会，使其相信倘若不这么做，就会导致经济遭到巨大破坏，人民就会陷入困境。从这里开始，这个贷款带来的负担就从银行账面转移到纳税人肩头了。如果这一努力也付之东流，银行不得不破产的话，那么最后就动用联邦存款保险公司来偿付储户们。联邦存款保险公司并不保险，因为存在的"道德风险"使其本来想要阻止的事情更可能发生了。联邦存款保险公司的一部分资金来自银行资产，不幸的是，这部分资金是储户自己掏的腰包。当这部分资金也用光时，就用美联储以新造货币形式所提供的资金来弥补亏空。这股在实体经济中泛滥开来的货币洪流引起了物价的上涨，但其实是货币的贬值。于是，这种紧急援助的最终代价就以一种叫通货膨胀的隐性税的形式传递给了公众。

关于这场比赛的规则就介绍到这里。下一章我们会看看这场比赛的计分卡。

第3章

公众的保护者

> 这场叫做紧急救助的比赛曾经被运用到拯救这些大企业、银行和机构的案例当中：宾州中央铁路公司[1]、洛克希德公司、纽约市、克莱斯勒公司、底特律联邦银行、宾夕法尼亚第一银行、伊利诺伊大陆银行，以及2008年金融危机后的各大银行、AIG、汽车企业等。

在上一章里，我们用了一个体育赛事的奇怪比喻，把货币学家和政治家们如何在危难之时拯救美联储卡特尔的那些商业银行成员阐述清楚了。这种打比方的危险之处在于，也许读者会觉得不太严肃。因此，让我们丢下这个比方，回到现实当中。现在既然我们已经了解了这场比赛的设定规则，那么就该看看这场比赛本身的计分卡了，这显然不是什么无关紧要的小事。从持有宾州中央铁路公司股票并因此陷入险境的银行财团这个案例着手，会是个不错的开头。

宾州中央铁路公司破产

宾州中央铁路公司当时是美国最大的铁路公司，有96000名雇员，一周开出的工资就有2000万美元。1970年，它也造就了这个国

---

[1]　即1968年由纽约中央铁路公司和宾夕法尼亚铁路公司合并而成的宾夕法尼亚–纽约州中央铁路运输公司，这里按照原文简称其为宾州中央铁路公司。——译者注

家最大的一桩破产案。几乎每家愿意贷款的银行都是它的债主，大通曼哈顿（Chase Manhattan）、摩根担保（Morgan Guaranty）、汉华实业（Manufacturers Hanover）、第一国民城市银行（First National City）、化学银行（Chemical Bank）、伊利诺伊大陆银行（Continental Illinois）都位列其中。作为获得贷款资金的一个条件，出资最多的几家银行派员进驻了宾州中央铁路公司的董事会，被提名为公司董事，这些人逐渐获得了对这家铁路公司的管理控制权。同时，这些银行的信托部门也持有宾州中央铁路公司的大量股份。这种安排在很多方面是很方便的，不仅仅是那些出席董事会的银行家早于公众了解信息，从而可以影响宾州中央铁路公司的股票市值这么简单。克里斯·威尔斯（Chris Welles）在《俱乐部的最后时日》（*The Last Days of the Club*）里描写了当时发生的事情：

> 5月21日，宾州中央铁路公司破产一个月前，公司的首席财务官大卫·贝文（David Bevan）私下里告知公司银行债权人的几位代表，说公司的财务状况已经岌岌可危，将不得不推迟发行一笔价值一亿美金的债券，这笔钱原本是一笔十万火急需要启用的资金。贝文说公司将会另辟蹊径，寻求某种政府贷款担保。换句话说，除非公司能够得到联邦政府的紧急救助，否则就会倒闭。次日，曼哈顿大通的信托部门抛售了其所持有的宾州中央铁路公司的134300份股票。在5月28日公众得知这次债券将推迟发行前，大通又抛售了128000份股票。这家银行的主席大卫·洛克菲勒（David Rockefeller）坚决否认大通是在得到内部消息后才这么做的。[1]

更深入的研究表明，事实上，最终导致宾州中央铁路公司倒闭的所有重大管理决定都是经由其董事会的一致同意才作出的。也就是说，这些决定是由那些提供贷款的银行作出的。换句话讲，银行家们

---

[1] 克里斯·威尔斯：《俱乐部的最后时日》（纽约：E.P.达顿出版社，1975年版），第398-399页。

不是因为宾州中央铁路公司的糟糕管理而陷入麻烦的，就是他们自己把宾州中央铁路公司管理得如此糟糕。1972年，在国家银行与货币委员会主席兼国会议员怀特·帕特曼（Wright Patman）主持下进行的一次调查揭露了如下事实：银行为那些过度扩张、多元经营的大项目提供巨额贷款。它们为铁路公司提供了额外的数百万美元的贷款，这样就能给其股东们分红了。这创造出了虚假繁荣的表象，人为造成了铁路公司股票市值的膨胀，刚好可以把这个烂摊子最后扔给毫无察觉的公众。这样，那些银行家管理者们就能够为自己设计出一条狡兔三窟的发财之路。他们（1）从实际上已经不值钱的股票中分红；（2）对那些贷来做分红之用的钱收取利息；以及（3）能够以高得离谱的价格抛售180万份股票——当然是在分红后。[1]来自国家证券交易委员会的报告表明，该公司的高层们以这种形式处理掉其所持股份，每人挽救了超过100万美金的损失。[2]

假使铁路公司在这个节点上就被允许破产并被强迫出售掉其资产，那些银行家们仍然会得到保护。无论破产清算如何进行，债权人都是首先得到补偿的，最后才轮到股东们。因此那些操作者们才在股价相对高位时抛售掉他们持有的大部分股票。这在那些公司财富掠夺者当中是惯常做法，他们用借来的钱获得对一个公司的控制权，抽干这家公司的资产，把这些榨取来的钱投入到他们控制的其他公司中去，然后把这家负债累累、垂死挣扎的公司扔给那些还被蒙在鼓里的股东们，或者扔给这个案例当中的纳税人。

---

[1] 《宾州中央铁路公司》，载于《1971年国会季鉴》（华盛顿特区：1971年国会季鉴），第838页。

[2] 《宾州中央铁路公司：贷款方案失败后申请破产》，载于《1970年国会季鉴》（华盛顿特区：1970年国会季鉴），第811页。

倒霉的公众

在随团队调查报告一起递交的传送信中，国会议员帕特曼这样总结道：

就好比人人都是一个紧密组织起来的俱乐部中的成员。在这个俱乐部中，宾州中央铁路公司及其要员们能够在几乎不受质询的情况下获得贷款，无论这些贷款是用在公司还是他们自己身上，也不管是用于何种目的。在这个俱乐部中，在公司董事会中列席的那些银行家实际上根本不过问正在发生什么事情，只是听任管理层毁掉公司，去投资那些有问题的项目，在某些情况下甚至参与非法活动。作为回报，这些银行获得了该公司大部分利润丰厚的银行业务。只要这场比赛还在进行，每个人的态度似乎都是，所有这些交易对俱乐部的每个人都是有利的，可铁路公司和公众却倒了血霉。[1]

在这种情况下，名为美联储的银行卡特尔就该出手相助了。时任美联储主席亚瑟·伯恩斯（Arthur Burns）本来更倾向于直接注入一笔新造的钱，但这与当时的规则背道而驰。用他自己的话来说："没有一样行得通，在现行法律之下我们不能借钱给铁路公司……我要另辟蹊径来解决这件事。"[2]

铁路公司的财务危机在一个周末终于兜不住了，为了避免公司在周一早晨被迫申请破产，伯恩斯把美联储全国各分行的头目们都召集到总部来，让他们立刻放出话来，就说美联储迫不及待地要出手相助了。周日，时任美联储纽约分行副总裁的威廉·特里波尔（William Treiber）联系了纽约十大银行的主管，告诉他们次日早晨美联储将会大开其贴现窗口。这话的意思就是美联储准备凭空造钱，随后立刻

---

[1] 威尔斯前引书，第404–405页。

[2] 同上，第407页。

把这些钱贷给这些商业银行，它们转而能够将这笔钱"增值"[1]，从而再贷给宾州中央铁路公司以及其他处在类似困境中的公司，比如克莱斯勒公司。而且，美联储会把这些可获得资金的利率降到足够抵消风险的低水平。在谈到接下来那个周一所发生的事情时，伯恩斯吹嘘道："我让整套班子全天都在工作，以修改Q条例[2]，这样钱就能够流进银行了。"在回顾此事时，克里斯·威尔斯赞许地将其描述为"毫无疑问这是美联储的巅峰时刻"。[3]

不管是不是巅峰时刻，银行对这个说法的兴趣可没那么大，除非它们能够得到保证——纳税者也会分担贷款并且确保还款。于是，动议不可避免地到了国会那里。宾州中央铁路公司的管理层、银行家和工会代表一批批前来游说：铁路公司继续存在下去是非常符合公众、工人和实体经济自身的最大利益的。海军部则用了保护国家"国防资源"的说法。国会自然不能够对国家的这些迫切需求冷眼旁观、不予理睬。它作出了这样的反应，下达了一个具有溯及力的涨薪令，所有加入工会的雇员的工资上涨13.5%。在增加了铁路公司现金用光的负担、进一步把它推进深渊后，国会通过了《1970年紧急铁路服务法案》（*Emergency Rail Services Act of 1970*），授权发放一笔高达1.25亿美元的联邦贷款担保。[4]

当然，所有这些都没有解决问题，也没有真正想要解决问题。几乎人人都知道，最终铁路公司会被"国有化"，这等于是在委婉地说，它会成为一个吞噬税收的黑洞。这在1971年创立国家铁路客运公司（AMTRAK）和1973年诞生联合铁路公司（CONRAIL）后成了现

---

[1] 对这种增值效果的解释请参见第8章。

[2] Q条例是美国联邦储备委员会按字母顺序排列的一系列金融条例中的第Q项规定，内容是对储蓄存款和定期存款的利率设定最高限度，因此也称为"利率上限条例"。——译者注

[3] 威尔斯前引书，第407—408页。

[4] 《国会通过铁路援助案，对罢工作出的反应》，载于《1970年国会年鉴》（华盛顿特区：1970年国会年鉴），第810—816页。

实。国家铁路客运公司接管了宾州中央铁路公司的旅客运输业务，联合铁路公司则接下了它和另外五家东部铁路公司的货运业务。从技术层面上来看，国家铁路客运公司是家私人公司，可当它成立时，其85%的股份是控制在政府手中的，其余股份由雇员所有。幸运的是，政府股份在1987年的一次公开募股中出售了。

联合铁路公司仍然处在政府的控制之下亏损运营，它由政府补贴维持运营——也就是说它吃纳税人的钱。到1998年，国会已经向其输送了210亿美元。到2002年，它一年就消耗纳税人2亿美元。到2005年，它请求额外得到每年18亿美元的补助。从1990年到2009年，它又损失了230亿美元。相反，国家铁路客运公司由于回归到私人手中，却经历了一个大快人心的反弹，一直是盈利的——也就是不再食税，而是交税了。

拯救洛克希德公司

同样是在1970年，这个国家最大的国防产品承包商洛克希德公司（Lockheed Corporation）也正徘徊在破产边缘。美国银行（The Bank of America）和另外几家小点的银行给这家巨头提供了4亿美元的贷款，它们并不想失去这笔贷款的巨量利息收入，也不想看到如此大的一笔资产从其账面上消失。到了差不多的时候，银行和洛克希德公司的管理层、股东以及工会在华盛顿碰头。悲天悯人的政客们被告知，如果任由洛克希德公司走向破产，就会有31000人失业，数百家次级承包商倒闭，数千家供应商被迫破产，国家安全会严重受损。洛克希德公司需要再借钱，借很多钱。但由于它这种窘迫的财务现状，没有谁愿意借钱给它。怎么办呢？为保护经济和保卫国家起见，政府只得提供金钱或信贷。

财政部长约翰·B.康纳利（John B. Connally）很快设计出一套信贷援助方案。政府同意，只要再追加2.5亿美元贷款的话就担保还款——这一数字会把洛克希德公司向其业已深陷的债务巨坑里再推进60%，但现在已经没什么区别了，一旦纳税人被牵扯进来，连带承担还款责任，银行就会毫无顾虑地拿出钱来。

这则故事还有隐晦的一面，那就是政府现在有一种巨大的动力，要确保洛克希德公司能够拿到尽可能多的国防产品订单，并且这些订单要尽量赚钱。这是一个间接用税收来偿还给银行的方法，但得用一种不会引起公众愤怒的方法做到。其他运营得更好的国防产品承包商会失去生意，但谁也无法证明这一点。而且，国防开销的微小增加难以被察觉。

到1977年，洛克希德公司的确是还清了这笔贷款，这件事被当作所有比赛参与人员智慧与能力的见证而广为宣传，这些人员包括裁判和比赛组织者在内。然而，进一步的深入分析必须要包括两方面的事实。首先，没有证据表明那些年里洛克希德公司的成本控制做得更好。其次，用来还贷的每一分钱都来自国防产品承包订单，而这些订单同样是由担保还款的政府提供的。如此安排之下，贷款被还上还是没还上就没什么区别了。不管是哪种情况，美国纳税人都注定要买单。

行将破产的纽约

尽管在通常意义上纽约市政府不是一家公司，但它却在很多方面以公司的方式运作，特别是涉及债务的事宜。

1975年，纽约市的信誉告罄，甚至连工资都快发不出来了。起因并不神秘。纽约市早就是一个福利之邦了，其市政措施的成功一贯都是通过慷慨帮助补贴"穷人"来彰显的。不足为奇的是，这座城市的政治腐败和官场骗局也是臭名昭著的。那时的大城市平均每千人中有31名政府雇员，而纽约是49名，比平均值高58%。这些政府雇员的工资远高于私企员工，当时一家私立医院的X光技工每周可以挣得187美元，而为市政府工作的护工可以挣203美元。银行出纳平均每周挣154美元，可地铁负责找零的人却可以挣212美元。同时，纽约市边缘地区的福利是全州私企员工待遇的整整两倍。在这份堆积如山的政府开支的顶部，还堆着这些额外的费用：公费上大学、住房补贴、公费医疗，以及层出不穷的各种改头换面的福利项目。

市政府收的税远不够维持这个乌托邦的开销，甚至把上交奥尔巴尼和华盛顿的联邦税也拿过来用，还是入不敷出。现在只有3个选择：增加城市税收、削减开支，或是负债，而作出选择轻而易举。到1975年，纽约市发行的债券已经多到让市场饱和的地步，放贷人实在没有地方下脚了。但最终20亿美元的贷款还是放出来了，几家银行共同放贷，大通曼哈顿和花旗集团在其中占据主导地位。

当最终纽约付不出这些贷款的利息时，动真格的时候到了。银行家们和这座城市的家长们沿海岸线南下来到华盛顿，把他们的情况告诉了国会。他们说，这个世界上最大的城市不能走向破产。一些必要的市政服务将会停摆，数百万人的垃圾将没人清理，市民不能乘坐公交地铁，甚至失去了警察的保护。饥饿、疾病和犯罪将会在城市里肆意横行，这会给美国抹黑。坐镇大通曼哈顿的大卫·洛克菲勒说服了他的朋友、联邦德国总理赫尔穆特·施密特（Helmut Schmidt），对媒体宣称纽约的这种灾难状况能够引发一场国际金融危机。

可以理解，国会不想把纽约变成无法无天的地方，也不想抹黑美国或是引发一场世界范围内的金融恐慌。于是，1975年12月，国会通过了一个法案，授权财政部给纽约拨发一笔高达23亿美元的直接贷款，这一数字相当于纽约当时对银行欠款的两倍多。所有这些钱自然首先得由国会借来，而国会本身也是重重债务缠身的。实际上这笔钱中的大多数都会由美联储直接或间接造出来。这笔钱将会通过叫做通货膨胀的购买力损失过程从纳税人手中抠出来，但至少银行又可以收钱了，而这就是比赛目的。

这笔贷款附带着严苛的限制条件，包括一个财政紧缩方案和一个系统的偿还时间表。这些条件没有一个得到遵守，纽约市仍然我行我素地做着福利大梦，也不可能摆脱债务困扰。

克莱斯勒公司

1978年，克莱斯勒公司濒临破产。它欠银行的贷款已经延期了好几次，比赛已经接近尾声。克莱斯勒公司需要更多的资金才不至于出局，它对仅能支付其现有贷款利息的钱不感兴趣。为了让这场比赛值得打下去，它想得到一笔超过10亿美元的新资本。

在华盛顿，经理人、银行家和工会领导人发现了共同目标。如果美国其中一家最大的公司就这么完蛋了，想想它所雇用的数千名工人及其家人所要面临的困难日子吧，考虑下失业冲击波横扫这个国家时对经济造成的破坏吧。想到美国将丧失在汽车市场的竞争力，以前的三个品牌现在只剩下两个，[1]这可真够可怕的。

那么好吧，国会不想把无辜家庭推入贫困，不想搞垮国家经济，不想否认宪法赋予所有人的自由选择权，有谁会因此而去责备国会呢？于是一项法案得以通过，财政部得到指示，要发放一笔高达15亿美元的新贷款给克莱斯勒公司。各家银行同意勾销6亿美元的旧贷款，交换条件是它们可以再得到价值7亿美元的优先股。这两项举措

---

[1] 当时美国有通用、福特和克莱斯勒三家大汽车公司。——译者注

都被当成银行正在遭受重大损失，但为了拯救国家愿意委曲求全的明证来大肆宣传。但应该注意到，在解决方案公布于众后，用来交换之前已还不上的贷款的那些股票的价值大大上涨了。而且，一方面其余的部分旧贷款继续支付利息；另一方面，银行现在用新贷款取代了被勾销掉的那部分旧账，这些新账的质量远胜于旧账，因为它们完全是由纳税人担保的。

底特律联邦银行

下一次紧急财政援助发生在1972年，这次搭救的是身家15亿美元的底特律联邦银行（Commonwealth Bank of Detroit）。联邦银行通过从纽约大通曼哈顿贷款，实现了非凡的增长。当联邦银行因为证券投机及管理层以权谋私而走向覆灭时，大通握有其39%的普通股份，实际上控制了这家银行，大通试图找到方法拿回它自己的钱。联邦存款保险公司主管欧文·斯普拉格（Irvine Sprague）描述了接下来不可避免要发生的事：

大通高管们……提议，联邦银行是个公众感兴趣的问题，政府机构应该要处理。大通希望联邦银行得到政府的紧急财政援助，而这种笨拙的暗示就是实现的方法……这些高管们的建议归结起来就是紧急援助股东们，其中最大的股东就是大通。[1]

银行家们认为，不能坐视联邦银行倒闭，因为它为社区提供"重要"银行服务。有两件事可以充分说明这一点：（1）它为许多少数族群社区服务；（2）底特律市没有足够多的银行可以吸收它倒闭后留下的业务真空，除非由少数几家银行垄断当地业务，而这又是不健康的。我不清楚少数族群问题和它有什么关系，因为在联邦银行设立

---

[1] 欧文·斯普拉格：《紧急救助：银行倒闭与救助的内部观察》（纽约：基本图书，1986年版），第68页。

分行的每个街区也都有其他银行在运营。而且，如果联邦银行被变卖的话，其许多分行无疑会被竞争者买下，那些社区的银行服务还会持续下去。由于整个讨论过程中并未注意这个问题，显然，这个问题被抛出来只是图个冠冕堂皇，没有人把这件事当真。

不管怎样，联邦存款保险公司不想被人指责说"对底特律少数族群的需求无动于衷"，也当然不想成为企业自由竞争制度的破坏者。于是，1972年1月17日，联邦银行得到了一笔6000万美元贷款的紧急援助，外加不胜枚举的联邦政府担保。大通蒙受了一些损失，主要是联邦银行那疲软的债券产品造成的，但如果没有联邦存款保险公司干预的话，造成的损失将远大于此。

为了阻止金融力量的集中，有必要让这家银行存活下来，联邦存款保险公司做主，将它出售给了第一阿拉伯公司（First Arabian Corporation），这是一家位于卢森堡、由沙特王子资助的公司。显然把金融力量集中在沙特阿拉伯，比集中在底特律要好。联邦银行继续惨淡经营，直到1983年其残部又被卖给了当时的底特律银行与信托公司（Detroit Bank & Trust Company），即现在的联信银行（Comerica）。于是，令人恐惧的当地金融垄断力量最后还是实现了，但此时大通曼哈顿已经从这件事情中全身而退了。

宾夕法尼亚第一银行

接下来的一次紧急财政援助发生在1980年，对象是费城的宾夕法尼亚第一银行（First Pennsylvania Bank）。宾夕法尼亚第一银行是美国第23大银行，其资产超过了90亿美元，它相当于6个底特律联邦银行或是900个波士顿联合银行。同时它也是美国最早的银行，其前身要追溯到1781年大陆会议缔造的北美银行（Bank of North America）。

在首席执行官约翰·邦廷（John Bunting）的激进领导下，这家银行曾经成长迅速、盈利颇丰。邦廷之前曾经在费城联邦储备银行（Federal Reserve Bank of Philadelphia）担任经济顾问，他是那个年代那些颇具赌性的银行家的一个写照。他放出有风险的贷款，还在债券市场上投机，通过降低安全线大大增加了盈利率。只要经济处在扩张期，这些赌博就会赢钱，股东们就会特别爱他。可当他在债券市场上的投机搞砸时，银行便一头扎入负的现金流当中了。到1979年时，宾夕法尼亚第一银行被迫卖掉几家盈利的分行以获取运营资本，而它自身还有3.28亿美元的问题贷款，这比全部股东投资额还多了1600万美元。这家银行破产了，请求纳税人为其损失背黑锅的时候到了。

银行家们云集华盛顿并各抒己见，自然少不了来自全国三家顶级银行的代言人，这三家银行就是美国银行、花旗银行和一直都会出现的大通曼哈顿。他们认为，对宾夕法尼亚第一银行施以紧急财政援助是"必要的"，这不仅是为了让费城的银行服务得以延续，也对维持世界经济稳定举足轻重。他们说，这家银行太大了，如果坐视其倒下，它将成为引发一场国际金融危机的第一张多米诺骨牌。起初，联邦存款保险公司的主管们拒绝了这一理论，从而惹得美联储怒气冲冲、失去耐心。斯普拉格回忆道：

我们远未达成如何处理此事的共识。一开始，就有一股不能让这家银行倒闭的强大压力。除了从当事银行、其他大银行以及监理部门那里听取意见外，我们也常听取美联储的说辞。我记得在一次讨论会上，美联储副主席弗雷德·舒尔茨（Fred Schultz）以空前的大嗓门说我们别无选择——我们得救救这家银行。他说道："别浪费时间谈别的了！"……[1]

联邦存款保险公司的主管们可不想同美联储论剑，他们也几乎肯

---

[1] 斯普拉格前引书，第88–89页。

定不想因为放任第一张多米诺骨牌倒下而成为摧毁世界经济的罪魁祸首。"这个理论从未被尝试过，"斯普拉格说，"彼时我不确定这是不是我想要的。"[1]于是，以一笔来自联邦存款保险公司的3.25亿美元贷款为主的一揽子紧急财政援助计划应运而生了。这笔贷款第一年是免息的，此后的利率都会得到补贴，大概是市场利率的一半。

伊利诺伊大陆银行

20世纪80年代初，芝加哥的伊利诺伊大陆银行是全美第七大银行。它的资产高达420亿美元，雇员多达12000人，几乎在全球所有主要国家都有分行。其贷款业务经历了惊人的增长，相应的纯收入仅仅五年间就翻了一番，到1981年，这一数字已经窜升至每年2.54亿美元。它成了市场分析家们的宠儿，甚至被《邓氏评论》（*Dun's Review*）列为全美管理五佳公司之一。这些意见领袖未能觉察到，取得如此令人刮目相看的表现不是因为它精于银行业务或投资，而是因为它所资助的那些摇摇欲坠的商业企业和国外政府无法从别处获得贷款。蒙在鼓里的公众也想跟着沾光。有那么一阵子，这家银行的普通股确实比那些管理更加谨慎的公司卖得更好。

1982年7月4日那个周末，随着俄克拉荷马州佩恩广场银行（Penn Square Bank）的倒下，这层华而不实的布料被撕开了。这是一家位于商业中心的臭名远扬的银行，它预订了10亿美元的石油与天然气贷款，准备于能源市场崩溃前夜转售给大陆银行（Continental）。同时，其他贷款的情况也开始急转直下。墨西哥和阿根廷的债务危机到了最危险的关头，几乎每天的头条都能看到大公司的破产消息。这些政府和公司几乎都接受了来自大陆银行的低息贷款，合起来数量非常

[1] 斯普拉格前引书，第89页。

惊人。当这些事情导致这家银行的信用评级下降时，小心谨慎的储户们开始去取钱了，可新的注资已经萎缩成涓涓细流，这家银行每天都在花钱，非常迫切地需要现金。为了吸引新钱，该行为其存款证开出了高得离谱的利息。贷款经理人们被派出去开拓欧洲、日本的市场，同时大搞公关，旨在让市场管理者们相信这家银行平静而稳定。彼时该行主席大卫·泰勒（David Taylor）说道："我们有一支守卫伊利诺伊大陆银行的军队，我们能够守卫全世界。"[1]

到1983年底时，该行负担的不履约贷款已经达到了无法承受的比例，而且还在以一个令人胆战心惊的速度上升，到1984年时，这一数字达到27亿美元。同年，大陆银行卖掉了其盈利的信用卡业务以弥补现金损失，同时筹钱给股东们发放他们所期盼的季度分红。它的内部结构几乎坍塌，但外立面看上去仍然是家正常运营的公司。

5月8日，周二，上午11点39分，这家公司的外立面发出崩塌的第一声信号。英国新闻机构路透社报道了一条消息说，荷兰、联邦德国、瑞士和日本的银行都提高了它们对大陆银行的贷款利率，其中有些已经开始从大陆银行撤资。该报道还援引了这家银行的官方声明，说关于快要破产的传闻是"完全荒谬的"。几小时后，另一家通讯社——商品新闻社（Commodity News Service）报道了另一则传闻：一家日本银行有意收购大陆银行。

全球首桩电子银行挤兑案

次日早晨天一放亮，国外投资者就开始取出他们的存款。首日就有10亿美元的亚洲资金被取走了。次日——距离大陆银行驳斥破产说法的24小时后不久，它的长期客户、位于同一条街上几步之遥的贸易

---

[1] 彻诺前引书，第657页。

结算集团（Trade Clearing Corporation）提走了5000万美元。反转的言论传遍了各家财经通讯社，恐慌蔓延开来，并演变成了全球首桩电子银行挤兑案。

到周五时，大陆银行已经被迫向美联储借了36亿美元，以补上不断出逃的存款所造成的亏空。一个由摩根担保领衔的16家银行组成的财团大方地作出了期限为30天的信贷，但所有这些都是杯水车薪。又过了7天，大陆银行的资金外流超过了60亿美元。

起初，几乎所有的取款行为还局限在机构层面，即那些密切监视着金融市场风吹草动的其他银行和职业管理基金。大众并不知道要大祸临头了，甚至当它显露出来时也没有察觉。彻诺写道："大陆银行倒闭案有点现代科幻片的样子了，没有大群歇斯底里的储户，只有电脑屏幕上那些冷峻的、梦魇般的闪动。"[1]斯普拉格写道："银行里面静悄悄的，出纳柜台前的队伍一如既往地移动着，银行管理人员身上也看不出有任何麻烦发生的迹象——不同之处在电讯室。这里的雇员们知道发生了什么，因为一笔接一笔的钱正在通过电子手段被提走，这让大陆银行不停出血直至死亡，有人哭了。"[2]

从一开始，该事件就只有两个问题：如何揽下其全部债务从而能够援救大陆银行，同样重要的是，如何政治正确地敲美国纳税人的竹杠。正如上一章指出的那样，比赛规则要求必须把这个骗局描述成是保护公众的英雄之举。在大陆银行破产案中，光是数量规模的庞大就使得这出戏变得比较容易了。涉及的储户和牵扯到的银行都是如此之多，处于风险之中的美元以十亿计，以至于可以说整个美国——或者全世界——经济面都危如累卵了。谁能说不是这样呢？斯普拉格用熟悉的话语作出了辩解：

---

[1] 彻诺前引书，第658页。

[2] 斯普拉格前引书，第153页。

5月15日，周二，美联储安排了一次晨会……我们讨论是否有别的选择。基本没有——真的没有……（财政部长）里根（Regan）和（美联储主席）沃尔克老生常谈地提到对国家银行业可能崩溃的关注，即一旦大陆银行倒下后的一连串反应。沃尔克担忧可能会引发一场国际危机。我们都敏锐地意识到，之前倒闭的那些银行，远没有哪家的规模能够与大陆银行相提并论。没人知道它倒下后美国和世界会发生什么事情，也没有时间出于知识分子的好奇心去研究后果了。[1]

打造美联储和联邦存款保险公司就是为了这样的黄金时刻。没有政府的干预，大陆银行就会垮掉，其股东将血本无归，储户们会蒙受重大损失。而金融界也会得到这个教训，即银行不仅仅需要谈论谨慎管理，事实上需要实行谨慎管理。未来的银行运作模式将大为改变，对国家的长期经济的好处将不可估量。但有了政府干预，自由市场规则会暂时失效，失败或欺骗的成本会通过政治手段传递给纳税人。储户们会继续生活在假想的安全之梦中，银行能够肆无忌惮和虚伪狡诈地运作，因为银行家们知道当他们遇到麻烦时，政府里的政治伙伴们会出手相救。

5月15日的会议上，财政部长里根雄辩地谈到了自由市场的价值和让银行界自己拿出拯救方案的必要性，至少得让银行承担一部分钱。为了制订出这个方案，次日早晨七家最大银行的总裁举行了一场峰会，它们是摩根担保、大通曼哈顿、花旗银行、美国银行、化学银行、银行家信托公司和汉华实业银行。这次会议其实是敷衍了事，与会的银行家们都心知肚明，当局不会冒险让一家主要银行倒下从而造成政治上的尴尬局面，那会在中期选举时让总统和国会脸上无光。但为了维护当局保守主义的形象，装装样子，象征一下还是需要的。于是，在美联储和财政部的敦促下，七家银行同意拿出5亿美元——平

---

[1]　斯普拉格前引书，第154–155、183页。

均每家才7100万美元，远远不够实际需求。彻诺形容这一方案为"惺惺作态"，说"他们假装着拿出一个拯救方案"。[1]斯普拉格则为我们讲述了细节：

银行家们说他们愿意赴汤蹈火，但他们并不想亏本，因此喋喋不休地要求得到担保。他们既想让自己看上去像是在投钱进去，同时又要绝对确保自己没有风险……到早晨七点半时，讨论几乎毫无进展，我们确信几个小时后情况会完全失控。大陆银行不久将会面对一个新的工作日，而股市也会在十点开盘。伊萨克（Isaac，另一位联邦存款保险公司主管）和我在走廊里谈了一阵子，我们同意撇开银行单独行动。我们把这个想法告诉克诺佛（Conover，也是联邦存款保险公司主管），他同意了……

（之后）我们的纽约地区主管伯尔尼·麦克可昂（Bernie McKeon）传来话说，银行家们同意冒险了。其实，说是冒险也是夸大其词了，因为我们一旦发声，总是百分百保险的。[2]

最终的一揽子紧急财政援助堪称是大手笔。基本来讲，政府接管了伊利诺伊大陆银行并吸纳了其一切损失。具体来讲，联邦存款保险公司揽下了45亿美元的贷款坏账，为此向大陆银行支付了35亿美元，另外10亿美元以购买股票的形式为其注入新鲜资本。于是，大陆银行现在的最大股东就是持有其八成股份的联邦政府，它的那些坏账则被甩给了纳税人。实际上，尽管大陆银行表面上仍然是一家私人企业，但已经被国有化了。

到1984年，"源源不断的流动资金"已经汇集成令人吃惊的80亿美元了。到1986年初，这一数字攀升至92.4亿美元，并且还在上升。在解释这种损害纳税人、资助参议员银行委员会（Senate Banking

---

[1] 彻诺前引书，第659页。

[2] 同上。

Committee）的行为时，美联储主席保罗·沃尔克（Paul Volcker）说："这一操作是美联储最基本的功能，是它之所以被创造出来的目的。"[1]这句话也是本书中最具争议性的论点之一。

小银行活该倒霉

之前讲过，大银行可以以牺牲小银行为代价，从联邦存款保险公司那里无偿得到损失补偿。这一点在大陆银行紧急财政援助案中体现得最为淋漓尽致。1983年，大陆银行仅投入650万美元的保费，便让其30亿美元的存款得到了保险。其实际债务——包括机构与海外存款——十倍于此，但联邦存款保险公司为所有这一切资金提供担保。正如斯普拉格所承认的："相对而言，小银行出的保费比例要大得多，而它们得到大陆银行这种紧急财政援助的机会则要小得多。"[2]

这句话说得太准确了。就在联邦存款保险公司与美联储一道为大陆银行提供数十亿美元以供付款、购买股票、贷款和担保之用的同一周内，田纳西州皮科维尔的布莱德休县银行（Bledsoe County Bank）和路易斯安那州欧普卢萨斯的种植园主信托与储蓄银行（Planters Trust and Savings Bank）关门大吉。在那一年的上半年，43家小银行没有得到联邦存款保险公司的紧急财政援助倒闭了。大多数情况下，这些小银行被并入一家更大的银行，没有上保险的那些存款会有危险。这种不平等的银行制度所产生的影响力是巨大的。它传递给银行家和储户们这样一个信息，即小银行一旦陷入麻烦将会自生自灭，而大银行是安全的，不管其管理有多么糟糕或敷衍。正如一位纽约的投资分析家向新闻记者所表明的，伊利诺伊大陆银行即便刚刚经历过破产重

---

[1] 格雷德前引书，第628页。
[2] 斯普拉格前引书，第250页。

组，也"显然是这个国家可以存钱的最安全的银行"。[1]这简直就是将小型独立银行逐出市场或迫使它们把自己出售给巨头的行径，而这的确也是一直以来都在发生的事。自1984年以来，在数百家小银行被迫退出市场的同时，幸存银行——在政府保护之下——的平均规模增长了两倍多。必须要提醒一句，这种大银行对小银行的优势也是杰基尔岛计划的目标之一。

次贷危机

到2008年，自我毁灭的引擎已经火力全开。几十年的低利率政策吸引了房产拥有者、投机者，贷款机构纷纷杀入房地产市场，追逐稳赚不赔的生意。他们知道，一旦出现危机，美联储就会出手相救。大银行把风险抛到了一边，所有愿意签字贷款的人都会获得批准，而不考虑他们的还贷能力。很多机构夸大了房产的价值、贷款者的收入，因此房贷实际上超出了房产的实际价值。游戏很简单：尽可能地多发次贷，把类似的贷款打包组合，再给这种组合起一个好听的名字，比如"多元化基金"，再将其出售给毫无疑心的投资者。两家最大的房贷机构是房利美（Fannie Mae）和房地美（Freddie Mac），都是政府资助的"打包商"。

这个游戏运行了一段时间，因为美联储的低利率政策造就了房市的泡沫，使得房价暴涨。那些还不上贷款的人只要卖了房子就能大赚一笔。丧失抵押品赎回权的情况很少出现，投资组合的表现似乎很稳定。不过，所有操纵市场形成的泡沫终将破灭，房地产也不例外。泡沫破裂之后，随之而来的就是疯狂的通胀、高税收、加强监管、其他

---

[1] 凯斯·E.莱蒂（Keith E. Leighty）：《新伊利诺伊大陆银行面临着不明朗的未来》，载于《新闻纪事》，1985年5月13日，第18页。

国家失业猛增，也就形成了经济萧条。

丧失抵押品赎回权的情况越来越多，房地美、房利美、大银行和贷款银行陷入了危机。它们的贷款无法得到偿还，而且许多购买了投资组合产品的机构开始提起诉讼。又到了美联储大显神威的时候了，它创造了超过1万亿美元的新货币。安布罗斯·伊万斯-普理查德（Ambrose Evans-Prichard）在《伦敦电讯报》（*London Telegraph*）撰文称：

紧急救助使得美国财政部有权向房地美和房利美注入巨资，这两家机构持有或担保的住房贷款占到美国12万亿美元房贷市场的一半以上。美国国债的上限提高了8000亿美元，也就是说财政部可以无限量地向这两家机构注资。同时，联邦住宅管理局（FHA）承诺向深陷麻烦的贷款者提供3000亿美元的新增贷款，以便应对高涨的房贷利率。

此举是为了防止房贷违约出现雪崩，并防止房地产市场的进一步崩溃。第二季度新增了74万例房贷违约案例……房地美和房利美这两家全球最大的金融机构的股价已经下跌了接近85%。[1]

纸牌屋的坍塌

事情发展到这一步，速度陡然加快，金融灾难和巨型救助计划立刻开始了。也就是这时候，纸牌屋开始坍塌了。2008年9月，联邦政府接管了房利美和房地美，并向其注资超过1000亿美元。同一个月内，政府还向美国国际集团保险公司（AIG Insurance Co.）贷款850亿美元，以维持其运营。这两笔钱都是美联储造出来的。没人真的相信它们会还，所有的费用都将通过通胀转嫁给美国消费者（此前，房利

[1] 安布罗斯·伊万斯-普理查德：《房地美与房利美：国会一揽子救助计划》，载于《伦敦电讯报》，2008年7月28日。

美和房地美已经向国会议员捐赠了480万美元的竞选资金[1]）。获得救助之后，AIG的高官们欢聚一堂，用了9天时间大肆庆祝并制订未来的规划。他们的庆祝地点是加州帝王海滩的瑞吉酒店，这里每晚价格为500美元。[2]

他们最先想到的就是给自己发奖金，而毫不顾忌正是因为自己经营不当才导致纳税人损失了辛辛苦苦挣来的钱。AIG把奖金称为"保留支出"（retention payout）。随后，公众要求限制保留支出的数额，高官们随即放弃了文字游戏，直接提高了自己的工资和津贴。[3]

7000亿救助（或许是5万亿？）

2008年10月，国会通过了7000亿救助计划，美国濒临破产的大银行将获得这些资金。投赞成票的议员从这些银行获得的政治捐款比投反对票的议员高54%。[4]白宫对于"紧急救助"这个词感到不满，要求使用"援助"一词，媒体妥协了。[5]

7000亿美元的救助计划已经让世界震惊了，但真相更加夸张。信用观察（Credit Sights）是一家在纽约和伦敦营业的独立调查公司，它调查了美联储和联邦存款保险公司的所有记录，认为实际的救助金额超过了5万亿美元。[6]这相当于每个美国人都贡献了16500美元。

简单说一下其他的事吧。美国运通获得了33.9亿美元，钢铁业的其他公司也获得了差不多的救助。通用汽车的金融服务部门获准转制

---

[1] 林赛·梅耶：《房利美与房地美投资立法者》，载于《公开的秘密》，2008年9月11日。

[2] 安德鲁·克拉克：《获得救助后，AIG高管在500美元的酒店庆祝》，载于《卫报》，2008年10月7日。

[3] 休·索恩：《AIG宣布更多高管可获得最高400万的奖金》，载于《彭博社新闻》，2008年12月9日。

[4] 《赞成救助的议员们》，载于《进步思考》，2008年9月30日。

[5] 《白宫不让用"紧急救助"，要求改用"援助"，福克斯新闻照做了》，载于《新闻猎犬》，2008年9月30日。

[6] 伊丽莎白·莫耶：《华盛顿的5万亿账单》，载于《福布斯》，2008年11月12日。

成为一家商业银行，因此也有资格获得救助。感恩节前一天，政府向花旗集团提供了450亿美元的巨资，高盛公司宣布亏损了21亿美元，并请求救助。11月，美国银行获得150亿美元。几天后，财政部宣布救助金额将达到1万亿美元，这是美国历史上截至目前最高的救助金额。

汽车行业的数十亿救助

这段时间，华盛顿很忙。汽车行业的高管们每周都要坐着私人飞机前往首都，他们索要数以十亿计的美元，而且现在就要。他们的银行贷款已经快还不上了，时间紧急。通用汽车和克莱斯勒都要现金，福特觉得信贷更好一些，因为福特要继续向银行借钱，而非政府，但银行觉得福特很危险，拒绝贷款。解决方法很简单，福特要求政府联名签署借款协议，并担保还款。哪家银行会拒绝这样的贷款协议？反正有纳税人兜着。汽车业合计共获得174亿美元的资助。两个月后，福特就开始在墨西哥、德国、西班牙、中国建厂。通用汽车不甘示弱，也宣布将在海外建设更多的汽车厂。

纳税人交钱又丢工作

这些接受款项的大公司有一个共同点，那就是它们在花着纳税人的钱时，又让美国人丢掉了工作。美国的银行接受1500亿美元款项时，还让外国人夺走了美国的21800个工作岗位，包括企业律师、环境分析师、程序员、人力资源专家等。[1]这样做当时是为了利益最大化，也是为了实现这些金融家的国际政治目标。在本书的后续章节

[1] F.巴斯、R.贝米什：《美联社调查：银行寻求外国工人》，载于雅虎网站，2009年2月1日。

中，我们将看到美国外交委员会对于美国的影响，以及其对于全球化政府的追求。

到2008年底，布什政府对于金融业的救助金额已达到7万亿美元，是最初预测的7倍。这个数字是"二战"耗资的20多倍。[1]尽管规模空前，但它却被描述为临时措施，最终的方案要等奥巴马政府决定。[2]许多选民认为奥巴马政府会有所不同，但有一个事实已经很清楚，奥巴马竞选资金的90%来源于华尔街的公司，也就是那些接受救助的公司。[3]情况显然不会有太大改观。

美林证券：送给美国银行的礼物

2008年秋季，最大的经纪行美林证券手头拮据，即将关门大吉。美国银行愿意以500亿美元的价格买下这家公司，但当时美国银行自身也深陷危机，刚刚接受了250亿美元的救助金，这就显得很奇怪了。当美林证券公布了第四季度的亏损数据后，美国银行准备停止收购。但这个决定无法执行。根据美国银行CEO肯·刘易斯（Ken Lewis）的宣誓证词，当时的美国财政部长汉克·保尔森（Hank Paulson）威胁说，如果美国银行不收购美林证券，就将重组其董事会。这份威胁是由当时的美联储主席本·伯南克（Ben Bernanke）授意的。[4]刘易斯问政府是否会承担亏损，保尔森说"是的"，但拒绝书面承诺，因为书面承诺"是必须披露的事件，而我们不想披露此事件"。[5]

[1] 《金融危机的账单越滚越大》，美国CNBC电视台网站，2008年11月28日。

[2] J.麦凯恩：《美国援助底特律》，载于《华尔街日报》，2008年12月20日。

[3] C.库伯：《华尔街是总统就职的大金主》，载于《华尔街日报》，2009年1月9日。

[4] 纽约首席检察官安德鲁·科莫写给美国参议院银行、住宅与城市委员会主席克里斯托弗·多德的信，2009年4月23日。读者可在www.realityzone.com/footnotes.html看到此信。

[5] 麦克·斯普林：《威胁与秘密承诺：美国银行与美林证券的合并》，载于《商业诉讼报告》，2009年4月24日。

12月30日，美国银行的董事会通过了收购案。两周后，财政部向美国银行注资200亿美元，并承诺了一笔1180亿美元的款项，用于弥补美林证券的亏损。所有这些交易都不为美国人所知。

利益冲突

保尔森是银行业与政府之间的融合剂。作为高盛的前CEO，保尔森很擅长击败竞争对手，比如将贝尔斯登（Bear Sterns）出售给摩根大通，任由莱曼兄弟破产，强迫美林证券与美国银行合并，同时，他还向老东家高盛集团提供了慷慨的救助。这一系列组合拳之后，投资银行界只剩下高盛与摩根两家独大了。一家公民监察机构——公正监督（Judicial Watch）调查显示，保尔森曾对银行家们说，即便他们的银行状况良好、资金充足，也必须接受救助，原因就是避免让某些银行在对比之下显得更加"寒碜"。[1]

2009年3月，房利美要求增加150亿美元资金。政府同意后，房利美向其每位高管发放了超过100万美元的奖金。[2]在被美国银行收购之前，美林证券在美国银行知情和同意的情况下发放了36亿美元的奖金。而美国银行则宣布，发放奖金容易引起公众的反感，因此它决定直接涨工资，投资部门的高管最高涨薪幅度达到70%。[3]

奖金只是障眼法

自利交易、侵吞公共资产吸引了媒体的注意力，引发了全国讨伐"贪婪"高管的声浪。政治家们发表演讲，呼吁制定新法律，管制

---

[1] 参见维基百科中的保尔森页面。

[2] 凯伦·弗雷菲尔德：《美林证券最高的四份奖金达到1.21亿》，载于彭博社网站，2009年2月11日。

[3] J.西蒙斯、J.费纳曼：《美国银行准备给投资银行家涨薪》，载于彭博社网站，2009年3月28日。

"奖金怪兽"。但这些都不是最严重的问题。当然，把公司搞到破产的高管给自己发奖金是值得注意的事情，但这些公司能够获得政府救助才是我们应该关注的重点，更何况这种救助是违宪的，这种天量的注资也在摧毁美国。媒体转移了公众的注意力，使得真正紧要的事情无人关注。公众都在探讨究竟需要多少钱才能成功救助，以及该如何限制救助的资金规模，却没有人提起"该倒闭的银行就倒闭吧，让经济从欺骗中自行恢复"。

还款的骗局

2009年12月，美国银行宣布已经向财政部偿还了450亿美元贷款。政府官员不无炫耀地宣称救助获得了成功，纳税人甚至还赚了钱。媒体当然喜欢这种欢欣鼓舞的消息，并为之大肆宣扬。美国银行宣称还款资金的来源是现金储备和新股发行，但这种说法值得深思。

由于美国银行的资金处于净流出状态，并且还在亏损，所以现金储备的说法显然不对。其贷款仍在发酵，从第一季度到第三季度，贷款违约行为已经增加了三倍，坏账比例已经达到了15%。美国银行能够获得现金储备的唯一来源就是财政部注资——也就是保尔森所谓的"不想披露的事件"。换句话说，政府用自己的钱还给自己，这就是一种簿记的手法，能够欺瞒美国公众，让大家以为救助获得了成功。

新股发行也有同样的问题。当时大众都在抛售美国银行的股票，没有人买入。所以，谁买走了新发的股票？有没有可能正是那些财政部不愿披露事件的人向公共机构施压，让他们买走了股票？我们知道，2010年3月时，财政部拍卖了多家银行贷款担保的认股权证。这些是否就是所谓的新股发行？认股权证不是股票，而只是合约，买家可以在未来以某个价格购入股票的合约。认股权证是衍生品。购买这些的公司是否得到了政府和美联储的担保，一旦赌博失败就会得到救助？根据财政部和美联储针对相关问题的记录，这些并非不可能，但主流媒体都没有关注这个问题。

纽约联邦储备银行报告称，AIG在获得救助后出现了"账面利润"。这就是说，如果在公开市场出售其股票，纽约联邦储备银行就能卖出更高价格并获得利润。[1]如果真的是这样，为什么他们不卖呢？道理可能是这样的：美联储经济学家用900美元买了一辆老爷车，然后宣称其现在的售价是1000美元，但其真实售价可能只有100美元。除非真的出售资产，否则任何账面利润的数字都应该谨慎对待。

美国银行的新闻安抚了公众的情绪，随后其他接受救助的企业也照样学样，宣布偿还贷款，并正在努力经营。花旗集团和通用汽车宣布，它们可以通过发行新股来偿还贷款。2010年4月，通用汽车宣布已经偿还了贷款。但等一下！根据调查，我们发现它用第二次救助的钱偿还了第一次救助的贷款。还款的钱并不来自销售或股票销售。本质上来说，这就是欺骗大众的骗局。

国有化成为现实

政府的资金由其控制，其控制的资金也都归其所有。2009年4月1日，财政部长蒂莫西·盖特纳（Timothy Geithner）宣布，接受救助但经营不善的CEO将被免职。这份宣言的目的是为了让公众相信政府对待救助是很认真、谨慎的，但这番话也表示，财政部可以有权赶走CEO，并根据自己的意愿重组董事会。这就相当于拥有了无限的特权。现实是，金融业和大型保险公司以及汽车工业被国有化了，也就是它们是政府所有了。

---

[1] 《纽约联邦储备银行公布账面利润》，BBC新闻频道，2010年7月30日。

2009年5月，政府向通用汽车金融服务公司（GMAC）注资75亿美元，12月再次注资50亿美元，2010年1月再注资38亿美元，合计163亿美元。至此，政府占股比例已达56%。[1]到2010年初，政府向通用汽车注资576亿美元，已经实现了控股。

到2009年2月，AIG（再度破产）80%的股份由政府掌握。[2]同一个月，美联储前主席格林斯潘（Alan Greenspan）公开呼吁将破产银行（也就是大部分的银行）国有化。[3]

全球影响力

这出戏剧中最具启发性的一幕发生在2009年3月3日的听证会上，当时美联储主席伯南克在参议院预算委员会上作证。参议员伯尼·桑德斯（Bernie Sanders）问伯南克是否可以提供接受救助机构的名称，伯南克停顿了一下，然后断然说："不！"不肯公开名称是怕引发公众对这些银行的不信任，并进而引发挤兑及其他问题。或许，除此之外还有一个原因。有传言称，一部分救助资金送给了某些外国的银行，这些信息被披露或许会让美国公民感到愤怒。

传言是否属实？至少不是空穴来风。两个月后，国际货币基金组织向希腊提供了1450亿美元救助，其中美国提供了20%。也就是说，美国人向希腊银行提供了80亿美元的资金。

又过了一周，美联储宣布在没有经过国会批准的情况下向欧洲银行提供援助。绕过国会并不是第一次了，因为国会的批准从来都不是障碍。这则消息的重要之处在于，美联储承认它现在是全球的造币机器了。美联储希望整合加拿大银行、英格兰银行、欧洲银行、瑞士银

---

[1] 大卫·迪泽：《美国向通用汽车关联企业GMAC提供38亿救助》，载于《卫报》，2010年1月1日。

[2] 大卫·法布尔：《AIG面临创纪录亏损，寻求美国政府更多援助》，CNBC网站，2009年2月23日。

[3] K.古豪、E.鲁斯：《格林斯潘支持国有化》，载于《金融时报》，2009年2月18日。

行和日本银行，由美联储统筹，在未来实施救助行动，而那些国家的央行在未来将逐步转化为商业银行。这是个大新闻，但主流媒体只是发了个豆腐块文章，一点儿也没提这事对美国纳税人的影响。

英雄继续前进

2010年8月，房地美再度要求获得18亿美元的救助，至此总额已达640亿美元。2010年6月12日，奥巴马总统请求国会向美国各城市和各州提供500亿美元的救助。许多州政府和地方政府已经拿不出钱，请求华盛顿拨款支付福利费用。他们在信中说，如果福利相关的支票送不来，街上就会发生骚乱。没人希望看到骚乱，所以联邦资金很快到位。

游戏的下一个章节是用并不存在的钱来偿还救助贷款。安然公司（Enron）总裁杰弗里·斯基林（Jeffrey Skilling）曾经用过这种花招，但他已经被送进了监狱。奎因顾问公司（Quinn Advisors）策略规划资深主管詹姆斯·奎因（James Quinn）解释了其中的做法：

首先是预热，说财务收益已经神奇地重返危机前的高点。需要做的就是让美联储撤销账单上的1.3万亿美元坏账，将其余贷款的价值夸大40%，然后以0利率向美联储借款，以无所畏惧的心态参与赌博，把一切交给伯南克。最后还要假装未来的亏损会减少，免除贷款损失的储备金。银行业现在不用像过去那样真的把钱借给小企业了。延期和假装更容易挣钱。

救助州政府和地方政府的成本、救助联邦政府的成本、救助银行和保险公司的成本、救助汽车公司的成本、救助欧洲银行的成本、美国对外战争及全球驻军的成本，都要加到美国中产阶级的头上。这种情况会持续多久没人知道，但它终将到来，关于对未来的预测，请参见本书第25和26章。

终结美联储的第二个理由

对上述长篇大论深思熟虑后，便会引出终结美联储的第二个理由：它远非公众的保护者，而是一个违背公众利益的卡特尔。

本章总结

这个叫紧急财政援助的比赛并非是异想天开，而是真实存在的。下面是这个赛季的一些重大比赛及其最后得分。

1970年，宾州中央铁路公司陷入破产。那些贷款给它的银行篡夺了其董事会的权力，把它拖进深渊，一直在用滚雪球般的贷款来拆东墙补西墙。公司董事们对股东隐瞒了真相，追加了贷款，于是公司得以继续分红，维持着表面上的假象。在这段时期里，董事们及银行家们以高得离谱的价格大量抛售其持有的股票。当真相大白于天下时，留给股东们的只剩下一个空皮囊。由美联储设计的紧急财政援助包括政府补贴、其他银行承诺追加贷款。国会被告知，宾州中央铁路公司的垮台会对公众利益造成灾难性影响。国会对此作出回应，它承诺了1.25亿美元的贷款担保，这样银行就不会冒风险了。最终这家铁路公司还是倒闭了，但银行贷款被挽救了。宾州中央铁路公司被国有化，成了国家铁路客运公司，继续亏损经营。

1970年，当洛克希德公司面临破产时，国会几乎又听到了相同的故事。数千人将会失业，次级承包商将会出局，公众会蒙受巨大损失。于是国会同意担保发放2.5亿美元的新贷款，从而把洛克希德公司往先前的债务巨坑中又推进了60%。现在既然政府已经为这些贷款做了担保，那么它就必须要确保洛克希德公司盈利。通过在没有竞争性的投标中向洛克希德公司输送利益丰厚的国防产品承包合同，这一目的达到了，银行们得到了还款。

1975年，纽约市的信用告罄。它曾经大加举债以维持一个巨大无比的市政管理系统和一个小型的福利之邦。国会被告知，一旦市政服务受限，民众将大受其害，美国在全世界也会丢人现眼。于是国会授权增加了高达23亿美元的直接贷款，这是纽约当时负债的两倍还多。银行们继续收取利息。

1978年，克莱斯勒公司几近破产。国会又被告知，如果这家公司垮了，公众将大受打击，同时，汽车制造商从三家减为两家也将成为对美国式自由选择的一记打击。于是国会批准了高达15亿美元的新贷款。几家银行削减了克莱斯勒公司的贷款，作为交换，它们得到了一部分优先股。这桩交易达成的消息推高了股票市值，大大抵消了勾销贷款带来的损失。银行之前未能回收的贷款转变成了政府支持的有息资产。

1972年，资产达15亿美元的底特律联邦银行走到了倒闭的境地。它曾经从纽约的大通曼哈顿银行大举借债，去投资高风险、有潜在高回报的生意。而现在它有了麻烦，便也连累了大通。银行家们来到华盛顿，告诉联邦存款保险公司说，如果坐视联邦银行关门的话，那么公众必须要得到保护，好让他们能够度过随之而来的巨大经济困难。于是联邦存款保险公司注入了一笔6000万美元的贷款，外加联邦政府的还款担保。联邦银行被卖给了一家阿拉伯财团。大通只是略微受创，把它大部分的潜在损失转变为了政府背书的资产。

1979年，费城的宾夕法尼亚第一银行危在旦夕。有着90多亿美元资产的这家银行规模是联邦银行的6倍。这家银行曾经是20世纪70年代的狂飙突进分子之一。现在银行家们和美联储对联邦存款保险公司说，公众必须得到保护，以免因这家大块头银行倒闭而承受灾难；一旦倒闭，全美甚至全世界的经济都会有危险。因此联邦存款保险公司给了3.25亿美元的贷款——第一年免息，之后利率是市场水平的一半。美联储以低息向其他银行放款，好让它们再给宾夕法尼亚第一银行贷款。在这一利诱之下，这些银行立刻拿出了1.75亿美元的贷款，外加10亿美元的信用额度。

1982年，芝加哥的伊利诺伊大陆银行资不抵债。它是全美第七大银行，坐拥420亿美元的资产。前一年，由于贷款给高风险的商业活动和外国政府，其利润猛增。尽管它曾经是市场分析家们的宠儿，但当现金流变为负的时候它很快便崩溃了，海外银行开始从大陆银行撤资。这成了世界上首宗电子银行挤兑案。美联储主席沃尔克对联邦存款保险公司说，无法想象会任由世界经济被如此体量的一家银行破产案摧毁。于是，联邦存款保险公司揽下了45亿美元的坏账，而作为紧急出手进行财政援助的回报，它控制了这家银行80%的股权。这家银行实际上被国有化了，但没人这么说。美国政府现在做起了银行生意。

2008年的次贷危机后，数以万亿计的救助资金进入了银行、保险公司、汽车公司、外国银行。这一切始于次贷危机，也就是低收入家庭接受了本来无法承受的房贷，如果房价未来会持续上涨，他们就能利用房地产的升值来偿还贷款并赚钱。这些贷款被打包，取了个好听的名字，出售给天真的投资人和投资基金。当泡沫破裂的那天到来，贷款持有人损失殆尽（包括房产），而数以百万计的投资者也变得一贫如洗。

银行造就了泡沫，但它们"大而不倒"，因为它们倒了，美国就完了。国会通过了救助方案，每个纳税人都要承担自己的份额。

所有用于紧急财政援助的钱都来自美联储，它起了"最后贷款人"的作用，这是它被创造出来的目的之一。我们不能忘记，"最后贷款人"这个说法意为凭空造钱，会导致美国国家财富通过一种叫通货膨胀的隐性税收被吞没。

第4章

家，甜蜜的房贷

> 美国政府越来越多干预房地产的历史；住宅房地产业中自由市场力量被遏制；继而发生在存贷款产业中的危机；用纳税人的钱来紧急援助存贷款产业。

正如我们在上一章看到的，这个银行卡特尔能够兴风作浪是因为它可以凭空造钱。它也可以通过通货膨胀的隐性税收削弱我们的购买力，其运作机制隐蔽而巧妙。

现在让我们离开联邦储备制度那艰深晦涩的世界，来到存贷款机制这令人目眩的世界。相比之下，存贷款产业的问题要好懂些。简单来说，就是巨量的钱消失在政府管理不当的黑洞之中，而损失必须最后由美国人来承担。两者的最后结局相同。

都是资本主义惹的祸

一切都从一个概念开始，这个概念大体上是作为20世纪30年代大萧条的后果在美国扎下了根。美国政客们一定不会忘记，许多政客把美国出现的问题都归咎于资本主义制度。这些人把握了大众的心理，能赢得选票。没过多久，许多政治人物开始模仿这些人，选民们满怀热情地把他们选上了台。

受过教育的美国精英们拒绝这些人极端而激烈的言辞，但其中那些更为柔和的理论开始流行开来。总有人要站在民众一边，告诉他们如何为自己谋福利，许多有大学学历和极其富有的人特别喜欢扮演这种角色。于是，这一概念便在美国社会中广泛传播开来，为各个层次的人所接受，无论是"被践踏的群众"还是受过教育的精英人士，都知道政府有必要照顾其公民，并保障他们的经济利益。

于是，当大萧条中超过1900家存贷款公司完蛋时，赫伯特·胡佛（Herbert Hoover）——以及一个最乐善好施的国会——创办了联邦住房贷款银行委员会（Federal Home Loan Bank Board），以备在将来保护储户。它开始给那些遵从其规则的机构发放执照。公众受到引导，以为政府监管人比私人管理者更明智、谨慎和诚恳。联邦执照成为一种政府批准的公章，公众终于得到了保护。

胡佛的继任者富兰克林·罗斯福成为新时代的象征。在其政治生涯早期，他曾是自由企业制度与个人主义的代表人物，他发声反对大政府，鼓吹自由市场制度。但中年时，为了跟上正在转变的政治风向，他重新调整了自己这艘船上的帆。

正是富兰克林·罗斯福迈出了通往存贷款产业——还有银行业——中政府家长主义的那一步，他是通过创办联邦存款保险公司（FDIC）和联邦储蓄与贷款保险公司（FSLIC）做到这一点的。从那一刻开始，公众和储蓄银行的管理者们再也不用担心会蒙受损失了，政府会偿还一切的。

每块地上都有一栋房子

几乎与此同时，发放给私人家庭的贷款也得到了联邦住宅管理局的补贴，因而存贷款公司可以以更低的利率发放房贷。这是为了让

"人人有住房"的梦想更容易实现。胡佛承诺要让每只锅里都有一只鸡，新政推行者则通过让每块地上都有一栋房子的政策赢得选举。

如果没有这个政策，很多人要么买不起房，要么得等上更长的时间才能攒够高昂的首付，而这个政策的初衷就是让这些人都能够买得起房子。另一方面，联邦住宅管理局的政策使得房贷更容易获得，也推高了中产阶级的房价，从而很快抵消了这种补贴带来的所有实质性好处。而选民们没有足够的智慧去理解这种被抵消掉的效果，继续给那些承诺进一步扩展该制度的政客们投票。

下一步，联邦储备委员会（Federal Reserve Board）要求银行提供比那些存贷款公司更低的利率。结果就是资金从银行那里流进存贷款公司，用于发放房贷的资金更充足了。这是为扶持住房产业而牺牲其他产业的国家政策，因为其他产业和住房产业必须为了同样的一笔投资而相互竞争。这可能不利于整体经济，却是政治正确的。

抛弃自由市场

这些举措有效地将房地产贷款从自由市场上拿出来，放到了政坛上，此后房贷就一直是政治行为了。这种干预导致大众受到了伤害，但伤害会延后很长一段时间才会到来，可它一旦到来就会是大祸临头。

我们必须强调美国政府扰乱自由市场这一事实，因为它是美国现在和将来的危机的核心。美国的储蓄机构每走一步，都要受到政府的监管。联邦政府机构为避免损失，制订了严格的条条框框：集资水平、分支机构数量、覆盖地域、管理政策、所提供的服务，以及所征收的利率。美国银行家协会曾经估计过，存贷款公司为遵守这些规矩而额外增加的成本达到了每年110亿美元，占其总盈利的比例高达惊人的60%。

最要命的是，那些健康的存贷款公司每年必须花费超过10亿美元，作为一种附加保险费用投入到所谓的保险资金中，来弥补那些不健康的同行所造成的损失，这是一种对成功者的惩罚。一些健康的公司为了规避这种惩罚，就想变成银行，但规则阻止了它们。它们的现金流是支持紧急财政援助的必需资金。

为普通人打造的保险？

美国私人储蓄存款的平均数额约为6000美元，然而，在卡特总统任期内，联邦存款保险公司的保险水平从每笔4万美元提高到10万美元。为了规避这种限制，那些超过这个数字的储户们不得不开几个账户。明显这和保护普通人毫无关系，其旨在为房屋中介机构提供保障，好让它们把这些巨额资金进行高利率、无风险的再投资。毕竟，所有资金最终都是由联邦政府担保的。

1979年，美联储的政策推高了利率，存贷款公司不得不跟风以吸引存款。到1980年12月时，它们为其金融市场凭证支付的利率为15.8%，而同期它们对新按揭贷款所收的平均利率仅为12.9%。它们的许多旧贷款仍在以7%—8%的速度收缩，而雪上加霜的是，这些旧贷款中有些已经变成坏账了，这意味着它们毫无回报。它们在负债累累中经营，不得不找个方法弥补亏空。

为吸引存款人，那些实力最弱的存贷款公司开出最高的利率，并凭此获得大量的经纪资金。经纪人们不再关心它们的运作有多羸弱，因为这些资本是完全保险的，他们关心的只有利率。

另一方面，存贷款公司管理者们觉得他们有理由在握有这些资金的短暂时期内让它们产生奇迹。这是他们唯一能够挖出宝藏的机会，他们甘愿为此承受更多风险。同样，对于他们而言，政府的保险项目让其储户们不可能血本无归，因而许多存贷款公司一头扎进高收益、高风险的房地产生意。

生意开始走下坡路了，自20世纪30年代大萧条以来，1979年联邦政府承保的那些存贷款公司的总净值首次变为负值，而当时几乎其他所有经济领域都欣欣向荣。公众开始担心了。

十足信用担保

1982年，华盛顿的保护者们与国会联合做出了反应。它们宣称，在联邦存贷款保险公司后面站着的是美国政府的"十足信用"（full faith and credit）担保。这是个让人放心的措辞，但许多人还是痛苦地觉得，这次无论如何，我们得自己买单了。他们是对的。《消费者报告》（Consumer Reports）解释道：

> 在身陷困境的银行和越来越多身陷麻烦的保险机构身后，站着联邦政府的"十足信用"担保——事实上，这个国会所承诺的保证，是让所有公民都通过税收或通货膨胀的方法出钱来保全储户。[1]

1985年，存贷款公司的困境在俄亥俄州被披露出来。当时，辛辛那提家庭州立储蓄银行（Home State Savings Bank of Cincinnati）可能无法收回一家佛罗里达州证券公司的1.5亿美元贷款，导致该银行的34家分行和许多其他存贷款公司发生挤兑危机。这个消息影响了国际市场，海外观望者们抛售了他们手中的美元，转而持有其他货币，有人则去买黄金了。

几天内，储户们取走了6000万美元，而该州全部的"保险"资金库也仅有1.3亿美元。与所有这种政府保障体系一样，这笔保险资金远

[1] 《你们的存款有多安全？》，载于《消费者报告》，1988年8月，第503页。

不够用。如果任由这么流失下去，那么这笔资金次日就将告罄。是时候使出政治手段了。

3月15日，俄亥俄州州长理查德·塞莱斯特（Richard Celeste）宣布"银行休业"，所有71家由州政府保险的储蓄银行暂时关门歇业，这是自大萧条以来屈指可数的几次"银行休业"之一。他说这仅仅是个"冷静等待期……直到我们能够令人信服地证明，我们的制度是稳固的"。然后他飞往华盛顿，会见了美联储主席保罗·沃尔克和联邦住房贷款银行委员会主席埃德温·格雷（Edwin Gray），要求得到联邦政府的支援，他们答应了。

几天后，储户们被允许从其账户上最高取750美元。3月21日，里根总统安抚世界货币市场，保证说这次危机已经结束了。而且，他还说，问题"只出在俄亥俄州"。[1]

这不是州政府支持的保险资金第一次出事。1983年，当林肯联邦储蓄公司（Commonwealth Savings Company of Lincoln）垮掉时，内布拉斯加州政府提供的保险资金就被拖垮过。该银行有超过6000万美元存款，但保险资金仅有不到200万美元，而且，这些资金不仅要保联邦储蓄公司一家公司，而是要保全州的储蓄银行。储户们幸运地保住了65%的存款，但这笔钱要到10年后才能拿到。[2]

敬请欺诈

里根执政早期，政府修改了规定，这样存贷款公司就不再局限于家庭住房按揭贷款保险业务了，尽管这是创办它们的首要且唯一的理由。实际上，甚至也不再要求它们在放贷时得拿到首付了。它们如今

[1] 《让世界担忧的俄亥俄州银行危机》，载于《美国新闻与世界报道》，1985年4月1日，第11页。

[2] 《经营惨淡的银行和存贷款公司里的存款有多安全？》，载于《美国新闻与世界报道》，1985年3月25日，第74页。

能够在一笔交易上百分百融资——甚至更高。写字楼和购物中心到处拔地而起，不管实际需求。开发商、建筑商、经纪人和房产估价师们赚的钱数以百万计。这个行业很快过分饱和，充斥着欺诈。数十亿美元消失在烂尾工程中。在至少22家存贷款公司破产案中，明显可以看到黑手党和中情局的插手。

欺诈并不必然构成违法。其实，存贷款公司陈年往事中的大部分欺诈事件不仅是合法的，甚至是被政府怂恿的。《加恩-圣杰曼法案》（*Garn St.Germain Act*）允许这些储蓄银行按照房地产的评估价值而非市场价值贷出款项。估价师可利用不太实事求是的房产价值而获利颇丰，这种事情由来已久。但这不是欺诈，这是监管者的意图。那些超过市场价值的评估价值被定义为"评估资产"，也被当成资本看待。由于存贷款公司的每33美元存款只需1美元实缴资本，所以评估资产比市场价值多100万美元，就能让华尔街的经纪公司多出3300万美元的存款。在政府被迫付钱"保护公众"之前（当然钱也不是政府的），存贷款公司希望从这些资金中赚取利润，以便补偿其损失。政府等于是在说："既然我们的保护机制不能好好表现，那你们就拿这些资金去冒险吧。我们不仅会在你不行的时候拉你一把，而且会教你怎么做。"

后果凸显

在财务上做做手脚，会让那些行尸走肉般的存贷款公司看上去仍然健康，但到1984年时，这样做的后果还是显现出来了。这一年，联邦存贷款保险公司关闭了一家机构，安排合并了其他26家资不抵债的机构。为了说服那些健康的公司收购那些破产的公司，政府提供现金来补偿债务。到1984年时，这些补贴性的合并案每年要花掉联邦存款保险公司超过10亿美元。然而，小荷才露尖尖角。

1980年至1986年间，共计有664家投保的存贷款公司倒闭。政府监管者曾经答应过在发生损失时保护公众，但现在损失太大了，已经远远超过了其能力范围。他们承担不起把这些资不抵债的储蓄银行统统关闭的后果，原因很简单，他们没有足够的钱来偿还损失。1986年3月时，对于每一美元存款，联邦存贷款保险公司仅有3美分储备金。到这年年末时，这一数字降为0.2美分。显然，他们得让这些储蓄银行继续运作下去，这意味着他们不得不发明出更多的财务伎俩来掩盖现实。

"螳臂当车"的行径使得情况更加糟糕了。为了维持运营，那些病入膏肓的存贷款公司每天要花去联邦存贷款保险公司600万美元。[1] 两年后的1988年，储蓄银行全行业每天亏损980万美元，而那些不盈利的——那些由联邦存贷款保险公司撑起来的死尸——更是每天亏损3560万美元。可比赛还在继续。

到1989年时，对应于每1美元买了保险的存款，联邦存贷款保险公司甚至连0.2美分都拿不出了，其储备金完全没有了。和那些指望它保护的储蓄银行一样，它自身也是资不抵债，在寻求贷款。它试过发行债券，但那点钱是杯水车薪。国会讨论过这个问题，但没能拿出新的资金。林肯储蓄银行的倒闭终结了这个危机。没钱了，句号。

美联储替国会做主

2月，美联储主席艾伦·格林斯潘与联邦住房贷款银行委员会主席M.丹尼·沃尔（M. Danny Wall）达成协议，由美联储直接向林肯储

---

[1] 雪莉·霍布斯·施布拉（Shirley Hobbs Scheibla）：《失败的联邦存贷款保险公司》，载于《巴伦周刊》，1987年2月9日，第16页。

蓄银行提供7000万美元紧急财政援助。

这是空前的突破。之前，美联储只为政府或银行造钱。如果人民要求挽救一家储蓄机构，那么也得由国会拨款。如果国会没有钱，或不能从公众那里借到钱，才轮到美联储造钱并把钱交给政府。但这一次，美联储越俎代庖，替国会做主，完全靠自己作出了一个政治决定。如此行为在《联邦储备法案》中找不到依据。然而，国会却对此保持缄默，明显是出于对自己的无能心存愧疚。

最终，在那年8月，富兰克林·罗斯福的灵魂光顾了国会，国会突然采取了行动。它通过了《金融机构改革与复兴法案》（*Financial Institutions Reform and Recovery Act*），未来10年里至少拨款660亿美元，30年内拨款3000亿美元。其中2250亿美元来自税收或通货膨胀，750亿美元来自那些健康的存贷款公司。这是规模空前的一次紧急财政援助，其花费超过了援助洛克希德公司、克莱斯勒公司、宾州中央铁路公司和纽约市的开销总和。

在这个过程中，联邦存贷款保险公司被撤销了，因为它已陷入彻底破产的无望境地，取而代之的是储蓄协会保险基金（Savings Association Insurance Fund）。同样被创办的还有旨在保护商业银行的银行保险基金（Banking Insurance Fund），这两个基金现在都由联邦存款保险公司管理。

和之前一样，当政府监管失效时，国会对此作出的反应就是加强监管。四个全新的政府监察机关加入到本已一团乱麻的局面中：为重组信托公司（RTC）制订战略的重建信托公司监督委员会（Resolution Trust Oversight Board）；为重组信托公司筹集资金的重组资金公司（Resolution Funding Corporation）；比之前更加严格监管储蓄机构的储蓄机构监理局（Office of the Thrift Supervision），以及住宅贷款银行监督委员会（Oversight Board for the Home Loan Banks）。后者的目的仍然不是很清楚，但很可能是要确保存贷款公司继续为政府所引导，为补贴住宅产业服务。当老布什总统签署这项法案时，他说道：

这项立法将保卫与稳定美国的金融系统，并通过永久性的改革使得这些问题永不再发生。不仅如此，这项法案还对数以千万计的存贷款储户们说："你们不会成为别人犯错的受害者，我们会看到——确保——你们那些买了保险的存款是安全的。"[1]

估算的资金有点错

到次年年中时，660亿美元已经明显不够了。财政部发言人现在报出1300亿美元的数字，这是最初预计的约两倍。1300亿美元是多少呢？1990年时，它比美国所有学校教师的工资之和还要高30%，也高于当时财富500强公司的利润总和。这笔钱足够让160万学生读完四年大学，包吃包住。而这一数字甚至还未包括清偿巨量积压的冻结存款，也未包括对已借资金所付的利息。在宣布增资后没几天，财政部再次把这一数字从1300亿美元上调为1500亿美元。正如财政部长尼古拉斯·布拉迪（Nicholas Brady）告诉媒体的那样："所有人都不应认为估算是一成不变的。它们会改变的。"

的确，每过一周估算都会继续改变。1988年，政府出售或合并了223家资不抵债的储蓄机构，费用估算基本都不够。罗纳德·佩雷尔曼（Ronald Perelman）那样的金融家和得克萨斯州亭柏英兰公司（Temple-Inland Inc）那样的合伙投资公司，以特别便宜的价格并购了许多储蓄机构，尤其要考虑到的是，他们得到了让人艳羡的现金补贴和税收优惠。同时，时任联邦住房贷款银行委员会主席的丹尼·沃尔宣布这些交易"解决"了那些最为糟糕的储蓄问题。他说这次紧急

[1] 《新闻评论》，载于《新美国人》，1989年9月11日，第15页。

财政援助的花费是390亿美元，对此，《华尔街日报》回应道：

又错了。最新研究——联邦存款保险公司准备的一份审计汇编——表明，所谓的"1988年学费"总额将为900亿至950亿美元，包括允诺给收购者的税收补贴，以及为资助这次援助而发放的政府债券的巨额利息。

但1988年储蓄机构援助案最大的缺点似乎还不是养肥了一些商界大亨，而是这些交易暴露出来的政府监管不当问题、房地产的隐性损失、未来房地产的兴衰循环都没有被终结或限制……而其中一些交易似乎是伪交易，糟糕的储蓄机构被卖给了同样糟糕的储蓄机构，然后继续糟糕下去……

尽管这些储蓄机构的情况远比银行委员会的预计糟糕得多，沃尔先生仍以无限制援助的方式援救它们，从而为其战略辩护。"我们没有那么多钱用来清偿。"他说。[1]

前一年，为了"保卫与稳定美国的金融体系"，国会通过了《金融机构改革与复兴法案》，那笔3000亿美元的天文数字资金被授权在未来30年里通过税收与通货膨胀获取，以完成其使命。如今，美联储主席艾伦·格林斯潘说，长期费用将达到5000亿美元，这一数字甚至比第三世界所有贷款坏账的总和还要高。可这一数字还是偏低。一份由威利银行公司（Veribank, Inc.）独立发布的公允报告表明，所有隐形花费都被计算后，摆在美国人面前的是一份5320亿美元的账单。[2]老布什总统保证将"不会再发生"的那些问题仍然发生着。

---

[1] 查理斯·麦克考伊、托德·梅森：《联邦存款保险公司的汇编报道显示沃尔对1988年储蓄机构紧急财政援助的预计大大偏低了》，载于《华尔街日报》，1990年9月14日，A12版。

[2] 《随着紧急财政援助进入到最后阶段，存贷款业获得重建》，载于《威利银行新闻发布》，1994年1月12日，第2页。

记账把戏

早在此前，房地产市场就开始收缩了，许多按揭贷款超过了地产的实际售价。而且，市场利率远高于大部分存贷款公司规定贷款利率的水平，从而使这些按揭贷款贬值了。以5万美元贷款为例，按揭贷款的利率为7%，而市场利率能够达到14%，也就是少了一半。于是公众的保护者们便设置了一个机制，存贷款公司可以根据原始贷款价值而非市场真正价值来给其资产定价。这种做法有效，但还远远不够。

下一步是凭空造出账面资产，而做法是，授权存贷款公司以社区"善意"的名义创造货币值！仅仅是动了下笔，裁判们就造出了25亿美元的此类资产，而队员们则继续比赛。

之后联邦存贷款保险公司开始发行"资本净值凭证"（certificates of net worth），基本上相当于保证说，只要那些惨淡经营的存贷款公司需要紧急财政援助，就能动用这种凭证。政府之前已经许诺过这样做，但通过把它印在纸上并取名"资本净值凭证"，存贷款公司就可以将其算作资本放到其账本上了。紧急财政援助的承诺是资产，但由于储蓄机构有义务偿还其在接受紧急财政援助时收到的每一分钱，这些偿还义务就应该当作债务放到账本上。但净值在账本上的位置是不会变的。他们把这些净值凭证算成资产，但又不会增加起抵消作用的债务，于是紧急财政援助就变成了彻彻底底的礼物，没有偿还义务。尽管这不是初衷，但这很可能是这一计划的最终结果。总之，储蓄机构被告知，它们可以把这些纸算成资本，和自掏腰包的钱一样好使。比赛得以继续下去。

当存贷款公司们不得不流转其股本，比如将其按揭贷款或取消赎回权的住宅出售给其他存贷款公司、商业银行或私人时，真相大白的一刻便来到了。这是被夸大的账面价值转化为真正市场价值的时刻，两者间的差额只能以损失计入账本中。但在美国这个世外桃源中，政府会充当伟大的保护者。丹尼斯·特纳（Dennis Turner）解释道：

> 联邦存贷款保险公司允许那些出售按揭贷款的存贷款公司在40年期限后才蒙受损失。大部分亏损出售资产的公司都会立即蒙受损失，只有存贷款公司才享有这种欺诈特权。可以想象得出，两家经营不善的存贷款公司可以将收益最低的按揭贷款卖给对方，双方的净资产都会因此而增加！这种银行制度中的欺诈记账行为居然被最高监管当局默许了。[1]

《美国新闻与世界报道》进一步评论道：

> 现在，成批的存贷款机构主要靠记账伎俩来维持生存，持续大量亏损……这个行业中被夸大的净资产只有一小部分构成了硬性资产，比如抵押票据。诸如"善意"这种账面条目之类的无形资产构成了几乎全部的行业净资产，这些净资产估值为376亿美元。[2]

记账伎俩不是耍诈

我们必须牢记的是，一家管理良好的机构如果想要在商场上走得长远，绝不会冒上面提到的这些风险，也不会在记账方面耍诈。但在华盛顿定好方针并随时会止损的情况下，如果一个管理者不好好利用这些机会的话恐怕会被炒鱿鱼。毕竟，国会通过这则法案时特地说过这样干没事。这些是故意放在那里给人钻的空子。爱德华·凯恩博士（Dr Edward Kane）解释道：

> 机构不用真实价值计算资产，而以被夸大的价值计算，当这种行

---

[1] 丹尼斯·特纳：《当你的银行倒闭时》（新泽西州：美佳出版公司，1983年版），第141页。

[2] 帕特西亚·M.舒尔斯谢尔：《这对陷入麻烦的存贷款机构来说吉凶难测》，载于《美国新闻与世界报道》，1985年3月4日，第92页。

为得到了通用会计准则（GAAP）这样的财会体系批准，那这种欺骗行为就不构成非法欺诈。这一会计准则监管体系甚至在1982年又给国外资产增加了一个新选项……加大投机力度不再是糟糕的管理行为，这就是我们在这些公司中所见到的事实。在大多数情况下，这都是种聪明的管理方法。这里面有不少可以利用的赌博机会，毕竟花的不是存款者或贷款者的钱，而是纳税人的钱。[1]

媒体对维农存贷款公司（Vernon S&L）的唐纳德·迪克森（Donald Dixon）和林肯储蓄银行（Lincoln Savings）的查理斯·基廷（Charles Keating）的欺诈行为大加鞭挞，并大大夸大了他们的作用。诚然，这些破产案花费了纳税人整整30多亿美元，但所有这些非法诈骗加在一起也不过仅仅占到目前为止总损失的0.5%。[2]把注意力放在如此微不足道的小事上面，只会让我们忽略大局，即真正的问题出在政府监管本身。

垃圾债券不是垃圾

另外一个会分散我们注意力的事实是，我们会觉得，似乎这些储蓄机构之所以陷入麻烦是因为它们大量投资了"垃圾债券"。

且慢！那么究竟何为垃圾债券呢？答案可能会出人意料，但那些存贷款公司所持有的债券绝不是垃圾。事实上，从风险回报比来看，这些债券中的大部分都强过财富500强公司的优等投资项目。所谓的垃圾债券只是那些较小公司所提供的，这些公司的体量不足以让其位列美国的巨头公司当中。那些大的再投资人，比如互助基金和养老基

---

[1] 爱德华·J.凯恩：《金融机构改革与复兴法：金融误操》，载于《迪雷尔货币与银行期刊》，1990年5月，第5页。

[2] 简·H.因格拉汉姆（Jane H. Ingraham）：《政府主持的银行制度》，载于《新美国人》，1992年8月24日，第24页。

金的经理人，更喜欢与通用汽车和IBM这样的知名公司为伍。他们每天都需要投入巨量的真金实银，而那些较小的公司拿不出足够多的钱来满足其需求。结果，许多来自较小公司的股票和债券并未在纽约股票交易所交易。它们在那些较小的交易所交易，或者直接在经纪人之间"暗中交易"。由于它们没有在大交易所交易之利，它们不得不付更高的利率来吸引投资者，因为这个原因，它们普遍被称为高收益债券。

由这些公司发行的债券被某些经纪人揶揄，说它们不具备"交易级别"，可它们中的许多却表现优秀。事实上，由于它们是新产业的支柱，它们已经成为美国经济的重要组成部分。未来最成功的公司将出现在它们当中。在最近十年中，财富500强公司在不断收缩，减少了360万个岗位，而这个新兴产业的领域却一直在增长，创造了1800万个新就业机会。

并非所有新公司都是好的投资对象——老公司也是如此——但这些小公司大体上提供了更多的工作岗位，有更高的利润，比那些所谓的具备"投资级别"的公司分更多的红。从1981年到1991年，十年期国债的平均回报率是10.4%，道琼斯工业平均指数是12.9%，而这些所谓的垃圾债券的平均回报率是14.1%。由于有着更高的收益，它们从那些有见识的投资者那里吸纳了超过1800亿美元的投资，这些投资者中有些是存贷款公司。大体而言，这还是一个初出茅庐的新手所策划的一个新市场，这个新手就是总部位于加利福尼亚州的德崇证券公司（Drexel Burnham Lambert）老板迈克尔·米尔肯（Michael Milken）。

无需银行贷款或通货膨胀就能实现的资本增值

1910年杰基尔岛会晤主要关注点之一，是直接从源头而非通过银行贷款来实现商业资本增长的趋势。这么多年后，同样的趋势略微改头换面，仍在继续前行。资本，尤其是那些小公司的资本，通过德崇证券公司的操作，成为可以进入大规模市场的债券。事实上，德崇现在甚至能够利用这些债券来操作公司收购，这种行为之前只有那些大型投资公司才能做到。到1986年时，德崇证券公司已经成为美国最赚钱的投资银行。

现在有1800亿美元不再通过华尔街流转了，这1800亿美元直接来自人们的存款，而不是银行们凭空造出来的。也就是说，这种增长是建立在真实投资而非通货膨胀基础之上的。有些人当然不高兴。

经济研究局（Economic Research Bureau）局长、纽约州立大学斯托尼布鲁克分校管理学副教授格伦·雅高（Glenn Yago）梳理了这个问题：

直到高收益债券被用于以去大集团化和并购的方法来重构经济，对垃圾债券市场的敌视才显现出来……高收益债券市场的发展是以银行负债为代价的，高收益债券公司的发展是以牺牲许多既得利益公司的霸权为代价的。正如彼得·帕塞尔（Peter Passell）在《纽约时报》上评论的那样，华尔街首先感受到了这种影响。"具备高明手腕和计算机表格程序的实用知识，突然之间比品酒专家或骷髅会[1]会员身份要有用得多了。"[2]

对这种高收益债券新市场的第一波攻击是把它们叫成"垃圾"。这个词本身就具有杀伤力。自从金融媒体用了这个称呼，许多投资者被吓跑了。

下一步就是让那些唯命是从的政客们通过一部法案：为了保护公众，存贷款公司要清除他们拥有的"垃圾"。其实这只不过是哄哄人

[1] 总部位于耶鲁大学，其成员包括美国政界商界教育界的许多精英。——译者注
[2] 格伦·雅高：《垃圾债券：高收益债券是如何重建美国公司的》（纽约：牛津大学出版社，1991年版），第5页。

的，因为仅有5%的存贷款公司持有这些债券，其持有量也仅占存贷款公司总资产的1.2%。再者，这些债券的表现令人满意，是一种必需的收益之源。即便如此，之前讨论过的《金融机构改革与复兴法案》还是在1989年通过了。该法案强迫存贷款公司立刻抛售其持有的"垃圾"债券，引发这些债券的价格暴跌，于是储蓄机构的实力进一步被削弱，因为这种抛售使它们蒙受了损失。简·因格拉汉姆如此评述：

一夜之间，盈利的存贷款公司在重组信托公司手中变成了废物。雪上加霜的是，重组信托公司自身已经是美国最大的垃圾债券持有者……在1990年市场触底时，该公司持有的16亿美元债券一股脑儿地倾泻到了市场上。

因而恰恰是政府自己摧毁了垃圾债券市场，而非迈克尔·米尔肯，但是监狱中的米尔肯和德崇公司的前高管们还是接受了金额达13亿美元的和解方案。提出数百桩诉讼的指控人是政府监管者、受损的投资人，以及其他要求"公正"的人民。[1]

随之到来的自然是这些债券起死回生，可倘若当初允许存贷款公司继续持有它们的话，今天它们的财政状况会更好，重组信托公司也会更好。

把初出茅庐的加利福尼亚人这只拦路虎清除之后，剩下的事情就简单了，只需廉价全部吃进这些令人憎恶的债券，将这个新市场的控制权还给华尔街就行了。例如，20世纪80年代批评德崇公司最狠的公司之一——纽约的所罗门兄弟公司（Salomon Brothers），就是德崇所创造的这片市场上的佼佼者。

---

[1] 因格拉汉姆前引文章，第24–25页。

真正的问题是监管

因而，存贷款行业内部的真正问题是政府监管，这种监管把这个行业与自由市场隔离开来，并鼓励它进行不可靠的商业行为。诚如1992年3月10日《华尔街日报》所表明的：

> 如果你想搞砸美国储蓄业那么大规模的生意，你就需要远比迈克尔·米尔肯大得多的实力。你需要有国家政治权威的实力，那种只有监管者和国会才具备的实力。无论米尔肯或垃圾债券曾经对存贷款公司有多么大的影响力，与国会的干预相比，也是不值一提的。[1]

在本书付梓时，20世纪80年代还在经营的存贷款公司已经剩下不到一半了。随着倒闭、兼并以及变成银行，存贷款公司的数量还会继续减少。现存的存贷款公司分为两类：那些被重组信托公司接管的以及没有被它接管的。大部分仍然处在私人控制下的存贷款公司——就其所受的监管程度相对而言——都在慢慢回到健康状态，因为其盈利情况、资产质量和资本化过程都得到了改善。另一方面，重组信托公司经营的那些存贷款公司在继续出血，因为国会拿不出钱来关闭它们或替它们还清欠款。在紧急财政援助最后的花费基础上，这些公司的损失每年又增加了60亿美元。克林顿总统曾要求国会再拿出450亿美元来，并且暗示这应该是最后一次财政紧急援助了——但谁都不保证如此。

比赛继续下去。

国会无能为力了，理由很充分

国会似乎无动于衷，无力作出反应。人们通常会期望一批政客会

---

[1] 转引自因格拉汉姆前引文章，第26页。

被召集起来组成一个大规模的调查团，来调查这场正在发酵中的大灾难，却连个动静都没有。当人们意识到，那些存贷款机构、银行，以及其他联邦政府监管的机构是那些监管法案起草人的重要选举支持者时，理由便不言自明了。一场彻底的公开调查将无疑会揭开这些立法者们本想保密的某些舒适关系。

第二个理由是，任何诚实的讯问都很快会表明一个令人吃惊的事实，即国会自己才是这个问题的主要起因。美国国会追随"新政"的脚步，自以为是在保护选民、为选民利益代言，因此违背了驱动自由市场经济运转的自然法则，使其失效了。在这样做的过程中，他们创造了一个自己控制不了的"科学怪人"，他们越想控制局面，局面就越糟。诚如经济学家汉斯·森霍尔兹（Hans Sennholz）所察：

这场灾难的真正起因正是由立法者所缔造、监管者所引导的金融结构本身，他们一起创造了一个和其他垄断集合体一样，对其受害者玩起恶作剧的卡特尔。[1]

卡特尔内部的卡特尔

森霍尔兹选对了卡特尔这个词，存贷款业的确可谓是一个卡特尔内部的卡特尔。如果没有国会在一旁不停塞钱给它，它就不能起作用。而假如没有那个叫美联储的银行卡特尔作为"最后贷款人"在一旁凭空造钱借给国会，国会就无法这样做。这种政治学家和货币学家间的默契，使得国会能够给任何它想要的方案投赞成票，无论付出什么代价。如果政客们想要通过征税来募集这笔钱，那他们会被赶下台。但如果能够应要求向美联储"借"这笔钱，允许他们以神不知鬼不觉的通货膨胀机制来聚敛这笔钱的话，那么一百个选民当中也找不

---

[1] 汉斯·森霍尔兹：《银行制度大丑闻》，载于《自由人》，1990年11月，第405页。

到一个人会对此发出抱怨。

储蓄机构成了美联储这头巨兽非法的私生子，这就是存贷款业故事要包含在整个美联储故事当中的原因。

如果美国希望继续保持自由国度的美名，美国人必须提高自己的政治水平。作为一个民族，我们得学会不要被挂在前面的每根政治胡萝卜所诱惑。无论居者有其屋这样的想法有多么可取，我们都得明白，那些自诩让这种想法实现的政府项目其实对我们的体系伤害极大，而且最终带来的结果会与他们的保证背道而驰。在对住宅产业进行补贴和监管几十年后，今天还有多少年轻人买得起房呢？对供需法则似是而非的修补，再加上为这种修补买单的叫做通货膨胀的隐性税收，房价已经被拉到许多人无法企及的高度，甚至许多人无法凑足首付。如果没有这种支出，普通人会比今天拥有更多的钱和更强的购买力，早就可以买到房子了。

本章总结

今天我们存贷款行业内存在的问题可以追溯到20世纪30年代的大萧条时期。那时的美国人接纳了一个概念，即政府为其公民提供福祉、保护他们免受经济困难之害是合乎时宜的。

胡佛和罗斯福当政时期，设立了新的政府机构，旨在保护存贷款公司里的那些存款，以及为中产阶级的房屋按揭贷款提供补贴。这些措施扭曲了供需法则，从那时起，住宅产业走出了自由市场，进入到政治竞技场中。

一旦政府介入的模式得以建立，一系列漫长而层出不穷的联邦政府规则和监管就开始了，这些规则和监管是那些经理人、房产估价师、经纪人、开发商，以及建筑商赚取横财的源泉。同时，不靠谱的商业行为和高风险投资受到鼓励，同样削弱了这个产业。

当这些冒险失败了，房地产价值下降时，许多存贷款公司变得资不抵债了。联邦政府的保险资金不久便被耗尽，政府现在直面自己许下的紧急救助的诺言，却没有钱去兑现诺言。

监管者们对此的回应是在账面上做手脚，把这些资不抵债的储蓄机构伪装成财务正常，让它们继续经营下去。这推迟了丑媳妇见公婆的时刻，却让事情变得更加棘手。这些实际已经破产的存贷款公司每个月都亏损数十亿美元，从而大大增加了紧急救助的最终成本，而这些钱最终都得通过税收和通货膨胀，由大众支付。最终支出的费用估计在1万亿美元以上。

国会似乎无所作为，奇怪地保持缄默。这是可以理解的。许多代表和参议员接受了来自存贷款公司的慷慨赠予。但也许最主要的原因是，国会自己就是这桩罪行的主犯。无论是哪种情况，政客们都宁愿对此避而不谈。

看得更广一点，存贷款产业是个卡特尔内部的卡特尔。要是没有那个叫做美联储的卡特尔在一旁造出紧急救助需要的巨量金钱，这场惨败就永无可能发生。

第5章

比较称心如意的世界

> 1944年在新罕布什尔州布雷顿森林中召开的那场会议上，为了从世界金融体系中去除黄金，当时世界上最知名的大师们创立了国际货币基金组织（International Monetary Fund）和世界银行（World Bank）这两大机构；国际货币基金组织和世界银行的目的；美联储在这件事中所起的作用。

诚如我们所见，那场叫紧急救助的比赛一次次地在拯救大公司、美国国内的银行以及存贷款机构中上演，借口是为保护公众有必要采取这些措施。可结果却适得其反，公众遭到了盘剥，因为数十亿美元通过税收与通货膨胀的方法被"没收"了。这些钱被用于止损，而它们本该由那些倒闭的银行与公司支出，作为其经营不善和实行欺诈的惩罚。

这场比赛在美国自家的体育场上演时，同样的比赛也正在国际竞技场上进行，但有两点不同之处。一是国际比赛上的资金数额要大得多。通过一系列盘根错杂的银行贷款、补贴和担保，美联储正在变成整个地球上名副其实的"最后贷款人"。另一个不同之处在于，这支在国内自称为公众保护者的球队到了国外后，队服背上那醒目的一行字换成了"世界拯救者"。

布雷顿森林：阻击黄金

1944年7月，在新罕布什尔州布雷顿森林中的华盛顿山旅馆举行的一次国际会议上，这场比赛开始了，与会人员包括金融家、政治家和理论家。这次会议正式的名称叫联合国货币及金融会议，但今天在提及它时一般称其为布雷顿森林会议。两个国际机构在这次会议上被创立：国际货币基金组织及其姊妹机构国际复兴与发展银行——一般称为世界银行。

这些组织对外公布的目的都是极好的。世界银行旨在为那些遭受战争破坏的国家和不发达国家提供贷款，好让它们提振经济。国际货币基金组织旨在通过维持不同国家货币间的固定兑换汇率来提高国际货币合作水平。可为达到这些目标所诉诸的方法就不那么值得尊重了。这个方法就是终结使用黄金作为国际货币兑换基础的历史，用可人为通过政治操控的纸币标准取而代之。也就是说，这个方法允许政府逃脱黄金的束缚，从而可以肆意造钱，却不用付出其货币在国际市场上贬值的代价。

这次会议前，货币是凭其黄金价值来实现兑换的，这种安排叫"虚金本位制"，这与"金本位制"不是一回事。在"金本位制"中，货币是由黄金来支撑的。不同之处仅仅在于，不同货币的兑换率——大多数货币都不是由黄金来支撑的——取决于这种货币能够在公开市场上买到的黄金数量。因而，这些货币的价值是由供求关系决定的。政客们和银行家们讨厌这种约定，因为这样他们就无法进行人为操纵了。过去，它曾经作为一个相当有效的机制起过作用，但它规矩太多、太过严苛了。诚如约翰·肯尼斯·加尔布莱斯（John Kenneth Galbraith）所察：

布雷顿森林的安排旨在寻求重获金本位的好处——不同货币以相

对于黄金稳定而可预测的比例进行兑换，这样，它们相互之间也可以以稳定而可预测的比例进行兑换。它试图在达到这个目的的同时尽量减少金本位给那些入多出少、流失黄金的国家带来的痛苦。[1]

达到这一目的的方法完全就是在杰基尔岛上设置出来的那个方法，允许美国银行凭空造钱，而免受其货币相对于其他银行贬值这一惩罚措施；另外，打造一个"世界中央银行"，为所有国家造出一种通用法币，然后要求这些国家以同一比例一起进行通货膨胀；还有，需要配备一种国际保险资金，好把这种法币输入到任何一个暂时需要它来压制本国货币"流失"的国家去。这些方法并不是在机构创立之初就已成熟，正如美联储在出生时也没有完全成形。但不管怎么说，这是一个计划，而且是在万事俱备的情况下启动的。

起草这一计划的理论学家是来自英格兰、声名显赫的费边主义者约翰·梅纳德·凯恩斯（John Maynard Keynes）[2]，以及美国财政部部长助理哈里·德克斯特·怀特（Harry Dexter White）。

渐进主义

费边主义者是一群知识分子精英，他们组成了一个团体，其目的是在世界范围内推行温和的社会主义。他们会谈及人民的福祉，例如社会福利、医疗保障、更高的收入，以及更好的工作条件。他们希望不用流血，甚至不经历严重的冲突就能达到目标。他们不认同共产主义者，不是因为他们不喜欢后者的目标，而是由于他们不认同后者的办事方式。为了强调渐进主义的重要性，他们采用乌龟作为其运动

[1] 约翰·肯尼斯·加尔布雷斯：《钱从哪儿来到哪里去》（波士顿：霍夫顿-米夫林出版社，1975年版），第258-259页。

[2] 凯恩斯经常被描述为最多是个自由派分子，但关于他毕生与费边主义者及其工作的联系，参见罗斯·马丁：《费边高速公路，美国社会主义的通衢》（波士顿：西部群岛出版社，1966年版）。

的象征物。三位最著名的早期费边主义领导人物是悉尼·韦伯和比阿特丽斯·韦伯夫妇（Sydney and Beatrice Webb），以及乔治·萧伯纳（George Bernard Shaw）。在阿特丽斯·韦伯位于萨里的家中，一扇彩色玻璃窗上的话语很有启发意义。窗眉上出现了奥马尔·加亚姆（Omar Khayyam）[1]最后的诗句：

> 爱人哪！你我若能同命运协力，
>
> 把握这全部事物的可悲设计，
>
> 我们就不用先把它砸个粉碎，
>
> 再把它塑造得比较称心如意！

"再把它塑造得比较称心如意"这行诗句下方有一幅壁画，描绘的是萧伯纳和韦伯正用锤子敲打地球。窗台上方的壁画描绘的则是一群人膜拜宣扬社会主义理论的书籍。

间谍

哈里·德克斯特·怀特是美国的首席技术专家和布雷顿森林会议的主导力量，他最终成为美国首任驻国际货币基金组织的执行董事。这则故事中一个有趣的注脚是，怀特同时还是外交关系委员会的一名成员，在他担任财政部部长助理时，他还是一名间谍。而更有趣的是，当杜鲁门总统提名他担任这一职务时，白宫已经获悉这一事实了。中央情报局向白宫递交了怀特在至少两件独立事件上间谍行动的细节证据。[2]在布雷顿森林会议上担当技术秘书职责的是维基里乌

---

[1] 奥马尔·加亚姆（1048—1131年），波斯著名诗人，著有《鲁拜集》等。——译者注

[2] 参见大卫·雷兹：《哈里·德克斯特·怀特：对一个矛盾之人的研究》（纽约：考华德·麦克凯恩与吉奥西根出版社，1973年版）；维塔克·钱伯斯：《见证》（纽约：兰登书屋，1952年版）；艾伦·魏因斯坦因：《伪证：希斯—钱伯斯案》（纽约：古典书局，1978年版）；詹姆斯·伯恩汉姆：《颠覆之网：美国政府中的地下党网络》（纽约：约翰戴伊出版社，1954年版）；伊丽莎白·本特利：《摆脱束缚》（纽约：戴文-阿代尔出版社，1951年版）。

斯·弗拉克·考伊（Virginius Frank Coe），据称也是怀特所属间谍网中的一分子，考伊后来成为国际货币基金组织首任总裁。

这两大组织的目标是要缔造一种世界货币和一个世界央行，以及一种驾驭所有国家经济的机制。为了让这些能够实现，有必要让美国放弃其主导地位。实际上，美国将不得不降低身价，成为这个集体中的一部分。而且，世界银行是一个将资本从美国及其他工业化国家转移到欠发达国家的工具。

国际货币基金组织的构成与资金

国际货币基金组织就好比是联合国的一部分，正如美联储是美国政府的一部分那样，但它是完全独立的。其接近200名成员国以配额方式出资。而最大的资本份额来自那些相对而言更加发达的高度工业化国家，比如英国、日本、法国和德国。美国出资最多，大概占总数的20%。实际上，这20%大概可以代表40%，因为大部分其他国家都是以其不值钱、没人要的货币出资的。世界偏爱美元。

国际货币基金组织的例行操作之一是把那些不值钱的货币兑换成美元，好让那些弱国支付其国际账单。普遍认为，这样可以处理暂时性的"资金流动"问题。这是种国际性质的存款保险公司，它把钱注入一个破产的国家，这样该国的货币就会免于贬值。这种交易基本没有回报。

尽管与虚金本位制脱钩是国际货币基金组织的长期目标，但一开始说服所有国家参与进来的唯一可行的方法只能是将黄金本身作为各国货币供应的支撑——至少作为一种权宜之计。诚如凯恩斯所释：

我感到世界上起主导作用的几家中央银行都不愿放弃彼时存在的那种虚金本位制，我可不愿意看到一场足够有破坏力的灾难把它们不由自主地甩离这种虚金本位制。因此，唯一具备操作性的希望在于，从现存的这种虚金本位制出发，用一种可控世界货币的形式，进行渐进的改革。[1]

当时美国公民持有黄金是非法的，但其他国家的人可以按照35美元每盎司的固定价格用他们持有的美元纸币换购黄金。这使美元成为事实上的国际货币，因为和当时其他任何一种货币都不一样的是，美元的价值是得到担保的。因此，一开始国际货币基金组织就采用了美元作为其自身的国际货币单位。

纸黄金

1970年，国际货币基金组织创造了一种新的货币单位，叫做特别提款权（Special Drawing Right，简写为SDR）。媒体乐观地将其形容为"纸黄金"，但它更像是种记账诀窍，与黄金或任何形式的有形价值都沾不上边。特别提款权的参照物是各成员国所提供的"信誉"，这些信誉不是钱，仅仅是各国政府作出的保证，即一旦有需要的话，政府会对其公民征税来得到钱。国际货币基金组织把这些看作是"资产"，之后就会变成向他国政府放贷的"金库"。正如我们将会在第10章看到的那样，这几乎与美联储用来凭空造钱的记账把戏如出一辙。

丹尼斯·特纳的分析入木三分：

通过以债权国政府的名义在成员国的商业银行或中央银行中开办活期账户的方法，特别提款权变成了对第三世界国家的贷款。这些银行账户是凭空产生的。国际货币基金组织造出美元、法郎、英镑或其他硬通货，然后把它们交给某个第三世界的国家，结果是流出这种货

---

[1] 《约翰·梅纳德·凯恩斯文集（第5卷）》（纽约：麦克米兰出版社，1971年版），第20页。

币的源头国家将会发生通货膨胀……通货膨胀在工业化国家引发的同时，财富从大众那里转移到债权国手中，而债权国不会偿还。[1]

国际货币基金组织成立时，约翰·梅纳德·凯恩斯曾经提出一个观点，得有个世界中央银行来发行一种叫做"班克"（bancor）的储蓄货币，好让所有国家的政府摆脱黄金的束缚。随着特别提款权的创立，国际货币基金组织终于开始圆梦了。

黄金终于被抛弃

但仍然有个障碍。只要美元还是国际货币基金组织的主要货币，并且只要美元还能以35美元每盎司的价格兑换黄金，那么所能造出来的国际货币的总量就会是有限的。如果国际货币基金组织想要充当真正的世界央行，能够发行数量不限的货币，美元就必须与支撑它的黄金脱钩，这是完全用班克、特别提款权或其他同样不受限制货币单位取代黄金的第一步。

1971年8月15日，尼克松总统签署了一项行政命令，宣布美国将不再以其美元纸币去兑换黄金了。这样，国际货币基金组织第一阶段的蜕变就完成了。当时它还不是家真正的中央银行，因为它还不能创造属于自己的世界货币。它还得依赖其成员国的那些中央银行来提供现金和所谓的信誉，但由于这些银行自身能够随心所愿地想造多少钱就造多少钱，那从此开始，国际货币基金组织就不再受限了。

国际货币基金组织的初衷是维持不同货币间的固定兑换汇率，但自其创立至今，已经发生了两百多起货币贬值事件了。在私人产业中出现这种失败事件可能会引发破产，但在政策世界中，这种失败事件来得越大，项目就越能趁机扩张。因此，当美元与黄金脱钩，不再有

---

[1] 特纳前引书，第32页。

一个现成的衡量货币价值的标准时，国际货币基金组织只是改变了其目标，继续扩张其运作。新目标是"克服贸易赤字"。

贸易赤字

贸易赤字是个政坛人士、经济学家、脱口秀主持人津津乐道的话题。人人都同意贸易赤字不好，但关于是什么导致了贸易赤字则众说纷纭。下面让我们来说明一下贸易赤字产生的原因。

当一个国家的进口货值超过其出口货值时，贸易赤字就产生了。也就是说，在国际贸易中，该国花的比挣的多，这与一个人入不敷出的情况类似。无论对于国家还是个人而言，除非出现下列情形，否则这种赤字过程将难以为继：（1）收入增加；（2）储蓄变现；（3）资产变卖；（4）造钱；（5）借钱。除非这五种情况中有一种情况发生，否则个人或国家都别无选择，只得削减开销。

增加收入是最好的解决办法，从长远来看，其实也是唯一的办法，其他办法最多也不过是暂时的应对措施。一个人可以通过更加勤奋地工作，或更加精明地工作，或工作更长时间来增加收入。一个国家也是如此，但只有允许企业在自由竞争机制中蓬勃发展，才能实现这个目标。选择这个解决办法的问题在于，很少有政客会尊重企业自由竞争机制所展现出来的活力。政客的世界构建在一个个的政治项目之上，在这些项目中，自由市场法则被人为操纵，以便在政治上受人欢迎。他们也许想通过提高一国的生产力来增加该国的收入，可其政治议程却阻碍了这种事情的发生。[1]

第二个选择就是从储蓄中得到额外的钱，但今天的世界实际上已经很难找到还有储蓄的政府了，它们背负的债务远远超过其资产。同样，其大部分产业和公民也处在类似境地中，他们的储蓄已经被政府花掉了。

第三个选择变卖资产，大多数国家也无法做到。我们这里的资产指的是有形物资而非平常用来出售的商品。尽管后者也是广义上的资产，但在财会记账法中，商品被归类为库存。政府拥有的能够随时投入市场的唯一资产是黄金，而今天很少有国家储备了可观的黄金以供不时之需。即便那些有黄金储备的国家，他们那点可怜的黄金还得用于偿还对另外一个政府或银行的欠账。至于私人资产，国家倒是可以暂时将其卖给国外买家以抵消其贸易赤字。这是美国多年来一直在发生着的事情，办公大楼、股票、工厂以及整个公司被卖给国外投资者。但国家仍然入不敷出，这种情况不能无休止地持续下去。外国人对工商业的控制也引发了社会生态问题和政治问题。对此，欠发达国家倒不必担心，因为它们没有什么私人资产可供出售。

造钱的选项

造钱这个选项只有当一国恰好处在一个独特位置上时方能使用，即该国货币可以作为一种国际贸易媒介来使用——美国就是这样一个国家。处在这种位置上的国家可以凭空造钱，其他国家别无选择，只

---

[1] 笔者个人认为，那些穿着山姆大叔套装的政客们最好减少监管。这说起来简单可做起来难，因为美国人仍然爱恋着他们的保护性扶持政策：保护商人的关税、保护工人的最低工资和强制工会制度，保护弱势群体的种族配额雇佣制度，从摇篮到坟墓的各种保险项目，失业救济、残疾人保障、极端环境与安全措施——完全不惜成本。为了争夺顾客与雇员，自由竞争的企业能够也愿意提供所有这些好处。然而，只要这些措施还是强制性的，只要它们选择的基础在于政治上的受欢迎度而不考虑经济后果，那么美国的产业就永远不能复兴。最终，这些迷人的好处无一例外都将不复存在。

能接受。于是，多年来，美国都能够仗着有求必应的美联储在贸易中大手大脚，其支出远超贸易所得。

随着美元于1971年完全与黄金脱钩，它作为国际货币基金组织官方世界货币的身份也终止了，最终不得不凭借其相对优势与其他货币——主要是马克和日元——展开竞争。从那时开始，美元越来越不值钱了。尽管如此，美元仍然是较受青睐的兑换媒介，美国也是世界上最安全的个人投资目的国之一。但为了在美国投资，个人首先得将其本国货币转变成美元。这些事实使美元在国际市场上的价值增加了。因此，尽管美联储在这一时期造出了大量的钱，可外国人对美元的需求似乎是无穷的。结果是美国用法币——也可以说是造钱——延续了对其贸易赤字的财政支持，这种技艺是世界上其他国家无法企及的。

我们已经知道，国家发生贸易赤字是件可怕的事，最好"弱化美元"结束赤字状态。弱化美元是加重通货膨胀的委婉说法。事实是，贸易赤字对美国毫发无伤。其实美国才是受益者，而美国的贸易伙伴才是受害者。美国人得到汽车和电视机，他们得到的是花花绿绿看上去很好玩的美元，美国人得到实打实的货物，他们得到华而不实的钞票。

然而，这种交易有着黑暗的一面。只要美元仍然是一种重要的交易货币，美国就能够继续花多挣少。可当那一天来到时——肯定会来到——即美元暴跌、人们不再想要它时，免费便车就没有了。当这种事情发生时，现在滞留在国外的数千亿美元会很快回流进美国，因为世界上其他地方的人都在努力把这些美元置换成更加实在的地产、工厂和有形产品，而且得赶在美元更加贬值前尽快完成置换。随着这股美元洪流抬高物价，美国最终将会经历本会在过去发生却一直被推迟发生的通货膨胀，之所以被推迟是因为外国人都够哥们儿，他们用美国以外的美元来交换他们想要的产品。

小鸡总会归巢栖息，可当它们回来时，可不是冲着贸易赤字来的，而是因为我们能够用美联储造的法币对贸易赤字进行财政支持。如果不是这样的话，贸易赤字根本就不会发生。

让我们回到主题，即贸易赤字可得到补偿的五种方法。前面三个已经看过了，第四种借钱的选择是今天大部分国家所采用的，这也是国际货币基金组织在1970年的定位。它的新使命就是提供贷款，好让那些国家能够继续花多挣少，但做这件事得打着"克服贸易赤字"的名义。

国际货币基金组织的贷款：甜蜜难挡的厄运

这些贷款并不进入到可能盈利的私营企业中，它们进入到国有和国控产业中，这些产业为官僚致瘫，被腐败侵蚀。在经济上，这种贷款一开始就注定会是失败的，他们消耗贷款而没有可能还贷，甚至是利息都很快变得太多而难以处理。这意味着国际货币基金组织得求助于"金库"、求助于"资产"、求助于"信誉"，最终求助于纳税人来紧急救助这些产业。

在国际货币基金组织变成一个最终会凭空发行世界货币的世界中央银行的同时，其姊妹组织世界银行则变成了其贷款机构。作为世界的拯救者，世界银行致力于援助欠发达国家，给挨饿者送去食物，给全人类带来更好的生活。在追求达到这些人性目标的过程中，世界银行以优厚条件为各国政府提供贷款，利率通常低于市场利率，贷款期限往往长达50年，而且往往前10年不用还贷。

这些贷款的资金来自于成员国提供的少量现金，外加一个承诺，即当世界银行有麻烦时，成员国追加10倍的资金。这种承诺被形容为

"通知即缴的资本"，它构成了一种联邦存款保险公司式的保险计划，但没有吹嘘说保有一笔储备资金（在这个意义上，它比真正的联邦存款保险公司要实事求是，后者的确自称为保有储备资金，但其实是除了一个类似的承诺外别无他物）。

以少量种子资金外加工业化国家政府那些数额比种子资金大得多的"信誉"和"担保"为后盾，世界银行得以进入商业贷款市场，以极低的利率借到更多的钱。毕竟，这些贷款是由地球上那些最有实力的政府背书的，它们已经许下承诺，一旦世界银行陷入麻烦，就会强迫各自国家的纳税人来还贷。之后世界银行就拿着这些资金再以稍微高些的利率贷给欠发达国家，进而从中获利。

这种操作中不可见的一面是，世界银行所周转的这笔钱原本可以作为投资资金，用于私营企业或贷给消费者。世界银行转移走了私营领域更需要的发展资金，阻碍新工作岗位的产生，引起利率上升，最终使经济增长放缓。

隐秘的议程

尽管世界银行的政策说明中，大部分说的都是经济问题，但仔细观察其活动就会发现，它也处理了社会与政治事务。考虑到世界银行被其创立者作为一种变革社会与政治的工具，这就不奇怪了。

这一被隐藏的议程在世界银行称为行业贷款和结构调整贷款的这两种贷款的性质中表露无遗。前一种贷款中，只有部分款项用于特定的项目，其余款项则用于支持经济部门中的政策变革。后一种贷款中，所有款项都用于政策变革，没有用于项目的钱。近年来，欠发达国家得到的近半数贷款都属于后一种。那么这些贷款的目的，即要带来的政策变革是什么呢？

这些贷款的去向是那些政府所有的水电工程、炼油厂、伐木厂、矿场和钢铁厂。这笔钱从一批政客与官僚手中流到另一批政客和官僚手中，当钱来自政府、去往政府，还由政府经手时，结果就是政府的扩张。

这里举个例子。作为发放贷款的一个条件，世界银行经常要求借款国要做出的其中一个政策变革就是压低其工资水平。这就是假定政府有权——并且理所应当应该有权——设定工资水平。换句话说，世界银行放贷的条件之一是，政府必须无所不能。

华盛顿战略与国际研究中心威廉·E.西蒙（William E. Simon）政治经济学院院长保罗·罗伯茨（Paul Roberts）在《商业周刊》上撰文指出：

整个"发展过程"都处在这种信念的指导之下，即依靠私人企业和股本投资无法获得经济和社会进步。作为这种被证明了的通往成功之路的替代品，发展计划取代了贷款和外国援助，这样欠发达国家的政府就能够依据专家们的规划，控制经济活动了。

结果，欠发达国家的经济生活从一开始就被政治化了。通过给予别国政府控制其经济活动的广泛能力，美国设下了与经济发展的要求背道而驰的条件。[1]

肯·爱沃尔特（Ken Ewert）进一步阐述了世界货币基金组织所施加的条件几乎都是非自由市场性质的，他写道：

国际货币基金组织将精力集中在"宏观政策"上，比如财政与货币政策，或是汇率政策，而很少去注意诸如私人财产权和自由主义之类的基本问题……言下之意……是信奉通过适当的"宏观管理"，任何经济体系都可以运行自如。

---

[1] 保罗·克莱格·罗伯茨：《"专家们"如何引发第三世界的债务危机？》，载于《商业周刊》，1987年11月2日。

更为重要的是，国际货币基金组织允许全世界的政府更加有效地征用其公民的财富（通过通货膨胀这一隐性税收），同时扩大它们的权力。几乎可以不用怀疑，国际货币基金组织对国际主义是有影响力的。[1]

结构调整贷款的一个重要特征是，这笔钱无需用于任何特定的发展项目，它可以凭借款者的意志花在任何地方，其中也包括为过期的银行贷款支付利息。于是，世界银行就只不过成为又一个把纳税人口袋里的钱挪到商业银行、变成其资产的中转机构，进而，这些商业银行向第三世界国家放出了这些有风险的贷款。

紧缩措施与替罪羊

国际货币基金组织和世界银行提倡的每个措施并非都是如此，其中一些措施还是支持私营领域的，比如削减政府补贴与福利，措施可能包括增加税收以减少财政赤字。这些政策变革常常被媒体形容为"紧缩措施"，它们被视为拯救那些欠发达国家失败经济的无私之举。但正如大灰狼对小红帽说的那样，"都是为了更好地糊弄你，亲爱的"。这些紧缩措施冠冕堂皇，但借款国往往无视贷款条件而免受惩罚，而世界银行也睁一只眼闭一只眼，钱总会到位的。这些都是比赛的一部分。

尽管如此，"结构调整贷款"的条件却为借款国的政客们提供了一只替罪羊，现在，他们把国家苦难归因于美国和国际货币基金组织的那些坏蛋大"资本家"头上。那些人被灌输了这样一个观点，即政府为国民提供福利、医保、吃住、工作与退休是其份内之事——他们在听说这些"权利"正受到威胁时是会不高兴的。于是他们走上大街

---

[1] 肯·爱沃尔特：《国际货币基金组织》，载于《自由人》，1989年4月，第157–158页。

游行抗议，他们在城里的商业区发起骚动，以便从店铺里顺手牵羊；他们蜂拥到那些承诺恢复或提高其福利水平的左翼政客旗下。正如《洞察》（Insight）杂志所形容的：

> 在阿根廷、玻利维亚、巴西、厄瓜多尔、埃及、海地、利比里亚、秘鲁、苏丹及其他国家发生的一次又一次全国性罢工、骚乱、政治动荡和社会动乱都是拜国际货币基金组织的紧缩措施所赐……

> 有些国家在国内麻烦已在酝酿中时求助于国际货币基金组织，就很方便地把它抓来做了替罪羊。[1]

非常正确。仔细研究其记录可以看出，国际货币基金组织远非这些国家中的紧缩力量，却成了社会浪费的动力和腐败挥霍的充沛源泉。

终结美联储的理由

国际货币基金组织和世界银行都是美联储的得意门生。如果没有美国美元的流动和美国领导人的乐善好施，美联储就不会存在。美联储成了糟糕政府的帮凶。正如本书开头所言，这是该废除美联储的一个理由：它是糟糕政府的工具。

劫贫济富

在国际货币基金组织和世界银行的高层领导与理论家们追求国际政治理想的同时，中层管理者和政策规划者脑中所想的则是更加迫在眉睫的目标。这两个机构的官僚们享受着这一过程中发号施令的舒适生活，而接受它们资金的政客们则得到财富与权力。意识形态不是他们关心的问题。只要资金能流动起来，他们才不管什么社会主义、资

---

[1] 《国际货币基金组织给糟糕经济开出药方》，载于《洞察》，1987年2月9日，第14页。

本主义、法西斯主义呢。

格拉汉姆·汉考克（Graham Hancock）曾是这一国际援助"产业"的敏锐观察者，他多次参加过那种豪华的会议。他和其中许多顶级玩家都有私交。在他写的《贫穷的主人们》（*Lords of Poverty*）一书中，他这样谈及国际货币基金组织的结构调整贷款：

来自亚洲、非洲和拉丁美洲的那些腐败财政部长和独裁总统，在不顾风度争夺贷款的过程中被自己那昂贵的鞋绊倒。对这些人而言，钱可能从未像今天这般轻易就能拿到。由于既没有复杂的项目要管理，也没有乱麻般的账目要保管，那些贪赃枉法的、凶残的、丑陋的人甚至都是一路笑着去银行的。对于他们来说，结构调整如同梦想成真，不要求他们作出任何个人牺牲。他们所要做的只是——令人吃惊但千真万确——宰穷人，而他们已经干下了很多这样的勾当。[1]

在印度，世界银行资助了一个水坝的建设，该工程搬迁了200万人，淹没了360平方英里的土地，消耗掉了81000英亩的森林。在巴西，世界银行耗费10亿美元去"开发"亚马逊流域的一部分，资助了一系列水电项目。这导致面积相当于半个英国的大片森林遭到破坏，而重新安置也使人们遭到极大的苦难。在肯尼亚，布拉灌溉计划（Bura irrigation scheme）导致大规模的荒芜，五分之一的当地人不得不背井离乡，每个家庭遭受的损失为5万美元。在印度尼西亚，移民工程使热带丛林遭到毁灭性破坏——而与此同时，世界银行正在资助再造林工程。重新安置一个家庭的成本是7000美元，约为印度尼西亚人均收入水平的10倍。

非洲博茨瓦纳的家畜工程导致对灌溉地的破坏，数以千计被迁移的动物死去。这造成当地人无法通过捕猎获得食物，迫使其依赖政府

---

[1] 格拉汉姆·汉考克：《贫穷的主人们：国际援助事业的力量、声望与腐败》（纽约：大西洋月刊出版社，1989年版），第59–60页。

生存。在尼日利亚和阿根廷深陷债务时，来自世界银行的数十亿美元贷款却被用来兴建奢华的新首都，以容纳政府机构和统治精英。在扎伊尔、墨西哥和菲律宾，领导人成为了亿万富豪，却还在代表其国家接受着世界银行的贷款。在中非共和国，国际货币基金组织和世界银行的贷款用于其皇帝的加冕典礼。

关于腐败和挥霍的记录没有尽头。但真正让人大开眼界的是，在这些失败的项目中，赫然有些旨在给欠发达国家带来繁荣的大工程。下面来看几个例子。

财富大败局

阿根廷的生活水平曾一度处于拉美之最的行列。但之后它成为世界银行以及美国商业银行大宗贷款的接受者。由于钱到了政客们手中，它便被用来建设政客们期待的那个体系。到1982年时，阿根廷的国民生产总值急剧下降，制造业的产能下降了一半多，数以千计的私人公司被迫倒闭，失业率飙升，福利却也在飙升。到1989年时，通货膨胀的均值达到了5000%的水平，在这年夏天，达到了1000000%的顶峰！银行开出每月600%的利率，希望存款不要流向国外。人们在大街上争抢食物，政府却指责是那些贪心的店主抬高了物价。这个国家无望地陷入债务泥潭中，无法还贷。

当时巴西是由军人政权统治的，国家控制了经济。政府控制的公司消耗了65%的工业投资，这意味着私营领域最多只能获得35%，并且还在持续萎缩。政府用来自美国银行的贷款成立了一家石油公司，即巴西国家石油公司（Petroleo Brasileiro S.A.），它成为拉美地区最大的企业。尽管有着巨量石油储备和创纪录的石油高价，这家公司还是亏损，甚至都不能为本国国民提供足够的汽油。到1990年时，巴西的通货膨胀达到5000%。自1960年以来，物价上涨到相当于起初164000倍的水平。一个被称为"通胀套利"（hedging against inflation）的新罪行被发明出来，人们因为用自由市场价格为商品标价，或是因为把美元或黄金作为钱来使用而遭到逮捕。暴徒们喊着"我们饿了，随便偷吧！"在街上游荡。这个国家无望地陷入债务泥潭中，无法还贷。

墨西哥经历了与巴西几乎完全一样的情形，只是金额更大而已。当全球第四大油田被发现时，墨西哥当政者为这个天赐良机兴奋不已。用从美国银行那里借来的几十亿资金，他们创办了墨西哥石油公司（Petroleos Mexicanos，简写为PEMEX），不久该公司便成为世界第五大石油生产商。他们还建起了化工厂与铁路，以及许多其他工业项目。所有这些都是作为福利机构而非商业企业来运营的：太多人领工资，太多管理人员，过高的工资，过多的假期，以及不切实际的福利。这些公司都在亏损中苦苦挣扎。数以千计的私营企业倒下了，失业率上升。政府提高最低工资标准，导致更多企业倒闭、更多人失业，继而又导致了更多福利和失业补助。为了支付这些费用，政府又借了更多的钱，开始发行自己的法币。通货膨胀摧毁了残存的经济体。

接着便是控制物价，以及租金和食物补贴，最低工资也翻倍了。到1982年时，墨西哥开始用比索换美元，将其国内存款输到国外去，因为比索在商贸流通中已经不值钱了。[1]1981年，墨西哥工人的平均工资是美国工人平均水平的31%，到1989年，已经降到10%。墨西哥曾是世界上主要食物出口国之一，如今却需要进口数以百万美元计的粮食。这一需求导致越来越多的贷款。所有这些都发生在石油价格处在高位、产量猛增的时期。几年后，当石油价格下降时，这些失败和缺陷变得更加触目惊心。

---

[1] 放出这些贷款的那些美国银行欢迎这些外逃资本，最终以收回它们贷出去的那笔钱收场，一进一出都是好生意。

1995年，墨西哥所借的银行贷款再次处在变成坏账的边缘，美国纳税者们又一次被国会用作枪子，去担保这笔超过300亿美元的危险资金。尽管这笔钱最终得以偿还，但还款却是通过又一轮大规模通货膨胀从墨西哥人民手中抠出来的，这让他们的生活水平又降低了。这个国家现在无望地陷在泥潭中。许诺"改革"和采取更多措施的政党现在正在吸引大批选民，具备了成为一股政治势力的潜质。

一连串事件就这样层出不穷。在向全球欠发达国家倾注了数以十亿计的美元后，那些国家却没有得到发展。事实上，我们看到了恰恰相反的结局。大部分国家比这个世界拯救者搭救之前还要糟糕。

本章总结

国际货币基金组织和世界银行是1944年在新罕布什尔州布雷顿森林中，由世界级金融学家和政治家们召开的一次会议上得以创立的。它们宣称的目标是促进国际贸易，稳定不同国家货币间的兑换汇率。没有说出来的目标则大相径庭，即去除虚金本位制作为货币币值评估标准的身份。

在国际贸易中去除黄金的方法，就是通过国际货币基金组织这一扮演世界中央银行的机构凭空发行一种世界货币。第一步就是使用世界银行来周转资金——伪装成贷款——贷给那些欠发达国家的政府，最终使得很多私人企业被迫关门。这笔钱将会从一批当政者与官僚手中转到另一批当政者与官僚手中。当钱来自政府、去向政府，并由政府经手时，结果自然是政府的扩张。

主导布雷顿森林会议的理论家是来自英格兰的约翰·梅纳德·凯恩斯，以及美国财政部部长助理哈里·德克斯特·怀特。怀特成为美国驻国际货币基金组织的首任执行董事。

国际货币基金组织和世界银行的资本来自工业化国家，美国在其中出资最多。资金部分来自硬通货——比如美元、日元、马克和法郎——但比这些硬通货数量高出好几倍的是"信用"的资金形式。这些信贷只不过是成员国政府作出的保证，即一旦世界银行贷出去的款遇到麻烦，这些政府将从其纳税人那里掏钱。

在国际货币基金组织逐渐转变为世界中央银行的同时，世界银行扮演着放贷主力军的角色。就这样，它成为了把财富从工业化国家转到欠发达国家的发动机。这一行为在降低资助国经济水平的同时并未提高接受国的经济水平。很多钱在政治腐败与挥霍中被消耗了。

第6章

金融家的国际理想

再次审查那场叫做紧急救助的比赛后，我们发现这并非仅仅是一种让纳税人为那些坏账贷款买单的方法。对巴拿马、墨西哥、巴西、阿根廷等国的救助并没有多大效果，反而浪费了很多资金。

让我们现在回到那场紧急救助的比赛中来。之前所有章节都只不过是这场比赛在国际赛场上上演时的背景资料。最后，让我们来看一下比赛规则：

1. 工业国家的商业银行以其各自国家的中央银行为后盾，凭空造钱然后把这些钱借给欠发达国家的政府。它们知道这些放出去的贷款是有风险的，为了补偿风险，它们收取的利率足够高。长远来看，收益比预期还要高。

2. 当欠发达国家付不起其所贷款项的利息时，国际货币基金组织和世界银行就会加入到比赛中来，它俩既做选手又当裁判。通过其成员国中央银行凭空造出的更多的钱，它俩向欠发达国家的政府预付"发展"贷款。现在，这些政府不仅有了足够的钱可以支付原来所贷款项的利息，而且还可以用剩下的钱实现其政治目标。

3. 接受国很快便花光了这笔新追加的钱，比赛回到第2条开始的地方。而这次，新追加的贷款由世界银行和工业化国家的中央银行担保。由于坏账风险被消除了，那些商业银行同意将利率降到起初所期望的水平上，债权国政府获得了利息偿还。

4. 决赛——好吧，这样的比赛似乎不会有决赛，因为原本的方案是要让比赛一直继续下去。而为了使这成为可能，就必须得发生某些具有终极意义的事情。其中包括如凯恩斯所计划的那样，国际货币基金组织向世界中央银行转变，这个世界中央银行到时候就可以发行一种国际法币了。一旦这种"发钞行"地位确立，国际货币基金组织就可以通过通货膨胀的隐性税收这一方式，从世界各国公民那里搜刮无尽的财富了。然后这种资金流动就可以无限期地持续下去——不管各国同意与否——因为他们再也没有属于自己的钱了。

由于这种比赛导致工业化国家财富的不断流失，它们的经济状况注定会每况愈下，这是自布雷顿森林会议以来一直在持续的进程。结果便是这些国家生活水平的严重下降和其作为独立国家身份的丧失。所谓的发展贷款背后隐藏的事实是，美国和其他工业化国家正被这一进程损害。这不是意外，而是这一计划的本质所在。一个强大的国家不太可能交出其主权任人宰割。美国人不会同意将其货币制度、军事和法庭交给一个由各国政府组成的世界团体来管理，尤其是这些政府中有不少都已经显露出反美敌意。但假如美国人会因为本国经济崩溃或社会秩序失控而蒙受损失的话，那么就说不准了。当他们挣扎在贫困线上，在街道上直面无政府管控的混乱时，他们就愿意牺牲一些权利，以换来世界银行的"援助"了。

决赛

另一方面，欠发达国家也不是有百利而无一害。它们变得十分依赖国际货币基金组织的现金流，戒不掉这个瘾了。这些国家正在被金钱而非军队所征服，不久它们的主权甚至都会受到损害。这些国家的领导人正在被培养成一个个高技术的新式封建君主，向其在纽约的主子效忠。他们迫切地想这样做，以换取"世界新秩序"内的特权与实力，这就是决赛。

财富的再分配目标是公平分配，这意味着劫富济贫，至少理论如此。不幸的是，穷人从来不会因此受益。他们通常无法在第一时间得到这笔钱——管理这些项目的官僚们搜刮去了太多——或者，即便他们确实得到了这笔钱，也不知道怎么去用这笔钱。他们仅仅是花光它，然后身无分文——当然，那些管理政府项目的人除外。虽说如此，政客们都知道，重新分配财富的保证在两类人中是受欢迎的：那些天真地相信这样做会帮助穷人的选民，以及那些将其视为饭碗保证的管理者们。有了这两大阵营的选票支持，就可以高枕无忧了。

最早倡导国际主义——包括从"富裕"美国吸走财富——的美国人之一是约翰·F.肯尼迪。他无疑是1935—1936年在伦敦经济学院上学期间学到了这一概念，那正好发生在他父亲被任命为美国驻英大使前。[1]当约翰·肯尼迪当上总统后，他的政治观念仍然带着这段求学经历的印记。1963年9月，他在国际货币基金组织暨世界银行年会上向来自102个国家的财政部长和中央银行行长致辞。他以热情洋溢的言辞解释了国际主义：

20年前，当这些机构的缔造者们云集一堂，设计一个国际银行制度架构时，世界的经济生活正在因美国那压倒性的，甚至是令人害怕的措施而两极分化……世界黄金储备的60%在美国这里……需要重新分配世界的金融资源……需要组织资本流入世界上的那些贫困国家。所有这一切都发生了，不是随机发生的，而是有意的、深思熟虑的，

---

[1] 马丁前引书，第25页。

经过认真规划后发生的。[1]

外交关系委员会定下策略

在美国推行该计划的任务被委任给一个智库，这个智库叫外交关系委员会（the Council on Foreign Relations）。我们将会在下面的章节中详细解读它，但重要的是，我们现在得明白，美国几乎整个领导班子都来自这个小团体。这些人包括我们的总统及其顾问、内阁成员、大使、美联储的董事们、最大银行和投资机构的掌门人、大学校长、大城市里报纸新闻服务和电视网络的掌管人。[2]把这个团体形容为美国的隐形政府也不算夸张。

为了构建"世界政府"的好处，外交关系委员会的成员们从来都不羞于呼吁削弱美国。外交关系委员会的创建者之一是艾森豪威尔（Dwight Eisenhower）政府的国务卿约翰·福斯特·杜勒斯（John Foster Dulles）。1939年时，杜勒斯曾说过：

对今天这样盛行于世界的主权体系，某种稀释或平衡必须要发生……以立刻削弱现在实力上占据主导优势的那些国家……一种共同货币的创立……会使我国政府控制一种国家货币的特权不再存在……美国必须得准备好为将来建立起一种世界政治经济秩序作出牺牲，这一秩序会以国家间的相互尊重来消弭经济计划的不平等。[3]

外交关系委员会成员兹比格涅夫·布热津斯基（Zbigniew Brzezinski）是另外一名会员吉米·卡特（Jimmy Carter）当政时期的国家安全顾问。1970年，布热津斯基写道：

---

[1] 《肯尼迪在国际货币会谈上的演讲稿》，载于《纽约时报》，1963年10月1日，第16版。

[2] 关于对外关系委员会的深度分析，包括详尽的成员名单，请参见詹姆斯·佩尔洛夫：《权力的阴影》（威斯康星州：西部群岛出版社，1988年版）。

[3] 《杜勒斯勾勒世界和平计划》，载于《纽约时报》，1939年10月28日。

……一些国际合作已经达成了，但更长远的进展要求美国作出更大牺牲。为了让一个新的国际货币架构成形，必须要作出更为彻底的努力，美国目前相对有利的地位将会因此承担些风险。[1]

1983年春天，在弗吉尼亚州威廉斯堡举行的经济峰会上，罗纳德·里根总统宣称：

国家经济需要货币协调机制，这就是一个整合的世界经济需要一个统一货币标准的原因……但没有哪一国的货币能够胜任——只有一种世界货币可以做到。

外交关系委员会统一世界货币系统战略的详细说明人是哈佛大学教授理查德·N.库伯（Rechard N. Cooper），作为这个组织的一员，他曾经担任过卡特政府时期分管经济事务的副国务卿。他是这样说明的：

我建议在下个世纪中，拿出一个如下的激进替代方案：为所有民主工业国家创造一种共同货币，配以统一的货币政策和一家合作的发钞银行以决定这一货币政策……各自独立的国家如何才能做到这点呢？它们需要把货币政策的决定权转交给一个超国家体……

很值得怀疑的是——这里仅仅举个例子来说——美国公众能否接受这一事实，即那些专制的国家能够影响美国的货币政策。……仅仅是为了迈出如此大胆的一步，就要预先设想出某种统一的政治价值观……[2]

诸如货币协调机制、现代世界经济秩序、统一的政治价值观、世界新秩序的含义都不是很明确。对普通人而言，它们听上去悦耳而无害。然而，对于外交关系委员会这个俱乐部的内部人士而言，它们是

---

[1] 兹比格涅夫·布热津斯基：《两个时代之间：美国在电子技术时代的角色》（康涅狄格州韦斯特波特：格林伍德出版社，1970年版），第300页。

[2] 理查德·N.库伯：《为未来设计的一套货币系统》，载于《外交事务》，1984年秋季刊，第166页、177页和184页。

密码字眼，有着专门的意思：终结国家主权，开创世界政府。外交关系委员会委员理查德·加尔德纳（Richard Gardner）——也是卡特总统的顾问——解释了这些字眼的意思，同时呼吁采用渐进主义策略：

简而言之，"世界秩序之屋"将得自下而上建起……迂回包围国家主权，一点点地侵蚀它，要远比老式的正面进攻奏效。[1]

至于规划中的美国经济衰退，外交关系委员会成员塞缪尔·亨廷顿（Samuel Huntington）如此说道，如果大众认为高等教育是必不可少的，"那就需要出台一个计划来降低那些上过大学的人对其工作的期望值"。[2]外交关系委员会成员、美联储前主席保罗·沃尔克说道："美国人的平均生活水平得降低……我认为你也不能幸免。"[3]

到1993年时，沃尔克成为了美国三边关系委员会（Trilateral Commission）主席。三边关系委员会是大卫·洛克菲勒创办的，用来按照加尔德纳提出的策略协调建立世界新秩序。该委员会的目标是将美国、墨西哥、加拿大、日本及西欧拉进一个政治经济联盟中。在诸如自由贸易和环境保护这样的标语下，各国都"一点点地"交出其主权，直至从这一过程中催生出一个成熟的地区性政府。这个新政府将会控制各国的工作条件、工资和税收。当这一切发生时，将地区性政府合并成全球政府就没那么困难了。这就是欧盟、北美自由贸易协定、亚太经济合作组织及世贸组织内那些所谓贸易条款背后的现实，尽管它们很少与贸易扯得上边。在三边关系委员会1993年年报中，沃尔克解释道：

相互依赖正使我们各国在那些曾经被认为完全是内政范围的事务上达成统一。其中有些事务涉及政府监管政策，比如环境标准、对工

---

[1] 理查德·加尔德纳：《通往世界秩序的艰难道路》，载于《外交事务》，1974年4月，第558页。

[2] 米歇尔·克罗齐、塞缪尔·P.亨廷顿、绵贯让治：《民主的危机》（纽约：纽约大学出版社，1975年版），第183–184页。

[3] 《沃尔克断言美国必须降低生活水平》，载于《纽约时报》，1979年9月18日，第1版。

人一视同仁，以及征税。[1]

1992年，三边关系委员会发表了一篇报道，其合作作者之一是东京银行董事长、前日本大藏省国际事务厅厅长行天丰雄（Toyoo Gyohten）。行天丰雄是富布赖特奖学金[2]获得者，曾在普林斯顿大学求学，任教于哈佛商学院。他也曾担任国际货币基金组织的日本理事。简单来说，他是世界新秩序中日本货币利益的代言人。在这份报道中，行天解释说"贸易"协定的真正重要性在于构建全球政府而非贸易本身：

> 地区贸易协定本身不应被看成是终结，而应该是对全球自由化的补充……地区协定为全球主义的强化或增强提供了范式或构建了模板……西欧（欧盟）代表着最为货真价实的地区主义……通往深化（增加协定条款数量）的步伐是非常显著的，而且被设计为不可逆的……一种共同货币……中央银行……法庭及议会——将会拥有更为广泛的力量……马斯特里赫特（该会议举办地所在的荷兰城市）峰会后，一位《经济学人》的编辑宣布了这个意见："叫它什么悉听尊便，不管叫什么，它其实都俨然是个联邦政府了。"……简言之，欧洲的地区一体化进程类似构建国家的过程。[3]

用同样的观念来看北美自由贸易协定，前国务卿亨利·基辛格（Henry Kissinger，也是外交关系委员会会员）说它"不是一个普通的贸易协定，而是一种新国际体系的构建者……通往一种新型国家共同体的关键的第一步"。报纸上报道这一说法的文章恰当地取题为《随着北美自由贸易协定的建立，美国最终创建了一个国际新秩

---

[1] 《华盛顿1993年：三边关系委员会年会》中的"第46次三边对话"（纽约：三边关系委员会，1993年），第77页。

[2] 这是美国政府设置的一种教育资助金，旨在通过教育文化交流增进美国人和其他国家人之间的了解，因这一议案的提出者，来自阿肯色州的参议员詹姆斯·威廉·富布莱特而得名。——译者注

[3] 行天丰雄、查理斯·E.莫里森：《一个正在融合中世界里的地区主义》（纽约：三边关系委员会，1992年版），第4页、第7–9页、第11页。

序》[1]。大卫·洛克菲勒（外交关系委员会成员）语气更加明确，他说如果这个协定没被通过，那将会是犯罪，因为"万事俱备——500年后——在西半球要建立起一个真正的'新世界'"。[2]

到1994年初，通往世界新秩序的缓流变得湍急了。4月15日，摩洛哥政府在《纽约时报》上整版刊登了一则广告，庆祝世界贸易组织的成立：

> 1944年，布雷顿森林：国际货币基金组织与世界银行
>
> 1945年，旧金山：联合国
>
> 1994年，马拉喀什：世界贸易组织
>
> 历史知道自己在往何处去……世界贸易组织
>
> 是世界新秩序的第三根支柱，
>
> 与联合国和国际货币基金组织鼎足而立。[3]

内阁运作的惊鸿一瞥

关于这场决赛就讲这么多了。现在让我们回到那场叫紧急救助的比赛中来，因为这是今天在国际赛场上实实在在进行中的比赛。让我们从窥视总统内阁内部工作开始。詹姆斯·瓦特（James Watt）是里根当政时期的内政部长。在其回忆录中，他描写了1982年春天一次内阁会议上发生的意外。这次会议的首要议程是讨论欠发达国家银行贷款中存在的问题，对此，财政部长里根唐纳德·里根（Donald Regan）和预算总长大卫·斯托克曼（David Stockman）做了报告。瓦特写道：

---

[1] 亨利·基辛格：《随着北美自由贸易协定的建立，美国最终创建了一个国际新秩序》，载于《洛杉矶时报》，1993年7月18日，M2–6版。

[2] 大卫·洛克菲勒：《处在平衡中的一个半球》，载于《华尔街日报》，1993年10月1日，A10版。

[3] 《纽约时报》，1994年4月15日，A9版。

里根部长正在解释，这些贷款是由美国银行、摩根曼哈顿和花旗银行这样的私人银行放出的，这些穷国甚至连这些贷款的利息都付不起。总统正被告知美国"必须"要采取措施来挽救这一局面。

在里根和斯托克曼简要说明情况后，又讨论了几分钟，然后我问道："有人相信这些欠发达国家有能力按照规定还款吗？"当无人应声时，我又问道："如果这些放出去的贷款永远无法收回，那么我们为何还要去救助这些国家，给他们安排好支付利息的钱呢？"

立刻有几个人异口同声回答道："如果我们不替他们安排好支付利息的钱，那么这些贷款就会沦为坏账，我们这几家放贷的美国银行就会处于险境。"那么银行客户们会损失钱财吗？回答是不，但股东们可能会没有分红。

在惊讶中，我缩回到我那张大皮椅中，和我两座之隔就是美国总统。我意识到世上没有什么能够阻止这些政府高官争相保护和紧急救助一小撮正面临重大麻烦的超巨型美国银行。[1]

巴拿马

这场比赛中的首次重大得分来自卡特当政时期，彼时巴拿马逾期未能偿还其所借贷款。包括摩根曼哈顿、芝加哥第一国民银行和花旗银行在内的银行财团给华盛顿施压，要求美国政府将巴拿马运河交还巴拿马政府，这样巴拿马政府就能用运河租金来偿还其贷款利息了。尽管美国民间反对这一做法者甚众，参议院还是屈从于内部压力，通过了一个妥协条约：巴拿马政府从运河租金中每年可得1.2亿美元，给这些银行的利息得以正常支付了。诚如国会议员菲利普·克莱恩（Philip Crane）所察：

---

[1] 詹姆斯·G.瓦特：《一个保守主义者的勇气》（纽约：西蒙和舒斯特出版社，1985年版），第124–125页。

在1968年托里霍斯（Torrijos）发动政变时，巴拿马的全部官方外债还处于可控的范围内，以世界标准来看，1.67亿美元还说得过去。在托里霍斯统治下，巴拿马的负债水平一飞冲天，几乎上涨了1000%达到15亿美元之巨。负债比例预计占到巴拿马全部财政预算的39%……我们真正所要做的不止是把运河租金给予托里霍斯当局，而且还包括紧急救助一群银行，这些银行在当初投资巴拿马时早该知道，无论如何，它们是推卸不掉责任的。[1]

紧急救助巴拿马是场独一无二的比赛。美国从未在其他国家放弃过不断产生收入的资产，因此此事可以说是开启了用金钱来紧急救助的先河。为了接下来畅行无阻，国会通过了《1980年货币控制法案》，授权美联储将"外债货币化"（monetize foreign debt）。这是句银行业术语，含义是，为了向外国政府放贷，美联储现在有权凭空造钱了。该法案将此类贷款归为"资产"，然后以它们为抵押，在美国国内造出更多的钱。这是美联储的一次革命性扩张，它真的有能力引发通货膨胀了。之前，美联储还只许为美国政府造钱。而现在，它可以为任何一国的政府造钱了。从那时起，美联储就一直起着全球央行的作用。

墨西哥

到1982年时，许多第三世界国家的政府不能按时还贷。首当其冲的是墨西哥政府，那一年它宣称再也拿不出钱来偿还其850亿美元的债务了。美联储理事亨利·瓦里奇（Henry Wallich）冲到瑞士进行谈判，希望通过国际清算银行（Bank of International Settlements）放出一笔45亿美元的国际货币基金组织贷款。欧洲央行和日本央行出资18.5

---

[1] 菲利普·M.克莱恩：《在巴拿马屈服》（伊利诺伊州：卡罗琳书屋，1978年版），第64页、68页。

亿美元（约占40%），其余由美联储来出。参与贷款给墨西哥的各商业银行同意推迟两年偿付，但由于这笔新资金的注入，利息得以支付。这并未解决问题。几年后，墨西哥又还不上债了，于是1985年，各银行同意推迟偿付290亿美元，并且允许另外200亿美元延期偿还，也就是放新贷还旧债。

同年，美国财政部长詹姆斯·贝克（James Baker）宣布了美国政府解决世界债务危机的计划。这是一份鼓励银行继续借钱给第三世界各国政府的正式声明，前提条件是这些政府许诺启动偏向自由市场的经济改革。这与其说是个计划，不如说是种哲学，因为任何一个接受这些贷款的政府都很难启动这种改革。这一声明背后的暗示是，一旦这些贷款收不回来，可以得到美国政府和美联储的援助。贝克号召三年内发放290亿美元援助款，以拉美国家为主要对象国，其中墨西哥又是首要接受国。

货币互换

墨西哥政府贷款给菲德尔·卡斯特罗5500万美元后不久，它就对银行宣称："我们只能是有多少还多少，不能再多了。"美联储掌门人保罗·沃尔克随即冲过去和墨西哥财政部长杰西·席尔瓦·赫尔佐格（Jesus Silva Herzog）会面，提出把美国纳税人也拉下水。沃尔克又追加了6亿美元的短期贷款，好让墨西哥熬过7月4日的选举日。这被称为一次"货币互换"（currency swap），因为墨西哥之前允诺以相同数量的比索来赎买这些美元。比索当然在国际市场上是不值钱的——这就是墨西哥想要美元的原因。

这笔贷款的重要性不在于其规模，甚至也不在偿还问题上，而在其放出的方式上。首先，它是由美联储直接放出的，这次美联储充当了墨西哥央行而非美国央行的角色。其次，它几乎是完全保密放出的。威廉·格雷德为我们描述了详情：

> 货币互换有另外一个优势：它们可以秘密进行。沃尔克谨慎地通知了墨西哥当局和美国国会中的关键人物，双方都没有表示反对。但货币互换需要每个季度公示一次，因此来自美联储的紧急贷款在三四个月内都不能走漏风声……沃尔克希望，到公示的时候，国际货币基金组织会为墨西哥安排好更为实际的新资助计划……外国援助要尽可能地小心为之，以免引发恐慌，同时也要避免引起国内的政治纷争……紧急救助墨西哥，似乎太过沉重，再也经受不起纷争了。[1]

债务互换

货币互换没有解决问题。于是，1988年3月，选手和裁判同意在比赛中引进一种新花招：一种叫"债务互换"（debt swap）的做账把戏。债务互换和货币互换有一点是相同的，即美国都是用真正有价值的东西换回不值钱的东西。但这次被交换的不是货币而是政府债券。交易因这些债券所含的时间价值而变复杂了。钱币是以其即时价值来估值的，即它们当下能买到多少东西。但债券是以其未来价值来估值的，即它们未来能买到多少东西。在不同因素都被考虑后，债务互换的过程本质上与货币互换是一样的。下面就是其运作方式。

墨西哥用美元购买了4.92亿美国国债，无需支付利息，但当20年后这些债券到期时，墨西哥得偿还36.7亿美元（从技术层面上讲，这些债券叫无息债券）。之后墨西哥发行本国债券，把这些美国债券作为担保和本国债券绑定在一起。这意味着先前曾被认为不值一文的墨西哥债券的未来价值，现在得到了美国政府的担保。各家银行迫不

---

[1] 格雷德前引书，第485–486页。

及待地以1.4比1的比例用旧债券来交换这种新的墨西哥债券。也就是说，它们每接受1亿美元新债就能抵消掉1.4亿美元旧债。这降低了这些银行的利息收入，但它们乐意这样做，因为它们用不值钱的债券换到了得到完全担保的债券。

这个花招被媒体颂扬为真正的货币魔术。它会为墨西哥政府每年省下2亿美元的待付利息，会为银行再次带来现金流，而——奇迹中的奇迹是——它不用美国纳税人花一分钱。[1]其理由在于，这些美国国库券是以普通市场利率出售的，无论是墨西哥政府还是其他人购买它们都得付同样的价钱。到这里为止都是对的，但媒体评论人没有注意到的是，墨西哥用来购买这些债券的美元来自何处。这些钱是通过国际货币基金组织以"外币外汇储备"（foreign-currency exchange reserves）的形式来运作的。换句话说，它们是来自以美国为主的工业化国家的补贴。因此，美国财政部花费巨资购买它自己发行的债券。墨西哥政府的债务又累加了5亿美元，并且同意将来还债时再还37亿美元，这样它就能够继续支付利息给那些银行了。这叫紧急救助，而且不用美国纳税人来买单。

国际货币基金组织成了最后担保人

次年，国务卿詹姆斯·贝克（外交关系委员会成员）和财政部长尼古拉斯·布拉迪（Nicholas Brady）飞赴墨西哥，意在商讨出一个新的债务协议，这一协议将开始逐步把国际货币基金组织作为最后担保人引入其中。国际货币基金组织给墨西哥发放一笔35亿美元的新贷款（之后增加到75亿美元），世界银行又给了一笔15亿美元的贷款，而墨西哥政府的各家债权银行则将其之前的贷款价值削减了约三分之

---

[1] 汤姆·雷德本：《美国发行债券会在还债中援助墨西哥》，载于《洛杉矶时报》，1987年12月30日。

一。私人银行非常愿意发放新贷款并一再延期旧贷款的偿还，何乐而不为呢？反正现在利息支付得到了美、日两国纳税人的担保。

这同样未能永久地解决问题，因为墨西哥正在遭受由国内债务引起的大规模通货膨胀，这是欠美国银行的国外债务之外的另一笔债务。政府通过出售债券扩张了其货币供应，但用的暗语是"国内债务"和"国内借款"。政府必须要支付诱人的债券利息，事实上，墨西哥内债的利息是其外债利息的三倍。[1]

尽管如此，墨西哥最大的债主之一花旗集团总裁约翰·S.里德（John S.Reed，外交关系委员会成员）还是准备借给墨西哥更多的钱。为什么呢？这与美联储和国际货币基金组织会担保赔付有点关系吗？不，没有关系。"因为我们相信墨西哥经济正在向好。"他说道。[2]

1994年末，这场比赛还在进行，打法也依然照旧。12月21日，墨西哥政府宣布，它再也无法维持比索兑美元的固定汇率了，比索不得不在自由市场中浮动，以体现其真正价值。次日比索大跌39%，墨西哥股市暴跌。墨西哥再一次付不起它所借贷款的利息了。1月11日，克林顿总统（外交关系委员会成员）敦促国会再通过一批美国政府担保的高达400亿美元的贷款。财政部长罗伯特·鲁本（Robert Rubin，外交关系委员会成员）解释道："包括艾伦·格林斯潘主席（外交关系委员会成员）在内的所有人都判断，这批贷款得到（墨西哥）偿还的可能性是非常高的。"可当国会还在讨论这个问题时，债务之钟就已经在走了。一笔170亿美元的墨西哥债券60天内到期，其中的40亿美元更是2月1日就要到期偿还了！谁来付款给银行呢？

此事刻不容缓。1月31日，克林顿总统绕开国会，宣布了一项紧

---

[1] 《将国外借条改头换面后，利息摇身一变为国内债务》，载于《洞察》，1989年10月2日，第34页。

[2] 同上，第35页。

急救助计划，承诺给墨西哥超过500亿美元的贷款，其中美国外汇平准基金（U.S. Exchange Stabilization Fund）出资200亿美元，国际货币基金组织出资178亿美元，国际清算银行出资100亿美元，各商业银行出资30亿美元。

巴西

1982年，当巴西宣布它也还不上其所借贷款时，巴西也成为了这场比赛的主力选手之一。作为回应，美国财政部又放出了一笔12.3亿美元的直接贷款，好让这些支票回到银行去。同时，旨在通过国际货币基金组织寻求一种永久性解决之道的谈判也得以启动。20天后，美国又给了巴西15亿美元，国际清算银行也拿出了12亿美元。次月，国际货币基金组织出资55亿美元。西方银行以贸易信贷方式追加了100亿美元。原有贷款得以延期偿还。摩根银行组成的财团放出了44亿美元的新贷款。来自美国财政部的贷款"暂时"被延期了，没有确定偿还日期。罗恩·彻诺评价道：

这个计划设定了一个决定性的先例，即通过累加更多贷款来"治愈"债务危机。在这出戏中，银行家们会一手借更多的钱给巴西，另一只手又收回这些钱。这样，银行收支平衡账单上那些虚构的贷款账面价值就会维持下去。为了实施救助，巨型新财团的银行家们累加了高利率和延期还款费。[1]

到1983年时，第三世界各国政府欠银行3000亿美元，欠工业化国家政府4000亿美元，25个国家不能按时还款。巴西再次违约，要求延期还款，罗马尼亚、古巴和赞比亚也同样如此。国际货币基金组织插手进来，又给了这些拖欠债务的国家数十亿美元。美国农业部通过

---

[1] 彻诺前引书，第644页。

其商品信贷公司（Commodity Credit Corporation）向美国的各家银行支付了4.31亿美元，以偿还巴西、摩洛哥、秘鲁和罗马尼亚所欠债务。1983年4月20日，《华尔街日报》给出了结论："国际债务危机……就所有实际目标而言，总算是结束了。"

但这不能算是结束。到1987年时，巴西再度欠下数量骇人的1210亿美元债务，并且已经逾期一年半。尽管巴西经手了巨量金钱，但当时却赢弱不堪，甚至连本国警车用的汽油都买不起了。1989年，当新一轮紧急救助计划正在筹备时，布什总统（外交关系委员会成员）宣称，第三世界债务问题的唯一真正解决之道是债务豁免。

也许，看过几个案例，我们已经尽览这段历史了。但在继续前行前不妨让我们再多看几例。

阿根廷

1982年，阿根廷不能偿付一笔于7月和8月到期的23亿美元的债务。各家银行同意延期还款，国际货币基金组织准备再对阿根廷注资21.5亿美元。这让利息得以继续支付，同时还使阿根廷政客们有了一点额外的钱可供开销。7个月后，阿根廷宣称，在1983年秋季前不能再还款了。各银行随即开始就延期还款、担保和新的国际货币基金组织贷款展开谈判。

之后阿根廷与350家债权银行签署了一份协议，几乎是第四次延长了其所欠134亿美元债务的偿还期限。银行同意再贷给阿根廷政府42亿美元，用来支付利息和政治激励。国际货币基金组织给了17亿美元，美国政府直接给了5亿美元。随后阿根廷向银行支付了8.5亿逾期未付的利息。

到1988年时，阿根廷再次停止还款，何时能还上遥遥无期，银行家和政客们交头接耳，就争取下一次紧急救助窃窃私语。总之，还款的重任又被再次交给了纳税人——以新贷款、延期还款和担保的形式还款。正如拉里·A.斯亚阿斯塔德（Larry A.Sjaastad）在芝加哥大学概括的那样：

美国银行之所以会将其全部拉美投资资产以每一美元售价40美分的价格出售，是因为那些巧言令色的政治说辞会让没有主见的傻瓜为每一美元开出50、60甚至90美分的价钱。而这个傻瓜就是美国的纳税人。[1]

正如之前所言，这段历史会是重复而无聊的，一一讲述发生在每个国家的类似故事只会让人厌烦。只需如此说足矣，即玻利维亚、秘鲁、委内瑞拉、哥斯达黎加、摩洛哥、菲律宾、多米尼加共和国，以及世界上许多欠发达国家都曾参与过这场比赛。

我们该相信什么

对本部分所描述事件稍微进行一下反思之后，我们来到了一个良知的路口，我们必须在两条道之间择一而行。要么我们得出结论：美国人失去了对其政府的控制；要么我们把这一信息当成对历史的曲解而予以忽略。如果选择前者，我们就成为阴谋论的提倡者。如果选择后者，我们就只能说这是偶然。这可真是个艰难的抉择。

之所以艰难是因为我们都习惯于嘲笑阴谋论，很少有人会冒着被公众嘲笑的风险去提倡它。而另一方面，偶然的观点也是荒谬的。历史通常是靠秘密连接的，阴谋是常态而非例外。

在把财富转移到欠发达国家的过程中，世界上的那些工业化国家正在承受损失。这是计划使然还是意外？这一进程在国家间协调得很

[1] 《另一个榨干大众的计划》，载于《洞察》，1989年4月10日，第31页。

好，如此复杂之事会是意外促成的吗？抑或是某种计划要求如此？

一位来自国际货币基金组织的发言人会回答，是的，有一个计划，就是援助那些欠发达国家。但在40年间花了数千亿美元后，他们仍然没有成功，完全没有达到这一目标。聪明人会相信，未来按照同样的计划而行会产生不同结果吗？那么为何他们会遵循一个这样的计划呢？答案是他们不是在遵循这个计划，他们在遵循另一个计划：一个曾经非常成功的计划。否则，我们就只好下结论说，工业化国家的那些领导人们，个个都是大笨蛋。我们可不相信这是真的。

他们可能坚信，长期来看，世界会因此而变得更好，包括其国民也会受益。但在当下，他们必须隐藏计划，不让公众看到。如果其国民真的知晓他们正在干什么的话，他们可能会被赶下台。

唯一可能的解释就是，这所有一切完全是个意外：没有计划，没有合作，没有目标，只有盲目的历史之力沿着阻力最小的道路前行。对于某些人而言，接受这样一个说法是更容易和更舒服的。

本章总结

国际版的紧急救助比赛和国内版的相比，在总体目标上是相似的，即让纳税人来负担那些还不上的贷款，好让利息继续支付给银行。区别在于：1. 国内这样做的理由是为了保护美国公众，而国际版的说辞则是消除贫困；2. 主要的资金渠道来自美联储，经过国际货币基金组织和世界银行。除此之外，两者的规则基本相同。

但这场比赛还有另外一面：国际货币基金组织和世界银行想要成为世界中央银行，它们渴望发行世界法币。

通过那些永远别想收回的"贷款"，国际货币基金组织和世界银行将财富从工业化国家大规模导向欠发达国家。这一持续过程最终会损害发达经济体，将来，或许发达国家也需要接受国际援助。

另一方面，欠发达国家则沿着另外一条完全不同的路线被带入国际新秩序中。来自国际货币基金组织和世界银行的贷款有利于这些国家的执政力量。帮助穷人这种好听话是不靠谱的，以贷款之名转移财富的真正目的在于控制这些国家。当它们习惯了无限供应的金钱的甜味后，就永远不能摆脱这个习惯了。它们会满足于——已经满足于——做个微不足道的小配角。

TWO

第二部分

一堂货币速成课

本部分和接下来的第三部分（共计八章）会涉及按照主题而非年代顺序组织起来的一些素材。其中好几个素材会跳过那些在后面章节才会出现的事件。而且，素材范围之广可能会让读者琢磨，它们和美联储有什么关系？请稍安毋躁，重要的东西总会在最后水落石出。笔者认为，在了解事件前，应该先搞清楚概念与原则，少了这些背景的美联储往事将变得枯燥无味。有了这些背景，美联储故事就如同一部激动人心的戏剧一样，极大地影响了我们今天的生活。所以就让我们从发现货币自身的一些特质开始，来进行这段冒险吧。

第7章

野蛮的金属

货币的历史与演变；黄金作为通用货币的出现；政府试图通过缩小金币或将其贬值的方法来欺骗其人民；任意数量的黄金都足够一个货币体系所用，"更多的钱"并不要求有更多的黄金，两者都是事实。

围绕金钱本质这一问题有很多谜团，大体上它被认为超出了常人的理解范围。公众很少讨论货币的起源或其创造机制这种问题，我们把这些当成是超出我们控制范围的生活现实而接受。于是，在一个建立在民选政府所定原则之上的国家内，在一个全体选民表现出高超理解能力的国家内，在那些不仅影响其政府，而且也影响美国人生活的元素当中，美国人遗忘了其中一个最为重要的元素。

这种态度并非偶然，但它并非一直如此。在相当近的过去，曾经有过那么一阵子，那些卑微的选民——甚至都没有受过正规教育——都了解有关金钱的事务，并非常关心这些事务在政治方面的施行。事实上，正如我们会在后面一章看到的那样，能否赢得重要选举要看候选人在中央银行这一问题上的立场。然而，使公众相信这些问题对于新手而言过于复杂，对于金钱巨鳄来说是有利的。通过使用技术名词，以及把简单事实藏到一个令人目眩的迷宫中的办法，这些金钱巨鳄使得公众对金钱本质的理解逐渐淡漠了。

钱为何物？

　　想让人们不关心金钱的本质，第一步就是要搅乱金钱的概念本身。比如，1975年7月20日的《纽约时报》上有篇《金钱供给：越来越大的糊涂账》（*Money Supply: A Growing Muddle*）的文章，此文开头问道："现在的金钱到底是什么呢？"1975年8月29日的《华尔街日报》评论道："（看着金钱供给）这一神秘行为发生，被裹挟其中的红男绿女们……并不十分肯定金钱供给包括哪些东西。"而同样是这份报纸，1971年9月24日那期上写道："在一个国际货币基金组织的筹备论坛上，卓越的经济学家们不能就钱为何物或银行如何造钱达成一致。"

　　甚至连政府也不能给钱下个定义。多年前，一个叫A.F.戴维斯（A.F. Davis）的先生给美国财政部寄去了一张美联储发行的10元美钞。在随钱寄出的信中，他特地提到要注意这张钞票上印着的那行字，即本钞可用"法定货币"（lawful money）来赎买，随后要求把这种法定货币寄给他。在回复中，财政部只是给他寄去了两张印着不同印刷序列号和类似支付保证字样的5美元纸钞。戴维斯先生回信道：

亲爱的先生：

　　回复已获悉，两张美国政府发行的五美元美国政府券（United States notes）已收到。从你的信中可以看出，这两张都是法定货币。那么由此我们是否可以推断，联邦储备券（Federal Reserve notes）不合法呢？

　　我现在正将你们寄给我的其中一张五美元的政府券装进信封，我注意到其正面写着这样的声明："若持票人要求得到五美元，美利坚合众国将予以支付。"我在此要求得到五美元。

　　一周后，戴维斯先生收到了来自代理财政部长M.E.斯林迪（M.E.

Slindee）的回复，回信如下：

亲爱的戴维斯先生：

您于12月23日寄出的一张五美元美国政府券，并要求支付五美元的信件已收到。我们告知您，"法定货币"这一说法在联邦法律中并未进行过定义……"法定货币"也并非特指字面含义。在此，将您在12月23日寄出的这封信，连同随信寄出的这张五美元纸钞一并奉还。[1]

1964年，"若持票人要求……将予以支付"以及"可用法定货币赎买"的字样被从我们的纸币上抹去了。

难道说，金钱当真就如此神秘兮兮，连给它下个定义都办不到吗？它是我们天天都装在口袋里的那些硬币和纸币吗？它是往来账户上或电脑电子脉冲中的那一串串数字吗？它包括储蓄账户上的余额或信用卡上可利用的信用吗？它包括股票和债券、房屋、土地或个人财产的价值吗？抑或，钱除了购买力外，什么都不是？

美联储的主要功能是规范金钱供给。可如果没有人能够定义钱是什么的话，那么我们如何能够对这个系统的运作方式指手画脚呢？答案当然就是我们不能了，而这恰恰正中美联储这个卡特尔的下怀。

美联储看上去很复杂的原因是大部分讨论都是从中间的某处开始的。等到我们来探讨它时，定义已经被搅乱了，基本概念已经被假定了。如此情况下，不可避免地会仁者见仁智者见智。然而，如果我们从头开始，每个概念都按照从普遍到特殊的顺序来处理，并在探讨过程中对定义达成一致的话，我们就会大出预料地发现，这些问题真的很简单。而且，这一过程不仅毫无痛苦，甚至是——无论相信与否——特别有趣的。

---

[1] 参见C.V.麦耶斯：《金钱与能源：经过风暴的洗礼》（康涅狄格州：桑德维乌书局，1980年版），第161-163页。另见劳伦斯·S.里德编：《金钱与经济活动》（波士顿：休顿·米夫林出版社，1967年版），第33页。

因而，本章以及接下来三章的目的在于，给读者们上一节货币速成课。这不会是复杂难懂的一课。其实，你已经知道了大部分接下来要讲的内容。我们所要尝试的是把这节课连成一个整体，这样它就具备了连贯性，并和我们的话题扯上关系了。当你在翻看接下来的几页时，你就会明白钱是什么了，这点可以保证。

因此，让我们从最基本的开始，钱为何物？

一个可行的定义

字典不能提供什么帮助。经济学家们不能对钱为何物达成一致，部分原因是定义太多了，因此难以认定哪个才是显而易见的选择。可为了方便分析，有必要立个定义，这样我们至少能够知道，这个词在本书中使用时是什么意思。为了这个目的，我们要引进自己的定义，这个定义是从海量资源中拾取一鳞半爪拼凑起来的。其结构是设计好的，不用去思考我们心目中的钱应该是什么样的，也不支持任何一个特定经济学派的观点，而仅仅是将这一概念简化到其最基本的本质含义，能够反映如今世界上的现实情况即可。读者无需对这一定义表示赞成或不赞成。引进这一定义只是为了在这几页出现钱这个词时方便我们理解其意思。那么，下面就是一个可行的定义：

货币是任何可作为交换媒介被接受的东西，它可以分为下列几种类型：

1. 商品货币（Commodity money）

2. 收据货币（Receipt money）

3. 法定货币（Fiat money）

4. 准备金货币（Fractional money）

为了完全理解美联储以及评判它对美国的经济和政治有何价值，

我们实际所需做的只是要理解这些不同类型货币之间的区别。因而，就让我们来细细探究一下这几种类型的货币。

物物交换（货币出现之前）

在某种形式的货币出现前，物物交换就已存在，理解这两者之间的联系是很重要的。物物交换被定义为直接用某种类似价值的东西来进行交换。琼斯先生用他那辆整修过的福特T型车换了架斯坦威牌（Steinway）大钢琴。[1]这种交换本质上不是货币的交换，因为被交换的物品都是以其自身估价的，而非以一种之后可用在别的东西上的交换媒介来估价。注意，两种物品都有其固有价值，否则它们就不会被交换者接受。当劳动对那些使用它们的人而言具备固有价值时，劳动也可用这种形式来进行交换。对于理解从物物交换过程演变而来的各种形式的货币而言，固有价值这个概念是关键。

商品货币

在每个社会的自然演变过程中，总会有一两种物品在物物交换中变得比其他物品更加常用。这是因为它们具备某些特性，从而使它们几乎对所有人而言都是有用和有吸引力的。最终，它们不是因为自身，而是因为其自身自带的价值而被交易，这种自身价值之后可以用于交换其他东西。在这个意义上，它们已不再是交换物品，而成了真正的货币。用我们可行的定义来说，它们就是交换媒介。而由于这种媒介是具备固有价值的商品，因此可以将其形容为商品货币。

---

[1] 严格来说，物物交换中的双方得到的价值要高于其付出的价值，否则就不会进行交易。因此，在交易者心里，物品具有不等的价值，这种观点为交易双方所共识。当然，还有更简短的解释，但不太实用。

在原始人当中，最常见的商品货币就是某种食物，不管是生产出来的还是家养的。对于这一事实，一个证明便是我们英语当中延续至今的"pecuniary"这个词，其意思是"与金钱相关的"，这个词的词源是"pecunia"，这是拉丁文中"母牛"的意思。

但随着社会发展超过仅仅维系生存的水平，一些食物以外的物品开始广有需求。当食物供应充裕时，饰品有时会得到珍视而被收藏起来。有证据表明，有些社会收藏彩色海贝和不寻常的石头。但这些奇珍异宝从未对使用牛、羊、玉米或小麦作为商品货币构成真正的挑战，因为即便这些重要食物不被用作货币的话，其自身也具备更大的固有价值。

金属货币

最终，当人类学会如何炼制金属矿石，将其打造成工具和武器时，金属自身也变得有价值了。在青铜时代的黎明，主要海港和贸易路线上，匠人和商人之间交易着铁、铜、锡和青铜。

起初，金属块的价值是由重量来决定的。之后，随着商人们习惯于将金属铸造成型，并标注统一的重量值，它们最终就仅凭其数量来衡量价值了。尽管这些金属块还是太大，装不进袋子，但已经小到可以方便运输的地步了。这样，它们就以这种形式成了实质上的原始硬币。

金属被当作商品货币广泛使用的主要原因，是它们满足了便于交易的一切条件。除了不被当成货币用时也具有固有价值外，金属还不会死亡，这可比母牛好多了。通过熔化和再铸，它们能被分成更小的单位，从而方便购买小物品，而钻石这种东西则做不到这一点。而由于金属储量不是特别丰富，较小的数量当中蕴含着较大的价值，这意味着它们比木材这类东西更具可携带性。

　　然而，也许金属可以充当货币的最重要原因是，它们能被精确测量。就其本质形式与功能而言，货币同时具备储存价值和价值尺度的作用，这点很重要。货币是经济活动中其他一切东西可以与之比较的那个参照物。因此，货币单位本身的价值既可测量又固定不变就显得非常重要。金属的纯度和重量都可以被精确测量，使其成为具备这种功能的理想媒介。专家们可能会对一块宝石究竟价值几何争论不休，但不会对一块金属块的纯度是不是99%、其重量是不是100盎司有任何异议，它们也不会因个人看法而改变。因此，历史上无论哪块大陆上的人们都选择金属作为理想的价值储备与价值尺度物品，是不无道理的。

黄金胜出

　　当然，有种金属在经过了一个个世纪的反复试验和试误后，从众多金属中脱颖而出。甚至时至今日，在一个货币再也不能被定义的世界中，普通人都本能地知道，除非有更好的替代品，否则黄金仍是不二之选。至于为何黄金会被选为通用货币，我们就把这个问题留给社会学家们去讨论吧。就我们的目的而言，我们只需要知道黄金曾是通用货币就行了。但我们不该忽视，选择黄金是很适合的。就数量而言，黄金的价值似乎刚好能够保证货币制度正常运转。黄金没有白银充沛——顺带提一句，后者在货币竞赛中紧随黄金之后位列次席——但比白金丰富。就这点而言，黄金和白银都是不错的选择，但黄金提供了一个看起来完美的折中方案。而且，除了作为货币外，黄金作为一种商品也有着极大的需求。工业和装饰都需要黄金，这样就确保它在任何条件下都具备固有价值。另外，不用说的是，黄金的纯度和重量都可以被精确测量。

令人误解的数量理论

常有论调认为黄金不适宜充当货币，因为其供给太有限，难以满足现代商务的需求。表面听来，这似乎言之有理——毕竟，我们需要大笔金钱来维持经济之轮的运转——但细思之下，这种论调也是很幼稚的。

首先，据估计，自发现美洲以来，全球所有黄金矿藏的约45%现在是掌握在政府和银行业手中的。[1]无疑，至少另外30%的黄金用于珠宝首饰，或囤积在私人手中。在黄金总量中，哥伦布发现美洲以后的产量占总数的75%，这样的商品肯定不能说是短缺的。

而更深层的现实是，供应甚至根本就不重要。记住货币的主要功能是衡量它所要交换的物品的价值。在这个意义上，货币充当的是价值尺码或尺度。我们是以英寸、英尺、英码还是米为单位来丈量毯子真的没有多大区别。如果我们使用小数位的话，甚至完全可以用英里去丈量，然后用千英里为单位去标出测量结果。我们甚至也可以使用好几把尺去丈量，但不管我们采用什么测量方式，我们所测量的那个事物是不会改变的。毯子不会因为我们在尺上画上了额外标注而变大。

如果黄金供应量与可获得商品供应量之间的联系太小，以至于一盎司金币的价值对于小笔交易而言显得过高的话，那么人们就会使用半盎司硬币或十分之一盎司硬币。世界上的黄金数量不会影响其作为货币的使用功能，只会影响它用来衡量任何一个给定交易的价值量。

---

[1] 参见额尔金·格罗斯克洛斯：《金钱与人：货币经历探究（第4版）》（俄克拉荷马：俄克拉荷马大学出版社，1976年版），第259页。

让我们这样来阐述这一点，想象一下我们正在玩一局"大富翁"游戏。每个人在开局时都得到一笔用来交易的游戏币。游戏开始不久我们就都觉得钱不够用了。我们的游戏币只要再多一点，就可以继续玩下去了。让我们继续假想，有人发现在橱柜里放着另一幅大富翁棋，就想把这幅棋里的游戏币拿来加入到当下这局棋中。经过众人同意，这些小小的游戏币在所有游戏参与者当中平分了。下面会发生什么呢？

现在货币供应翻倍了，我们都有了两倍于之前拥有的货币数量。但我们的境地就因此改善了么？棋盘上的物产数量并没有相应地增加，因此每个人都会为现存待售的物产而竞价采购，直到其价值翻倍。也就是说，供需法则会很快寻求平衡态势。当货币数量扩张而商品数量没有相应增加时，这种平衡效果就是每个货币单位购买力的下降。换句话讲，除了每件东西的报价上升外没有任何改变。但这只是报价，即以货币单位形式所标示的价格。而实际上其真正价值，即相对于其他价格的关系而言，还是一样的。仅仅是货币供应的相对价值变低了。没错，这就是通货膨胀的一个典型机制。价格不会上涨，货币的价值下降了。

如果明年圣诞节圣诞老人会来拜访地球上的每个人，在我们的长筒袜里放上恰好等值于我们现有金钱数量的货币的话，那么无疑很多人会为这突然多出来的财富而感到欣喜。可到了新年那天，所有东西的价格也会翻倍，这件事情对全球生活水平产生的净结果是零。[1]

之所以很多人会被经济需要更多货币供给这一论调所蛊惑，是因为他们只注意到了增加货币供给这一头的需求。如果他们沉思片刻，明白全部供应增加后的后果，立即就会看出，这一论调显然是站

---

[1] 当然，那些首先奔赴市场的人会因为价格还没来得及更改而暂时获利。在通货膨胀发生时，那些存钱的人会遭到打击。

不住脚的。

拉斯维加斯内华达大学经济学教授穆雷·罗斯巴尔德（Murray Rothbard）写道：

我们开始认识到这个惊人事实，即货币供应量是无关紧要的。不管供应多少结果都是一样的。自由市场仅需改变购买力或其黄金单位的有效性，即可作出调整以适应新的供应情况。在货币供应中无需规划好任何形式的增加，比如增加货币供应以应对任何可能会发生的状况，或是让货币供应遵循任何人为标准。更多的钱不会带来更多的资本，也不会产出更多，更不会引发"经济增长"。[1]

黄金保证了物价的稳定

美联储宣称其主要目标之一是稳定物价，在这点上它无疑是一败涂地。而具有讽刺意味的是，维持物价稳定是这个世界上最简单的一桩事情。我们只需停止对货币供应的修正，让自由市场发挥其作用就行。在商品货币制度下，尤其是在以黄金为货币标准的制度下，物价会自动稳定下来。

在描述市场运作原理时，经济学家们喜欢创造出一些假想的宏观或微观经济体，所有东西在其中都被简化为了几个因素和几个人。按照这样一个方式，那么也让我们来创造一个假想的经济体，其中只包括两类人：黄金矿主和裁缝。让我们假设供需法则规定，一盎司黄金的价值等于一套上好的定做衣服。这意味着开采及提炼一盎司黄金所要求付出的劳动、工具、物资和技能可以与纺织及裁制一套衣服所要求付出的劳动、工具和技能进行等值交换。到这里为止，每年产出的黄金盎司数量大致等同于每年生产的上好套装的数量，因而物价就是

[1] 默里·罗斯巴尔德：《政府对我们的钱干了什么？》（科罗拉多州：松树出版社，1964年版），第13页。

稳定的。一件套装价值一盎司黄金，而一盎司黄金的价值等于一套裁制的上等服装。

现在，让我们假设黄金矿主们为了提高生活水平付出了额外的劳动时间，今年生产出比往年更多的黄金——或者他们发现了一条新的黄金矿脉，几乎无需付出额外的劳动时间就能极大地增加产量。现在天平失去了平衡。黄金的盎司数量超过了服装的套数。这种货币供给的扩张超过可获商品供应量所产生的后果与我们玩大富翁时遇到的那种情况一样。套装的报价上升，因为黄金的相对价值下降了。

然而，这一进程并非就此结束了。当矿主们看到他们并未因为付出了额外的劳动而过得比以前好，尤其是当他们看到裁缝们没有增加劳动便获取了更多利润时，其中有些人决定放下镐子拿起剪刀，去做裁缝买卖了。也就是说，他们这是在对劳动中的供需法则作出反应。当这种事情发生时，黄金的年产量会下降，而套装的年产量则会上升，会再次达到一种均衡态势，其中的黄金和套装还像以前那样进行交易。如果不受政客与货币制度约束的话，自由市场总是会维持一种稳定的价格框架，这种框架通过人力中所蕴含的因素来自动进行规范。从地球中开采出一盎司黄金所需要的人力总是约等于提供这些黄金所交换的商品与服务所需的人力。

拿香烟当钱

一个商品是如何进行价值调节的完美案例发生在"二战"末期的德国。彼时德国马克变得一文不值，物物交换很是普遍。但其中一种叫做香烟的交换物品成为了事实上的商品货币，而且使用起来效果不错。有些香烟是通过走私流入的，但大部分是驻德美军购入的。这两种情形下的香烟数量都是有限的，而需求较高。一支香烟被看作是零碎的小钱，20支一包的香烟和200支一条的香烟则充当更大的货币单位。如果兑换比率开始下降得过低——也就是说，当香烟数量的扩张速度倾向于比其他货物数量增长率还要快时——香烟货币的持有者很可能就会吸掉其中一部分香烟，而非将它们当成钱用掉。香烟的供应会减少，其价值会回归到之前的均衡状态。这不是理论，这是真实发生过的事情。[1]

在用黄金作为货币这一前提下，我们可以展望，制造技术的改进会逐渐降低产品成本，从而引发所有物价的下跌而非稳定。然而，这种物价下跌的压力部分被抵消，因为技术改进要求使用更加复杂的工具，导致成本增加。而且，类似的技术效率的提升也会被应用到黄金开采领域，因而各个因素又趋于平衡了。历史已经表明，这种自然平衡的变化是极小的，并且只会在很长时间内逐渐发生。比如，在1913年，即《联邦储备法案》生效的那一年，美国的平均年薪是633美元。当年的黄金兑换价格是20.67美元/盎司，这意味着平均每个工人一年可以挣到30.6盎司黄金。

1990年，平均年薪涨到了20468美元。这是个高达3233%的巨大增长，77年来，年均增幅达到了42个百分点。但1990年的黄金兑换价格也增长了，是386.9美元/盎司。因此，相当于平均每个工人每年挣得52.9盎司黄金，和1913年相比仅增长了73%，77年里的年均增幅还不到1个百分点。显而易见，工资规模的惊人增长对普通美国人而言是没有意义的。现实情况是购买力以一种极低但稳定的速度（差不多每年1%）在增长，这种增长是由技术的逐渐改善带来的。只有购买力的增长能真正提高生活水平，真正降低物价——正如黄金的相对价值所显示的那样。

在那些人力服务是重要因素，技术并不那么重要的地方，作为价

---

[1] 参见加尔布莱斯前引书，第250页。

值尺度，黄金的稳定性甚至更加显著。在伦敦的萨伏伊酒店（Savoy Hotel），一金镑[1]仍然可以买三顿正餐，和1913年时完全一样。在古罗马，买一件上好的宽袍、一根腰带和一双凉鞋要花一盎司黄金。两千年后的今天，一件手工制作的西服、一根皮带和一双礼服鞋差不多也要花这么多钱。没有哪家中央银行或是哪家人类的机构能够做到这种程度的物价稳定，连接近做到的都没有。而这完全是在以黄金为参照物的情况下自动完成的。

在离开黄金这一话题前，无论如何我们都该知道，黄金是没有什么神秘可言的。它只不过是一种商品，由于具备固有价值和某些特性，在历史上被人们当作一种交换媒介加以接受。希特勒曾发动过一场反对黄金的运动，反对犹太银行家拿它充当工具。可纳粹却在贸易中大量使用黄金，并在很大程度上用黄金来维持其战争机器的运转。经济学家约翰·梅纳德·凯恩斯曾轻蔑地将黄金称为一种"野蛮的金属"，可今天凯恩斯的许多追随者却大量投资黄金。当然，完全有可能存在比黄金更好的可以充当基础货币的其他东西。只是在两千多年间，还没有人能够找到它。

自然法则第一条

黄金作为价值尺度的惊人稳定性只不过是人性对供求力量作出反应所导致的结果。因此，这一过程可以被称为是人类经济行为的一种自然法则：

教训： 当黄金（或白银）作为货币来使用时，当供求力量不受政府干预时，新增金属货币的供应量总会成比例地接近于那些新增的可以购买的服务和商品的数量。物价的长期稳定是这些力量的可靠结

---

[1]　面值1英镑的金币。——译者注

果。这一过程自动发生，不偏不倚。任何政客干预的企图都会损害所有人的利益。

法则：当货币以黄金（或白银）供应为基础，且不受政府干预时，长期的物价稳定有可能实现。

随着货币概念在古人脑中慢慢发展，显而易见的是，使用黄金或白银作为交换媒介的其中一个好处是，由于金银相对于铜铁而言更加稀缺，因而小块金银可以代表较大价值。为了方便运输，可以把小块金银放进袋里或系入束带中。而且，为了安全保存，它们隐藏起来当然也更加方便。之后金匠们开始将它们打造成圆饼状，并打上自家标志以证明这些金饼的成色与重量。如此，全球首批硬币便登场亮相了。

据说，世界上首先铸造贵金属硬币的是约公元前600年生活在小亚细亚（现在土耳其的西北部地区）的吕底亚人。中国人早在公元前2100年就使用金块了。但直到王国开始形成，国王执掌权柄之后，真正的货币制度才变为现实。只有当国家为这些小金属饼"担保"时，它们才开始得到广泛使用，最早这样做的人应该算是希腊人。格罗斯克洛斯（Groseclose）这样描述了这项成果：

这些轻巧的、闪闪发光的金饼银币，上面还装饰着新奇的徽章和各种活力四射、令人啧啧称奇的图案，给希腊人和野蛮人留下了深刻印象。而对那些更加注重实用价值的人来说，大量统一的、有着同样重量的金属片，再加上得到了国家的授权资质，便意味着告别了笨重麻烦的物物交换，四面八方令人目眩的新机会便会涌来……

各色人等都抵挡不住钱的魅力，那些之前只满足于为自家需求而生产的人们，现在却带着自己做的手工艺品或劳作成果，到市场上去交换他们可能会得到的金钱。[1]

---

[1] 格罗斯克洛斯前引书，第13页。

通过缩小硬币来增加货币供应

从一开始，想要增加货币供应的想法就破坏了经济。无良商人们开始把他们经手的每个货币都剪下来一小部分——通常被称为"硬币剪裁"（coin clipping）——然后把剪下来的部分再熔化铸造成新币。不久，国王的金库也开始对收上来的税金做同样的事情了。这样，货币供应增加了，但黄金供应没有增加。可以想见，接下来就发生了当货币供应被人为扩大后总会发生的那种事情。之前一个硬币可以买12只绵羊，现在只能买到10只了。买12只绵羊所需的黄金量从未真正改变过，只是一个硬币中不包含这么多黄金了，人人都对此心知肚明。

随着政府更加不知羞耻地降低货币价值，甚至到了降低黄金或白银成色的地步，民众只需把新币"打折"，也完全可以对付过去。也就是说，他们以低于政府设定价值的实际价值来接受这些新币。这总会一如既往地反映为标价的普遍上涨。以劳动或其他商品（甚至黄金本身）来标注的真正价格还是没变。

政府不想其鱼肉百姓的计划受到阻挠，所以得找个方法来迫使人民把这些硬币当成地道的金钱。这便导致了首批"法定货币"法律的出台。通过皇家敕令，用"王国钱币"（coin of the realm）来偿付一切债务成为法律。任何拒绝承认其面值的人会被罚款、监禁，甚至在某些情况下会被处死。结果便是良币从流通中消失，到了私人手中。毕竟，如果政府强迫你把垃圾的兑换率等同于黄金兑换率看待的话，你难道不会留着金子、花掉垃圾吗？20世纪60年代，美国造币厂开始发行便宜的金属准备金货币来代替10美分、25美分和50美分的银币时，就发生了这样的事情。没过几个月，银币就都到了梳妆台抽屉和保险箱里了。同样的事情在古代一再发生。在经济学中，这叫做格雷欣定律（Gresham's Law）："劣币驱逐良币"。

这种合法抢劫游戏的最后一招就是政府固定物价，这样即便人人都在用垃圾货币，他们却不能因垃圾货币不断增大的供应而得到补偿。现在人民深陷其中，他们逃脱不了，只能沦为受害者，而这也是他们中大多数人的无奈之选。人为扩张货币供应量的历史就是对政府不满的历史，是无法无天的历史，是一部宏大的地下经济史。

黄金是福利国家之敌

近现代以来，国家统治者们降低货币价值的手段更加复杂了。他们不是通过缩小硬币，而是通过银行制度来达到这一目的。1966年，艾伦·格林斯潘总结了这一过程的后果，他多年后成了美联储管理委员会主席。格林斯潘写道：

废弃金本位制使福利国家能够利用银行制度作为无限制扩张信贷的手段……

供求法则可不是那么好糊弄的。当经济体中（宣称的）货币供应量相对于有形资产供应量增加时，价格最终得上涨。这样社会中生产者存下的挣来的钱所能买到的货物价值就下降了。当这个经济体的账面收支最终平衡时，人们就会发现，这种价值的损失体现为政府出于福利或其他目的所采购的物品……

在金本位制度缺失的情况下，没有办法阻止私人存款通过通货膨胀的形式被充公，没有安全的保值方法。如果有的话，政府就不得不将其持有的资产变成非法的，正如黄金充当货币时所做的那样……福利国家的最终政策会让财富拥有者们无法自保。

这便是福利国家声讨黄金背后那蛮不讲理的秘密。赤字开销仅仅是"不着痕迹"将财富充公的一个诡计。黄金是这条暗道上的拦路虎，它站在那里保护财产权。[1]

不幸的是，当格林斯潘被任命为美联储主席时，他闭口不谈这个黄金问题了。一旦他坐到了握有权柄的控制位置上，他便悉心为那些达官贵人们服务了，他们继续通过通货膨胀这一隐性税收侵吞美国人民的财富。即便最明智的人也能被权力和财富侵蚀。

史上真正的商品货币

让我们回到古代降低货币价值这个话题上来，必须要声明的是，这种行为并非是到处都有的。历史上有很多摄政者和王国在造钱这个问题上规定严苛，首先发展出货币制度的古希腊就是其中之一。由于其黄金成色的可靠性，德拉克马（drachma）成为文明世界中事实上的货币单位。在其境域之内，城市繁荣，贸易兴盛。甚至当雅典在伯罗奔尼撒战争中落败后，其货币制度还保留了下来，作为一种衡量其他所有物品的标准继续存在了几百年。[2]

拜占庭帝国或许也是拥有优质货币的国家的最好例子。以希腊优质货币的传统为基础，君士坦丁大帝下令铸造一种名为苏勒德斯（solidus）的新金币和一种叫米利阿伦斯（miliarense）的银币。苏勒德斯金币的重量不久被固定为65格令（grain）[3]，在之后的800年里，苏勒德斯金币都是按照这一标准来铸造的。其质量是如此可靠，以至于从中国到布列塔尼、从波罗的海到埃塞俄比亚的人们都接受了这种被称为拜占庭金币（bezant）的货币。

拜占庭有关货币的法律相当严苛。在获准进入银行业前，申请人

---

[1] 艾伦·格林斯潘：《黄金与经济自由》，选自安·兰德编：《资本主义：未知的理想》（纽约：图章书局，1967年版），第101页。

[2] 即便是希腊人，在梭伦（Solon）统治时期也有过一次短暂的降低货币价值的经历，但没有持续多久就夭折了，并且没有再次发生过。参见克罗斯克洛斯前引书，第14页、第20～54页。

[3] 一种重量单位，最初的定义为一颗大麦粒的重量为一格令。——译者注

必须得有赞助人来证明其品行，说明他不会把苏勒德斯或米利阿伦斯锉薄或切小，不会发行假币。违反这些规则将会被剁掉一只手。[1]

拜占庭帝国作为世界商业中心昌盛了八百年之久，没有破过产，甚至都没有负过债，这真是个令人吃惊的历史事实。在此期间，它的货币一次都没有贬值过。海因里希·格尔泽（Heinrich Gelzer）说："古代世界和当今世界都无法提供一个可以与之相提并论的例子。如此卓越的稳定性……确保拜占庭金币能够成为一种通用货币。由于其分量毫不含糊，它作为一种可靠的交换媒介通行于所有邻国。通过这种货币，拜占庭同时控制了文明世界和野蛮世界。"[2]

史上失败的商品货币

罗马人的经历就是另一回事了。作为一个尚武的民族，罗马人可没什么耐心去仔细地对待货币。尤其到了帝国后期，货币贬损成了一种故意的国家政策。所有能想象出来的掠夺人民的方法几乎都被设计出来了，除了收税外，硬币被剪裁、缩小、降低成色、加镀。利益集团获得了国家背书的垄断特许权，这就是如今公司的起源。因为货币数量不断扩张，物价持续上涨，因此投机与失信泛滥成灾。

到公元301年时，军队中正在酝酿着哗变，边远地区表现出分裂迹象，国库空空如也，农业凋敝，贸易则几乎停滞。正是在这时，戴克里先（Diocletian）皇帝颁布了他那著名的限价令，这是一个绝望君主的最后措施。当代类似的事件之多，会让我们感到震惊。这些混乱的起因多半可以直接追溯到政府政策，但政客们却把罪责归结为其他人的"贪婪"和"不考虑大众利益"。戴克里先宣布：

---

[1] 《明智利奥总督致君士坦丁众人之书》法文版，第38页，译自儒勒·尼科尔（Jules Nicole）的热那亚版本，转引自格罗斯克洛斯前引书，第52页。

[2] 《拜占庭文化史》（图宾根，1909年版），第78页。转引自格罗斯克洛斯前引书，第54页。

谁的心肠如此之硬，如此不为人情所动，以至于他居然能够既没有意识到，也没有注意到这一现象：在市场上交易的那些物品买卖中，或城市日常商务活动的那些交易中，物价的过高态势已经到了如此地步，充裕和富足都无法遏制极端的抢夺欲望了……因为只剩下了不受限制的疯狂欲望，所以就无视许多人的需求……当我们看向未来时，对于我们这些人民的父母官来说，最好得插手去管下，让事情得到公正解决。[1]

接下来是详尽得难以置信的对于各项事物的法定价格，从一客啤酒或一捆西洋菜，到律师诉讼费和金条。结果呢？情况反而更糟了，这一皇家法令五年后被废除。

罗马帝国未能从这次危机中恢复过来。到4世纪时，所有货币都得称重，经济再次退回到物物交换的时代。到7世纪时，重量单位自身也经常变化，以至于它根本不能在货币交换中起作用了。货币在实用意义上已经死亡了，罗马帝国也不复存在了。

收据货币

当新的文明从罗马的废墟上崛起时，它们重新发掘了货币的传奇并大加利用。这一发明对人类而言的确是往前迈了一大步，但仍有很多问题有待解决，还有很多磨难有待经历。纸币的发展就是个明证。当一个人积累的黄金铸币数量超过其日常购物所需时，他就需要一个安全之处来存放这些钱。那些在其营生中处理大量贵金属的金匠们已经建有坚固的金库来保护其产物，因而，他们就自然而然地向他们的客户收费，提供金库给后者使用。金匠们之所以得到信任，可以很好地保管这些黄金，是因为他们也会保护其自身的财富。

---

[1] 格罗斯克洛斯前引书，第43-44页。

黄金入库时，金库保管人会交给黄金持有者一张书面收据，持有者可以藉此随时来取这些黄金。起初，能够从金库中拿走黄金的唯一方法是持有者亲自出示收据。然而渐渐地，持有者只需将收据交给他所授权的第三方，当第三方出示收据时也可取钱，这种操作最终成为了常规。这些得到授权的收据就是现在支票的前身。

这一发展历程中的最后一步是形成一种惯例：为每笔存款发行一套小收据而非一张整体收据，这些小收据合计起来就是整笔存款的数量，每张上都印着：持有者见票即付。当人们从经历中得知，这些收据的背后真正起支撑作用的是金匠金库里的那些足值黄金，而兑换这些收据的其实是那些黄金时，那他们就越来越普遍使用纸币而非黄金了。

如此，收据货币便产生了。这张纸本身是不值一文的，但它所代表的东西很值钱。只要那些黄金还按照事先的约定好好保管着，那么这张收据的价值和支撑它的那些黄金的价值之间就没有什么区别。而正如我们将会在下一章里看到的那样，在银行业发展的最初阶段，有很多使用收据货币的例子。当收据能够严格执行时，经济就向前发展。当收据被用作人为扩大货币供应量的花招时，经济就收缩停滞。

自然法则第二条

这不是一本讲货币史的教科书，因而我们不能把大把时间浪费在滔滔不绝地讲述吸引人的细节上。就我们的目的而言，认识到这点就足够了：人类在这些事务中的行为是可以预见的，而由于这种预见性，可能会形成另外一条普适的原则，可以将之视为一条自然法则。从这些早期的巨量经验中，可以将其表达如下：

教训：当美国政府着手操纵货币供应量时，无论那些试图主导这一进程的人多么聪明，出发点是多么好，还是免不了会以通货膨胀、经济混乱和社会动荡收场。相反，当政府将其货币权力局限于维持重量单位和贵金属度量的恒定时，结果必定是物价稳定、经济繁荣和政治平稳。因而得出——

法则：为享有繁荣经济和平稳政治起见，政治人士的货币权力必须局限于维持重量单位和度量的恒定。

正如我们会在下面几章看到的那样，那个早期阶段之后持续几百年的货币动荡，说明这一法则已经仍然适用于现代社会。

本章总结

为了能弄懂美联储，有必要知晓有关货币性质的知识。和大众所相信的恰恰相反，这一话题既不神秘也不复杂。为研究起见，货币被定义为任何可作为交换媒介予以接受的东西。在这一基础上，我们发现有四种货币：商品货币、收据货币、法定货币和准备金货币。历史上首先出现的商品货币是贵金属做的，从那以后，实践证明贵金属货币是稳定可靠的货币制度。作为货币的根本，黄金可以有几种形式：金条、金币和完全保值的收据。历史上，人们过于重视货币数量，尤其是"钱多好过钱少"这一错误理论使人类屡受其累。这导致无休止地通过各种手段操纵和扩大货币供应量，这些手段包括缩小硬币和降低硬币成色，以及后来的发行数量超过其黄金支撑的收据。此类行为通常会导致经济灾难和政治动荡。在少数例子中，人类没有去操纵金钱供应量，而是交由自由市场上的黄金供应量去决定，结果都是繁荣安定。

第8章

愚人的黄金

没有贵金属支撑、由政府法令强制推行的纸币史；以发行数量大于银行所有黄金所能保值的收据为基础的部分准备金银行制度的产生。

之前我们把货币的概念一分为四，即商品货币、收据货币、法定货币和准备金货币，在上章里我们谈到了商品货币和收据货币的一些细节问题。在这个过程中，我们也建立起了某些货币准则，这些准则无论对于哪种货币都适用。我们现在要来看看剩下的两种货币了，它们都是纸币，也是造成现代人几乎所有经济困难的根源之一。

法定货币

《美国传统词典》（*American Heritage Dictionary*）将法定货币定义为"具有法定效应的纸币，不以金银作支撑"。因而，法定货币的两个主要特征就是：1.它不具备任何形式的固有价值；2.它是一种法定的货币——法定的货币仅仅是表明，有法律规定，人人都得在商务活动中接受这种货币。这两个特征缺一不可，因为这种货币本质上是不值钱的，如果可以使用金银币那种更可靠的交换媒介，法定货币用不了多久就会被公众拒收。于是，当政府发行法币时，它们总是宣称此乃法定货币，若有拒不接受者将处以罚款或监禁。一个政府能够用其不值钱的纸币去换取有形货物与服务的唯一方法就是让其公民别无选择。

美钞上点缀着签名和图章；造假钞者会遭到严惩；政府的开销用它们来支付；民众被迫接受它们；它们——以及那些可以由它们转变成的"无形"支票——发行数量是如此巨大，想必相当于世界上所有金库的总和了。而制作它们却继续不费什么成本。

殖民地旧事

不幸的是，今天这种情况在美国历史上不是没有先例的。事实上，世界上第二个使用法币的地方就是今天的美国这块土地，具体来讲，就是马萨诸塞海湾殖民地。这一事件被形容为"不仅是美国纸币之源，也是英帝国和几乎整个基督教世界的首创"。[1]

1690年，马萨诸塞对位于魁北克的法国殖民地发起了一次军事袭击。之前它多次侵袭过魁北克，每次都带回来足够的战利品，足以弥补开销而有余。可这次突袭却以惨败告终，人们空手而归。当士兵们索要军饷时，才发现马萨诸塞的金库已经空了。忿忿不平的士兵们总有反抗的方法，因此官员们绞尽脑汁地想办法筹钱。另外征税特别招人厌恶，因此他们决定单单印发纸币就好了。为了让士兵和百姓都能够放心地接受这些纸币，政府信誓旦旦地给出了如下许诺：1.一旦税金足够多的话，这些纸币就可以立即兑换成金银币。2.绝对不会再发行纸币了。但政府很快就食言了，仅数月后，它就宣称最初的纸币发行量不足以清偿政府债务，一批六倍于此前规模的纸币得以发行，并

---

[1] 恩内斯特·路德娄·博加尔特：《美国人民经济史》（纽约：朗曼斯格林出版集团，1930年版），第172页。

投入流通。这些纸币近40年里都没有得到兑换，而彼时那些许下诺言的人早就不在其位了。

一个经典模式

大多数其他殖民地很快便对这种印刷物的魔力心领神会。随后发生的便是经典的因果联系了：政府纷纷通过发行法币扩大货币发行量，随后出台"法定货币法"以强迫人们接受法币。接着便是金银币流入到私人手中，或是流入到那些坚持以实物交换其物品的外国商人手中。许多殖民地通过发行面值数倍于旧币的新钞来废除旧币。随后便会发生政治上的不满和民众的反抗。而每件这种事情的最后一个环节都是失控的通货膨胀和经济混乱。

1703年，南卡罗莱纳殖民地政府宣布，其纸币"具有法律效应，完全可以用来支付"，并且补充说，如有任何人敢于否认它的这些特性，将会被处以"双倍于其所否认钞票的面值"的罚款。到1716年，罚金增加到"三倍于面值"。[1]

印刷机与通货膨胀

彼时本杰明·富兰克林是法币的热切拥护者，他用其巨大影响力向公众兜售法币这一理念。我们可以通过这一事件来对那个时代的躁动有些许了解：1736年，在其《宾夕法尼亚公报》（*Pennsylvania Gazette*）中，富兰克林为这份公报的不按时发行致歉，他说这是因为

---

[1] 《南卡罗莱纳州法令汇编》第2卷第211章第665条。引自乔治·班克罗夫特：《对宪法的一次呼吁》（哈勃斯出版社，1886年第一版，田纳西州：斯宾塞·裴德出版社，1982年再版），第7页。

印刷机"以及印刷所，正在为公众出力，制造更多的货币"。[1]印刷纸钞显然是个耗时的大工程。

1737年，马萨诸塞殖民地将其法币贬值66%，3美元旧钱可以换得1美元新钱。政府给出的承诺是，五年后，这些新钱全部可以兑换为金银。这一诺言没有得到遵守。[2]

到18世纪50年代末，康涅狄格殖民地的物价上涨了800%，卡罗莱纳是900%，马萨诸塞是1000%，罗德岛是2300%。[3]自然了，这几次通货膨胀都总得有个了结，而当结局来临时，它们又都变成了差不多规模的通货紧缩和经济萧条。显而易见，甚至早在殖民地时期，现代经济学家喜欢说成是被"无节制的自由市场"所引发的经典经济枯荣周期，其实就是再也不受供需法则支配的法币数量扩张与收缩的直接证明。[4]

到这时为止，金属货币的身影已经消失不见了。它们中有些到了私人手中，但大多数都被出口到其他国家，这使得各殖民地别无选择，只得使用法币或是物物交换。但外国商人并不喜欢这两种交易方式，因而国际贸易几乎停摆。

坏事变好事

试水法币对殖民地的人们来说是个灾难，对英格兰银行而言，这也是个眼中钉。这家银行挟英国王室之威禁止各殖民地铸造自己的货币，或在本地开设银行。这意味着，如果各殖民地想得到纸币之便，

[1] 莱昂纳德·W.拉巴雷编：《本杰明·富兰克林集》（纽黑文：耶鲁大学出版社，1960年版）第2卷，第159页。

[2] 《州律法》第2卷第826条，引自班克罗夫特前引书，第14页。

[3] 罗恩·保罗、刘易斯·勒曼：《装黄金的匣子》（华盛顿：加图研究所，1982年版），第22页。另见萨顿：《对黄金的战争》，第44页。

[4] 唐纳德·L.科莫雷：《1668—1775年间新泽西的纸币》，新泽西历史学会第74期公报（1956年4月），第107–144页。转引自保罗与勒尔曼前引书，第22页。

它们将被迫使用英格兰银行发行的钞票。没有人预见到，殖民地的这些政府竟会自作主张到发行本殖民地纸币的地步。于是，1751年，大英帝国开始对各殖民地施压，要求它们回收其全部货币，不允许再让这些货币进入流通。它们最终以极为低廉的价格回收了这些货币。到那时为止，各殖民地法币的市场地位都大打折扣了，政府能够只用几美分回收他们自己发行的一美元法币。

来自英国议会的敕令尽管深为殖民地人所恨，却被证明是件好事。英格兰银行发行的纸币从未成为一种主要的交换媒介。可能是由于其最近试水纸币的糟糕经历，殖民地的人们拿出他们藏起来的为数不多的金银币，重新回到商品货币制度中去了。起初，世界末日论者们预测这将会招致殖民地经济的更大不幸，"钱不够"是再熟悉不过的口头禅了。但事实上钱却够用得很，正如我们已经看到的那样，任何数量都是足够的。

烟草变成货币

事实上，有那么一阵子，其他商品变成了备用的交换媒介。比如钉子、旧家具、大米和威士忌都曾经填补过货币的空缺，但烟草最为常见。这是一种在殖民地内部以及对外商贸活动中都需求极大的商品。它具备固有价值，它不能被伪造，它几乎能被分成任何数量的可辨识的更小单位，其供应量只能随劳动的增加而增长。也就是说，它受供求法则支配，这使其价值极为稳定。从许多方面来看，它都是一种理想的货币。1642年，烟草被弗吉尼亚殖民地正式当成货币使用，几年后马里兰殖民地也拿它当货币用，但同时，它在其他各殖民地还不能堂而皇之地被当成货币。烟草是如此接近于货币，以至于不出产烟草的新泽西在其旧纸币上画上了一张烟草叶，并且还写上这样一句话："伪造者处死。"烟草作为一种备用交换媒介，在美国的滥觞时期被使用两百年之久，直到新宪法宣布货币从此以后是联邦政府的特权。[1]

那时候，主要货币还是金银币，或者叫铸币。回归一种靠谱的货币单位，立竿见影的效果就是使经济从先前由法币发行量扩张和收缩导致的停滞中迅速恢复了过来。贸易与生产大为增加，而这又进一步吸引全世界的金银币流入各殖民地，补上了之前年份由不值钱的纸币造成的漏洞。可以看到，供求法则起作用了。有一阵子，马萨诸塞重新使用硬币，而罗德岛继续使用法币。结果，曾经是各殖民地对西印度群岛贸易中心的纽波特将其生意拱手让给了波士顿，变成了一个空空如也的港口。[2]在各殖民地重新启用铸币后，物价很快找到了其自然平衡点，之后就定在这个平衡点上，即便是在七年战争[3]和北美独立前夕的贸易中断期也没有受到影响。[4]政府不干预、自然修复，或许是最好的恢复经济的方法。

战争导致法币卷土重来

独立战争让这一切都突然停摆了。战争开支很少出自现存国库，它们甚至也不出自增加的税收。如果各殖民地的政府要对其公民征收足够应付这场冲突的税收，那么其数额将极为巨大，以至于会让最热切的独立支持者都失去热情。而通过人为扩大货币供应量，就可以将真正的开销瞒天过海。这笔开销自然还是得以支付了，只不过是通过鲜为人知的通货膨胀。

美国独立战争也不例外。为了筹集独立所需的开销，联邦和各州

---

[1] 加尔布莱斯前引书，第48—50页。

[2] 保罗与勒尔曼前引书，第22—23页。

[3] 指1756—1763年间英法为争夺北美殖民地在今天的美国和加拿大进行的战争。——译者注

[4] 罗格·W.维斯：《马萨诸塞殖民地时期的货币标准》，载于《经济史评论》第27期，1974年11月，第589页。

都大开印钞机。在战争伊始的1775年，货币总供应量是1200万美元。当年6月，大陆会议增发了200万美元。甚至在这笔钱还没有投入流通中时，又增发了100万美元。到当年年末，又追加了300万美元。1776年增发1900万美元，1777年又是1300万美元，1778年6400万美元，1779年1.25亿美元。而这还没完：大陆军发行了自己的"证书"，并用它们采购了共计2亿美元的物资。五年内从1200万美元增加到4.25亿美元，增幅超过3500%。而必须得记住的是，除了中央政府这样大规模地扩张货币供应量外，各州也在做同样的事情。据估计，从1775年到1779年年末的这五年间，货币供应量的扩张超过了5000%。相比之下，这五年间税收的增长则微不足道，只增加了几百万美元。

大规模通货膨胀

这股增发货币的洪流冲刷出来的第一个令人高兴的效果就是一段明显的经济繁荣时期，但当这一机制开始运作后，随之而来的就是通货膨胀。1775年时，如果一元大陆币可以兑换到一美元黄金的话，到1777年时，同样多的大陆币只能兑换25美分黄金了。到1779年时，即仅仅是在这些大陆币发行四年后，只能兑换不到一美分黄金了。"都不如大陆币值钱"这个说法就是产生在这个凄惨的年代。鞋子卖5000美元一双，一套衣服的售价达到100万美元。

正是在这一年，乔治·华盛顿写下了这样一句话："一马车钱很难买到一马车粮食。"[1]就连本杰明·富兰克林也开始承认既成事实了，他以一种酸溜溜的心绪写道：

我们所驾驭的这种货币真是个神奇的机器。当我们发行它时，它履行职能，我们把它花出去，为部队买来吃的穿的和武器弹药。当我

---

[1] 阿尔伯特·S.伯勒斯：《美国财政史》（纽约：D.阿博顿出版社，1896年第4版），第1卷，第132页。

们不得不超额发行它时，它便以贬值的方式自降身价。[1]

在谈到赤字开支时，美国人屡屡会听到这样的抱怨，说我们是在让未来的几代人都背负上今天的账单。为何不让未来的人为此买单呢，这些支出也用在他们身上了啊？不要上当，这个政客们鼓吹的概念是错误的。正如那些殖民地民众所发现的，一旦钱是法定的，那么每幢政府建筑、每项公共工程、每台大炮都会用现时的劳力和财富进行支付。这些事项必须是今日事今日毕，并且由今日人来完成，付出这些劳力的人也必须在今日得到报酬。不假，部分利息是由将来的人支付的，但最初的成本是由当下的人来赔付的，它通过货币单位的贬值和人们工资购买力的下降得到赔付。

通货膨胀是种隐性税

法币是政府不用征税就能立即得到购买力的手段，但这购买力来自何处呢？由于法币不具备可以支撑自身的有形价值，政府的法定购买力只能通过别处的削减才能得到。其实，美国政府的购买力完全是通过降低美国人的购买力、从我们这里"收集"的。因此，这其实也是种不折不扣的税收，只不过它看不见、摸不着，几乎不为纳税人知晓。

1786年，托马斯·杰斐逊在他写下的下面这段话中给出了一个清晰的说法：

每个经手钞票的人，当钞票还在其手里的时候，就已经因为其价值的贬损而蒙受损失了。这对于他来说是实实在在的征税，美国人民其实就是以这种方式贡献出了……战时的数百万美元，这是一种最具

---

[1] 1779年4月22日富兰克林致塞缪尔·库伯的信，转引自阿尔伯特·亨利·斯麦斯编：《本杰明·富兰克林著作集》（纽约：麦克米兰出版社，1906年版），第7卷，第294页。

压榨性的税收模式，因为这种税是最不公平的。[1]

价格控制和法定货币法律

随着物价的飞涨，各殖民地纷纷作出反应，进行工资和物价管控，这就好比为了防止水蒸气跑掉，就去堵上茶壶嘴。当这些措施都不起作用时，就出台了一系列严格的法定货币法律。其中的一则法律条文甚至采用了叛国罪的恐吓，其内容是："如果此后有人竟敢道德沦丧和不顾国家安危，拒绝使用上述钞票进行支付……他将被视为这个国家的公敌，并被示众，他将被隔绝，无法与这些殖民地的居民们贸易或来往。"[2]

罗德岛殖民地不仅对那些拒不接受其法币的人课以重罚，而且还加上了额外的处罚，即剥夺公民资格。当某地法庭宣布这样做违宪时，立法机关传唤了其法官，草率地解雇了他们。[3]

经济混乱与社会动荡

如果说，战火是各殖民地难以承受之重的话，那么法币之祸也同样如此。战后，由于市场重回常态，通货膨胀之后便是通货紧缩。物价大跌对于那些购买者来说是好事，但对那些以战时高涨价格购买物产的售货商人和举债农民而言，这是场灾难。更低的新价导致他们无法偿还早前固定利率的按揭贷款，许多辛苦劳作的家庭由于被取消赎回权而破产。更糟糕的是，大多数人仍然没有意识到是通货膨胀搞

---

[1] 托马斯·杰斐逊1786年6月22日为百科全书准备的合众国词条注解，引自《杰斐逊文集》（纽约：G.P.普特南穆诸子出版社，1894年版），第4卷，第165页。

[2] 大卫·拉姆塞：《美国革命史》（伦敦：约翰逊与斯托克代尔出版社，1791年版），第2卷，第134-136页。

[3] 梅里尔·詹森：《新国度》（纽约：古典书局，1950年版），第324页。

的鬼，还有许多人在赞成"纸币疗法"。几个州不得不屈从于公众压力，让其造币厂继续印钞。

历史学家安德鲁·麦克劳林（Andrew McLaughlin）记述了当时一个法国人造访罗德岛所目睹的经典一幕：

> 当时，一个横穿组波特的法国旅行者给我们描述了该地的阴郁图景：街角处站着双臂交叉、无所事事的人们；房屋垮塌为废墟；勉强支撑的店铺里货物稀少，只是卖些粗劣之物……路面都长出草来了，窗户中填满破布，到处都彰显着苦难、纸币的胜利和糟糕政府的破坏力。商人们宁可关闭店铺都不接受纸币，邻近各州的农民们根本不想把其产品带来这里出售。[1]

无所事事和经济萧条还导致了叛乱与暴动的发生。1786年，乔治·华盛顿在给詹姆斯·华伦（James Warren）的信中写道："政府之轮卡住了……我们正在沉入迷乱而黑暗的深渊。"[2]两年后，在给亨利·诺克斯（Henry Knox）的信中，他写道："如果有任何人之前告诉我会出现当下这般可怕叛乱的话，我会认为他是个疯子。"[3]

还好，这则故事有个愉快的结尾。正如我们将会在下一章看到的那样，当各州代表云集一堂起草宪法时，法币的影响在他们脑海中记忆犹新，因而他们决定一劳永逸地了结它。随后，新缔造的共和国不仅很快恢复了经济，而且继续发展为全世界艳羡的对象——至少是有那么一阵子——直到这个教训被后来人忘记了。但那已经超出我们这则故事的范围了。现在我们只是在探讨殖民地法币这个话题。美国独立前各殖民地所经历的这些，是当人类被法币那动人言辞打动时总会发生的经典事例。

---

[1] 安德鲁·C.麦克劳林：《联邦与宪法》（纽约：科里尔书局，1962年版），第107–108页。

[2] 哈里·阿特伍德：《诠释宪法》（马萨诸塞州：命运出版社，1927年第1版，1962年第2版），第3页。

[3] 同上，第4页。

自然法则第三条

让我们就此打住，来看下从这数百年经历中得出的另一个经验。通览历史，到处可见这一经验是如此清晰和普适，以至于可以称其为人类经济行为的一条自然法则：

教训：法币是没有贵金属支撑的纸币，法律要求人们接受它。法币可以让政客们不加征税收就扩大开销，它是引发通货膨胀的原因之一。人们所失去的购买力就是通货膨胀从他们那里转移到政府手里的购买力，因此，通货膨胀是种隐性税。这是种最不公平的税，因为它对那些支付能力最弱的人征收最重，这些人主要为低工资者和固定收入者。它还通过侵蚀储蓄价值来惩罚勤俭持家的人。这遭到人们的怨恨，总是会导致社会动荡和分裂。

法则：一个使用法币的国家会遇到经济困难和社会动荡。

准备金货币

现在，让我们来看看第四种也是最后一种可能形式的货币：这个最吸引人的说法叫准备金货币。而为了理解货币的这种功能，我们必须回到欧洲去看看早期金匠们的所作所为，他们收费替其客户保管贵金属铸币。

除了那些保管铸币的金匠们外，还有一种专营铸币出借业务的"放债人"（scriveners）阶层。金匠们有个说法，说他们也可以充当放债人，但是是用别人的钱来做这种业务。他们说，让所有硬币都闲置在金库中不太说得过去，为何不把它们借出去赚取利润，然后他们可以与存钱者平分这些利润呢？让财源滚起来，而不是放在那里落灰。他们凭经验得知，存钱者一般不会同时想要取走其铸币。事实上，净提款量很少会超过金匠们总保管量的10%或15%。看起来金匠们哪怕贷出去其硬币保管量的80%甚至85%都很安全。于是金库保管人就开始代替其储户们行使起贷款中间人的角色，我们今天所知的银行概念便产生了。

谈起这段历史，许多历史书上都会这么讲，但这里面还不仅仅是把闲钱流转起来这么简单。首先，与存钱者分享利息收入并不是当初设想的一部分。这仅仅是在多年后当存钱者大为恼火，要求分享贷款的利益时才成为普遍行为。起初他们甚至都不知道自己存在金库里的铸币被贷出去了，他们天真地以为借出去的是金匠们自己的钱。

存款不能用来放贷

其次，我们需要考虑，金库里的那些黄金能不能被拿来放贷——无论存钱者是否会获得部分利息。假设我们现在正在金匠查理家玩扑克。查理当银行，我们每个人都给他20美元，他把这些钱放进一个鞋盒里，然后给我们每人20个打扑克的筹码。那么可以理解为，在此刻来看，一旦我们要回家了，我们可以用一个筹码换回一美元。现在假设查理的表弟拉里突然造访，不是来打扑克的，而是来借钱的。由于我们现在有六个人在打牌，每个人都拿出了20美元，鞋盒里一共有120美元，这完全可以满足拉里的需求。你能想象到，如果查理决定把鞋盒里的"闲"钱借给拉里，将会发生什么。这笔钱可不是用来放贷的。

查理和任何一位打牌者都无权出借这笔钱，因为这笔钱正处于代管当中，可以说直到查理与其客人间的契约完成前都一直处于代管中。这120美元甚至都不再作为钱而存在了。它们被取代了——至少在概念上——被那些扑克牌筹码代替了。如果我们当中有人被拉里的借钱缘由所打动，想要借钱给他的话，那么也得用另外的美元或现金借给他，而非鞋盒里作为筹码的那些钱。如果是那样的话，那么我们当然就不能够再打牌了。我们不能在花掉、出借或放弃存起来的钱的同时还认为那些筹码是值钱的。

如果你是一个组织中的一员，在年会上委托你的一位朋友替不在场的你投票，那么之后你就不能再出现在年会上，在你朋友受委托投票后再自己投上一票了。同样，在银行制度的最初阶段，作为货币流通的那些凭证其实是黄金的代替品。不言而喻，这些黄金是不能用来放贷的。它们的货币价值已经被那些凭证代替了。如果凭证持有者想借出其黄金的话，那么他们首先得让其凭证失效。他们无权一边持有这些可以支付的纸币，一边指使其银行代理人将同样一笔钱作为黄金贷出去。一个人不能在花掉、借出或放弃黄金的同时还认为那些凭证是值钱的。

所有这些都是常识。但这一问题中还有另外一个层面事关商业契约中的诚信。当银行代理人挪用这笔钱来放款的话，他们就将自己置于这样一种境地，即当存钱者来要回自己的存款时，金库中没有足够的黄金来履行契约。换句话说，新契约是在完全知道某些情况下无法得到履行的情况下签订的。但银行代理人们会不厌其烦地对此给出各种解释。公众们会被灌输，从而相信，一旦他们同意把那些所谓的闲钱投入流转中，他们就会在助力经济的过程中额外得到一些收益。这是一个很吸引人的点子，很快便如野火般蔓延开来。

部分准备金银行制度

自然，大多数借钱者想要纸币而非笨重的黄金铸币。因此，当他们拿到贷款时，为了安全起见，通常是还把这些铸币放到金库里保管。他们之后会得到这些存款的收据，正如我们讨论过的，这些收据在商务活动中被当成现钱使用。从这里开始，事情变得复杂起来了。原始存款者手中持有银行所有铸币的收据。但银行现在把其总存款量的85%都当作贷款发放出去了，借款者也得到了同样数量的收据。这些收据是在原有收据基础之外多出来的，这使得收据比铸币多出85%。于是，银行就多造了85%的钱，并经其出贷人之手把这些钱投入到流通中。也就是说，通过发行冒牌收据，银行扩大了货币供应量。这时，这些货币凭证已经不是百分百由黄金担保的了。它们现在的保值率仅为54%，[1]但它们却被毫无疑心的公众当作和旧收据等值的收据加以接受。这些收据背后的黄金现在只能代表其面值的部分价值。于是这些收据就开始被称为准备金货币，而它们被造出来的过程则被叫做部分准备金银行制度。

不幸的是，这种差额从未得到过解释。银行家们决定，还是不要去讨论事实为好，以免被公众听到。这些事实成为了这一行里的秘密。储户们从未被鼓励去质询，美国的银行是如何能够在贷出他们所存的钱的同时，手里为何还有钱应付活期取款的。相反，银行家们装腔作势，表现得极为体面、稳重和负责；他们穿着正装，举止严肃，几近于严厉；他们建起高楼大厦，看上去就像是政府大楼或宗教场所。所有这一切都是为了增强人们对于他们能够遵守活期取款这一契约的虚假印象。

约翰·梅纳德·凯恩斯给出了如下评论：

啊，一个"靠谱的"银行家不是一个能够预见危险并避开危险的人，而是一个当他完蛋时，能够以一种常规而正统的方式，和其伙伴们同归于尽的人，这样就没有人能轻易地怪罪于他了。银行家衣着得体、常修边幅，表现出一种超越常人的体面，这是他们工作中的一个

---

[1] 100单位黄金除以185单位凭证等于0.54。

必要环节。长期如此行事使他们成为人群中最想入非非和最不切实际的人。[1]

从债务中造钱

让我们暂且回过头来分析一下。起初，银行充当仓库，用来安全保管其客户们的铸币。当银行为这些铸币发行纸质收据时，他们就将商品货币转变成了收据货币。这是个大为方便之举，但并没有改变货币供应量。人们要么使用铸币要么使用收据，但不能两者都用。如果他们选择铸币的话，那么就不能使用收据。如果他们使用收据，那么铸币就待在金库中不参与流通。

当美国的银行不再这么做而开始把收据借给借钱者时，银行就成了魔术师。有人说银行是凭空造钱的，但还没有说中要点。它们所做的事情更加惊人，它们是从债务中造钱的。

显而易见，人们负债要比熔化黄金更加容易。结果便是，金钱再也不受供求关系的自然力量制约。从历史中的此刻开始，金钱只受制于银行家把其存款中的黄金部分准备金率压到多低程度的能力。

从这个角度来看，我们现在回过头来看看准备金货币，才认识到它其实是收据货币与法定货币之间的过渡形式，它兼有这两者的部分特点。当准备金率变得越来越小时，它所代表的收据货币特征就越来越少，它就越接近于法定货币。当准备金率最终达到零时，它就完成了过渡，变成了纯正的法定货币。而且，在那些人们接纳了准备金货币概念的地方，都把准备金率一降再降，直到最后变为零。

没有哪家银行会在零储蓄的情况下生存很久。让人们接受一种不值钱货币的唯一方法是强制推行。这就是法定货币法所要做的。因

[1] 勒沃、赫讷：《债务与危险：世界金融危机》（纽约：大西洋月刊出版社，1986年版），第42页。

而，从准备金储蓄货币到法定货币的过渡要求美国政府通过一种叫中央银行的机制参与其中。本书其余部分的大部分篇幅都会被用来探讨美国的中央银行，但当下我只想说，不付出努力就能造钱这个让人兴奋的想法太棒了，以至于一旦服下这种麻醉剂，就没有政客或银行家能摆脱这个习惯了。正如威廉·萨姆讷（William Sumner）所评："一个能够停在半空的人完全可以跳下悬崖。"[1]

自然法则第四条

这样，我们就又从人类几百年的经验中得出一条自然法则，这条法则可以表示如下：

教训：准备金货币是由贵金属担保的，但这些贵金属仅保障其面值的一部分。准备金货币是个混合物，部分是收据货币部分是法定货币。一般说来，公众并未意识到这一点，他们相信，准备金货币可以实现随时足值兑换。当纸包不住火时，正如时不时所发生的那样，银行的资金会不断外流，而只有排在最前面的少数几个储户能够得到偿付。由于准备金货币可以为银行家挣得与金银所挣同样多的利息，这对银行家来说是个巨大的诱惑，于是他们会造出尽可能多的准备金货币，越多越好。当这种事情发生时，准备金率就会越来越小。

法则：准备金货币总会蜕变为法定货币，它只是过渡中的法定货币而已。

好了，概览和大体情况就介绍这么多了。在下一章里，我们将会看到，历史是如何评说这种进程的。这可真是一段灿烂的历史啊！

---

[1] 威廉·格拉汉姆·萨姆讷：《美国货币史》（纽约：霍尔特出版社，1884年版），第214页。

本章总结

　　法定货币是没有贵金属担保的货币，法律要求人们接受它。直到殖民地时期的美国，法定货币才开始大规模使用。殖民地使用法币的那段经历是灾难性的，导致了大规模的通货膨胀、失业、财产损失和动荡。在英格兰银行强迫各殖民地弃用其法定货币后的一段时期内，美国经济的总体繁荣很快就得以恢复。北美独立战争使得法定货币变本加厉地回到各殖民地，随后导致的经济混乱使各殖民地政府进行了价格控制，并出台了严厉的法定货币法律，然而两者都没有凑效。

　　准备金货币被定义为一种由贵金属部分担保而非全部保障价值的货币。它是欧洲率先采用的概念，当时金匠们开始为非他们所有的黄金发行收据，这些收据仅有一部分用于兑换，准备金货币便产生了。准备金货币总是会蜕变为纯粹的法定货币。

第9章

秘密的科学

部分准备金银行制度简史；欺诈、繁荣、萧条、经济混乱的不间断记录；全球首家中央银行——英格兰银行的组建，它后来成为美联储的效仿对象。

储蓄银行首先出现在早期希腊，与铸币本身的发展是同步的。亚历山大大帝时期，它们开始在印度为人所知。在埃及，它们作为公共谷仓制度的一部分而运营。1200年，它们出现在大马士革，1401年，它们出现在巴塞罗那。而威尼斯邦国则被认为是我们今天所说银行制度的摇篮。

威尼斯银行

到1361年时，银行制度中已经出现了足够多的陋习，以至于威尼斯议会通过了一部法律，禁止银行家们参与其他任何形式的商业活动，这样就把他们使用其储户资金资助自身产业的诱惑给封住了。他们还被要求将其账簿向公众开放以供查验，另外，只要时机合理，他们所存放的那些铸币也要向公众开放。1524年，一家银行监事会成立了，两年后，所有的银行家都被要求用铸币而非支票处理其银行间的业务。

　　然而，尽管有如此种种防范措施，当时最大的银行，一度活跃地用其储蓄放贷的比萨诺和提波罗之屋（House of Pesano and Tiepolo），还是在1584年被迫关门了，因为它无法退款给储户。在这个节骨眼上，政府拾起了这个烂摊子，创办了一家国有银行：里亚托广场银行（Banco della Piazza del Rialto）。鉴于从最近这桩银行破产案中所取得的教训，这家新银行不能从事放贷业务，不允许通过发行信贷产品盈利。这家银行只能通过业务项目收费养活自己，这些收费项目包括：存储铸币、兑换货币、处理客户间转账，以及公证服务。

　　忠于职守的银行制度程式得以建立。该银行兴旺起来，不仅在威尼斯商务活动中占据了中心地位，其发行的纸质收据在威尼斯境外也广被接受。而且，通常来说，人们不会把所有铸币兑换成收据，但该银行的收据需求量却超过了库存铸币。这是因为在流通中，同一种类型铸币的种类是如此之多，数量是如此之大，以至于非专家不能评估其价值。当该银行把铸币入库时，它其实就自动完成了估价过程。每枚铸币都被估价，为铸币发行的收据准确反映出其固有价值。公众因而对这些纸质收据的价值要比对许多铸币的价值还要确定，结果他们就愿意多兑换一些收据。

　　不幸的是，随着时间的流逝，对之前银行陋习的记忆逐渐被淡忘了，威尼斯议会最终还是被信贷所利诱。缺钱以及不敢对选民增税使政客们决定，他们将授予一家新银行无限制贷款权，让这家银行造出其所需的钱，然后"借"这些钱。于是，在1619年，吉罗银行（Banco del Giro）得以创办。与它破产了的前辈一样，吉罗银行立即开始凭空造钱，为的是借钱给政府。18年后，里亚托广场银行被合并进这家新银行，史上第一缕可靠银行制度的火苗就这样噼啪一下就熄灭了。

　　整个15世纪和16世纪，银行在欧洲各地如雨后春笋般涌现。它们都几乎毫无例外地采用了那种利欲熏心的经营手段，即借出那些并不真正能为贷款所用的钱。它们造出超出其储备资金的债务，结果全部倒闭了。这并不是说这些银行的拥有者和主营者肥了自己的腰包，而是意味着这些银行的储户们损失了其委托银行安全保管的全部或部分资产。

阿姆斯特丹银行

直到阿姆斯特丹银行于1609年设立，我们才找到了第二个可靠银行制度运行的范例，但其结局也和里亚托广场银行之前的经历一样。阿姆斯特丹银行只接受存款，坚决不贷款。其收入来源仅仅是对服务项目收费。不久，阿姆斯特丹内内外外都用这家银行发行的纸币来支付，事实上，这种纸币的价值也已经超过铸币了。市长们和市议会被要求每年都发一次誓，保证银行的铸币储蓄毫发无损。加尔布莱斯提醒我们：

> 在其建立一个世纪后，它运作有效，并且严明公正。存款就是存款，金银币归那些拥有它的人所有，直到拥有者将其转移给他人。没有金银币被贷出。1672年，当路易十四的军队接近阿姆斯特丹时，人心惶惶。商人们包围了银行，有人怀疑其财富可能已经不在那里了。所有所求提取的人都得到了偿付，当他们发现钱还在银行时，他们便不想取走这些钱了。正如后来屡屡被观察到的那样，无论人们多么热切地想从银行那里要回他们的钱，当他们得到保证说他们能得到这些钱时，他们就再也不想取出这些钱了。[1]

然而，诚实和自律的准则没有维持多久。通过造钱轻松盈利的诱惑实在是太大了。早在1657年，个人就被允许透支取钱，当然，银

---

[1] 加尔布莱斯前引书，第16页。

行也能从他们的债务中造出新钱。随后几年，大量贷款流向荷兰东印度公司。1790年1月，纸终于包不住火了，从公众得知真相的那天开始，要求取回存款的声音就不绝于耳。十个月后，银行宣布资不抵债，被阿姆斯特丹市政府接管。

汉堡银行

第三个也是最后一个诚信银行制度的例子就是德国的汉堡银行。两百多年来，它都恪守着安全存款这一信条。其管理极其严谨，以至于当拿破仑于1813年占领这家银行时，他发现有价值7506956马克的银来对冲7489343马克的债务，这比实际所需多出了17613马克。大部分拿破仑从这家银行掠夺走的财富数年后都被法国政府以证券的形式还了回来。我们并不清楚这些证券是否等值，但即便等值的话，也和银不是一回事。由于外敌入侵，该银行的货币再也不能像收据货币那样完全转变为铸币了。现在它成了准备金货币，自我毁灭机制已经启动了。该银行又维持经营了55年，直到1871年，它被命令将其所有账户变现为止。

这便是诚信银行制度这个短篇故事的结尾。自那以后，部分准备金储蓄银行成为了通用范式。但在发展到像美联储这样复杂的银行之前，其发展历程中还有许多有趣的弯路要走。

英格兰的早期银行制度

在英格兰，首批纸币是查理二世发行的国库证（exchequer order）。这是纯法定的，尽管是纯法定的，却没有得到广泛使用。1696年被国库券（exchequer bill）取而代之。这些钱可以兑换黄金，而且政府保证有足够多的铸币和金条来充当抵押物。换言之，这是真正的收据货币，成为了广为人们所接受的交换媒介。另外，这些钱是政府发放的短期贷款，事实上是付给持有者利息的。

1707年，刚刚创办的英格兰银行被委以管理国库券的任务，但这家银行发现，流通其自身发行的钞票可以挣得更多利润。后者是一种准备金货币，其目的是收集利息而非偿付。结果，政府票据逐渐停止使用，被银行票据代替了，到18世纪中叶时，银行票据成为了英格兰唯一的纸币。

必须要知道的是，此时的英格兰银行还没有完全发展成为一家中央银行。它被授予一种垄断权，在伦敦内部和其他主要的地理区域发行银行票据，但这些钱还不是法定货币。没有人被强迫使用它们。它们仅仅是由一家私人银行发行的金币的私有准备金收据，公众可以随其所好地接受、拒绝或低估它。该行发行的货币直到1833年才具备了法币的地位。

同时，议会颁布发行货币的特许状给遍布整个帝国的其他许多银行，发行准备金货币无一例外地导致这些银行最终的倒闭及其储户的破产。"一场又一场灾难向这个国家袭来"，肖说道，因为"政府对这些私人发行的纸币漠不关心"。[1]而英格兰银行比其他银行都更受政府青睐，它被议会一次次从破产边缘上挽救过来。它是如何变成这样的倒是个有趣的故事。

英格兰银行

和法国对抗了50年后，再加上由于过度征税引起的无数内战，英

---

[1] W.A.肖：《中央银行制度原理与准则》（伦敦与纽约：I.彼得曼先生父子出版有限公司，1930年版），第32页。

格兰已经筋疲力尽了。到1693年奥格斯堡同盟战争（War of the League of Augsberg）[1]期间，威廉国王急需新钱。20年前，国王查理二世就已经财源枯竭，他拒不承认一群金匠借给他的超过一百万英镑的债务，结果导致一万储户蒙受损失。许多人对此仍记忆犹新，不必说，政府不再被认为是个低风险的投资对象。由于既不能增加税收也不能借钱，议会开始不择手段地寻找其他筹钱的方法。格罗斯克洛斯说，这样做的目的不是为了让"货币机制为更加智慧的人所控制，而是为了在费力收税以及贫穷政府向公众借钱之外，再找到其他财源"。[2]

有两种人看到了从这种需求中产生的大好机会。第一种人是政府内部的那些政治专家。第二种人是从银行业中诞生的货币专家。后者的组织者和发言人是来自苏格兰的威廉·帕特尔森（William Paterson）。帕特尔森曾经去过美国，怀揣一个宏大计划回到英国，他想得到英国政府特许，开办一个将巴拿马地峡殖民化的公司，当时的巴拿马地峡还叫达连安（Darien）。英国政府不为所动，因而帕特尔森将其注意力转移到政府非常感兴趣的方面，即造钱。

这两种人最终汇合成一个联盟，不，说是联盟太过于轻描淡写了。美国传统词典将"政治阴谋集团"定义为"阴谋家或密谋者组成的秘密策划团体"。没有其他词语能够比该词更加准确地形容这个团体了。在类似杰基尔岛会晤那种同样保密和神秘的气氛中，这个政治阴谋集团在伦敦的梅瑟教堂（Mercer's Chapel）会晤，经过反复磋商，草拟出一个符合各自利益的七点计划。

1. 政府要给货币学家们颁布特许状，以便组建一家银行。

2. 这家银行将被授予发行钞票的独家权利，它发行的钞票将作为英格兰的纸币通行全国。

---

[1] 也称为大同盟战争、巴拉丁王位继承战争、九年战争，指英国、荷兰和哈布斯堡王朝联合对抗法国国王路易十四对外扩张的战争，最终法国被迫言和。——译者注

[2] 格罗斯克洛斯前引书，第175页。

3. 这家银行将会凭空造钱，其发行的所有货币只有一部分由铸币担保。

4. 货币学家们随后会贷给政府其所需的一切款项。

5. 为政府贷款所造的钱将主要由政府借据担保。

6. 尽管这笔钱将会凭空造出，且造钱成本为零，政府还是会为它支付8%的利息。

7. 政府借据也会被当作"储备金"来创造更多的钱，以便贷款给私人商业活动，这些贷款也会产生利息。如此一来，货币学家们将会空手套白狼地收取双份利息。[1]

发送给认股者以吸引他们认购英格兰银行原始股的广告给出了说法："银行从所有钱上获利，这些钱都是银行凭空造出的。"[2]特许状于1694年颁发下来，一个生物发出了初啼，它就是全球首家中央银行。罗斯巴尔德写道：

简言之，由于没有足够多的私人愿意出钱挽救赤字状况，帕特尔森及其团伙都大方地表示愿意购买政府债券，条件是他们能够使用凭空造的新钱，这些钱本身就具备不少特权。这对帕特尔森及其同伴而言是个相当不错的交易，政府也从这一家貌似合法的银行帮其还债这个无稽之谈中获利了……1694年英格兰银行一经特许得以建立，威廉国王自身和议会中的各色人等就迅速成为他们刚刚缔造的这家新货币工厂的股东。[3]

---

[1] 对于这些协议的概述请参见默里·罗斯巴尔德：《银行的秘密》（纽约：理查德森与斯奈德出版社，1983年版），第180页。另见马丁·梅耶著：《银行家》（纽约：威布赖特与塔利出版社，1974年版），第24–25页。

[2] 引自卡罗尔·奎格利：《悲剧与希望：当代世界史》（纽约：麦克米兰出版社，1966年版），第49页。帕特尔森并未从自己的发明中获利。在英格兰银行组建几个月后，他因为一场政治争端退出银行，之后回到苏格兰，在那里他成功地兜售出达连安计划。节俭的苏格兰人一哄而上，购买了达连安殖民地公司的股票。股票很快变得一文不值，1200名殖民者也几乎都丢了性命。

[3] 罗斯巴尔德前引书，第180页。

货币的秘密科学

政治阴谋小集团内的两种人都因其努力获利匪浅。政治学家们一直希望筹齐50万英镑来资助当下的战争。英格兰银行随即给了他们起初所需的双倍资金。货币学家们以120万英镑的资金作为首批注资。教科书上告诉我们，这笔钱以8%的利息被贷给政府，但通常被省略的事实是，在放出这笔贷款时，实际注资仅有72万英镑，这意味着英格兰银行"贷出了"比其实际资金高66%的款项。[1]而且，英格兰银行被授予特权，它可以以贷款形式造出一笔至少等值的钱发放给公众。因而，在将其资金贷给政府后，它仍然可以再次贷出这笔资金。

以英格兰银行实际出资72万英镑、贷款利息为8%计算，将会产生57600英镑利息。但在新的秘密科学掩盖下，它能够在贷给政府120万英镑赚取8%利息的同时，再贷给公众72万英镑赚取9%的利息。利息之和达到160800英镑，相当于注资的22%。而真正的要点在于，在如此情况下，谈论利率是毫无意义的。当钱是凭空造出来时，真正的利率就不是8%或9%了，甚至也不是22%，而是无限高。

从这个全球首家中央银行的正式运作中可以看到后继者所具备的那种形象。银行发放贷款，其实是在造钱给政府用。如果英格兰政府直接自己造钱，这些钱的法定性质会立刻被发现，也许就不会以足值面额被接受了。而通过英格兰银行系统造钱，这一过程对大众而言就会显得神秘兮兮。新造的纸币和之前由铸币保值的那些纸币就无法区分开来，而公众也不可能聪明到识破这一伎俩。

因此，英格兰银行其实是——我们必须不能忘记的是，美联储也是这样一头巨兽——购买政府债券伪装下的隐形造币机，只要政客们

---

[1] 参见R.D.理查德兹博士：《英格兰早期银行业史》（纽约：奥古斯都·M.凯利出版社，1929年初版，1965年再版），第148–150页。

愿意，可以随时启动这台机器。对于那些无法靠税收或其国库的良好信誉聚敛财富的政治学家们而言，这是个天赐之物。这甚至比印钞还容易，而由于公众不懂这个手法，它在政治上也是安全的。

那些货币学家们自然由于这项服务而获利丰厚。为了维持银行制度的这一假象，英格兰银行被说成是收取利息的，但利息在这里是个不当用词。英格兰银行不是借出钱，而是造出钱。因而他们所得收益应该被称为：一种专家费用，或佣金，或特许金，或回扣，是哪种取决于你的理解，但绝非利息。

从通货膨胀到银行挤兑

英格兰银行所造的新钱如四月之雨般浇透了整个经济体。伦敦以外地区的其他国有银行得到自主造币的授权，但它们得持有一定比例的铸币或英格兰银行凭证作为储备金。结果，当这些数量充沛的银行货币到了它们手中后，很快将其放入金库里，并以更大的数量发行其自身的凭证。在这种金字塔效应下，仅仅两年中物价就上涨了100%。之后，不可避免的事情发生了：英格兰银行发生了挤兑事件，可它又不能提供铸币。

当银行再也不能履行其用铸币换收据的契约时，它们实际上就破产了。应该允许它们停止经营，并将其资产变现以满足其储户提现的需求，就像其他行业一样。这其实就是那些贷出其存款并创造准备金货币的银行总会发生的事情。如果任由这种情况继续下去的话，几乎毋庸置疑的是，人们最终会明白过来，从而不想和这种银行扯上关系了。通过痛苦但非常有效的试误过程，人类最终不得不学会区分真钱与愚者的黄金。而今天的世界也将会因此而变得更加美好。

这当然是不会发生的。英格兰的政治集团是一种合伙关系，组成它的两种人都致力于保护对方，这不是出于忠诚，而是出于双方的共同利益。他们知道，如果其中一个倒下了，那么另一个也会倒下。因此，当英格兰银行发生挤兑时，议会插手干预也就不足为奇了。1696年5月，仅仅在英格兰银行组建两年后，一则法令得以通过，授权它"暂停用铸币偿付"。借法律之力，这家银行被免除了它要履行的用黄金偿还的义务。

保护模式已设定

在货币史上，这是个具有决定意义的事件，因为这一先例后来得到多次效仿。欧美银行运作时总是假设，在它们陷入麻烦时，政府的伙伴们总会伸出援手。政客们可能会谈及"保护公众"，但背后的现实是，政府需要银行造的货币。因而银行——至少是那些大银行——必须不能倒闭。在自由市场运作环境下，只有一个由政府保护的卡特尔才会免于倒闭。

在现代，司空见惯的情况是，那些抢劫其邻居的罪犯往往会从轻发落。但如果他们偷窃的对象是政府或银行，那就严惩不贷。这只是欧美政治集团合伙关系的另一种表示。在欧美政府眼中，银行是特殊的，甚至从它们刚刚达成伙伴关系时就一直是这样。例如，加尔布莱斯告诉我们：

1780年，当乔治·戈登（George Gordon）勋爵为抗议天主教《救济法》，而带领手下暴徒在伦敦到处闹事时，银行成为他们的主要攻击目标。这惊动了当权者。伦敦的天主教区已经被劫掠了很长时间，当权者反应迟钝。当银行遭到围攻时，事情变得更加严重了。军队干涉进来，从那以后就派士兵到银行守夜了。[1]

---

[1] 加尔布莱斯前引书，第34页。

繁荣之后总是萧条

一旦英格兰银行得到合法保护，不用承担把债变成钱的后果，英国经济就注定会坐上一辆令人呕吐的通货膨胀和经济兴衰的过山车。自然，随即产生的结果就是允许以任何能想象得到的规模大量贷款。为何不呢？反正造这些钱不用花任何成本，而潜在的利润却是巨大的。因此英格兰银行和那些将其自身货币供应量建立在英格兰银行货币供应量基础之上的国有银行，就把一股稳定的金钱新流注入到经济中。这些资金用于组建和资助大型股份公司，其中一个公司的目的是为了抽干红海，以图重获埃及人在追击以色列人时损失的那些黄金。[1] 还有1.5亿英镑被投入到南美和墨西哥那些目的不明确、毫无结果的冒险投资中。

这股新钱洪流导致了——历史要重复上演这一幕多少次？——更大规模的通货膨胀。1810年，英国下议院组建了一个名为"金条高价选举委员会"的特别委员会，来调查这一问题并寻求一个解决方案。最终报告中传达的裁定是一种澄清语气，裁定说物价没有上涨。货币的价值在下降，这是因为货币被生产出来的速度要快于商品被生产出来的速度。解决办法嘛，委员会建议，英格兰银行发行的货币要完全可转化为金币，这样就给被创造出来的货币供应量安上了刹车。

为金本位制辩护

最热衷鼓吹推行金本位制的其中一个人是犹太人大卫·里卡多（David Ricardo），他是伦敦的一名证券经纪人。里卡多认为，一种

---

[1] 《圣经》中以色列人出埃及时，遭到了埃及军队的追击，埃及军队在红海中被吞噬，传闻有许多金器遗落其中。——译者注

理想货币"价值应该是绝对不变的"。[1]他承认,贵金属在这一意义上并不完美,因为它们在购买力上会有小范围的偏差。之后他说道:"虽然如此,它们已经是我们所能获得最好的货币了。"[2]

几乎所有政府人士都同意里卡多的评述,但正如常常所遇到的情况那样,理论总是敌不过实际需要。人们关于最好货币形式的观点是一回事,而与拿破仑的战争则是另一回事,战争要求持续不断的资金流。英格兰继续利用中央银行机制从大众那里吸取资金。

萧条与改革

到1815年时,物价再度翻倍,然后急速下降。这一年通过了《玉米法》,以保护本地玉米农民不受低价进口玉米的打击。随后,当玉米和小麦价格开始再次攀升,而工资和其他物价持续下降时,不满与骚乱便蔓延开来。"到1816年时,"罗伊·贾斯特拉姆(Roy Jastram)提到,"英格兰深陷经济萧条之中。工业与贸易总体上都停滞了,炼铁业与采煤业瘫痪了……从5月到11月,断断续续有暴动发生。"[3]

1821年,战争结束后,再也无需资助军事行动时,推行金本位制的政治压力越来越大,难以抗拒,英格兰银行又能将其发行的纸钞兑换为黄金了。然而,基本的机制却没有解体,只不过是给它加了一个有关储蓄准备金率的新限制方案。英格兰银行继续凭空造钱、贷款,而一年内,新的商业繁荣之花就绽放了。随后,在1825年11月,这朵花成熟结果了,然而这注定是个苦果。随着皮特·科尔爵士公司(Sir

---

[1] 大卫·里卡多:《大卫·里卡多著作和通信集:1815年—1823年分册》,(剑桥:剑桥大学出版社,1951年版),第4卷,第58页。

[2] 同上,第62页。

[3] 罗伊·J.贾斯特拉姆:《黄金常数》(纽约:威利出版社,1977年版),第113页。

Peter Cole and Company）的倒闭，危机开始了，随后另外63家银行倒闭。财富被席卷一空，经济重回萧条。

1839年，当更多的银行在一次相似的危机中倒闭时，议会开始试图搞懂并处理这个问题。历经五年多的分析与辩论后，罗伯特·皮尔爵士（Sir Robert Peel）成功通过了一部银行改革法。它直面英格兰经济起伏不定的原因：弹性的货币供应量。皮尔的《1844年银行法》的想法是，把银行要发行的货币量限制为大致等于其金银所担保的纸币数量。这个尝试很好，但最终还是失败了，因为它在三个方面没有达标：1. 它是个政治妥协且规定不够严格，甚至使得银行可以凭空造出高达1400万英镑的钱；换言之，这在当时被认为是一个安全的"准备金"量。2. 这一限制只适用于银行发行的纸币，不适用于支票货币，而后者彼时正成为更受欢迎的交换媒介。结果，所谓的改革甚至都没有在那些陋习最严重的地方推行。3. 基本概念仍然未受到挑战，即相比于受限于供求关系、不受人控制的金银币而言，人凭借其无限的政治智慧能更加有效地决定货币供应量。

过山车继续运转

"改革"开始后不到三年，英格兰又面对了另一场危机，更多的银行倒闭，储户们的损失更为惨重。但当英格兰银行跟跟跄跄，快要摔下资不抵债的悬崖时，政府再次拉了它一把。1847年，英格兰银行不再受皮尔法案的法定储蓄要求限制。这就证明，英格兰对人为控制货币供应量已经极度依赖了。

格罗斯克洛斯继续为我们讲述了这则故事：

10年后的1857年，又发生了一场危机，起因是由对国外贸易前景过分乐观而过量与不理智地放贷。英格兰银行发现自己身处和1847年时差不多的境地，采取的应对措施也类似。这次它被迫动用权威来提高其超出法律限制范围的信贷（以债务为基础的钱）发行量。

1866年，由于银行业不够重视流动性，银行信贷被用于支持一股投机狂潮……一场危机又在酝酿，这次危机以著名的欧佛兰德-格尔利集团（house of Overend, Gurney and Co.）的倒闭而突然爆发。1844年的法律再度暂停……

1890年，英格兰银行再度面临危机，这次起因仍然是对国外——尤其是美国和阿根廷——证券的广泛而过量的投机行为。这次是巴林兄弟（Baring Brothers）公司的倒闭催发了危机。[1]

英国央行机制的扩散

尽管这些年里，英格兰银行一再崩盘，但其银行机制仍然对政治家和货币学家们有巨大的吸引力，以至于它成为了全欧洲的模式。这可真是一个难以置信的历史事实。普鲁士银行变成了德国国家银行（Reichsbank），拿破仑创立了法兰西银行（Banque de France）。几十年后，这一概念造就了美联储那令人崇敬的模式。即便这一机制具有破坏性，谁又会关心呢？这是个为政客们获取无限资金、为银行赚取无尽利润的完美工具。而最好的是，那些为这两个集团送钱的平民百姓们其实并不知道发生了什么。

本章总结

银行业始于14世纪的欧洲，其作用是对人们持有的铸币进行估价、交换和保管。起初，有几个完全诚信的典范银行，考虑到其所处

---

[1] 格罗斯克洛斯前引书，第195–196页。

理的巨量铸币，它们的运作可谓相当有效。它们也发行纸质收据，这些收据足以信赖，能够当作货币自由流通，并在流通过程中童叟无欺。但对更多钱和更多贷款的需求极大，这一诱惑不久就使得银行家们去寻找更加快捷的路子。他们开始贷出据称是收据的纸张。可公众分不清它们，把这两种收据都当成钱加以接受。从这时起，流通中的收据量超过了储备中的黄金量，部分准备金储备银行制度的时代已然来临。这立刻导致了从那时起直至现在几乎未被打破的一个记录：通货膨胀、经济兴衰、停止支付、银行倒闭、拒收货币、经济混乱一再发生。

英格兰银行成立于1694年，用来将部分准备金银行机制制度化。作为全球首家中央银行，它引进了银行家与政客合伙人这一概念。政客们会有钱花（由银行家们凭空造出的钱），而不用提高征税。作为回报，银行家会因这笔交易得到一笔佣金——为了掩人耳目叫做利息——这会永远持续下去。由于这一切都包裹着银行规章神秘兮兮的外衣，而普通人是很难理解这些规章的，因此实际上无人反对这一机制。这个安排被证明对参与各方而言利润丰厚，因而不久便传播到欧洲的其他许多国家，并最终传到美国。

第10章

曼德雷克机制

> 美联储凭空造钱的方法；为虚假贷款支付利息的高利贷的概念；通货膨胀这一隐性税收的真正起因；美联储创造经济兴衰周期的方法。

20世纪40年代有个卡通人物叫魔术师曼德雷克（Mandrake），他的拿手戏是凭空造物，然后在合适的时机再把变出来的东西变回去，消失在同一片空气中。因此，本章中所描述的过程应该以他的名字来命名。

在前几章中，我们考察了政治学家和货币学家们研究出来的凭空造钱用于放贷的技术手段。这并非一个完全准确的描述，因为它暗示，钱先被造出来，然后等着有人来借它。另一方面，美国银行制度的教科书往往声称钱是从债务中造出来的。这也是不准确的，因为它暗示债务是首先存在的，然后才转化为钱。事实上，直到它被借出的那一刻为止，钱才被造出来，是出借这一行为让钱横空出世的。顺带说下，是偿还债务这一行为使钱消亡的。[1]没有一个短语能完美地描述这一过程。因此，直到有这样一个词被发明出来之前，我们都会继续使用"凭空造钱"这一说法，如果需要的话，再加上"用来放贷"

---

[1] 放在国库里的那些美联储印发的钞票，进入流通、兑换为由银行贷款产生的支票货币时才能算是钱。只要还没有基于贷款的钱来代替这些金库中的钞票，从技术层面上讲，它们就是纸，而非钱。

190

进一步澄清概念。

因此，现在让我们撇下过去的历史数字不管，直接跳进它们的"未来"，换言之，跳进我们的当下。来看看这种创造货币—债务的过程是如何运作的——以及它是怎样起作用的。

需要考虑的第一个事实是，美国今天的货币背后是没有金银作为担保的。准备金率不是54%或15%，而是0%。它走过史上之前所有准备金货币的老路，已经蜕变为一种纯粹的法定货币。大部分美元是支票货币的形式而非纸币，这一事实只不过是技术层面上的处理，银行家们谈及"储备金率"只不过是个障眼法。他们所指的所谓储备其实是国库券和其他债务证明。

第二个需要清楚理解的事实便是，尽管有技术术语和似乎比较复杂的流程，美联储造钱的机制其实是相当简单的。他们实际上和金匠所做的如出一辙，当然，有所不同的是，金匠们受到限制，需要在手中保存一些贵金属，而美联储则不受限。

坦率的美联储

美联储自己对这个过程直言不讳。纽约联邦储备银行发布的一本宣传册告诉我们："货币不能用国库黄金或其他作为支撑的资产来赎买或兑换。美联储所发行的货币背后是什么资产作为"支撑"这一问题没有什么意义。"[1]

在这本宣传册上，我们处处可见"银行造钱的基础是借钱者对支付的承诺（借据）……银行通过将商业与个人的私人债务"货币化"来造钱。"[2]

---

[1] 纽约联邦储备银行：《我猜你想》，第11页。

[2] 同上，第19页。

在一本题为《现代货币机制》（*Modern Money Mechanics*）的宣传册里，芝加哥联邦储备银行写道：

在美国，纸币和存款都不具备商品价值。就本质而言，一张美元就是一张纸。存款只是账面上的进项而已。铸币倒是有作为金属的本质价值，但大体而言要比其面值小得多。

那么，是什么让这些工具——支票、纸币和铸币——能够以面值被接受，并用来偿还所有债务和用作其他货币目的呢？主要是人们有信心，觉得只要他们愿意，随时可以用这些钱去交换金融资产和真实的货物与服务。某种程度上，这是个法律问题，货币被政府指定为"法定货币"——也就是说，人们必须接受。[1]

在圣路易斯联邦储备银行印刷精美的公告上，我们在一个脚注中发现了这个令人奇怪的坦率解释：

现代货币制度有个法定基础——也就是法定有效的钱——存储机构充当信用机构，以部分储备金制度为法定基础，自行创造债务。纸币上有这么一条准则："该纸币对一切债务，无论公私都具备法定效应。"因为所有人都接受这些钱来偿还债务，日常商务活动中的交易便得以顺利进行。不过，货币为何会被接受，还是存在一个有力的解释，即联邦政府要求用它来纳税。对清偿债务的需求的预期创造出了对纯粹法定美元的需求。[2]

没有债务，就没有美元

美国人难以理解的一个事实是，他们整体的货币供应都是由债务支撑的，更加让他们难以接受的是，如果每个人借出去的钱都得到了

---

[1] 芝加哥美联储银行：《现代钱币机制》，1982年再版，第3页。

[2] 圣路易斯美联储银行：《金钱、信贷与速度》，第25页，载于《简评》，1982年5月第5期，总第64期。

偿还，那么现实中就不会有钱留下了。这是千真万确的，不会有一个子儿进入到流通环节当中——一切铸币和所有纸币都会回到银行金库中——每个人的往来账户上一美元都剩不下。简言之，所有的美元都会消失。

1941年时，马里纳·埃克尔斯（Marriner Eccles）是美联储的主席。这一年的9月30日，埃克尔斯被要求参加银行与货币委员会的听证会。该听证会的目的是搞清楚美联储的行为是否导致了30年代的经济大萧条。时任该委员会主席的国会议员怀特·帕特曼（Wright Patman）询问：1933年，美联储是如何获得资金购买价值20亿美元的政府债券的。下面是随后的对话。

埃克尔斯：是我们造出来的。

帕特曼：怎么造出来的？

埃克尔斯：通过发行信贷货币的权力造出来的。

帕特曼：可这个权力背后有东西支撑吗？除了我们自己政府的信用？

埃克尔斯：这就是我们的货币制度。如果我们的货币制度中没有债务的话，就不会有钱。

必须意识到，对于某个个人来说，钱代表一种资产，另一方面，从货币总供应量的整体来看，它就绝非是资产了。一个借了1000美元的人可能会认为，他通过借到这笔钱而提高了其经济地位，但其实并没有。他这1000美元的现金资产被其1000美元的债务资产抵消掉了，其净资产为零。银行账户也是同理，只不过规模更大。将美国所有银行账户加到一起，可以很容易想象出，所有这些钱形成了支持经济的巨大资产池。而其中每一分钱都是某人的欠款。其中有些人不欠钱，其他某些人则会欠很多。加在一起，国家的收支就平衡了。我们所理解的美元只是个巨大的幻象，美元其实就是债务。

罗伯特·汉普希尔（Robert Hemphill）是当时亚特兰大联邦储备银行的信贷经理。在为艾文·费舍（Irving Fisher）写的一部题为《百分百金钱》（100% Money）的书的前言中，汉普希尔写道：

如果所有的银行贷款都得到偿付，就没有人能有银行存款了，也不会有一美元硬币或纸币处在流通过程中了。这是个令人难以置信的想法。我们得完全依赖商业银行，有人得从我们的流通、现金或信贷中借走每一美元。如果银行造出充分的钱，我们就会过上好日子，如果造不出，我们就挨饿。我们的货币制度绝对不是永久性的。当一个人完全理解这副图景时，我们无望状况的悲剧荒谬性几乎让人难以置信——可现实的确如此。[1]

明白了美国货币的基础是债务后，就不该感到奇怪了：在这个国家，美联储毫不顾惜公众的反对，根本不愿寻求减少债务的可能。费城联邦储备银行说道："越来越多的分析家们把国家债务看成是某种有用的东西，甚至是种祝福……（他们相信）国家债务根本无需减少。"[2]

芝加哥联邦储备银行补充道："债务——公共与私人的——得留着。它在经济进程中起着必不可少的作用……我们所需要的并非是废除债务，而是谨慎使用它、明智管理它。"[3]

一点债务有什么不对

这一理论有种迷人的魅力。它给那些阐释它的人蒙上了一层精英主义的色彩，使他们看上去掌握了一个复杂的、超出常人理解范围的经济原理。而对那些没受过多少教育的人来说，它带着一种至少听起

---

[1] 艾文·菲舍：《百分百金钱》（纽约：阿代尔出版社，1936年版），第22页。

[2] 费城美联储银行：《国家债务》，第2页、11页。

[3] 芝加哥联邦储备银行：《债务的两面》，第33页。

来不那么刺耳的舒适感。毕竟，谨慎使用和明智管理的一点债务有什么不对？答案是没什么不对，但前提是这笔债务得建立在诚信交易的基础之上。

一笔诚信交易是指，借钱者付出事先商定好的一定数量的钱，来交换一笔出借者资产的暂时使用权。这笔资产可以是任何具备有形价值的东西。比如，如果是一辆汽车的话，那么借钱者就要付"租金"。如果是钱的话，那么所付的租金就叫"利息"。无论叫法怎样，概念是一样的。

等我们从出借者——银行或是私人——那里得到一笔贷款时，我们愿意为这笔贷款支付利息，这代表我们认识到一个事实，即我们正借用的这笔钱是我们想要利用的资产，只有给资产拥有者支付租金才算是公平的。获得一辆车并非易事，获得钱也并非易事——这里指的是真钱。如果我们正借用的钱是别人用劳动和能力挣来的，那么他们完全有资格为此收取利息。但如果这钱是用笔在纸上轻轻一划或用鼠标在电脑上轻轻一点造出来的，那么我们要如何看待它呢？为什么有人为它收取利息呢？

当美国的银行往你的账户中打钱时，它们只是在假装借给你钱，其实根本就没借出一分钱。甚至那些没有负债的储户们账户上的钱起初也是对照着其他人的贷款造出来的。因而，银行凭什么空手套白狼地收取租金呢？全美国的人都在法律的迫使下接受这些空头证明以换取真实的货物和服务。我们在这里谈论的不是什么才是合法的，而是什么才是合乎道德的。正如托马斯·杰斐逊在与美国中央银行制度展开持久战时所评论的："没有人对借钱的营生有天然权利，除了那些有钱可供出借的人。"[1]

---

[1] 《托马斯·杰斐逊作品集（馆藏版）》（华盛顿：杰斐逊纪念协会，1903年），第8卷，第277–278页。

终结美联储的第三个理由

几百年前，高利贷指的是对一笔贷款收取的任意额度利息。现代人将其再定义为过量利息。当然了，对一笔虚假贷款收取任意数额的利息都是过量的。因此，字典需要给高利贷下个新定义——高利贷：对一笔美元贷款收取任意额度的利息。

因而，让我们从这个角度来看看债务与利息。托马斯·爱迪生用下面的话概况了美联储这一制度：

那些不用挥铲铲土，也不为工程添砖加瓦的人会获得更多钱……那些倾其所有为工程添砖加瓦并全力劳作的人得到的钱反而更少。[1]

这种说法夸张吗？让我们想象一下，花10万美元置业，其中3万美元是土地费、建筑师费、经纪人佣金、建屋许可，以及诸如此类的费用，7万美元是劳工费和建材费。如果买房者拿出3万美元作为订金，那么另外7万美元就得去借了。如果这笔贷款的利率为11%，30年内还清，那么要付的利息就是167806美元。这意味着支付给出借人的钱是付给那些劳力和建材提供者费用的2.5倍。不假，这一数字代表着这笔钱在30年间的时间价值，也可以很容易地这样来说明其必要性：出借者值得为转让其资金使用权长达半生时间而获得补偿。但这得假设出借者的确是有钱可供转让的，而且这笔钱是他挣到的、存起来的，然后借给别人建造房屋。可假如一个出借者没有去挣钱，也没有存款，其实仅仅是凭空造出一些钱来，那么我们该如何看待呢？空无一文的时间价值是什么呢？

正如我们已经表明的那样，今天存在的每一美元，无论是什么形

---

[1] 引自布莱恩·I.白克斯：《幕后之手》（印第安那州：欧文力拓出版社，1975年版），第161页。遗憾的是，爱迪生没有理解整个问题。他在反对银行收取利息这点上是正确的，但他并不反对美国政府发行法币，他只反对美国法币收取利息。他没有看到大局，即美国法币总会通过创造通货膨胀和经济兴衰对经济起破坏作用。

式，货币、支票、信用卡——换言之，美国的全部货币供应——之所以存在仅仅是因为它被人借走了。也许不是你借的，但总得有人借。这意味着全球所有美元每天都在进账，为创造它们的银行赚取复合利息。每个商业企业、每笔投资、每笔盈利、每笔交易的一部分，只要和钱有关——这甚至包括亏损和缴税——所有一切都是美国银行收入的一部分。而为了拥有这条奔流不息的财富之河，美国的银行做了什么呢？它们借出自己通过股东投资挣得的资本了吗？它们借出其储户们辛辛苦苦挣得的存款了吗？不，这两者都不是其主要的收入来源。它们只是挥舞下那根被称为美元的魔杖。

这股伪装成利息的不劳而获的财富流只能被看成是高利贷。即便没有别的要终结美联储的理由，仅仅因为它是高利贷的超级工具这一事实本身也足够了。

支付利息的钱是谁造的？

与这个过程息息相关的诸多问题中，其中一个最使人迷惑不解的是"那些支付利息的钱来自哪里"？如果你从一家银行那里以9%的利息借了1万美元，那么你就欠下了10900美元，可银行为这笔贷款只拨出了1万美元。因此，似乎你是没有办法——所有其他借了类似这笔贷款的人也一样——能够还请你的这笔债务的。投入到流通中的货币数量是不足以还清包括利息在内的全部债务的。这让有的人下结论说，你需要为还利息再去借900美元，而这却导致你得还更多的利息。这里的假设是，我们借得越多，就越得借更多的钱。以美元为基础的债务，是个永远停不下来的陀螺，它会不可阻挡地转出越来越多的债务。

这只说对了一半。造出的钱不足以还上包含利息在内的贷款是对的，但能还上钱的唯一办法是借更多的钱则是错误的。这个假设没有把劳动力的交换价值考虑在内。我们假设，你借的那笔1万美元的债务每个月还款900美元，其中约80美元是利息。你意识到还款很有压力，因而决定去干份兼职。而另一方面，银行每个月从你这笔债务中赚得80美元。由于这80美元属于"利息"，和这笔利息中被偿还的另一部分820美元相比，它是独立的，并不归于本金。因而这笔钱仍是银行账户中可供开销的资金。银行于是决定每周给地板打一次蜡。你在报纸上看到了这则招聘启事并且应聘了，你以80美元的月薪受雇。结果，你为支付这笔贷款的利息去挣钱，而——这才是要点——你得到的钱恰恰是之前你支付的利息。只要你每个月还在为银行打这份工，同样一笔钱就会先作为利息进入银行，然后作为工资通往银行的旋转门回到你手中，然后再作为还款回到银行。

你无需直接给银行打工。不管你从哪里挣钱，其出处是银行，最后的归宿也是银行。钱兜的圈子可大可小，不变的事实是，所有利息最终都是由人力来支付的。而这一事实的意义甚至比造不出足够的钱来偿还利息这一假设更令人吃惊。这个意义就是，这些人力统统加在一起后，最终的受益者是那些制造美元的人。这是种现代形式的"奴隶"制，社会大众作为契约仆役为金融贵族统治阶层工作。

理解这个幻象

关于美联储保护下这个银行卡特尔运转方式，以上就是你我需要了解的所有常识了。但如果就此打住，不去看看让这套魔术机制得以运作的那些真实存在的齿轮、镜子和滑轮的话，就说不过去了。这可真是个让人着迷的秘术。因而，让我们转移下注意力，看看魔术师们变出现代货币这个幻象的真实过程吧。首先我们要后退，来对整套动作做个总览。然后我们会走近些，细细端详每个动作，不放过任何细节。

曼德雷克机制的总览

债务——这一机制的全部功能就是把债务转变为美元，就这么简单。首先，美联储买下公众没有购买的所有政府债券，然后写张支票交给国会，要求兑现（它还会揽下其他债务，但以政府债券为主）。没有现成的钱来兑现这张支票，这些法定美元是为此临时造的。美联储把这些债券称为"储备金"，之后以此为据，有1美元的债券就再造9美元的钱。为这笔债务创造的钱被政府花了，而在这些债券基础之上造的那些钱则是银行放给美国企业与个人的所有贷款之源。这一过程的结果与印钞厂造钱没什么两样，但这个幻象的基础是个做账把戏而非印钞把戏。其基础是国会与美联储这个银行卡特尔达成了合伙关系，其中卡特尔有特权，可以对其凭空造出来的钱收取利息，这是凌驾于世上存在的每一美元头上颠扑不破的真相。而另一方面，国会则获得了无尽的资金，同时无需告知选民，他们所交的税通过通货膨胀过程增加了。如果你理解了这段话，你就读懂了美联储。

货币——现在看得更细一点。美联储有三种方法从债务中创造美元。第一种方法是通过所谓的贴现窗口放贷给其旗下的各家银行。第二种方法是通过所谓的开放市场委员会购买国库券和其他债务证明。第三种方法是改变其成员银行被要求要保持的准备金率。每种方法都殊途同归：即持有借据，将其转变为可供花销的钱。

贴现窗口

贴现窗口是银行家的说法，就是贷款窗口的意思。当银行的钱不够用时，美联储就会以"银行家的银行"的身份站出来借钱给银行，而银行则有很多需要贷款的理由。由于银行金库里仅有相当于其储蓄百分之一二的"准备金"现钞和百分之八九的证券资产，它们的回旋余地就很小。经历因客户异常的提现要求或大批支票同时兑现所导致的暂时性赤字，对于银行而言是司空见惯的。有时它们放出的贷款沦为坏账，当这些之前的"资产"从其账面上移除后，其"储备金"也会减少，也可能实际上变成负值。当然，必须提到盈利动机。当银行以某一利率从美联储那里借钱，转手再以一个更高的利率贷出这笔钱时，明显银行会有好处。但这只是开始。当银行从美联储那里借到一美元时，这一美元就变成了储备金。由于银行仅需保持10%的储备金率，它们其实每借1美元最终可以贷出9美元。[1]

让我们来看看这笔账是怎么算的。假设银行以8%的利率从美联储那里得到100万美元，这样总花费就是8万美元（8%×100万）。银行把这100万美元看成是现金存款，这意味着它可以用来再造出900万美元贷款。让我们假设银行以11%的利率贷出这笔钱，那么其毛收益就会是99万美元（11%×900万）。除去8万美元成本和其部分营运费用，银行能够获得约90万美元的净盈利。换言之，银行借了100万，一年后就会变成近200万。[2]这就叫杠杆效应！但不要忘记这条杠杆之源：那就是在美国现有货币供应量基础上再增加900万美元。

---

[1] 这个10%（10比1的比例）是就平均水平而言的。美联储规定，4680万美元以上的存款得保持至少10%的准备金，对4680万美元及以下的存款只要求3%即可。欧洲美元存款和非个人定期存款根本无需准备金。准备金包括银行金库里的现金和放在美联储的存款。参见美联储文件12CFR204："规则D：对储蓄机构的要求"第23页，经1992年12月22日修订生效。

[2] 银行必须用债券或其他它拥有的带有利息的资产来支付这些贷款，但这不会减损这笔新贷款的钱生钱效应。

公开市场业务

美联储用来创造法币的最重要的方法是在公开市场上买卖证券。但在跳到这一点前，先警告一声，不用试图理解接下来所讲内容的意义，只要准备好了解他们是如何做到这一点的就行了。

这个把戏的诀窍在于使用一些词语和短语，这些技术术语和普通民众理解的意思大相径庭。所以把你的眼睛睁得大大的，盯着这些词，它们不能解释其本身含义，反而会让人更迷糊。尽管你是首次见到，但这一流程并不复杂，而只是荒诞。

曼德雷克机制的细节

先说这些吧……

政府债务 联邦政府在一张纸上印上油墨，在四周画上令人印象深刻的花样图案，然后就管它叫债券或国库券。这只是一种许诺，即在一个特定的日期以一个特定的利息付一笔特定数量的钱。正如我们在下面的那些步骤里将会看到的，这种债务最终成为几乎整个美国货币供应的基础。其实政府造出了现金，但看上去不像是现金。把这些收据转化为纸币与支票是美联储的分内之事。为了实现这一转变，这些债券被交给美联储，然后在那里被归为证券资产。

证券资产 一种政府债务工具被看成是一种资产，这是由于假定政府会遵守承诺，对其进行偿付。如此假设的基础是，政府有能力通过税收尽其所愿地获取金钱。于是，这个资产的力量在于，它有能力收回它所给出的。因而美联储现在便有了一笔可以来抵消一笔债务的"资产"。它之后便通过在另一张纸上印上油墨来造出这笔债务，用这张纸和政府交易，换得那笔资产。这第二张纸是一张美联储支票。

美联储支票　任何账户上都找不到可用来兑换这张支票的钱,有人敢这么做的话那么就会被投入监狱。尽管如此,这对联邦政府而言是合法的,因为国会想要这笔钱,而这是得到这笔钱最容易的一个方法(增加税收在政治上是个自杀行为,而依赖公众买下所有债券也不现实,特别是如果利息率被人为设低的情况下。而印刷数量特别巨大的金钱则又显得惹眼且自相矛盾)。于是,这个步骤就被神秘地裹进银行制度当中了。因而最终结果就等同于打开政府的印钞机,印发美元供政府开销了。然而,在记账术语中,这些账簿会被说成是"平衡的",因为这些钱的债务被收据"资产"所抵消了。这样政府收到的美联储支票就得到了背书,之后会被送还给美联储旗下的一家银行,在那里它变成了一笔政府存款。

政府存款　一旦美联储支票被存进政府的账户中,就会被用来供政府开销,这样就会转变为许多政府支票。

政府支票　第一波冲进经济实体的美元洪流就是借助这些支票前行的。这些支票的接受者们现在把它们存进自己的银行账户里,在那里它们变成商业银行存款。

商业银行存款　商业银行存款一经诞生就带着分裂的特征。一方面,它们对银行而言是债务,因为它们是欠着储户们的钱。但只要它们仍然留在银行,它们就会被认为是资产,因为它们在银行手中。这样,账面又达到平衡了,资产抵消了债务。但这个步骤并没有就此打住。通过部分准备金银行制度这个魔法,这些存款被用于一个另外的、更加诱人的目的。为了完成这个步骤,手头上的存款现在在账簿上被再次分类,取了个名字叫银行储备金。

银行储备金　为什么而储备呢?当储户们想要撤销其账户时应该把这些储备金还给他们吗?不,这只是当它们被归类为资产时的低级功能。现在既然它们被赋予"储备金"之名,它们就成了物质化甚至更多美元的魔杖了。这就是在商业银行这个层面真正的运作。下面讲讲这是如何运作的。银行经美联储许可，保持其存款的至少10%作为"储备金"。这意味着，如果它们从美联储造出的法币洪流的第一波浪潮中获得100万美元存款的话，它们可以动用的钱比要求它们放在手中的钱（100万美元减去10%储备金）多出90万美元。用银行家的语言来说，这90万美元叫做额外储备金。

银行贷款 但稍等片刻。当这笔钱还属于最初的储户们所有，并且这些人还可以自由签下支票，想什么时候花掉它就什么时候花掉它时，这笔钱是如何能够被贷出去的呢？答案是，当这些新贷款被放出去时，放出去的根本不是同一笔钱。这些贷款是用崭新的钱放出的，这些钱是为了贷款而凭空造出的。美国的货币供应量便因这些银行存款而增加了90%。而且，银行对这种新钱的兴趣要比对旧钱大得多。银行从储户们那里得到的旧钱要支付利息，或为使用这笔钱的特权提供服务。而相反的是，银行在新钱身上是收取利息的，考虑到这些新钱没有花费银行一个子儿，还不算太糟。但这也不是这一步的收尾。当这法币洪流的第二波浪潮流进经济体时，它又回流进银行体系中，和第一波浪潮如出一辙，只不过换了个形式，这个形式就是更多的商业银行贷款。

更多的商业银行贷款 现在同样的步骤反复进行，只不过每次的金钱数量都比上次要稍微小些。周五放出去的一笔"贷款"周一就会成为一笔"存款"回到银行。这笔存款之后会被再归类为"储备金"，其90%会成为"额外"储备金，再次可被用来放贷。如此，第一波100万美元便产生了第二波90万美元，而这又进一步产生了81万第三波美元（90万减去10%的储备金）。存款变为贷款再变成存款再变成更多贷款的这一旋转门要转28次，直到这个步骤自身转出极致的效果，这就导致了如下效果。

银行货币量=政府货币量的9倍 整个流程运转下去，美联储这家银行卡特尔造出的美元数量约为最初政府债务的9倍。但最初的债务本身也累加到这个数量上时，我们最终就得到如下的结果。

总货币量=政府货币量的10倍 由美联储和各商业银行共同发行的货币数量加在一起大概是政府潜在债务量的10倍。这个总量已经到了这样一个地步，即流进经济体中的新造金钱数量超过了货物与服务的数量，这导致所有钱——无论新旧——购买力的下降。物价上涨，因为钱的相对价值下降了。这个结果就好比是购买力因税收而从我们手中被抽走。因而，这个过程导致的现实情况是，它是一种隐性税收。

隐性税收=国家债务的10倍 美国人在不知情的情况下居然在其上缴给国家收入税和消费税后，又上缴了一笔等同于国家债务很多倍的隐性税！而这一流程到这里还不算完。由于美国的货币供应量完全是随心所欲的，除了债务外没有其他东西作为担保，因而其数量便可大可小。当人们深陷债务时，美国的货币供应量就会扩大，物价就会上涨，而当人们还清债务并拒绝再举债时，货币供应量就会收缩，物价就会下跌。这恰恰是在经济或政治形势不明朗时所发生的事情。这种货币供应量在经济扩张期与收缩期之间来回摇摆导致经济繁荣、崩溃与萧条的循环。

经济繁荣、崩溃与萧条 谁从所有这一切当中获利呢？当然不是普通民众。获利者之一是美国国会里的那些政治学家们，这些人享有无限制收入的权利，继而可以永葆其力量，其二是被称为美联储的这个银行卡特尔中的那些货币学家们，他们已经能够在美国人民毫不知情的情况下将其缚于现代农奴制度之轭上。

储备金率

上述的数字是基于10%（货币扩充量为10比1）的储备金率计算的。但必须记住，这一数字完全是可以变动的。由于这些钱是法定的，背后没有贵金属作为支撑，因此除了美国政客和货币管理者们的判断和决策外，对这笔钱没有别的限制。改变这个比率是美联储能够左右国家货币供应量的第三种方法。因而这一数字必须被看成是暂时性的。任何时刻都有对更多钱的"需求"，因而这一比例可以增加到20比1或是50比1，或一个储备金能被降低到的随便哪个比率。现存体制下能够造出的货币数量本质上是不受限制的。

无需国家债务也能引发通货膨胀

由于美联储实质上能够将任意数量的政府债务"货币化"（转化为货币），以及由于这种扩张货币供应量的过程是通货膨胀的主要引发原因，那么就很容易得出结论说，联邦政府债务与通货膨胀只不过是同一种现象的两面罢了。但这种说法并非总是正确的，很可能它们当中的一个会离开另一个而独立存在。

美联储这个银行卡特尔对货币制造拥有一种垄断权。最终，只有当收据被美联储或商业银行"货币化"时才会产生钱。当个人、公司或机构购买政府债券时，他们必须使用他们之前挣得并存起来的钱。换言之，此过程不产生新钱，因为他们在用已经存在的钱。因此，政府债券卖给银行系统时会产生通货膨胀，卖给私人部门时则不会。这就是20世纪80年代当联邦政府出现空前的债务缠身时，美国没有发生大规模通货膨胀的原因。通过保持一个高利率，这些债券对私人投资者充满了吸引力，包括那些其他国家的私人投资者。[1]产生的新钱寥寥无几，因为大部分债券是用已然存在着的美元购买的。这当然是个最好的暂时性解决办法了。今天，这些债券都在陆续到期中，并还在被新债券所替代，原先的债务和后来积累下来的利息都被囊括进去。最终这个进程会走到终点，而当到达终点时，美联储将别无选择，只能把80年代的那些债务都买回来——即用新造的美元来取代所有之前投资出去的私人货币——再加上很多钱来偿还利息。这样我们就会理解何为通货膨胀了。

这枚硬币的另一面是，即便联邦政府没有深陷债务当中，美联储还是可以选择制造货币。例如，1929年导致股市崩溃的货币供应巨量扩张就是在国债已被还清时发生的。1920—1930年间，每年联邦政府收入都超过开支，因而相对而言几乎就不用发行多少政府债券。货币供应量的大规模膨胀主要通过两种方法得以实现，一是在美联储的贴现窗口将商业银行的贷款转变为"储备金"，二是美联储购买银行家们的承兑汇票，也就是购买商品的商业契约。[2]

现在选择愈加广泛。《1980年货币控制法》让美联储能够将包括国外政府收据在内的任何形式的债务工具都货币化，其中也包括来自政府的借据（IOU）。这部法案的明显目的就在于，帮助那些从美国银行贷款却无力偿还的国家政府摆脱困境。美联储创造了美元，并用它同外国政府交换国家债券，货币的流通过程就略显冗长、曲折，但此举所产生的影响与购买美国国债相差无几。新创造的美元先是流向外国，而后又流回美国银行，在这里变成了现金储备。最终，这些钱都以附加贷款的形式重新流回美国货币库（数额变为九倍）。美国公民丧失的购买力正是重复操作以上流程的成本。正是由于货币供应量

---

[1]　彼时仅有11%—15%的联邦债务被美联储所持有。

[2]　参见第23章。

的扩大和随之而来的通货膨胀，人们甚至不再需要联邦赤字。只要有人愿意去借美元，银行就拥有创造美元的选择权，通过购买他们的债券，就能继续扩大货币的供应量。

然而，我们必须时刻牢记，从一开始，创造美联储的原因之一就是，国会可以在"不征税"的情况下获取开支。美国民众对这一敲诈行为表现出了惊人的冷漠，毫无疑问，这是因为美国人对曼德雷克机制缺乏理解。因此，就目前的情形来说，银行和政治家互相取悦的合作没有引起多少怀疑。所以，实际而言，即使美联储可能会为了换取商业债务和外国政府债券而发行美元，但它的主要关注点始终是继续为国会提供资金。

这一事实的真实含义令人难以置信。自从有了货币供应开始，截至目前它都与国债紧密相连，一旦债务被偿清，美元也随之消失。即使减少货币供应量，也会导致经济瘫痪。[1]所以说，只要美联储存在一日，美国就必将生存于债务中。

在目前的国际政治气候中，购买他国债券仍在突增猛涨。美国的货币供应量越来越多地依赖外国债务，当然也基于本国债务。基于同样的理由，就算外国政府有能力偿清债务，美联储也不会允许它们这样做。

不必要的税收

我们应该清楚地认识到——即便以目前的消费水平而言——不征收任何税务，联邦政府依旧能够正常运转。它所需要做的只是通过联储制度来使自己的债券货币化。事实上，联邦政府现在的大多数开支

---

[1] 美联储虽只持有国债的7%，但效果仍将是毁灭性的。由于货币供是政府债券金额的十倍，每消除1美元联邦债务，将导致货币供应减少70美元。

都是这么得来的。

如果说，取缔美国国税局（IRS）听起来似乎是个好主意，那么请记住，债券货币化所产生的通货膨胀与其他任何一种税收是一样多的。但是，因为它隐藏得极深，而且很少有美国人知道它如何运作，这也使得在政治上，它比公开收税更受欢迎。

我们可以将通货膨胀看成"垄断"游戏。游戏中的银行家自身可支配的钱数没有限制。每一次投注，他都能从袖子里拿出一堆纸币凭证，而这场游戏中的所有玩家都必须以此来作为筹码。如果现实世界的银行家是现实游戏的玩家，显而易见，他最终将吞没所有其他玩家的财产。但与此同时，越来越多的资金会从银行家那里流出，淹没其他玩家。随着金钱的数量愈发庞大，每一个游戏筹码的相对价值就变得越来越小，但筹码的售价会越来越高。这也就是"垄断"游戏的得名由来之一。最终，只有一个人持有全部财产，而其他人都处于破产的尴尬境地之中。但这又如何呢？不过一场游戏罢了。

可不幸的是，它并非仅仅是一场游戏，而是我们的生计、我们的食物、我们的家园。如果赢家只能有一个，那游戏就变得不一样了。如果那个赢家可以制造每个人用的钱，他就可以轻而易举地实现垄断，那么就会带来更大的影响。

终结美联储的第四个理由

强调一下，通货膨胀等于税收。除此之外，联储制度向那些节俭、有着固定收入，以及中低收入的人们课以重税，这对于他们来说并不公平。我在这里强调的是如果没有美元货币，就不会有隐形的税收。美元作为联邦储备制度的产物，只存在于美国境内。正是如此，我们完全可以说，联邦储备制度导致了美国最不公平的税务制度。税收和造成这种税收的制度都应该被终结。

授权这一国债货币化过程的政治学家，以及实施这一过程的货币学家都心知肚明：这并不是真正的债务。之所以不是真正的债务，是因为在华盛顿从来也不会有人真正希望得到偿还。这个魔术表演的双重目的是为政治家们创造支出，并且没有直接税收那么麻烦；同时它还产生了一个永不断流的汇入银行的黄金之河。这两类人合作的前提，都是为了自己。

那么，为什么联邦政府还要那么麻烦地征税呢？只将债务货币化不就行了吗？答案是双重的。首先，如果联邦政府确实那样做了，人们就会萌发探求货币来源的念头，这就可能会让人们认清通货膨胀其实就是一种税收的现实。因此，在某种程度上公开征税可以维持美国人的无知，也是确保计划成功的关键所在。其次在于税收本身，尤其是累进税，它是精英阶层对付中产阶级的有力武器。

社会规划工具

1946年1月，《美国事务》（*American Affairs*）刊登了比尔兹利·鲁姆尔（Beardsley Ruml）撰写的文章，他是当时纽约联邦储备银行行长。鲁姆尔曾在第一次世界大战期间设计了自动化扣缴税款的系统，因此他完全有资格就联邦所得税的性质和目的发表言论。他在文章标题中就已经阐释了主题："税收已经过时"。

该杂志编辑在文章简介中简短总结了鲁姆尔的观点：

他的观点是，基于中央银行体系和不可兑换的货币（没有黄金支撑的货币），主权国家最终会从货币忧虑和货币需求中解脱出来，不用再为了向国家政府提供支出而征税。因此，所有的税收都应该从社会和经济影响的角度加以考虑。[1]

鲁姆尔这样解释道:"由于美联储现在可以从凭空造出政府想要的所有金钱,也只剩下两个理由维持税收政策。第一个就是抑制平均物价的上升。"他说,当人们的口袋有钱时,就会把钱花在商品和服务上,这样就会抬高商品价格,解决方案就是通过税收将钱从人们手中挪走,由政府来代为支出,但这样做也会提高商品价格,鲁姆尔不建议这样做。他这样解释自己的理论:

政府花费的钱,最终会到达民众手中,变成民众的购买力。而政府征税得来的钱,则无法转化为民众的消费,因此,这些美元也不能用来购买有用的东西。所以,税收是所有财政和货币政策管理最重要的工具。[2]

财富再分配

据鲁姆尔说,税收的另一个目的就在于将财富从某一阶层的公民手中重新分配到另一个阶层的公民手中。这一切都必须以社会公平的名义实现,但其真正的目的在于加强宏观调控。鲁姆尔写道:

联邦政府税收的第二个主要目的是实现财富和收入比经济单独作用更平等。征收个人所得税、房产累进税以及(财产)赠予税是达到这一目的的有效途径。以上这些税收都应该根据公共政策、财富以及收入的分配来决定,这些税收是否有利,应该以其自身对美国民众生活品质的影响而定,而不是以财政收入来衡量。[3]

正如我们所看的那样,参议员纳尔逊·奥尔德里奇是美联储制度的创始人之一,根据联储制度的属性和纳尔逊议员所代表的利益来

---

[1] 比尔兹利·鲁姆尔:《税收已经过时》,载于《美国事务》,1946年2月,第35页。

[2] 同上。

[3] 同上。

看，这并不使人惊讶。奥尔德里奇议员也是联邦所得税最早的倡议者之一。美联储与税务局共同运作，能起到一加一大于二的效果。

近些年来，一些证据表明，规划者即将放弃鲁姆尔的蓝图构想。我们在国会和美联储都听到了减少支出的呼声，目的是控制联邦债务的增长和通货膨胀。但它仅仅是口惠而实不至。曼德雷克机制依然在创造大量的联邦资金，美国政府仍旧入不敷出，而鲁姆尔的准则仍然是最高原则。

从通胀到通缩

虽然货币供应量扩张的责任的确在于曼德雷克机制，但反过来说也是正确的。例如，当美联储购买债券或其他债务凭证时，货币就应运而生了，但同时也被这些凭证的出售所抵消。当债券售完之后，货币从哪里就会回流到哪里去，消失在货币蓄水池中，或是创造它们的计算机芯片之中。然后，此举所激发出的连锁反应使这些被创造出来的货币通过商业银行系统从经济中消失。此外，即使美联储不会有意地减少货币供应量，一旦公众不再信任美联储，或是减少了自身所负债务，与前文相同的结果也一样会出现。银行只能引诱民众去借款，但绝不能强迫民众。

涉及到债务的决定通常都包含许多心理因素，仅靠获得资金和低利息率是不能吸引人的，比如经济低迷、社会动荡、对未决战争的恐惧、不确定的政治气候都会有影响。即使美联储可能会向经济中注入大量资金，但公众说句"不，谢谢"就可以不费吹灰之力地阻止这一行为。每每发生这种情况时，旧债被偿清，却没有新的债务及时出现，整体的消费额和商业债务都会缩减。这也就意味着货币供应量将会减少，因为，对于今时今日的美国来说，债务就是金钱。这就是历史上通货膨胀和通货紧缩、经济繁荣与经济萧条总是如影随形的原因所在，而如果基于供需法则，通胀或通缩的情况永远不可能发生。

总而言之，我们完全可以说，美国现代货币就是财政和政治上的"魔术师"创造出来的巨大幻象。我们生活在美元的时代，也都该清醒地认识到，历史上接受这种法定货币的国家，经济上多有受损。此外，在我们现存的货币结构中，没有任何东西保证美国经济不被这种病态的循环所损害。

纠正一下，确实有一个解决办法，那就是用国会的权力取缔美联储制度。

本章总结

美元实际没有内在价值，它只是法定货币的一个经典范例，不限制发行量。美元的主要价值在于民众接受它，法律要求民众这么做。我们的钱确实产自于虚无，更准确地说，它的产生是基于债务的存在。正是因为这样，从某种意义来说，我们的钱并非全部来自虚无。倘若债务全部偿清，那么美国全部货币的供给将会消失在银行的金库和计算机的芯片之中。所以，在现行的体制之下，美国领导层绝不能允许发生严重减少国家债务和商业债务的情况发生。虚假贷款收取任何利息都是高利贷，但这在美联储制度中成为惯例。所谓曼德雷克机制，就是美联储将债务转换成了货币，这一过程看上去似乎很复杂，但人们只要记住这一转化过程满是混乱和欺骗，而且毫无合理性可言，去理解它也就容易多了。此项机制的最终产物是人为扩大货币供应量，是"隐性税"——通货膨胀的根本来源。货币供应量扩大导致了通货膨胀与紧缩，随之而来的是灾难性的经济兴衰周期。在历史的洪流之中，这一周期就始终困扰着人们。

THREE

第三部分

新式炼金术

古时的炼金术士苦苦寻求如何将铅炼制成黄金，却落得一场虚空，白费功夫。而现代的炼金术士完美解决了这个难题。战争中的铅弹为那些控制曼德雷克机制的魔术师创造了无穷无尽的黄金来源。令人震惊的事实逐渐浮出水面，那就是如果无法创造货币，那么，大多数现代战争都不会燃起硝烟。只要曼德雷克机制依旧在行使职能，未来战争就无法避免。接下来，我们来说说这个故事是如何发生的。

第11章

罗斯柴尔德法则

罗斯柴尔德家族在欧洲的兴起；从武装冲突中渔利的金融家传统；战争与债务互相转化的方案。

故事讲到这里，我们一直密切关注着货币的主题，以及政治、货币学家操纵它的那段历史。现在，我们将沿着一条平行的小路走一段弯路，从不同的角度看相同的历史风景。随着我们的脚步更深入，看起来似乎迷失了自己，你也许会问我们现在所读的这些与联邦储备制度可曾有一丝一毫的联系？请你相信，我们所做的一切都与之密不可分。而且，当我们最终回归到这个问题上时，关系就无比清晰了。

战争的益处

这一章主要讲述战争所带来的利好，更确切地说，就是发战争财的人倾向于操纵政府卷入军事冲突，并不是为了国家本身或是出于爱国的目的，而是为争取一己私利。历史上，这些人不仅仅借钱给敌对国家的政府，然后收取利息，而是比这要复杂得多。在市场上，真正的回报一直是以政治祖护的形式存在的。法国历史学家理查德·李文森（Richard Lewinsohn）在1937年的著作中解释道：

虽然经常被称为银行家，但那些在资本积累期间为战争提供资金的人，并不是现代意义上的银行家。他们不像现代银行家用客户存放的钱操作（或者，例如在最近的几年里，他们用的都是中央银行无中生有的钱财），那些人通常用自己积累或是继承的财富运转，用高利贷的形式将钱借出去。正是因为这样，到17世纪时，那些冒着风险资助战争的人大部分已经非常有钱了。

然而，当他们同意资助战争时，他们并没有太在意利息的问题。在这方面，面对令人敬畏的客户，他们往往会表现出最大程度上的顺从。但是，作为回报，他们也获得了可以被转变为工业利润或商业利润的特权，比如采矿特许权、销售或进口的垄断权等。甚至有些时候，他们有权获得适当的税收作为贷款的担保。所以，虽然贷款本身存在切实的风险，往往也不会带来丰厚的利息，但是间接利润却是相当可观的，放贷者的慷慨总会得到丰厚的回报。[1]

罗斯柴尔德王朝

如果没有提到罗斯柴尔德，那么将银行作为资助战争机制的讨论将不可能完整。迈尔·阿姆谢尔·罗斯柴尔德（Mayer Amschel Rothschild）曾经说过："让我来发行货币、掌管国家经济，我才不在乎是谁制定了法律。"[2]传记作者弗雷德里克·莫顿（Frederic Morton）这样总结罗斯柴尔德王朝："比之前恺撒或者之后的希特勒征服世界的时间都要长久、彻底，也更狡猾。"[3]该王朝始于18世纪中期德国的法兰克福，由金匠的儿子迈尔·阿姆谢尔·罗斯柴尔德建立。迈尔起初只是汉诺威的奥本海默银行（Oppenheimer Bank）的一

---

[1] 理查德·李文森：《战争时代的利益》（纽约：E.P.达顿出版社，1937年版），第55~56页。

[2] 罗伯特·欧文：《国家经济与银行系统》（华盛顿特区：美国政府印刷局，1939年版），第99页。欧文曾担任参议院银行与货币委员会主席，也是《联邦储备法案》的倡议者之一。欧文并没有给出这句话的原始出处，但考虑到老罗斯柴尔德的人生与成就，这句话可以被视为他的观点和指导原则。

[3] 弗雷德里克·莫顿：《罗斯柴尔德家族：家族肖像》（纽约：雅典庙宇出版社，1962年版），第14页。

名小职员，最后晋升成为该银行的初级合伙人。在父亲去世后不久，迈尔重返法兰克福，接管了家族企业。家门的上方悬挂着一个刻有雄鹰的红色盾牌，以此作为识别企业的标志。在德语中，红盾写为"Rothschild"，所以拜尔正式更名为罗斯柴尔德，同时在鹰爪中添加了五支金箭，代表着他的五个儿子。

迈尔采用了部分储备金银行制度的做法后，罗斯柴尔德家族的财富开始膨胀。正如我们所看到的这样，他不是只身完成这件事的，而是由罗斯柴尔德家族共同战胜了竞争对手。这得益于迈尔敏锐的商业嗅觉，更是因为他那杰出的五个儿子，每一个儿子都成为了金融强权的权力中心。随着他们渐渐成熟，在深谙如何将债务转换成金钱之后，他们的活动范围远远超过了法兰克福，除欧洲的金融中心之外，文明世界的许多地方也有他们的业务。

19世纪上半叶，五兄弟代表着英国、法国、普鲁士、奥地利、比利时、西班牙、那不勒斯、葡萄牙、巴西、德国各地以及其他较小的国家政府进行重要的交易。他们是欧洲很多皇室贵族的私人银行家，并且通过代理人在美国、印度、古巴和澳大利亚等市场进行了大量投资。同时，五兄弟也担任塞西尔·罗德斯（Cecil Rhodes）[1]的融资人，使他有可能在南非的钻石市场中建立垄断。时至今日，他们仍然与德比尔斯（De Beers）公司保持着联系。[2]

传记作者德里克·威尔逊（Derek Wilson）这样写道：

那些讥讽或是诋毁罗斯柴尔德的"阴险"影响力的人，他们的愤怒和焦虑其实是可以理解的。一直以来，银行界组成了"第五阶层"，内中成员可以通过控制皇家的钱财来影响重要的事情。然而，罗斯柴尔德财团比任何一个金融帝国都要强大，也比上文提到的"第

[1] 塞西尔·罗德斯（1853—1902），英国殖民者，在南非创办了"德比尔斯矿业公司"，几乎垄断了当时全球的钻石产业。——译者注
[2] 莫顿前引书，第145、219页。

五阶层"创立时间更早。"第五阶层"是独立的国际化组织，它的成立需要投入巨大的资金。让皇家政府感到忧虑的是，他们无法控制该组织。群众对此组织也深感厌恶，毕竟它不是一种真正对人民负责的组织。宪政主义者对该组织的反感是由于它秘密的幕后影响力。[1]

当然了，保密是这个阴谋成功的根本所在，而罗斯柴尔德更是保密大师。躲在幕后，他们可以巧妙地避开公众的愤怒与指责，首当其冲替人受过的是他们控制的政治家们。自那时以来，这就是一种由金融操纵者付诸实践的技术，如今掌管美联储系统的人也在充分利用它。威尔逊继续写道：

秘密性是罗斯柴尔德政治活动的特征之一，并且这个特征会一直延续下去。人们很少能看见他们参与关于重要问题的公开辩论。他们也从来不在政府办公室露面。即使在几年后，他们中的有些人进入议会，但他们始终没有在伦敦、巴黎或柏林议会大厦中大展风采。然而他们在重大事件中推波助澜，所用的手段是给予或扣缴资金；向政治家与政府提供外交服务；影响高级职位的任命；或是通过与伟大的决策者的日常交往。[2]

走私的财富

欧洲的持续战争，为通过军事封锁走私稀缺消费品创造了巨大的盈利机会。由于罗斯柴尔德经常资助战争双方，并且有着巨大的政治影响力，只要皮革袋、车厢或船旗上有红色盾牌，就足以确保信使或其货物通过所有的检查点。这种豁免权使得他们能够在繁荣的黑市中销售棉制品、纱线、烟草、咖啡、糖和靛青；他们在德国、斯堪的纳

---

[1] 德里克·威尔逊：《罗斯柴尔德：一个王朝的财富和权力》（纽约：查尔斯·斯克里布纳的儿子出版社，1988年版），第79、98~99页。

[2] 同上，第99页。

维亚、荷兰、西班牙、英国和法国的边界自由移动。[1]这种政府的保护也是一种间接利益，产生的商业利润远远超过了政府贷款的利息。

俗话说得好，一个人的损失就是另一个人的收益，即使是最善良的传记作者也无法否认这个说法。果然在两个多世纪之后，罗斯柴尔德家族在战争和经济崩溃中获得了巨大的利润，而其他人却蒙受了巨大的经济损失。

拿破仑和银行家的对决

如果说一图胜千言，那么一个例子肯定抵得上十几个解释。没有什么例子能比19世纪欧洲的金融家与拿破仑·波拿巴之间发生的经济战争更具有说服力了。一个容易被人遗忘的历史事实是，在拿破仑革命后，法国秩序井然、法律严谨，他的注意力也从战争转到了创立和平局面并且改善国内经济条件上。拿破仑极其渴望让他的国家和他的人民摆脱债务，不受银行家的控制。在《君主制与货币力量》（*Monarchy or Money Power*）一书中，作者R.麦克纳尔·威尔逊（R. McNair Wilson）表示：

根据他的规定，人民不得以任何借口出口任何货币，除非得到政府的同意；并且在任何情况下，任何人都不得使用贷款来支付当前的支出，不论是民事还是军事……拿破仑说："人们只需要考虑贷款会引起什么样的后果，并且清楚地认知危险就好。因此，我始终不会同贷款有任何瓜葛，我会一直保持反对的态度。"

此举的目的就是为了避免政府因财政问题而难堪，避免陷入路易十六曾经的僵局。当一个政府依赖银行家的钱时，控制政府的就是银行家而不是官员，因为"拿人手短"……

[1] 参见莫顿前引书，第40–41页。

他说："金钱没有祖国，金融家不知何为爱国与高尚，他们唯一的目的就是索取。"[1]

拿破仑打击银行家的第一个做法是建立一个独立的法国银行，并自任行长。然而，即使是这家银行也不值得他信任，政府的资金也从未投入其中。他拒绝借贷，引起了金融家们的高度关注。实际上，对银行家们来说，这个消息既好也坏。坏消息是，他们失去了使用准备金货币的特许权。好消息是，拿破仑没有借债，因而他们确信他不能在军事上保卫自己。因此，拿破仑政权很容易被推翻，并由接受银行家控制的旧君主路易十六替代。威尔逊继续写道：

银行家们幻想着拿破仑的垮台。没有人相信他可以为战争提供大规模的资金，因为他废除了纸钞，自然也就没有了资金来源。[2]他从哪里可以获得必要的大量金银来装备一支伟大的军队？皮特（Pitt，英国首相）已经和英格兰、奥地利、普鲁士、俄国、西班牙、瑞典和许多小国家组成了联军，大约有60万人。英国所有的财富——基本上相当于全世界的财富——都将被置于这种压倒性力量的支配之下。科西嘉可以召集到20万人吗？他可以武装这些人吗？他可以养活这些人吗？如果说，枪弹无法打败他，那么金钱一定会使他穷途末路。到那时候，他就会像他的邻居一样，为了贷款，毕恭毕敬地接受银行家们的条款……

他不能把200万英镑时刻揣在兜里，因为这是国库和国家全部的铸币存量。伦敦正兴致勃勃地等着看他如何解决这个难题。[3]

拿破仑出售了一些不动产，易如反掌地解决了这个难题。那些疯狂的美国民众给了他300万英镑，买走了那片名为路易斯安那的巨大

---

[1] R.麦克纳尔·威尔逊：《君主制与货币力量》（伦敦：艾尔与斯波蒂斯伍德公司，1933年版），第68、72页。

[2] 当时，法国的纸钞是纯粹的法定货币，在实际商业贸易中已经一文不值，对经济毫无益处。

[3] 威尔逊前引书，第71~72页。

沼泽地。

摧毁美国的计划

拿破仑并不希望发动战争，但他深知欧洲的金融统治者们不会和平解决此事——当然，除非他们的傀儡政权走向崩塌，或者可以从中渔利。后来，拿破仑威胁说要直接占领荷兰，那时的荷兰是由他的弟弟路易统治的。拿破仑知道，此时的荷兰欠了英国银行家很多钱。一旦荷兰被法国吞并，这笔账就永远也要不回来了。所以，拿破仑向英国银行家提出建议，只要他们能够说服英国政府维持与法国的和平关系，他就会放弃荷兰。

谈判由荷兰政府遣派的银行家皮埃尔-塞萨尔·拉布歇尔（Pierre-Cesar Labouchere）和英国银行家弗朗西斯·巴林爵士（Sir Francis Baring，拉布歇尔的岳父）完成。虽然从短期效益来看，拿破仑的这项建议对银行家极具吸引力，但放弃战争和商业的巨大利益仍然不符合商人的本性。所以，他们对这项建议做了修改，商定了一个驱使英法双方联手摧毁新独立的美国的方案，并将美国半壁江山（以工业产值计算）纳入英国麾下。这个令人难以置信的计划是由法国银行家欧瓦拉德（Ouvrard）提出的，目的是通过军事入侵和军事征服达到分赃战利品的目的。按照计划，英国接管美国北部各州，并与加拿大联合，而南方各州则收归法国。拿破仑将获得"美国国王"的称号，着实很诱人。威尔逊告诉我们：

3月21日，拉布歇尔写信给巴林爵士，并在结尾附上了韦尔斯利（Wellesley，英国外交部官员）写给欧瓦拉德的便条，上面写着：

"拿破仑正在从一个侵略者变成一个保护者；他与玛丽·路易莎（Marie Louise）婚后，立即向英国抛出了橄榄枝。和平对英国有利，因为英国掌握着制海权；相反，真正对法国有利的是继续战争，这样法国就可以无限地扩张领土，并建立新的舰队。而一旦实现和平，这些都是不可能完成的。为什么英国内阁不向法国建议联手摧毁美国呢？这样美国会重新依赖英国政府，而拿破仑则可以亲手终结路易十六的毕生功绩[1]……这样做既满足了英国的和平之愿，又承认了拿破仑的功绩和皇帝头衔，满足了他的虚荣心……"

内阁讨论、批准了这项建议。韦尔斯利立即赶赴巴林的住宅，告诉了他这个激动人心的消息……荷兰人有钱偿还债务了，而且必须以黄金偿还。

不幸的是，拿破仑发现了这项建议中的蹊跷，并强烈反对联合攻击美国的计划。他逮捕了欧瓦拉德，免职并流放了富歇（Fouche），还将整件事公之于众，使得韦尔斯利和巴林大为窘迫。[2]

我们不能因此就说拿破仑是圣人君子。他极度反对银行家，是因为银行家的货币权力威胁了他的政治权力。承平时期，拿破仑对银行家睁一只眼闭一只眼，可一旦战事爆发，需要资金，他就会谴责他们获取"不正当利润"，并以人民的名义收缴。如果这些银行家胆敢抗议，那么等待他们的只有牢狱之灾。

战线就此形成，银行家们要不惜一切代价消灭拿破仑。为了做成这件事，英格兰银行创造出了大量的法定货币"借给"政府，去武装一支强大的军队。此外，一股稳定的资金流流向了外国，去资助俄国、普鲁士和奥地利的军队。在战争债务贷款的重压下，经济再度萧条，但还是有一小部分人毫无怨言地偿还账单，因为他们根本不知道自己被算计了。威尔逊这样总结道：

银行家们赢了。英国军队和英国外交手腕让路易十八重登王

---

[1] 路易十六为美国独立战争提供了大量援助。——译者注

[2] 威尔逊前引书，第81-82页。

位。尽管拿破仑离开时的法国财政平衡，但路易十八还是批准了多项贷款。

一年之后，被欧洲每个国王、每位银行家称为"篡位者"的拿破仑仅带着800名士兵，不动一枪一炮就收复了王位。在这个紧要关头，为了强化法国国防，拿破仑只能贷款。伦敦金融城（银行区）向拿破仑提供了500万英镑。有了这笔资金，拿破仑重新装备了那支即将在滑铁卢一战中被惠灵顿公爵击败的军队。[1]

惠灵顿公爵的黄金

罗斯柴尔德传记作者叙述的最有趣、最吸引人的片段，莫过于罗斯柴尔德走私了一批金子用来援助惠灵顿公爵，以便为其在葡萄牙、西班牙和法国之间的比利牛斯山脉间的军队提供给养和装备。

惠灵顿公爵要想在后来的战争中击败拿破仑根本是无稽之谈，即便是有了英国政府的官方担保，他也很难说服葡萄牙和西班牙的银行家和商人接受他的书面付款承诺。票据的效用已经大打折扣，惠灵顿公爵对金币极其渴望。正是在这一关键的节点上，内森·罗斯柴尔德（Nathan Rothschild）和弟弟向公爵伸出了援手。靠着欧洲大陆上十分成熟的走私线路，罗斯柴尔德既能为惠灵顿公爵开出更优惠的条款，同时也能为自己谋取丰厚的利润。但是，达到这一目的并非易事，黄金需要从拿破仑眼皮子底下运过。弗雷德里克·莫顿细致地描述了这一场景：

只有越过战争中的英法军队才能真正使现金流通。当然了，罗斯柴尔德能够越过军事封锁，马不停蹄地在德国、斯堪的纳维亚、英格兰，甚至是西班牙和法国南部不停歇地运输。在拿破仑的首都里，走

---

[1] 威尔逊前引书，第83页。

私就需要更为狡猾的新方法，这就要靠雅各布（后来被称为詹姆斯）了，也就是迈尔最小的儿子。[1]

詹姆斯当时只有19岁，但在骗术方面可谓青出于蓝。他背负着双重任务抵达巴黎。首先，他要向法国当局提供一份关于英国黄金动向的虚假报告，信中所述事实足以令人信服。他向政府提供了伪造的信件，表明英国人对阻止本国黄金大量流入法国这件事已经感到绝望。当法国当局真正鼓励金融界接受来自英国的黄金，并将其转换成货真价实的商业纸币时，英国人的这个伎俩就算是取得胜利了。其次，詹姆斯在伦敦和比利牛斯山之间的黄金运输链中扮演着至关重要的角色。他的工作就是想办法使黄金进入法国，将黄金转换成西班牙纸币，并将这些纸币送给惠灵顿公爵。一切的一切，他都做得十分细致精巧、得心应手，而且他还是个孩子啊。莫顿总结道：

在短短数百个小时的时间里，迈尔的小儿子不仅把英国黄金送入法国，更是为拿破仑构造出了财政的海市蜃楼。罗斯柴尔德家的少年戏弄了整个帝国政府，参与了毁灭这个政府的所有过程……

家族上下都开始忙碌。内森将大量的英国金币、葡萄牙金盎司以及法国的拿破仑金币（通常是在伦敦铸造）运送到海峡另一面。詹姆斯在岸边接船，看着这些黄金进入巴黎，再秘密地把贵金属换成西班牙银行家的票据。在首都的南部，卡尔曼（Kalmann，迈尔的另一个儿子）将这些票据变现，并且将再度产生的票据运过比利牛斯山脉的沟壑，等到这些票据再度出现时，已经到达惠灵顿公爵的手中。萨洛蒙（Salomon，迈尔的另一个儿子）四处运作，解决麻烦、疏通过境站点，确保法国人不会察觉，并且保证英国金币的兑换汇率。阿姆谢尔（Amschel）则留在法兰克福，帮助父亲管理总部。

法国人确实察觉了某些不对劲的地方，可有些时候，嫌疑人却能

---

[1] 莫顿前引书，第46页。

够侥幸逃脱自身的嫌疑。比如说，法国加莱警察局长忽然被奢侈的新生活迷了心，很难再彻底地巡查海岸线……

时值冬天，拿破仑正在遥远的俄罗斯境内苦苦挣扎，但就在法国本土内，一条黄金静脉源源不断地向帝国后方忍饥挨饿的军队输送给养。[1]

在几年后的一次晚宴上，内森随口总结了这一事件，就好像这只是例行公事一样。他说：

东印度公司出售价值80万英镑的黄金。我去了拍卖会并买了所有的黄金。我深知惠灵顿公爵不能没有这些黄金。政府对我说，他们必须得到这笔黄金。于是，我把黄金卖给他们，但他们不知道如何把它送到葡萄牙的公爵手中。我答应帮他们的忙，并通过法国送到了公爵手中。这是我做过最棒的一笔生意。[2]

滑铁卢战役

惠灵顿和拿破仑之间的滑铁卢战役的最后结果，对欧洲的政治和经济有着至关重要的影响。如果拿破仑取得胜利，英国在经济方面将会陷入比以前更加麻烦的局面。它不仅会失去国际权力和威望，甚至在国内，它的臣民们也会对这种重大的人员伤亡和财政损失更加不满，它的失败几乎会导致无法偿还了为了进行战争所借的大量款项。因此，在伦敦证券交易所，英国政府债券与其他证券交易时，每个人都焦急地等待着战争的最后结果。

众所周知，罗斯柴尔德开发了一种私人快递服务，不仅用于运输黄金和其他有形货物，而且用于快速传递在投资决策中有用的信息。

---

[1] 莫顿前引书，第47页。
[2] 同上，第45页。

因此，人们推测在战争场上的大炮硝烟散尽后，伦敦的内森将是第一个知道谁是胜利者的人。人们不会失望的。惠灵顿胜利的消息最早于1815年6月18日午夜到达布鲁塞尔，一个名叫罗斯沃斯（Rothworth）的罗斯柴尔德代理人已经等候多时了。他立刻骑上一匹快马飞奔到奥斯坦德港，港口正停着一条船，载着他加速驶向伦敦。6月20日凌晨，疲惫的信使叩响了内森的门，然而，在他到达的一天之前，惠灵顿的信使亨利·珀西（Henry Percy）少校已经到了。

至少有一位友好的传记者声称，内森得知消息后的第一个举动是向首相汇报，然而最初之时政府官员犹疑不信，因为此消息与他们之前所听说的英国遭受重创的报道南辕北辙。无论如何，内森的第二次行动是为了让证券交易所重新焕发生机，所以他在通常站立的柱子之前宣布了这一消息。

所有人的目光都集中在他身上，可他只是沮丧盯着地板。然后，他抬起目光，用痛苦的表情开始售卖债券。人们的低声耳语充斥着拥挤的房间。"内森在卖？""内森在卖！""惠灵顿一定是输了。""我们政府的债券永远也不会还清了。""卖，现在就卖！"

价格暴跌，内森又卖了。价格依然在暴跌，内森还在卖。最后，价格全面崩溃。突然间，内森彻底地改变了他的行动，他购买了所有的市场政府债券。在短短几个小时内，他就几乎垄断了英国的全部债券，但只用了很少的代价。[1]

西多尼亚

本杰明·迪斯雷利（Benjamin Disraeli）曾担任英国首相，1844

---

[1] 《纽约时报》1915年4月1日报道称，内森·罗斯柴尔德曾向法庭施压，要求禁止出版一本名为《罗斯柴尔德罗曼史》（*The Romance of the Rothschilds*）的著作，并称书中对于滑铁卢相关事件及其祖父的记载并不准确。法庭裁定该故事属实，驳回内森的请求，并要求其支付法庭费用。

年写了一本名为《科宁斯比》（*Coningsby*）的书。这是一部政治小说，表达了他对当时问题的看法。这本书中的主角人物是一个名为西多尼亚（Sidonia）的金融家，但西多尼亚每个行动的每一细节都是真正的罗斯柴尔德先生的映射——迪斯雷利十分尊崇他。在小说的幌子下，我们可以看到罗斯柴尔德从德国移民，他的家族与银行的关系遍布整个欧洲，他为惠灵顿筹集黄金，并在滑铁卢战役之后实施了金融妙计。迪斯雷利写道：

> 欧洲确实需要钱，西多尼亚准备把钱借给欧洲。法国想要一些；奥地利多一点；普鲁士一点；俄国几百万。西多尼亚可以满足他们所有的资金需求……

不难想象，经过了十年这样的职业生涯后，西多尼亚已经成为欧洲最重要的人物之一。他已经寻得了一个强大的兄弟，或者说，是一个近亲，在大多数的主要城市中都值得托付。他是世界货币市场至高无上的权威，当然也是其他所有领域的主宰。意大利南部的税收是他手里的抵押品，所有国家的君主或是大臣都殷切地咨询他，一丝不苟地遵从他的建议、指导。[1]

詹姆斯·罗斯柴尔德自己说的一段话可以证明上述这段话并没有夸张。1842年，当美国财政部的官员来到巴黎，代表美国政府向罗斯柴尔德申请贷款时，后者却对他们说："站在你们眼前的就是欧洲财政的负责人。"[2]

世上有许多人能够在战争中通吃参战双方，大发战争财。罗斯柴尔德财团并不是唯一这样做的人，但毫无疑问地说，他们把这种"艺术"发扬光大，并成了这种人的象征。从道德层面上讲，他们并不是严格意义上的恶魔。侵蚀这些人思想的是利益，绝非对错。一位罗斯

---

[1] 本杰明·迪斯雷利：《科宁斯比》（纽约：阿尔弗雷德·克诺夫出版社，原版是英国的1844年版），第225页。

[2] 史蒂芬·伯明翰：《我们的人民：纽约的犹太民族》（纽约：哈珀·罗出版社，1986年版），第73页。

柴尔德家族成员曾用这样的话语表达对人类苦难的冷漠，他说："当巴黎的街头鲜血横流时，我就买入。"[1]这些人可能在所定居的国家拥有公民身份，但无论如何他们无法理解爱国主义这份热情。如果不能说是狡猾的话，那么他们异常聪明，正是这些性格特征使他们成为统治世界政治和金融世界的冷漠实用主义者的榜样。迪斯雷利曾这样描述西多尼亚（Sidonia）：

他是没有任何感情的人，严格一点说，他根本就是铁石心肠，因为他虽然对深层情感有着敏锐的认知，但从来不为某个人而大动感情……任何个人都无法走进他心灵深处。就连女人对他而言也只是一种玩具，而男人只是一种工具。[2]

这种毫无爱国激情、满腹冷酷分析的金融家，似乎不太会贷款给政府，尤其是外国政府。私人借款者如果不还钱，可能会被拖进法庭，将他们的私人资产没收。但政府掌控着合法利用武力的权力，政府就是法院，政府就是警察。试问有谁能够夺取政府的财产？答案就是另一个政府。针对这个说法，罗恩·彻诺给出了这样的解释：

财团和政治学家之间的新生联盟是互依互惠的。华盛顿想利用新的金融力量来迫使外国政府向美国商品开放市场，抑或是采取亲美政策。相应地，银行需要借助政府来清偿债务，并要仰仗政府在遥远地区的警察权力。加速还款的一个好方法就是借助于军事的威胁。当库恩−勒布公司考虑贷款给多米尼加共和国（以海关税收担保）的时候，其总裁雅各布·希夫（Jacob Schiff）向他的伦敦合作伙伴欧内斯特·卡塞尔爵士（Sir Ernest Casse）询问道："如果他们不还钱，那么谁去收取这些关税？"卡塞尔回应："我们两国的海军陆战队。"[3]

[1] 引自《纽约时报》，1987年10月21日刊，转引自彻诺前引书，第13页。

[2] 迪斯雷利前引书，第229页。

[3] 雅克·阿塔利著、芭芭拉·艾利斯译：《有影响力的男人：西格蒙德·沃伯格爵士（1902—1982）》（伦敦：韦登菲尔德与尼克松出版社，1986年版），第57页。

历史上，最发人深省的谜题之一是，政府为什么总会陷入债务泥潭中，却不曾试图尝试"量入为出"的模式。一部分原因是，在上述背景之下，国王和政治家们缺乏勇气对纳税人课以重税。此外，还有一个更深层的问题也令人不解，那就是为什么政府的开支如此之高。

正如迪斯雷利所描述的那样，站在世界金融大亨的角度来看，通过多年来的不断演进，那种冷酷计算的策略已经变得十分有效。事实上，历史上无数的证据强烈表明了，这种策略起始于18世纪的欧洲，20世纪时在美国境内得到了完善。为了便于下文进行假设分析，我们姑且将这个策略称为"罗斯柴尔德法则"。

罗斯柴尔德法则

让我们发挥自己的想象，去构造这样一位实用主义者：他比大多数男人聪明，但也更狡猾，甚至蔑视普罗大众。或许他会极为尊重某些人的天赋异禀，但对人类的状况从来都漠不关心。据他观察，国王和政治家们总是为了某事或者其他一些什么而争得不可开交，所以他断言，战争无法避免。同样地，他也了解到，战争也可以用来牟利，不仅仅是通过借贷或者创造资金来支援战争双方，而且能获得政府对商业补贴或商业垄断方面的偏袒。他不像爱国主义者那样拥有最原始的情感，所以他可以自由地对任何冲突中的任何一方提供援助，唯一能够限制他的因素，是他本身所能得到的利益。如果这样一个人想要调查周遭的世界，不难想象他会得出以下几种结论，并奉为职业准则：

1. 对于任何政府来说，战争都关乎生死存亡。战争肆虐之时，战胜则生，战败则亡。任何其他事务都无法与之相比。无论是什么样的政府，为了保证自我生存的原始需求，其法律的至高无上、不可亵渎性，人民生活的繁荣昌盛以及财政部的偿付能力都可以牺牲。

2. 因此，为了确保政府能够维持债务甚至是扩大债务，必须使其参与到战争之中，抑或是切实地感受到战争的威胁。战争的威胁越大，破坏性越强，波及范围越广，程度越深，对债务的需求也就愈加庞大。

3. 若是想使某个国家参与到战争之中，或是饱受战争威胁，那么，它的敌人必须拥有相当强大的军事力量。如果这样的敌人已经存在，那么一切就如虎添翼了。但如果敌人的军事力量匮乏，那么向他们提供资金去建造战争机器就显得非常有必要了。如果敌人缥缈无影，那么就有必要通过资助敌对政权，使之兴起，来创造一个敌人。

4. 然而，最大的障碍却是政府拒绝通过债务为其战争提供资金，这种情况很少发生，可是一旦处于这种情况之下，就有必要鼓励国家内部的政治反动派发动革命或是进行暴动，使得那种符合其意志的政府来替代当前政府。暗杀国家元首在这一进程中也可以起到至关重要的作用。

5. 决不允许某个国家在军事力量上比敌对国家更为强大，如果这样的话，可能会导致和平的局面，也有可能会导致债务减少。那么，为了实现这种均势，资助战争双方的必要性就会增大。对自己的利益抱有敌意的敌方战斗人员必须予以摧毁，但除此之外，我们不应该允许战争中的任何一方取得完胜或者完败。虽然我们必须宣扬和平的美德，但永远的战争才是真正的目标。

不管是否有人将这个策略付诸于文字，或者仅是口耳相传，形式都不重要。事实上，它可能没有那么明确的准则。不论是有意识规划出来的产物，还是仅仅是由于人性对于潜在利润的贪婪而作出反应的结果，这世上的金融大亨们确实遵循上述的准则进行运作。自从三个世纪以前英格兰银行创造了曼德雷克机制之后，这一点就显露无遗了。

"均势"是个很有趣的问题。不知何故,多数历史著作中提到这个概念时,都将它看做某种有益于人类的、自然形成的社会现象。这个词的含义是,在所有的欧洲战争画上句号之后,就不再有哪个国家强大到可以完全控制其他国家。第二次世界大战之后,美国成了超级强权,就受到了世界各国的广泛谴责。像外国援助和裁军这样的大规模的政治/金融机制就已经启动,力求恢复均势的状态。这几乎已经成了一个备受尊敬的国际民主理论。但是这种情绪化的主张忽略了一个重要事实,"均势"的战争已经成为历史了。

但这并不意味着好战的团体都可以轻而易举地从金融大亨们的手中获得融资。成功的关键在于他们威胁到了谁,以及有多大成功的把握。举个例子来说,1830年,比利时人起身反抗荷兰的统治,当局政府和革命者双方都希冀于罗斯柴尔德能为这场冲突筹资。荷兰当局是可靠的贷款客户,同样重要的是,当局也不折不扣地支付这些贷款利息。相反,如果这些叛乱者执政,他们极有可能会拒绝支付前傀偏政权时代的债务,如此说来,向他们提供数目惊人的援助就有些莽撞了。为此,萨洛蒙·罗斯柴尔德做出了如下解释:

这些先生不应该指望我们,除非他们已经决定遵守谨慎的底线和适度的原则……我们的善意再多,也不愿玩火自焚,换句话说,我们不愿借钱给战争发动者,那会摧毁我们辛辛苦苦构建起来的信用。[1]

在革命通过谈判而非暴力解决之后,布鲁塞尔的新政府自然而然地成为了金融机构的目标。詹姆斯·罗斯柴尔德讲述了这种后来成为定例的操作模式:

现在是绝佳的时机,我们应该抓住机会,好好利用这一时刻,使我们自己成为该国财政的绝对控制者。我们所要做的第一步就是与比

---

[1] 威尔逊前引书,第100页。

利时的新任财政部长建立亲密关系，以获得他的青睐……从而获得尽可能多的国库债券。[1]

18世纪的英国战乱不断

战争，无论大小，对欧洲来说都像一场瘟疫侵袭。但后来，战争的某一方能够易如反掌地通过银行和法定货币融资，那这场瘟疫将永远在那片土地上肆虐。下文所述的战争年表说明了英格兰银行成立之后的那段历史，你或许可以看出，这家银行简直就是为战争筹资而生的：

1689—1697年：奥格斯堡联盟战争

1702—1713年：西班牙王位继承战争

1739—1742年：詹金之耳战争

1744—1748年：奥地利王位继承战争

1754—1763年：法印战争

1793—1801年：法国大革命

1803—1815年：拿破仑战争

除了上述资助发生在欧洲的地区冲突外，美国的两场战争也不可忽视：独立战争和1812年战争。在1689至1815年的126年间，英格兰参战达63次之多，平均每两年就参加一场战争，其余的年份则是在为战争做准备。

罗斯柴尔德法则清晰地体现在这些冲突中。我们经常可以看到，货币学家资助战争双方。无论结局是喜是悲，是赢是输，最终都只是保留或者恢复欧洲的"均势"。这些战争中，唯一不变的结果就是各国政府的债务都增加了。

---

[1] 威尔逊前引书，第100页。

本章总结

　　故事发展到18世纪末，罗斯柴尔德财团已经成为世界上最成功的金融机构之一。罗斯柴尔德财团的迅速崛起可以归功于工业的发展和五兄弟敏锐的商业头脑，他们在欧洲的各个首都翻云覆雨，并且联手建立了世界上第一个国际金融网络。作为向政府贷款这一领域的先驱，他们很快就意识到，向参战方贷款可以为自身创造独一无二的机会，使得财富与政治权力相结合。近现代之前，欧洲地区的大部分王子和国王都在他们财团的影响范围内。

　　罗斯柴尔德还掌握了如何大规模走私的艺术，虽然经常违反政府的法律，但也得到了政府的默许。所有政治派别都认为，这是一种向政府提供资金的非官方形式，特别是在战争时期。实际上，罗斯柴尔德网络的不同分支也可能为敌人提供资金，但人们经常会忽视这一点。因此，金融家们创造了一种源远流长的做法：渔利双方。

　　罗斯柴尔德财团运营着一个高效的情报系统，该系统为他们提供重要事件的最新消息，要知道，信息对于投资决策来说可谓无价之宝。当一个疲惫的罗斯柴尔德财团信使率先传递出了滑铁卢之战的消息时，内森就能够在众人的恐慌中欺骗伦敦债券交易商，这也使得他获得了主导英国政府债券的地位，但对于其财团来说，这只是个小生意。

　　对上述情况和类似事件的深入研究，让我们总结出了一种人格，不光是罗斯柴尔德家族，国际金融家都有这种特殊的人格，他们的成功通常都建立在这些特定的性格特征上。这些特征大致就是对客观世界的冷漠、对爱国主义的免疫、对人类境遇的漠视。这个描述是为了推导出一个策略，也就是罗斯柴尔德法则，该策略能够激励那些金融家将政府推向战争的深渊，并从中为自己谋利。罗斯柴尔德法则可能并不是成文的规则，但潜意识里的动机和人格特质共同使得该原则成功运转。只要欧美这种中央银行体制存在，那么，这种人就无法抵抗利益的诱惑，他们会把债务转换成永久的战争或是把战争转换成永久的债务。

接下来的章节中，我们将跟着罗斯柴尔德准则独特的发展轨迹，看看它是如何将我们引导到现在的机制当中的。

第12章
击沉卢西塔尼亚号！

> J.P.摩根在第一次世界大战之中扮演的角色就是向英法双方提供贷款；贷款的来源表明德国越来越可能在战争中取得胜利；英国一艘船只的暴露、美国乘客的牺牲把美国卷入了战火；美国税收用来偿还贷款。

我们通常认为，第一次世界大战的起因是1914年塞尔维亚民族主义者暗杀了奥匈帝国的弗朗西斯·费迪南德大公（Francis Ferdinand）。这次暗杀绝对是对奥地利的侮辱，但它并不足以导致一场一千多万人死亡、两千多万人受伤的世界大战。美国小学生接受的教育普遍都是山姆大叔参战是为了"保卫世界民主"。但事与愿违，正如我们亲眼所见，敲响美国战鼓的人并没有这种理想。

自18世纪后半叶以来，罗斯柴尔德法则就已控制了整个欧洲的政治气候。各国在边界争端、殖民地领土以及贸易路线上的争端越来越激烈。这场军备竞赛已经筹划了很多年，各国都招募、训练了大型常备军队；军事联盟已经组建完成；战争的所有准备已经就绪。暗杀费迪南德的行动并不是一战的起因，而是导火索。这场刺杀只是点燃了第一门大炮的导火索。

投资战争

欧洲的战争态势使得英格兰和法国都背上了繁重的债务。当英法双方各自国内的中央银行和商业银行不足以满足这种贷款需求的时候，身处困境的政府只好将希望寄托在美国人身上，他们选择了摩根财团作为罗斯柴尔德的合伙人，共同担任其债券的销售代理商。以这种方式筹集到的大部分资金很快就流回美国，用来购买战争武器，摩根也被任命为美方的采购经理。所有的双向交易都需要支付佣金：一次是借款之时，另一次是支出之日。此外，许多接受生产合同的公司不是为摩根公司所持有，就是处于摩根银行的影响范围之内。在这样的安排之下，正如我们稍后会看到的，我们并不会讶异于摩根并不急于看到战争的结束。就算是像摩根一样身份尊贵的男人，也可能被这种金额极其庞大的现金流扰乱了风度。

1919年，就在硝烟散去后的几个月，约翰·穆迪（John Moody）写出了这样的文字：

英国和法国不仅都用华尔街提供的资金来购买装备，而且还是通过相同的代理商。自然而然，摩根财团被选中从事这项重要的任务。也正是因为如此，战争赋予了华尔街一个不同的身份。时至今日，它都一直是金融中心，而且也成了有史以来规模最大的工业股票市场。除了出售股票和债券、为铁路融资，以及担当大型金融中心的职责外，华尔街开始销售炮弹、大炮、潜艇、毯子、服装、鞋子、罐装肉、小麦，以及其他战争所需的成千上万种物资。[1]

1915年2月，在摩根财团与英国陆军理事会、海军部订立合同后，这笔资金开始流动。令人惊奇的是，首笔1200万美元的款项居然用来买马，但这只是洪水来临前的小雨滴而已，总金额最终攀升到30

---

[1] 约翰·穆迪：《资本的主人》（纽黑文：耶鲁大学出版社，1999年版），第164–165页。

亿美元的天文数字。该公司成为地球上最大的客户，每天花费就高达1000万美元。各路经纪人和制造商蜂拥至位于华尔街23号的摩根大厦，企求能与该公司签订合同，银行不得不在每个出口和合伙人家中增加安保人数。每个月，摩根本人都亲自张罗采买一事，每一次采买都相当于前一代人的全球生产总值。[1]

在这一切过后，摩根冠冕堂皇地声称自己是一个和平主义者。"这世上没有任何人比我还要厌恶战争。"他就这样告诉参议院军备委员会。然而，对于普罗大众而言，这种正义的宣言让人难以接受。李文森就此事给出了自己的观点：

1915年秋天，以摩根为首的一群银行家们签订了一笔5亿美元的贷款合同，净利润就达到900万美元……同样，在1917年，法国政府向摩根支付了一笔150万美金的佣金，在1918年又支付了100万美金。

除了贷款，还有一个获得利润的来源：购买和出售美国股票。即使同盟国投降，他们也可以在美国土地上购买弹药。据估计，仅在战争期间，摩根经手的资金大约达到了20亿美元。即便是佣金的数额很小，但这种规模的交易也让他获得对股票市场的巨大影响力，让他在交易中占据优势。……

对战争的仇视并没有停下他的商业脚步。作为一个中立国家的公民，他向交战双方提供了440万支步枪，从中获利1.94亿美元……利润在一定程度上弥补了他对战争的仇恨。根据他自己的说法，作为英国和法国政府的双方代理商，一笔金额达30亿美元的订单，他会收取1%的佣金，也就是说，他能得到大约3000万美元。除了英法这两位大主顾之外，摩根还担任着俄国（业务总额达4.12亿美元）、意大利和加拿大（这两个国家的业务成交量并没有公诸于世）的代理商。

J.P.摩根及其银行的合伙人，同时也是获得大量订单和巨额利润

---

[1] 彻诺前引书，第187-189页。

的企业的股东……真是令人惊奇，一个集中采购组织竟然既是买方，也是卖方。[1]

德国的U型潜艇几乎赢下了战争

随着战争形势的发展对协约国愈加不利，华尔街之上开始乌云密布。时间推移之下，历史被简化，人们不再清楚地记得德国和其同盟国几乎赢得了美国参战之前的所有战役。德国开始使用新研发的少量潜艇舰队，试图切断英国与其盟友的联系。这是一次惊人的尝试，并永远改变了海战的概念。德国虽然坐拥21艘U型潜艇，但由于它们不得不经常被送去检修、保养，同时在海上执行任务的潜艇最多只有7艘。然而，在1914—1918年的四年间，德国潜艇击沉了超过5700艘的水面舰艇。协约国每周都有30万吨的物资需要被运送到前线，但离开不列颠群岛的船只中，有四分之一无法返航。在战争后期，英国外交大臣阿瑟·贝尔福（Arthur Balfour）写道："看起来，那个时候我们似乎就要输掉战争了。"[2]罗伯特·费雷尔（Robert Ferrell）在《伍德罗·威尔逊和一战》（*Woodrow Wilson and World War I*）一书中得出这样的结论："协约国已濒临崩溃的边缘，除了向德国求和之外别无他法。"[3]威廉·麦卡杜（William McAdoo）时任美国财政部长，他在回忆录中给出了这样的描述：

远隔重洋都能感受到英国人的沮丧——被灾难强化的沮丧。恐惧弥漫，他们有理由恐惧，英国人民可能因为饥饿而投降……1917年4月27日，沃尔特·佩奇（Walter H. Page）大使向总统秘密报告说，

---

[1] 李文森前引书，第103-104、222-224页。

[2] 引自贝尔福的手稿，英国外交部/800/208文件，英国外交部档案馆；转引自罗伯特·费雷尔：《伍德罗·威尔逊和一战》（纽约：哈珀与罗出版社，1985年版），第35页。

[3] 费雷尔前引书，第12页。

不列颠群岛上的粮食可能撑不了六个星期了，最多也就能支持两个月。[1]

在这种情况之下，摩根不可能为协约国的战争债券寻找新的买家，也不可能为新债券或是即将到期违约、必须延期的旧债券寻找买主。这将导致严峻的后果。一旦债券销售被迫中止，没有钱继续购买战争物资，那么摩根将挣不到双方的一分钱佣金。除此之外，如果之前售出的债券陷入违约，如果英法两国被迫接受德国的和平条约，那么投资者将会承受巨大的损失。此时，投资者们必须采取一些措施了，但问题在于采取什么措施？罗伯特·费雷尔一语道破天机：

战争中期，北达科他州议员杰拉德·奈（Gerald P. Nye）领导的参议院委员会就着手调查了1917年之前的军火贸易，并分析了威尔逊政府参战的可能性，因为美国的银行家需要保护借给协约国的贷款。[2]

正如威廉·麦卡杜先前提到的那样，当时美国驻英国大使是沃尔特·佩奇，他是洛克菲勒社会工程基金会——通识教育委员会（General Education Board）的理事。杰拉德·奈领导的委员会了解到，沃尔特除了领取他口口声声抱怨并不丰厚的政府薪水之外，每年还从洛克菲勒国民城市银行总裁克利夫兰·道奇（Cleveland Dodge）那里获得25000美元的津贴（在1917年是一笔巨款）。1917年3月15日，佩奇大使向国务院发送了一封电报，概述了英格兰的财政危机。由于新资金的来源已经枯竭，他说，唯一能使战争延续的办法就是由美国财政部直接拨款。但是，这将违反中立条约，美国不得不放弃中立国的身份并参与到战争中来。佩奇说：

我认为，这场即将来临的危机所带来的压力已经超越了摩根金融

---

[1] 威廉·麦卡杜，《拥挤的年份》（纽约：霍顿·米夫林出版，1931年版；纽约：肯尼凯特出版社，1971年再版），第392页。

[2] 费雷尔前引书，第88页。

机构为英法政府承担的职责……我们能给予协约国的最有效的援助就是信贷……当然，除非我们与德国正面交锋，否则我们的政府绝不能授予直接信贷。[1]

摩根财团向英国和法国提供了15亿美元的贷款。随着战争的局势对他们不利，投资者面临血本无归的威胁。正如费迪南德·伦德伯格（Ferdinand Lundberg）所说："美国宣战，除了使最富有的美国家族摆脱危险境地之外，也开辟了新的牟利方式。"[2]

豪斯上校

这个时期，最具幕后影响力的人物之一是伍德罗·威尔逊的私人顾问爱德华·曼德尔·豪斯（Edward Mandell House）上校，豪斯后来还做过富兰克林·罗斯福总统的私人顾问。豪斯与J.P.摩根以及欧洲地区古老的银行家族都保持着密切的联系。他曾在英国接受了几年教育，还有着巨额的个人财富，而这些钱大都是在国家战争期间积累起来的。他的父亲托马斯·威廉·豪斯（Thomas William House）曾在伦敦某家不知名的银行担任秘密的美国代理人。人们普遍认为托马斯·豪斯是罗斯柴尔德家族的代理人，虽然老人家后来定居在得克萨斯州的休斯敦市，但他经常挂在嘴边的是希望儿子能够了解英国并为英国效力。他曾是南方邦联的居民，并从南北战争中获得了一笔巨大的财富。

众所周知，正是豪斯上校选中了威尔逊作为总统候选人，并且让他获得了提名。[3]豪斯上校成了威尔逊总统的挚友，总统也曾在公

---

[1] 费迪南德·伦德伯格：《美国六十个家庭》（纽约：先锋出版社，1937年版），第141页。也见于《伍德罗·威尔逊文集》第41卷（1983年版），第336–337页，转引自费雷尔前引书，第90页。

[2] 伦德伯格前引书，第141–142页。

[3] 《哥伦比亚百科全书》（第3版，1962年版，第2334页）中说：听取了豪斯上校的意见后，威廉·詹金斯·布莱恩转而支持威尔逊，使得威尔逊获得了民主党的提名。详情参见马丁前引书，第155页。

开场合承认他非常依赖豪斯上校的指导。威尔逊身边的许多重要职位人选都是豪斯选定的。他们甚至还建立了一组私人的代码，这样他们就可以在电话中畅所欲言了。[1]威尔逊总统自己也写下了这样的话："豪斯先生就像是我的第二个人格，他是另一个独立的我。我们的想法总是一致的。"[2]

豪斯的传记作者乔治·维雷克（George Viereck）告诉我们：

豪斯控制着得克萨斯的议员们……经常在幕后秘密活动，甚至任免了几任得克萨斯州的州长……豪斯之所以选择威尔逊总统，是因为威尔逊是他认为最适合的候选人……

七年以来，豪斯上校都一直是伍德罗·威尔逊总统的另一个自我。六年来，除了合众国首席行政官的头衔外，他们共享着一切。六年里，白宫北翼的两个房间也归豪斯上校使用……豪斯像是内阁的顶梁柱，他制定了威尔逊政府的第一批政策，实际上主导着美国的外交事务。说实在的，我们其实有两位总统……豪斯是总统的代表，他可以平等地与皇帝和国王对话。他是政府的精神支柱，是这艘航船的船长。[3]

使美国卷入硝烟的秘密协议

由于接近威尔逊总统的连任大选，豪斯上校与威廉·威斯曼（William Wiseman）爵士进行了一系列保密会谈。威斯曼先生隶属于英国驻华盛顿大使馆，并担任英国外交部与豪斯的秘密中间人。查

---

[1] 查尔斯·西摩：《豪斯上校的私人文件》（纽约：霍顿·米夫林公司，1926年版），第一卷，第114–115页。

[2] 同上，第一卷，第114页。

[3] 乔治·维雷克：《历史上最奇怪的友谊：伍德罗·威尔逊与豪斯上校》（纽约：利弗莱特出版社，1932年版），第4、18–19、33、35页。

尔斯·西摩写道："豪斯和威斯曼之间很快就变得无话不谈了。"[1]
这使国务卿威廉·詹宁斯·布莱恩（William Jennings Bryan）感到不安。布莱恩夫人是丈夫回忆录的合著者，她写道：

> 虽然国务卿布莱恩肩负着国务院的重任，但他还是对豪斯先生与总统的关系，及他插手国事与外交的行为感到好奇，因为国务卿布莱恩并不知道详情……总统一直在用非官方的途径处理外交事务。[2]

这样做的目的是什么？是为了找出让美国参战的方法。维雷克解释说：

> 在1916年大选中，威尔逊以"不参战"的口号获得连任，重新入主白宫。但在十个月前，豪斯上校代表威尔逊与英国和法国达成了秘密协议，向其保证美国将站在协约国一边，进行干预。
>
> 1916年3月9日，伍德罗·威尔逊正式批准了这项承诺。如果美国民众在大选之前知悉豪斯上校与英国和法国领导人之间的对话，将会导致民怨沸腾……
>
> 通过这次谈话以及各种各样繁杂的会议，豪斯上校与爱德华·格雷（Edward Grey）爵士订立了许多秘密条约，但美国参议院对此毫不知情，更谈不上批准。就这样，由伍德罗·威尔逊和豪斯将美国送上了协约国的战车……战争过后，协议的文本泄露了出来。据说是格雷爵士最先说出来的，后来佩奇也承认了，豪斯上校也不再保密。C.哈特利·格兰特（C. Hartley Grattan）在自己的书《我们为何作战》（*Why We Fought*）中对此进行了详述，但出于一些让人难以理解的原因，此事的重大意义并未得到美国人的重视。[3]

该协议的基本条款是，美国政府将倡议德国和协约国进行和平

[1] 西摩前引书，第2卷，第399页。

[2] 威廉·詹金斯·布莱恩、迈瑞·贝尔德·布莱恩：《威廉·詹金斯·布莱恩回忆录》（纽约：肯尼凯特出版社，1925年版），第2卷，第404–405页。

[3] 维雷克前引书，第106–108页；这件事也记录在《威廉·詹金斯·布莱恩回忆录》中，第404–406页。

谈判，之后就停战条款提出具体建议。如果任何一方拒绝接受此项建议，那么美国就会作为另一方的盟友参战。结果是，美方认真起草的条款是德国绝不可能接受的。这样，在世上的人们眼里，德国一错再错，而美国却高举人道主义的旗帜。佩奇大使1916年1月9日的备忘录中这样写道：

> 豪斯上校途经柏林、勒阿弗尔，带着美国干预的想法终于到达了巴黎。起初，他的计划是由他和我以及英国的一个内阁小组拟定的，该计划要求实现最低限度的和平——以协约国的接受程度为底线，但他认为德国不会接受。总统接受这个方案后，会提交给双方，而拒绝方案的一方将为战争的延续负责……当然，上述计划有一个致命的道德缺陷，那就是我们参战不是因为是非曲直，而是因为一个诡计。[1]

单从表面上看，这似乎是一个悖论，威尔逊一直自称为和平主义者，现在却与外国势力达成秘密协议，使美国卷入一场本不必要的硝烟之中。想要解开这个谜题并不费力，你只需要知道关键就在于威尔逊和豪斯这两个人。他们都明白，要想让美国民众接受参战的必要性，必须有所依据。在他们心目中，只有漫长而血腥的战争才能让美国民众在道德上接受参战的必要性。威尔逊心里也清楚，假如美国早早地卷入战争，就会导致战场局势出现一边倒的情况；如果让战争持续一段时间，大量的美元就可以借给协约国，那么在战后，他将获得决定和平条款的权力。他写信给豪斯上校："在实现和平的具体方式上，英国和法国与我们意见不一。不过，当战争结束时，我们可以强迫他们按照我们的思维模式去思考，到那时候英法两国的财政已经控制在我们手中了。"所以，威尔逊总统忍受复杂情绪带来的巨大痛苦，做出了他认为的必要之恶。

时间进入1917年，威尔逊总统几乎在每一场公开讲话中都隐晦地

---

[1] 维雷克前引书，第112–113页。

暗示战争。例如，在那年3月的一次讲话中，他说："我们刚刚经历过长达30个月的动荡的悲剧性事件，这让我们都成为了世界公民。我们只能向前走，再无退路。无论我们是否承认，我们国家的命运已经卷入其中。"[1]

几乎是在同一时间，威尔逊总统召集国会的民主党领袖在白宫举行了一次特别的早餐会。他告诉他们，抛开公众的情绪不讲，国家仍有许多参战的合适理由。总统要求他们帮助他把这个计划兜售给国会和选民。哈利·埃尔默·巴恩斯（Harry Elmer Barnes）告诉我们：

> 这些人都反对战争，因此，他们强硬地拒绝了总统的建议。威尔逊心知肚明，在选举前分裂党派并不是明智之举，所以他即刻放弃了这个念头，并与豪斯上校为接下来的选举制定了"和平主义"的基调。纽约州的州长马丁·格林（Martin Glynn）和肯塔基州参议员奥利·詹姆斯（Ollie James）被指派到圣路易斯进行主题演讲，标榜"他让我们远离战争"……在威尔逊总统连任成功之前，德国人宣布恢复潜艇战，这正中威尔逊的下怀……对于英国和银行家来说，德国人这个错误犯的正是时候，因为英国已经透支了4500万美元的美国信贷额度，银行家很难再筹集大规模私人贷款了。现在有必要把资助协约国的负担转嫁给联邦财政部了。[2]

向美国民众兜售战争

通过秘密协议和骗局，美国政府一直渴望战争，但政治和货币学家意识到，仍有必要做一些事情来引导公众的情绪。那么，如何

---

[1] 费雷尔前引书，第12页。

[2] 哈利·埃尔默·巴恩斯：《追求真理和正义：揭开战争的神话》（芝加哥：国家历史协会，1928年版；纽约：阿诺出版社，1972年再版），第104页。关于这次会议的其他记录，参见维雷克前引书，第180—183页。

实现呢？

华尔街控制着相当多的重要媒体。乔治·惠勒（George Wheele）告诉我们："在这个时候，摩根公司正为历史悠久但陷入困境的哈珀兄弟（Harper & Brother）出版社挑选高级管理人员……在报纸领域，皮尔庞特·摩根控制着纽约的《太阳报》……波士顿新闻社、《巴伦周刊》以及《华尔街日报》。"[1]

1917年2月9日，得克萨斯州众议员卡拉威（Callaway）在国会发言，提供了进一步的见解。他说：

1915年3月，J.P.摩根经营着钢铁、造船和火药企业，以及众多附属公司。他们雇佣了12名报纸行业的高层，让他们挑选美国境内最有影响力的报纸，从而控制一般日报所刊登的内容。他们发现只需购买25种发行量最大的报纸就足以控制舆论……协议达成；报纸的舆论被收买，按月支付；每份报纸安插一名编辑，以便适当地监督和编辑关于战备、军国主义、财政政策等问题的文章，以及其他影响到出资方利益的国家和国际事务的信息。[2]

纽黑文铁路公司（New Haven Railroad）的查尔斯·梅伦（Charles S. Mellen）在国会上作证说，这家摩根控股的铁路公司向一千多家新英格兰地区的报纸支付报酬，每年花费约40万美元。这家铁路公司还持有波士顿《先驱报》发行的将近50万美元的债券。[3]摩根控制的公司和其他投资银行控制着另外数百家媒体。

此外，摩根通过广告业来实施对媒体的控制。伦德伯格在1937年写道："摩根集团控制的广告公司比任何一个单一的金融集团都多，那些独立的出版商也得足够尊重这一事实。"[4]

---

[1] 乔治·惠勒：《皮尔庞特·摩根和朋友们：一个神话的剖析》（新泽西：普伦蒂斯·霍尔出版社，1973年版），第283–284页。

[2] 《国会档案》，第54卷，1917年2月9日，第2947页。

[3] 伦德伯格前引书，第257页。

[4] 伦德伯格前引书，第252页。

当时摩根对媒体的控制是有据可查的，他在这个领域也非孤身作战。在1912年举行的参议院特权和选举委员会的听证会上，证明宾夕法尼亚众议员约瑟夫·西布利（Joseph Sibley）代表洛克菲勒公司向许多国会议员行贿。听证会上出示了西布利于1905年写给约翰·D.阿奇博尔德（John D. Archbold）的一封信，后者是洛克菲勒标准石油公司提供资金的联络人。西布利在信中写道："我们需要成立一个有效的办公室，不是为了满足某天的临时需要或者应对危机，而是为了永久地、全面地控制美联社和类似的渠道。虽然现在建造它代价很大，但走到最后，我们就会发现这才是最便宜的路径。"[1]

伦德伯格给出了进一步的评论：

据我们了解，洛克菲勒公司已经放弃了完全拥有报纸和杂志的旧政策，取而代之的是依靠洛克菲勒控制下的大量石油公司和广告商，间接迫使所有阵营的出版物遵从他们的最大利益。洛克菲勒公司拥有的广告商控制权仅次于摩根集团，当仅靠广告商不足以保证报纸内容对其公司的忠诚度时，洛克菲勒公司就会直接向报纸编辑付钱，以换得他们的友善态度。[2]

因此，美国（尤其是东部）的很大一部分新闻媒体都将矛头对准德国就并不奇怪了。哀怨声散布在整个美国土地上，美国民众要求诉诸武力去对抗"西方文明的敌人"。报社编辑们也雄辩地讴歌着美国人为了维护世界民主而承担的爱国义务，并称大规模的游行示威活动正在准备之中。

显然，上述所作所为远远不够。不管这种大规模的宣传活动做得多好，美国民众仍旧不买账。根据当时的民意调查结果来看，约九成的美国人不赞成参加欧洲战争。显然，现在需要戏剧性的大新闻才能

---

[1] 伦德伯格前引书，第97、249页。

[2] 伦德伯格前引书，第247页。

改变舆论。

摩根公司对船运业的控制

　　银行并不是摩根集团赚取丰厚利润的唯一业务。以国家铁路道路的控制权作为财务杠杆，摩根创建了国际航运业务，其中包括德国最大的两条航线和英国两条最大航线之一——白星线。1902年，摩根试图接管英国的剩余航线——丘纳德公司（Cunard Company），但英国海军阻止了这一交易。英国海军希望丘纳德公司不受外国控制，以保在战争的必要时期顺利征用该公司的船只。丘纳德公司修造了卢西塔尼亚和毛里塔尼亚号两艘船只，并因此成为摩根公司的主要竞争者。这是历史中一个有趣的注脚。从摩根公司的角度来说，卢西塔尼亚号是可以消失的。罗恩·彻诺解释道：

　　皮尔庞特为美国的航运业制定了一项计划，该计划将使得他的"利益共同体"原则——行业内的竞争对手进行合作——扩张到全球。他创造了……世界上规模最大的私人舰队……其中阿尔伯特·巴里（Albert Balli）的加盟作出了重要贡献，他控制着汉堡至美国的运输线，拥有数百艘船只，掌管着世界上最大的航运公司……皮尔庞特只剩一个对手了，那就是英国的丘纳德公司……在布尔战争之后，摩根航运集团和丘纳德公司斗了个两败俱伤。[1]

　　如前所述，摩根做了英国的官方贸易代理商，他处理了在美国境内的所有战争物资的采购，并帮助英国协调航运。跟随着几个世纪之前的罗斯柴尔德的脚步，摩根很快就习得了在战争中牟利的手段。《路西塔尼亚号》（The Lusitania）的作者科林·辛普森（Colin Simpso）介绍了牟利的手法：

[1]　彻诺前引书，第100–101页。

在美国保持中立的时期，英国军人身着便衣在摩根公司工作。这个伟大的银行业联合体迅速建立了一个伪造发货人、银行账户以及偷运工具的迷宫网络，虽然他们成功地骗过了德国人，但当他们欺瞒英国海军部或者丘纳德公司时仍有一些意外情况发生，更别提那些携带违禁品上客轮的不幸乘客了。[1]

卢西塔尼亚号

卢西塔尼亚号是英国的一艘客轮，定期往返于利物浦和纽约之间。卢西塔尼亚号属于丘纳德公司，前文提到过，它是唯一一条对摩根公司构成威胁的重要航线。1915年5月1日，卢西塔尼亚号离开纽约港，扬帆远航，但仅仅六天之后，就被德国潜艇击沉在爱尔兰海岸。丧生的1195人中有195人是美国人。这一事件比任何其他事件都更为重要，它给公众提供了发动战争的合理理由，这也成了美国民众勉强接受战争的转折点。尽管这次事件不算参战的必要条件，但这场战争已经无法避免。

事实上，卢西塔尼亚号根本不是客船。虽然它被建成了一艘豪华邮轮，但它的建筑规格是由英国海军部制定的，在必要时，卢西塔尼亚号是可以作为战船使用的。从发动机、船体形状到弹药储存区等，一切都是按照军事设计建造的。卢西塔尼亚号的建造初衷是运输12门6英寸大炮。这些功能的建设成本都由英国政府支付。即使在和平时期，英国政府也要求船上必须有皇家海军的军官和海员。

1913年5月，卢西塔尼亚号驶回干船坞，在这里装上了武器，回转炮塔架在甲板之上，弹药存放在货舱之中，升降机将炮弹安置在炮架上，12门高爆炮送到了干船坞。所有的记录都来自于英国格林尼

---

[1] 科林·辛普森：《路西塔尼亚号》（波士顿：小布朗公司，1972年版），第50页。

治的国家海事博物馆的公开记录，由于没有确凿的证据能够表明当时的船只上真的安装了火炮，所以这一问题的真假还有待商榷。9月17日，卢西塔尼亚号返回海面，并且做好了应对严峻战争的准备。这一次，海军舰队的登记册上记录了它的名字，它并不是作为一艘客船，而是以一艘巡洋舰的面目出海了。从那时起，《詹氏战舰大全》（*Jane's Fighting Ships*）一书就将卢西塔尼亚号列入了改装巡洋舰的名目，英国刊物《海军年度》（*The Naval Annual*）中则称它是武装商船。[1]

在干船坞进行的改造中，包括将甲板下的所有乘客住宿空间移除，从而为更多的军事物资腾出空间。从此，卢西塔尼亚号成为战争中运送物资（包括从美国到英国的军火）的最重要载体之一。1915年3月8日，在与德国潜艇进行几次紧急联系无果之后，卢西塔尼亚号的船长放弃了。他说，他愿意面对U型船的威胁，但他不愿意再"承担将乘客与弹药或违禁品置于一船的责任"。[2]

丘吉尔的诡计

站在英格兰的立场来看，根本没有选择。除非美国可以作为盟友加入战争，否则英国很快就要求和。英国政府面临的最大的挑战就在于如何引导美国民众摆脱顽固中立的立场，这是这场战争中最有争议的问题之一。对于许多人来说，他们无法想象英国为了拉美国参战，领导人竟然阴险策划故意将搭载有美国人的船只弄沉。诚然，任何类似于这样的想法都来自于德国的宣传。罗伯特·巴拉德（Robert Ballard）在《国家地理》杂志中写道："在船只沉没后的这些日子

---

[1] 辛普森前引书，第17–28、70页。

[2] 辛普森前引书，第87页。

里，一些身处纽约的德国同情者提出了阴谋论。他们说，英国海军蓄意使卢西塔尼亚号沉没，希望借此把美国拖入战争。"[1]

让我们来仔细看看所谓的阴谋论。温斯顿·丘吉尔（Winston Churchill）时任英国海军大臣，他说：

战争中的策略千变万化，动机、外交、力学、心理学等都涵盖其中。这些在战场上都是看不到的，但所作出的决定性的反应往往依靠这些因素。将盟友带入战争只是赢得这场伟大战争的一个策略而已。对于赢得战略优势而言，军事计谋的作用不如安抚或威慑危险的中立国。[2]

丘吉尔选择了冷酷的策略。根据所谓的巡洋舰交战规则来看，遇到对方的非武装商船，英国和德国双方的军舰都要在船只沉没之前将船员带到救生艇上。但是，1914年10月，丘吉尔发出命令，英国商船不得再服从U型潜艇的停船、搜查命令。如果他们有武器，就与敌军交战；如果没有武器，可以将敌船撞沉。这一策略改变带来的最直接后果就是迫使德国U型潜艇保持潜水状态以自保，并在不发出警告的情况下击沉英国船只。

为什么英国人会做如此愚蠢的事情，赔上成千上万英国海员的生命？答案显而易见，这并不愚蠢。丘吉尔称之为冷血战略：

我采取的第一个对抗措施……就是杜绝德国人从海面上攻击，因此，潜没的U型潜艇只得越来越依赖水下攻击，这就给英国的船舶和中立国的船员带来了更大的风险，但也使德国卷入了与其他大国的冲突。[3]

为了增加中立"大国"意外沉船的可能性，丘吉尔命令英国船

---

[1] 罗伯特·巴拉德：《卢西塔尼亚号之谜》，载于《国家地理》，1994年4月刊，第74页。

[2] 温斯顿·丘吉尔：《世界危机》（纽约：斯克里布纳的儿子出版社，1949年版），第300页。在巴诺书店1993年的再版中，此段文字出现在第464页。

[3] 丘吉尔前引书，第274–275页。

只移除船身上的标识，并且在港口时悬挂中立国国旗，最好是美国国旗。为了实施进一步的挑衅，英国海军接到命令，要求以重罪犯的名义对待被捕U艇船员，而不再是作为战俘。丘吉尔写道："幸存者就应该被囚禁起来或直接射杀，怎么方便怎么来。"[1]还有一些命令，今日的英国海军部都羞于提及，因为这些命令更加残忍、无情："在所有行动中，只要见到白旗就应该毫不犹豫地开火。"[2]

英国政府小心翼翼地布好了陷阱。德国果然不负众望，采取了先开火、再问话的方式。在这种情况下，美国不可避免地会加入战争，美国生灵终遭涂炭。

漂浮的弹药库

经过多年的调查，我们现在终于可以确定卢西塔尼亚号在最后一次航行中装载了什么货物。这批货物包括600吨的焦木素（通常称为枪棉[3]）、600万发弹药、1248枚炮弹（可能没有装炸药），以及填满了底层甲板和F层甲板走廊、烟道的未知数量的弹药。除了这些武器之外，还有很多吨的"奶酪""猪油""毛皮"等物品，后来经证明都是虚假标签。至于这些物品真正是什么，现在还不能下定论，但可以肯定的是，就算它们不是完完全全的战争武器，也是走私的非法物品。它们都是摩根公司托运的货物，可公众对此丝毫没有怀疑，最不幸的就要属那些在不知不觉中就将自己送上绝路的美国人和其家属了，他们成了全球金融和政治游戏中的诱饵。

德国驻华盛顿大使早就清楚卢西塔尼亚号上装载的货物的性质，

---

[1] 出自海军上将西尔伯特·里士满1915年2月27日的日记，英国国家海事博物馆。转引自辛普森前引书，第37页。

[2] 出自英国档案局ADM/116/1359号文件，1941年12月23日。转引自辛普森前引书，第37页。

[3] 在有限空间内，枪棉的爆炸威力是火药的三倍，并且燃点低很多。参见曼努埃尔·艾斯勒：《现代炸药》（纽约：约翰·威利出版社，1914年版），第110、112、372页。

并向美国政府正式提出抗议，说这些货物基本上都是违反国际中立条约的物品。美国轻描淡写地回应称，对于船上货物并不知情。德国大使馆发现威尔逊行政当局默许这批货物装运之后，做了最后的努力。他们在美国东海岸的50家报纸上（包括纽约市的报纸）刊登广告，警告美国民众不要乘坐卢西塔尼亚号。德国人支付了广告费用，并且要求在航行前一周刊登在报纸的旅行页面上。其内容如下：

敬告！

仅以此提醒各位即将开始大西洋航行旅程的游客们，德国与其盟友以及英国与其盟友之间硝烟未断；战争波及范围为不列颠群岛及其周边海域；据德国政府正式通知，凡是悬挂英国国旗的船只或任何协约国的船只，在这片水域内都有可能受到攻击；在战争区内航行的英国船只或其盟友自行承担风险。特此告知。

德意志帝国大使馆

华盛顿特区　1915年4月22日

虽然德国大使馆提前将广告内容交给了报社，但美国国务院对此举进行了干涉，威胁要起诉报社，并恐吓报社，在没有国务院检察官的许可下，不得刊登此广告。50份报纸中，只有《得梅因纪事报》（*Des Moines Register*）按照要求刊印了广告。接下来发生的事情由辛普森向我们讲述：

4月26日，乔治·维雷克（时任德国所属报纸的编辑，刊登广告的执行者）花了一整天的时间追问国务院为什么不刊登他的广告。最终，他想方设法获得了面见国务卿威廉·詹宁斯·布莱恩的机会，并指出，卢西塔尼亚号在战时航行中运载了弹药。他向国务卿出示了卢西塔尼亚号补充仓单的副本，他从收税员办公室的公示文件中发现了该副本。更重要的是，他还告诉布莱恩，他知道下星期五卢西塔尼亚号运送的弹药绝不少于600万发，而且会在54号码头装运。布莱恩拿起电话，下令可以刊登此广告。他向维雷克保证，他会努力说服总统公开警告美国民众放弃此次旅行。总统并没有发出这样的警告，但我们完全有理由相信威尔逊总统深知卢西塔尼亚号的货物的性质。总统没有采取任何措施，但在得知卢西塔尼亚号沉没的那一天，他清楚地表示预知此事让他度过了许多不眠之夜。[1]

或许从本质上来讲，威尔逊是和平主义者不假，但同样真切的是，他并不能完完全全地掌控自己的命运。他曾经是普林斯顿常春藤名校的大学教授，梦想着世界一家，万民安乐。但他发现环绕身侧的是意志坚定、政治态度明确和财政资源强大的人们，他也依赖着这些人。他只能独自对抗这些力量，但是孤军奋战，导致他在很多事情上无能为力。我们也相信，威尔逊在被迫参与到前文中所描述的一系列事件之中时，内心也痛苦不堪。由于这个男人拒绝警告同胞们远离危险，195条鲜活的生命白白葬送在水下。读到这里，你一定也想知道这样冷漠的一个人是如何做出谴责德国人、又拼尽全力防止美国民众触及真相的行为的。可以想见，他的懊悔肯定不是仅限于失眠的那几个小时。

绝命航程

我们的故事讲得有点太快了。当摩根和威尔逊在美国大西洋设置致命的陷阱时，丘吉尔也在欧洲马不停蹄地扮演着自己的角色。卢西塔尼亚号于5月1日离开纽约港，它的首要任务是在爱尔兰海岸附近与一艘英国驱逐舰"朱诺号"会合，然后在军舰的护卫下进入敌对水域。然而，当卢西塔尼亚号赶赴汇合地点时，却没有如期见到驱逐舰的身影。船长天真地以为是在迷雾之中错过了。其实，朱诺号是临时

---

[1] 辛普森前引书，第97页。

被召回，并遵命返回了皇后镇（Queenstown）。因此，卢西塔尼亚号已经完全暴露在了德国潜艇运行的海面之上。更糟糕的是，卢西塔尼亚号被限制用煤量，不是因为缺煤，而是为了削减开支。当然了，行动缓慢的目标更容易被攻击。而且，英国政府要求它关闭四个锅炉中的一个。就这样，卢西塔尼亚号缓缓驶入德军潜艇出没的水域，当时的航行速度只是预定速度的75%。

卢西塔尼亚号渐渐地靠近敌军水域，几乎每个人都意识到它正处于极度危险之中。伦敦的报社早已知道德国的警告，以及最近发生的多次船只被击沉事件。此刻，在英国海军部的地图室中，丘吉尔默默地看着戏剧一幕幕铺开，冷静地作出决定。地图里标注着前一天两艘船被炸毁的地方，圆圈圈出了U型艇运行的方位。一个更大的圆盘表示卢西塔尼亚号以19节的速度径直进入该圈，但没有任何防卫措施或护卫舰来保护它。皇后镇的海军上将科克（Coke）接到了一道模棱两可的命令，要求他全力保证卢西塔尼亚号的安全，可他完全没有要这么做的意思。事实上，甚至没有人去通知卢西塔尼亚号的船长与朱诺号的会合已经取消了。

约瑟夫·肯沃西（Joseph Kenworthy）是当天出席地图室高级指挥会议的军官之一，丘吉尔曾要求他提交一篇报告，分析搭载美国乘客的远洋客轮沉没所引发的政治后果。离开房间之时，他对上司充满了厌恶。1927年，他在《海洋的自由》（*The Freedom of the Seas*）一书中写道："卢西塔尼亚号是在没有护卫舰的情况下，以非常缓慢的速度进入敌军水域的，德方潜艇早就在那里恭候多时了。"[1]结果已无需冗述。

卢西塔尼亚号沉没的那时那刻，豪斯上校正准备拜会英国国王乔治五世，爱德华·格雷爵士陪他一同前往。在路上，格雷爵士问

---

[1] 约瑟夫·肯沃西、乔治·杨：《海洋的自由》（纽约：艾耶尔公司，1929年版），第211页。

他："如果德国人击沉了载有美国乘客的远洋班轮，美国政府会怎么办？"豪斯上校在日记中记述了这一段对话，他当时是这么回应的："如果这是真的，那么愤怒的火焰会横扫美国上下，并将我们带入战争。"[1]在稍后的白金汉宫会面之中，国王乔治也提出了相同的问题，并且对可能发生的事情做了更详细的描述。乔治国王问道："假设，德国人击沉了载有美国乘客的客轮……"[2]

一场爆炸，一座水墓

在谈话结束仅仅四个小时后，二氧化钛燃烧的滚滚黑烟就出现在了德国U–20潜艇的潜望镜之中。卢西塔尼亚号径直驶向U型潜艇。U型潜艇将它截住，从容地调转90度艇身，向750码开外的船只开炮。第一颗鱼雷击中了水下9英尺的右舷前侧，第二颗鱼雷已经就位，但已经没有使用的必要了。船只立刻爆炸，随即第二次更为巨大的爆炸接踵而来，几乎炸开了整个二号货舱，一直炸到大船底部。船身破了一个大洞！卢西塔尼亚号曾经是世界上最大的船只之一，却在短短18分钟里永远沉没了。

在锅炉房工作的船员中的幸存者证明，袭击发生时，锅炉房并没有受到攻击。辛普森也告诉我们：

G鱼雷没有炸开1号锅炉房的内舱壁，而是引燃了什么东西，炸破了大部分船底。它可能是伯利恒公司生产的3英寸炮弹、600万发步枪弹药，或是标注为"毛皮包"或"四十磅小盒奶酪"的可疑物品。深入海底查看遗骸的潜水员们一致证明，卢西塔尼亚号的船身是因巨大的内部爆炸而炸毁，大块的电镀船身向内弯曲，发现它们的时候和

---

[1] 西摩前引书，第1卷，第432页。

[2] 同上，第432页。

船体已经有了一定的距离。[1]

1993年夏天，伍兹霍尔海洋研究所（Woods Hole Oceanographic Institute）的搜索队在对残骸进行了调查后，发表声明说："当我们的相机扫过船舱时，令人大吃一惊的事出现了，卢西塔尼亚号船身上根本没有所谓的大洞……我们没有找到任何能够证明U-20发射的鱼雷爆炸的证据，这与公认的船只因为炸洞而沉没的理论不符。"[2]

该团队的意外发现并不为人熟知。照片显示，右舷被埋在了海底下面。由于这是鱼雷击中的地方，所以看不到洞孔也是合乎逻辑的，洞孔可能被埋住了。该团队报告称，他们只能检查船体底部的一部分，因为船只的大部分（包括整个右舷）都深埋于淤泥之中。鱼雷只击中水线以下九英尺的位置，逻辑上大洞不会出现在船体底部附近，而应该出现在主甲板和底部的中间。换句话说，这个洞现在被淤泥掩埋了。看不到洞就无法证实内部爆炸的理论，这也正是一些人想看到的结局。

显而易见的是，在任何情况下，卢西塔尼亚号都不可能在船身没有洞的情况下于18分钟内沉没。搜索小组在试图解释是什么引起第二次爆炸的问题的时候，也间接地承认了上述事实。为了避免给人以阴谋论的感觉，报告中说，引起爆炸的或许不是炮弹，而可能是煤尘。

归根到底，引起爆炸的到底是弹药还是煤尘根本没有什么区别，只要不否认弹药爆炸的可能性就够了。

匆忙的掩饰

在莫西（Mersey）勋爵的指导下，官方对卢西塔尼亚号沉船一事

---

[1] 辛普森前引书，第157页。

[2] 巴拉德前引书，第74、76页。

正式进行调查，以求查明原因并归咎责任。这件事从一开始就被人操纵着。所有证据、证词事先都经过了仔细的筛选，以便与英美双方政府的记录保持一致。在听证会之前，所有提交给莫西勋爵的文件之中，有一份来自于理查德·韦伯（Richard Webb）上校，他是海军部指派的人员之一。他的证词如下："海军部委员会指示我通知您，将发生灾难的责任归咎于卢西塔尼亚号船长特纳是经过深思熟虑的政治决定。"[1]

最终报告才最有趣，因为任何人在不知道事实的情况下阅读它都会得出一个结论，那就是威廉·特纳船长是这场灾难的罪魁祸首。不过，莫西勋爵试图弱化这种指责。他写道："不应该把责任都归咎于船长一人……纵然他不服从各方建议，也不能只归因于他的玩忽职守或是无能。"接着，他写下了浓墨重彩的最后一段，表面上看来是对德国人的强烈谴责，但如果你熟知当时的背景，就会发现这一段实际上是在指控丘吉尔、威尔逊、豪斯以及摩根。莫西勋爵是这样写的：

承担这场灾难中摧残无辜生命的责任的，必然是那些策划并犯下该罪行的人们。[2]

莫西勋爵意识到他所写的文字有双重含义了吗？恐怕没有。但是在作出判决两天后，他写信给首相阿斯奎斯，拒绝接受酬劳。另外，他补充说："从今以后，我不能再为国王陛下管理司法了。"后来的年月里，他对这件事仅有过一次评论："卢西塔尼亚案肮脏不堪。"[3]

战争的召唤

如果德国人击沉美国船只，效果会更好，但击沉一艘搭载有195

[1] 《莫西勋爵调查报告》，转引自辛普森前引书，第190页。

[2] 辛普森前引书，第241页。

[3] 同上，第241页。

名美国乘客的英国船只也足以完成这项任务了。游戏玩家们不用浪费时间来煽动公众情绪了。威尔逊向德意志帝国宣泄愤怒的照会被媒体拿来大肆宣扬。

到了那个时候，布莱恩已经明白了政府的把戏。5月9日，他写了一封信给威尔逊总统：

德国有权力阻止走私物品流入德国，携带违禁品的船只也不应该拿乘客做挡箭牌——这就像是把妇女和儿童放在军队前面。[1]

但这封信没能阻止威尔逊兑现诺言，在第一次照会发出之后，紧跟着就起草了另一个更强势、更具威胁性的照会，并随即在6月1日的内阁会议上引发了激烈的讨论。出席此次会议的麦卡杜说：

我记得布莱恩在这次会议上基本没有开口，他就坐在那里，多半时间都半闭着眼。会议结束之后，他告诉威尔逊总统，他不能在照会上签字。布莱恩接着说，他认为自己的国务卿一职已经名存实亡了，所以他递交了辞呈。[2]

威尔逊总统派遣麦卡杜到布莱恩家说服他回心转意，免得民众觉得他的辞职是因为内阁与总统不和。布莱恩同意再考虑一天，到了次日清晨，他更加坚定了自己的决心。在布莱恩的回忆录中，妻子说那天晚上他久久无法入睡。"那天晚上，他焦躁不安，我告诉他去读一点东西，读到有倦意为止。他在手提包里发现了一本1829年印刷的老书《由衷感谢安德鲁·杰克逊》（*A Wreath of Appreciation of Andrew Jackson*）。他觉得这本书相当有趣。"[3]

多么讽刺啊！我们在17章将会讲述威尔逊总统是如何对付联邦储备体系的前身——合众国银行的，不要忘了杰克逊的预言：

依靠一个本质上与我们国家没有太大关系的银行，我们的自由和

---

[1] 布莱恩前引书，第2卷，398–399页。

[2] 麦卡杜前引书，第333页。

[3] 布莱恩前引书，第2卷，424页。

独立真的不会受到威胁吗？……和平公正的选举和远离战争的中立，不会因此受到威胁吗？……控制我们的货币，接管我们的公共资金，让成千上万的公民成为一盘散沙，这是比海军军力更强大和危险的敌人。[1]

人们不知道当布莱恩回想起杰克逊的警告，并联想到当时人为制造战争狂热情绪的现实时，他的脑中在想些什么。那一刻，正是华尔街的金融大亨和新创建的联邦储备委员创造了这种战争狂热情绪。

豪斯上校在英格兰向威尔逊总统发送了一封电报，威尔逊将其内容转述给了他的内阁。这封电报成为成千上万的报纸社论的起源。他在电报中虔诚地说道：

当美国在决定站在文明还是野蛮战争的一边时，美国正处于历史的分界点。我们不能再做保持中立的旁观者了。我们在这个危急时刻所采取的任何行动，都将决定和平来临时我们所扮演的角色，以及我们需要多久才能达成有益于人类的和平协议。我们正在权衡得失，人类也正在评估我们在各国之间的地位。[2]

在两天后的另一封电报中，豪斯上校仿佛操控着威尔逊的意识之弦的木偶大师。他写道：

如果，不幸发生，我们不得不参战，那么我希望你可以向全世界展示美国的能力，这将在未来一个世纪甚至更长时间里震慑他们。欧洲的民众普遍认为我们对战争毫无准备，认为我们需要很长时间进行准备，认为我们加入战争对大局毫无改变。

在战争期间，我们应该加速制造弹药，不仅是为了我们自己，也是为了协约国。不久之后，我们将会震惊整个世界。[3]

---

[1] 赫尔曼·克鲁斯等：《美国银行与货币的历史资料》（纽约：切尔西出版社，1983年版），第3卷，第26-27页。

[2] 西摩前引书，第434页。

[3] 西摩前引书，第435页。

国会无力抵抗来自新闻界和总统的双重压力。1917年4月16日，美国正式对同盟国宣战。八天后，国会通过了《战争贷款法》，向协约国提供了10亿美元的信贷。次日，第一笔2亿美元的预付款就送到了英国，并立即被用来支付摩根的债务。几天后，为了达到同样的目的，1亿美元到达法国，同样用来支付债务。三个月内，英国人向摩根公司偿还了4亿美元的债务，而摩根又将这些钱交给了政府。然而，财政部无法在不损害其自身可用资金的情况下使用这笔钱，所以，最初财政部拒绝接受。但很快，问题就有了解决方法，我们在第10章已经解释过这个方案——本杰明·斯特朗的联邦储备体系通过曼德雷克机制创造了所需资金。费雷尔写道："威尔逊政府发现自己处于一个非常尴尬的位置，它不得不拒绝J.P.摩根对于麦卡杜（财政部长）的帮助，幸好在本杰明·斯特朗的帮助下脱离了困境。在1917至1918年的随后几个月里，财政部悄悄地支付了摩根公司的透支费用。"[1]战争结束时，财政部总共借出了94.66亿美元，包括在停战后给予的21.7亿美元。

这是他们盼望已久的现金流。除了挽救摩根的贷款外，更多的利润是由战争产生的。根据当时的海军助理秘书富兰克林·罗斯福所说，政府在实际宣战之前就已经秘密地为战争准备了六个月，海军部也在1916年秋天开始广泛采购战争用品。[2]费迪南德·伦德伯格补充说：

毫无疑问，所有战略性的政府职位，特别是那些与采购有关的职位，都是为华尔街爱国者保留的。在最重要的任命上，威尔逊咨询道奇（洛克菲勒国民城市银行总裁）的意见。道奇向威尔逊推荐了鲜有人知的伯纳德·巴鲁克（Bernard Baruch），一名铜类期货投机者，担

---

[1] 费雷尔前引书，第89–90页。
[2] 克拉伦斯·巴伦：《他们告诉巴伦》（纽约：哈勃兄弟出版社，1930年版），第51页。

任战争工业委员会主席……

作为战争工业委员会主席，巴鲁克每年花费政府的资金达到10亿美元。巴鲁克的战争工业委员会，与过去和未来的华尔街操纵者、实业家、金融家及其代理人沆瀣一气……他们基于成本统一了价格。随后的调查显示它的成本被严重夸大，以便产生隐性利润……

战壕中的美国士兵，在家工作的人民，整个国家都处于战备状态之下——并且正在战斗，不仅是为了征服德国，也是为了赢得民心。当我们清楚地了解到美国政府在1917年4月6日到1919年10月31日最后一支部队撤出欧洲时的战时总支出为354.13亿美元时，任何形而上学的哲理恐怕都无法解释清楚这笔支出。1916年1月1日至1921年7月，当最终清算战争工业活动时，该公司净利润为380亿美元，与战争支出数额相当。普若委员会发现这些公司利润中的三分之二以上属于"货币托拉斯"。[1]

银行卡特尔能够通过联邦储备系统的运作，为英国和法国创造货币，这样英法两国就可以偿还美国银行，同样的方法也被用于第二次世界大战和20世纪八九十年代的紧急援助之中。的确，1917年颁布的《所得税法》有助于为战争募资，而且正如比尔德斯·拉姆尔在几年后指出的那样——该法将购买力从中产阶级手中夺走。但是，最大的资金来源并非直接税，而是来自战时的通货膨胀隐性税。在1915年至1920年间，货币供应量从206亿美元近乎翻了一番，达到398亿美元。相反，在第一次世界大战期间，货币购买力下降了近50%。这就意味着美国民众在不知不觉中向政府上缴了大约一半的美元，这还不包括他们的税款。这种大量的金钱注入是曼德雷克机制的产物，不需要创造任何东西。然而，银行却能够收取利息。政治和货币学家之间悠久的伙伴关系很好地履行了它的使命。

---

[1] 伦德伯格前引书，第134、144–145页。

本章总结

在世界第一次大战的早期阶段，为了获得经济援助，英国和法国都从美国的投资者那里获得了大量借款，并选择摩根公司作为其债券的销售代理。同时，摩根还担任美国战争物资的采购商，从买卖双方获利：一次是借钱的时候，另一次是花钱的时候。摩根控制的公司承接了大量生产订单，也产生了进一步的利润。可当德国潜艇实际控制了大西洋航线的时候，战争的形势对协约国越来越不利。随着英国和法国越来越接近战败或求和，出售他们的债券变得越来越困难。没有债券就意味着没有交易，摩根的现金流也因此受到威胁。此外，如果他们在战争中战败，以前出售的债券不能按时履约，摩根财团将遭受巨大的损失。

拯救大英帝国、恢复债券价值和维持摩根现金流的唯一办法就是由美国政府提供这笔钱。但是，由于条约限制，中立国家不得提供资金，所以美国不得不加入战争。有了威尔逊总统的同意，英国官员和豪斯上校签订了一项秘密协议。从那时起，威尔逊开始向国会施压，迫使他们宣战。这些秘密过程都是在威尔逊连任竞选时完成的，尽管威尔逊参选的口号是"他使我们远离战争"。与此同时，摩根出资控制了重要的新闻媒体，在全国范围内利用舆论抨击德国，并以爱国主义的口号呼吁加入战争。

摩根打造了一个包括德国商船在内的国际航运联盟，在公海海域几乎形成了垄断的局面。只有英国丘纳德公司不为所动。卢西塔尼亚号由丘纳德公司所有，并与摩根公司竞争。卢西塔尼亚号严格按照军事规格设计建造，并作为武装改装巡洋舰在英国海军部注册。它以乘客为掩护，掩盖从美国运输违禁战争物资的真正使命。威尔逊政府及其本人早已深谙此事，但无一人出面阻止。

德国大使馆竭力向美国乘客发布警告，但国务院干预并阻止了报纸的印刷。当卢西塔尼亚号离开纽约港口进行最后的航行时，它就是真正意义上的漂浮弹药桶。

英国人很清楚，将美国卷入战争至关重要。任何有助于实现这一目标的东西都是好的，即使是残酷地牺牲一艘巨轮与英国船员也在所不惜。但这个诡计成功的关键就在于船上有美国人，这有助于在美国国内煽动民众的情绪。当卢西塔尼亚号缓缓进入敌军水域时，德国U艇正在巡逻，海军上将温斯顿·丘吉尔却调走了驱逐护卫舰。加之卢西塔尼亚号正以降速后的速度行驶，这使它更容易遭受攻击。在第一颗鱼雷击中船身爆炸之后，紧接着第二次巨大的爆炸从内部将它撕成了碎片。许多人心目中永不沉没的卢西塔尼亚号就这样在短短18分钟内沉向了大海深处。

行动完成了，美国人对德国人的仇视被煽动起来，这种不满也传遍了华盛顿并最终将美国卷入了战争。在宣战后的几天时间里，国会为英格兰和法国提供了10亿美元的信贷。2亿美元立即被转账到英国，并应用于摩根公司的账户。资助战争所需的大量资金是由联邦储备体系创造的，这就意味着它是通过通货膨胀的隐性税收从美国民众手里收集来的。在短短五年时间内，这项税收就占了美国人全部储蓄的一半。无数成本就这样计入了美国人的账单。

因此，尽管动机不同，但温斯顿·丘吉尔、J.P.摩根、豪斯上校和伍德罗·威尔逊都希望把美国卷入第一次世界大战。丘吉尔是为了军事优势，摩根是为了寻求战争的利润，豪斯图谋政治权力，威尔逊梦想着有朝一日主宰战后的国际联盟。

第13章
化装舞会

塞西尔·罗德斯创立的秘密团体；美国外交关系委员会是该组织在美国成立的分支机构；代表这两个群体的融资者在资助俄国革命中所起的作用；红十字会的秘密作用。

俄国布尔什维克党领导的革命是当代历史画卷中最值得称颂的传奇之一，这是一场长期受压迫的群众反对沙皇统治阶级的民众起义。在这一章节，我们将看到这场革命的融资很多都来自俄罗斯境外，主要来自德国、英国和美国的金融家。除此之外，我们还将看到罗斯柴尔德法则在这些事件中发挥着不可或缺的作用。

这个神奇的故事开始于1904年俄国和日本之间的战争。雅各布·希夫是纽约库恩－勒布投资公司的负责人，为日本发动大规模战争筹集了大笔资金。正是因为这笔资金，日本才能够在旅顺港对俄国军队进行突袭，并在次年重创俄国舰队。1905年，日本明治天皇授予雅各布旭日勋章，以此来表彰他在这场战役中的突出贡献。

在两年的战争中，数以千计的俄国士兵和水手被囚禁。希夫付钱印刷了一吨半的马克思主义宣传册，并把它送到战俘营。他还派出了数十名讲俄语的革命者，在囚犯中分发小册子，并向囚犯们灌输反抗国家政府的思想。战争结束之后，50000名军官和士兵回归故土，他们也成为反对沙皇的"种子"，为以后的革命埋下了伏笔。几年以后，他们在革命中起了至关重要的作用。

希夫的代理人

当时，列夫·托洛茨基（Leon Trotsky）是最著名的俄罗斯革命者之一。1916年1月，托洛茨基被驱逐出法国，并应希夫的邀请来到美国。他在蒙特塞拉特的旅行费用均是由希夫支付的。他在美国停留了几个月，在这里写了关于社会主义新世界的论文，在纽约的公众集会上发表革命演讲。据托洛茨基自己说，一辆配着司机的豪车随时听从他家人的调遣，这辆车是由富有的"M医生"提供的。托洛茨基在《我的生活》一书中写道：

医生的妻子带着我的妻子和儿子们开车去外面兜风，对他们也很友善。但她仅仅是一个凡人而已，而司机却是魔术师、巨人、超人！随着司机手的舞动，那台机器就在他轻快的指令下有条不紊地开始工作。能坐在司机身旁那可真是极大的享受！就连进入茶室之后，我的儿子们都会急切地问母亲："为什么司机不进来？"[1]

这位社会主义激进派、工人阶级捍卫者、资本主义的敌人的家人，却在享受茶室和司机的乐趣，此情此景也不免有点奇怪。无论如何，我们现在已经知道，他在纽约的所有花销，包括大规模集会在内，都是由雅各布·希夫支付的。

1917年3月23日，卡内基音乐厅举行了大规模集会，庆祝尼古拉二世退位，这也就意味着俄国的沙皇统治被推翻了。成千上万的社会主义者、马克思主义者、虚无主义者和无政府主义者都参加了活动，庆祝这一幸事。第二天，《纽约时报》第二版刊登了这一场庆祝活动的消息，还包括雅各布·希夫的一封电报。电报中，他表达了自己无

---

[1] 列夫·托洛茨基：《我的生活》（纽约：斯克里布纳出版社，1930年版），第277页。

法参加庆祝的遗憾，接着描述了俄国革命的成功是"我们多年守望并不懈奋斗的结果"。[1]

1949年2月3日，《美国纽约日报》（*New York Journal American*）专栏作家乔立·尼克博格（Cholly Knickerbocker）引用希夫的孙子约翰的话，说他的祖父曾在俄国共产主义革命中获利2000万美元。

托洛茨基在1917年回到彼得格勒组织布尔什维克革命时，带了一万美元的旅行费用，根据当时的美元价值来说，这笔款项绝对是绰绰有余了。我们清楚地知道这笔钱有多少，是因为加拿大和英国海军人员在哈利法克斯（Halifax）的一艘轮船上逮捕了托洛茨基，官方对他的资产数目进行了明确登记。因为德国当时与俄国处于战争状态，又因为托洛茨基对沙皇的敌意众所周知，所以人们就以为这一万美元是德国人在纽约给他的，但随后的证据表明，这笔钱来自库恩–勒布公司。[2]

逮捕托洛茨基绝不是一时兴起。英国认为托洛茨基对英国不利，而在英联邦国家之中，英国是加拿大的母国。一战的烽火在欧洲土地上肆虐时，俄国也作为英国的盟友参战。而在俄国内部爆发革命，无疑会削弱俄国参战的能力，这将在实际上削弱英国、有利于德国。在托洛茨基启程的前一天晚上，他在纽约发表演讲说："我要回俄国推翻临时政府，停止与德国的战争。"[3]英国政府以德国特工的名义逮捕了他，并将其作为战俘拘押。

现在，我们不难理解英格兰和美国那些营救托洛茨基的神秘而巨大的势力了。马上，各种不同来源的电报开始以纽约一个不知名的律师的名义发到哈利法克斯，从加拿大副邮政局长，到英国某个高级

---

[1] 《市长称和平主义者是叛徒》，载于《纽约时报》，1917年3月24日，第2版。

[2] 安东尼·萨顿：《华尔街和布尔什维克革命》（纽约：艾林顿出版社，1974年版），第21–24页。

[3] 参见参议院66届国会第62号档案，《司法机关小组委员会的报告和听证会》，1919年，第2卷，第2680页。

军官，都在询问托洛茨基的处境，并要求立即释放他。当时，驻美国的英国特勤处部长是威廉·威斯曼爵士。他曾经住在豪斯上校家的楼上，并且与豪斯成了好朋友。豪斯上校告知威斯曼先生说，威尔逊总统希望英方可以释放托洛茨基，于是，威斯曼向政府提出释放他的请求。终于，到了4月21日，英国海军部发布释放托洛茨基的命令。[1]这个至关重大的决定，不仅影响了战争的结果，更是影响了整个世界的未来。

希夫不是一个人

如果你以为雅各布·希夫在这场戏剧中一直都是孤军奋战，那么你就大错特错了。要不是有美国护照的保驾护航，托洛茨基做梦都别想去哈利法克斯那么远的地方，而这一切都是由总统威尔逊出面干涉完成的。安东尼·萨顿教授说：

伍德罗·威尔逊简直就是托洛茨基的大救星。他给托洛茨基提供了护照，让他能够重回俄国，能够发动革命……而与此同时，谨慎的国务院却声称，考虑到这些革命者回到俄国的影响而收紧了护照的审批程序。[2]

1911年，《圣路易斯特快报》（*St. Louis Dispatch*）发表了罗伯特·米诺尔（Robert Minor）设计的布尔什维克卡通形象。米诺尔后来在俄国因从事革命活动而被捕，但他其实是华尔街著名的金融家。米诺尔很了解自己所画的主题，也明白自己的漫画具有重大的历史意义。漫画中卡尔·马克思胳膊下夹着一本名为《社会主义》的书，站在华尔街接受众人的欢呼。人们聚集在一起，热情地问候他，和

---

[1] 《我们为什么放走托洛茨基？加拿大是如何失去缩短战争的机会的？》，载于加拿大《麦克林杂志》，1919年6月刊。也见于马丁前引书，第163–164页。

[2] 萨顿前引书《华尔街与布尔什维克革命》，第25页。

他握手的是那些头戴丝绸帽子的人们，有约翰·D.洛克菲勒、J.P.摩根、国民城市银行的约翰·D.瑞安（John D. Ryan）、摩根的合伙人乔治·W.铂金斯（George W. Perkins）以及进步党领袖泰迪·罗斯福（Teddy Roosevelt）[1]。

这些事件折射出了美国金融和政治高层对布尔什维克主义的支持，而这些人是资本家，按照传统的观念来看，他们应该是社会主义和共产主义的敌人才对。

这种现象也不仅仅发生于美国，托洛茨基在《我的生活》一书中讲述了1907年发生的一件事：一个英国人给了他一大笔贷款，推翻沙皇后再予以偿还。阿塞那·德·古列维奇（Arsene de Gouievitch）是布尔什维克革命的亲历者，他明确知道两名金融家的身份和贷款金额。他说：“在一次私人访谈中，有人告诉我，阿尔弗雷德·米尔纳（Alfred Milner）勋爵在资助俄国革命上花费了超过2100万卢布。……刚才提到的这位金融家并不是英国唯一一个以大笔资金援助俄国革命的人。” 阿塞那·古列维奇特别提到的另一个人是乔治·布坎南（George Buchanan）爵士，当时是英国驻俄国大使。[2]

美国人暗中给沙皇俄国捣乱，就相当于间接在战争中帮助德国，不过那时美国并没有参战，但英国公民这样做就无异于叛国。想要了解这些人为什么甘愿背叛他们的战争盟友、牺牲自己同胞的生命，我们就必须看一看他们属于什么组织。

秘密团体

阿尔弗雷德·米尔纳勋爵是这个秘密团体的关键人物，在上述

---

[1] 即西奥多·罗斯福，泰迪是其昵称。——译者注
[2] 阿塞那·德·古列维奇：《沙皇和革命》（加利福尼亚：奥米尼出版公司，1962年版），第224页。

这些事件发生的时候，这个团体已经成立16年。该组织在今天仍然存在，并为了实现目标不断努力着，因此，在我们的故事中讲述它的历史就显得尤为重要。

关于该组织的历史，最权威的作品是卡罗尔·奎格利（Carroll Quigley）博士的著作《悲剧与希望》（*Tragedy and Hope*）。奎格利博士是乔治城大学的历史学教授，克林顿总统曾是他的学生。他是广泛使用的教科书《文明进化》（*Evolution of Civilization*）的作者，他是月刊《当代历史》（*Current History*）编辑部的成员，他也是武装工业学院（Industrial College of the Armed Forces）、布鲁金斯学会（Brookings Institution）、美国海军武器实验室（U.S. Naval Weapons Laboratory）、海军学院（Naval College）、史密森学会以及国务院这类组织的讲师和顾问。但奎格利博士不只是钻研学术，他与许多超级富豪的家族也保持着密切的联系。他自吹自擂说自己是世界货币权力结构的前沿人物。

奎格利博士写下了1300页枯燥的历史，这本书并不是为普罗大众所写，而是为了那些知识分子的精英。面对这些精挑细选出来的读者，他在书中谨慎地暴露了这么多年来保守的秘密之一。在书中他也明确地表示，他支持该组织的目标和目的并为之辩护。他说：

> 我深知这个网络如何运行，因为我已经研究了20年。在20世纪60年代的某两年之中，我都有权检阅其档案和秘密记录。对于它本身或者它的大部分目标，我并不感到厌恶，而且我一生中的大部分时间，都一直与它密切相关……总的来说，我们的意见分歧在于我希望它一直保持不为世人所知的状态。[1]

如前所述，奎格利的书是写给学者和内部的精英读者的。但出乎意料的是，它被约翰·伯奇协会（John Birch Society）的期刊公开引

---

[1] 卡罗尔·奎格利：《悲剧与希望：我们时代的世界历史》（纽约：麦克米兰公司，1966年版），第950页。

用了。该期刊认为这本著述向世人提供了对于隐秘权力结构的内在运作价值极高的见解。这一曝光引发了该组织的反对者对该书的大量需求，人们好奇地想知道内部人士对此有何看法。根据原来的计划，事态不应该这样发展。接下来发生的事情，我们最好看看奎格利博士本人的描述。在1975年12月9日的私人信件中，他写道：

> 谢谢你对《悲剧与希望》一书的赞扬，现如今，这本书让我十分头痛，因为它披露了一些权贵们并不想让世人知道的东西。我的出版商在1968年停止销售此书，并告诉我未来的某一天他会重新刊印出版（但在1971年，他告诉我的律师，在1968年他们就已经销毁了该书的图版）。书越来越少，价格也越来越高，竟然达到了135美元一本，书中部分内容被侵权重印，但我无能为力，因为我相信出版商。但盗版书出现时，他并没有采取任何行动。只有在1974年我聘请律师之后，我的问题才得到了解决……

在另一封私人信件中，奎格利进一步描述了出版商的不诚实：

> 出版商告诉我，等到有两千订单的时候，他们就会重印这本书。但这件事根本不可能发生，因为他们对每一个询问此书的人说这本书已经绝版了，不会再出版了，他们就这样骗了我6年。在我给他们送去图书馆藏书的复印件之前，他们一直否认这一点，还声称这是店员的错。我现在坚信《悲剧与希望》一书被禁止了……[1]

要想知道权贵为什么要禁止这本书，请仔细阅读奎格利博士是如何描述这个组织网络中金融家的目标的：

> ……不只是要创造一个私人能够主宰每个国家的政治制度和整个世界的财政控制系统。这个制度是由世界各国中央银行一起以封建主

---

[1] 这些信件在1976年夏天第一次公开，其中有关共谋的部分由密歇根高山出版社出版。信件来源无从得知，但是作者可以确定。律师保罗·沃尔夫代表奎格利起诉了出版社。沃尔夫先生不能保证信件的真实性，但他已经在电话交谈和后来的书面信件中确认披露的关键细节都是正确的。他写道："据我回忆，他们没有把销毁图版一事告诉我和教授。"

义的方式控制的，他们通过频繁地召开私人会议达成秘密协议……

中央银行都控制在英格兰银行的蒙塔古·诺曼（Montagu Norman）、纽约联邦储备银行的本杰明·斯特朗，法国银行的查尔斯·里斯特（Charles Rist）和德意志银行的哈亚马尔·沙赫特（Hjalmar Schacht）等人的手中，这些人试图通过控制国库贷款、操纵外汇，影响国家经济活动水平，并通过随后在商业世界中的经济奖励影响合作政治家，来达到控制政府的目的。[1]

这就是那些权贵们不想让普通人知道的信息。

请注意，奎格利博士将此组织称为网络。这是一个精确的词语，它对理解国际金融的力量很重要。他所指的网络不是秘密团体，但毫无疑问是由秘密团体控制的，有很多来自秘密团体的成员在这个网络中占据重要位置。我们可以肯定的是，网络中的很多人对这种控制知之甚少，甚至一无所知。为了解释它是怎么做到的，我们来看看秘密团体的起源和发展。

鲁斯金、罗兹和米尔纳

1870年，一个名叫约翰·鲁斯金（John Ruskin）的富有英国人被任命为伦敦牛津大学美术系教授。他教导学生说，国家必须控制生产资料，并组织起来为整个社会谋福利。他主张将国家的控制权交在一个小规模的统治者手中，甚至是一个独裁者手中。他说："我不断追求的目标是向其他人展示某些人的永恒优越性，有时甚至是一个人对其他人的永恒优越性。"[2]

因此，这种追随精英的心态使得该组织更热衷于集体主义。奎格

---

[1] 奎格利前引书，第324页。

[2] 肯尼斯·克拉克：《今天的鲁斯金》（纽约：霍尔特、莱因哈特和温斯顿出版社，1964年版），第267页。

利也认同这种理念，他写道："这个网络，我们姑且称之为圆桌会议小组，只要有益，它不介意与任何其他团体合作，并且它也经常这样做。"[1]

再次回到这个组织起源的主题上，奎格利博士告诉我们：

鲁斯金是特权统治阶级的一员，他在开学典礼上对牛津大学生说，他们拥有教育、美丽、法治、自由、体面和自律这些优良传统，但这种传统已经不能被拯救，也不值得拯救，除非它可以被发扬到英国本土的低阶层和世界各地的非英语群体中去。

鲁斯金的演讲曾经轰动一时，一位名叫塞西尔·罗德斯的本科生花费很长时间抄录了这篇开学演讲的全文，并且珍藏了30年。[2]

塞西尔·罗德斯是世界上最富有的人一。凭借英格兰银行和罗斯柴尔德等金融家的帮助，他垄断了南非的钻石产量和大部分的黄金生产。这笔巨大收入主要用于推进约翰·鲁斯金的统治阶级观念。

奎格利博士给出了这样的解释：

众所周知，罗德斯奖学金是按照塞西尔·罗德斯的第七份遗嘱的条款建立的。鲜为人知的是，罗德斯在前五份遗嘱规定，自己的财富将用来创立一个秘密组织，以此致力于大英帝国的自保与扩张。几乎没有人知道，这个秘密组织是由罗德斯和他的主要受托人米尔纳创建的，并且至今还存在……某位内部人士在罗德斯遗嘱的空白部分写道："罗德斯不仅是一个王朝的创始人，他渴望成为一个巨大的半宗教、准政治团体的创造者，渴望创立耶稣会那样青史留名的组织。更准确地说，他希望为自己的王朝创建一套统治工具……[3]

罗德斯是这个秘密组织的领导，斯特德（Stead）、布雷特（Brett）和米尔纳组成执行委员会，阿瑟·贝尔福勋爵、哈利·约翰

---

[1] 奎格利前引书，第950页。

[2] 奎格利前引书，第130页。

[3] 卡罗尔·奎格利：《英美的建立：从罗德斯到克利文登》（纽约：焦点书业，1981年版），第36页。

斯顿（Harry Johnston）爵士、罗斯柴尔德爵士、阿尔伯特·格雷勋爵等人都是内部"创始"成员，另外还将组成一个"协助者协会"的外围组织（即后来由米尔纳组建的圆桌会议组织）。[1]

共谋的模式

接下来本书要讲述古老的政治共谋模式。奎格利区分国际外层网络和网络内层秘密组织就有赖于这种模式。总有一个小集团位于权力中心、掌控全局，且有一个无可争议的领导者，还要有一个次要的领导者，次要的领导者一般是不知道内层核心圈的，但他们会受到引导，相信自己就是最内部的核心人士。

随着时间的推移，外层的共谋者又在更外部建立了另一层的附加组织。更外层组织中的那些人通常是具有改善世界的诚实愿望的理想主义者。他们从不怀疑内层人士另有目的，只有那极少数经过残酷斗争、获取高层领导位置的人才可以见识到它的真面目。

塞西尔·罗德斯去世后，他的秘密团体的核心由阿尔弗雷德·米尔纳勋爵掌控，他是南非殖民地总督、高级专员。作为多家公共银行的董事、米德兰银行（Midland Bank）的先驱，他成为了世界上最伟大的政治家和金融家之一。他通过奎格利博士从牛津大学和汤因比馆招募了一群年轻人进入他的秘密团体：

通过他的影响力，这些人能够获得对政府和国际金融有影响力的职位，到1939年，他们已经对英国的国政和外交事务都有了决定性的影响力。1909至1913年间，他们在英国首都和美国组织了半秘密团体，称为圆桌会议组织。

这个组织众多活动的资金……主要来自罗德斯信托本身，或是

---

[1] 奎格利前引书《悲剧与希望》，第131页。

富裕的合伙人，如拜特（Beit）兄弟、阿比·贝尔里（Abe Bailey）爵士、阿斯特（Astor）家族……或是与国际银行有关的基金会和公司，特别是卡内基联合王国信托（Carnegie United Kingdom Trust）；或是来自于与J.P.摩根、洛克菲勒和惠特尼（Whitney）家族，以及莱哲兄弟银行（Lazard Brothers）和摩根建富（Morgan Grenfell）……

到一战结束时，该系统的组织必须大大扩展。这项任务再次委托给莱昂内尔·柯蒂斯（Lionel Curtis），他在英格兰及其每个殖民地成立了各地圆桌会议组织的前身——皇家国际事务研究所（Royal Institute of International Affairs），现在每个地区的圆桌会议小组都是从它演化而来。在纽约，它的名字叫外交关系委员会，其实是美国J.P.摩根公司和小型圆桌会议的一个幌子。[1]

在第一次世界大战结束后，世界各国组建了国家联盟，希望它充当世界政府的角色，这个愿望没有成真，因此外交关系委员会应运而生。主要计划者明白欲速则不达的道理，如果要将他们的计划发扬光大，那么就必须用渐进式的方法。罗斯·马丁说：

豪斯上校只有一个人，然而完成这件事需要很多人。他制定了模式，勾画了未来的目标，大概还有一两个计划。难能可贵的是，他预见到在外交关系领域必须建立一个顶级的英美规划小组，一方面可以秘密地影响政策，另一方面逐步"教育"舆论……

这些野心勃勃的年轻人发现，参加巴黎和谈会议的都是经济学家和低级别官员，因此不可能在巴黎建立这种世界新秩序。1919年5月19日，豪斯上校特意为这群年轻人在马杰斯特酒店安排了一顿晚餐，同时出席的还有一群令人瞩目的英国人，尤其是阿诺德·汤因比（Arnold Toynbee）、R.H.托尼（R.H. Tawney）和约翰·梅纳德·凯恩斯。由于种种原因，所有人都对和谈的后果感到失望。他们一致同

---

[1] 奎格利前引书《悲剧与希望》，第132、951–952页.

意成立一个组织，在英国和美国设立分支机构，以促进对国际问题的科学研究。因此，成立了两个有力且密切相关的决策制定机构……英国分支被称为皇家国际事务研究所，美国分支最初被称为国际事务研究所，后于1921年重组为外交关系委员会。[1]

正是通过这个称为外交关系委员会的组织，以及它对媒体、免税基金会、大学和政府机构的影响，国际金融家才能够从成立该组织之时就控制美国的国内外政策。

按理来说，我们应该更多地谈谈外交关系委员会，但我们现在的焦点是英国，尤其是阿尔弗雷德·米尔纳和他的秘密组织网络对俄国革命的帮助。

圆桌社的代理人

在俄国革命之前和革命期间，有许多游客和当地观察员、记者报道说，英国和美国的代理商无处不在，尤其是在彼得格勒起义提供资金这方面。例如，一篇报道就描述了这样的场景，英国代理人向帕瓦洛夫斯基（Pavlovski）团的每人发放了25卢布的钞票。随后出版的各种各样的回忆录和文件都明确地表示这些资金确实是米尔纳提供的，并通过当时英国驻俄国大使乔治·布坎南流入俄国。圆桌组织的成员为冲突双方奔走，目的都是削弱俄国。沙皇尼古拉斯有充分的理由相信，因为在对德战争中英国是俄国的盟友，所以英国官员绝不会反对他。然而，他不知道的是英国大使本人代表了利用政权垮台而发财的隐秘群体。

来自美国的圆桌经纪人没有利用外交服务作为掩护的优势，因此，他们的行动必须更加巧妙。他们来这里不是以外交官的身份，甚

---

[1] 马丁前引书，第174–175页。

至不是利益相关的商人，而是披着人道主义的外衣，以国际红十字会的成员身份进入俄国。该集团成员几乎都是来自纽约银行和投资公司的金融家、律师和会计师。他们声称为红十字会作出了重大贡献，可实际上就是买了以红十字名义经营的特许经营权而已。萨顿告诉我们：

举个例子，1910年（红十字会）筹得200万美元资金，这次筹款能成功，只是因为得到了这些富裕的纽约居民的支持。J.P.摩根本人就贡献了10万美元……亨利·P.戴维森（摩根合伙人之一）是1910年纽约筹款委员会的主席，后来成为美国红十字会战争委员会的主席……红十字会无法满足第一次世界大战的需求，它实际上被这些纽约银行家接管了。[1]

在战争期间，红十字会名义上是武装部队的一部分，服从军事当局的命令。我们并不清楚当局是谁，事实上，红十字会从来没有收到过任何命令，但这种安排使参与者能够接受军事委员会的指挥，并穿上美国军官的制服。红十字会在俄国的开支，包括购买制服在内，都是由威尔逊总统任命的人支付的，这个人就是"上校"威廉·伯伊斯·汤普森（William Boyce Thompson）。

汤普森是圆桌网络的典型代表。他最早以铜矿投机者的身份开始了职业生涯，并且很快就进入了金融界的高层。他为美国羊毛制品公司和烟草制品公司筹资，筹建了古巴蔗糖公司（Cuban Cane Sugar）；购买了刺剑汽车公司（Pierce Arrow）的控股权益；组建了潜艇船公司（Submarine Boat）和赖特马丁飞机公司（Wright-Martin Aeroplane）；成为芝加哥岩石岛（Chicago Rock Island）和太平洋铁路、亚利桑那州岩浆铁路和大都市人寿保险公司的董事；是大通国民银行的最大股东之一；是摩根英国证券业务的代理商；是纽约联邦储备银行的第一个

---

[1] 萨顿前引书，第72页。

全职董事，该银行是联邦储备体系中最重要的银行；当然他还向红十字会捐赠了25万美元。

当汤普森到达俄国时，他清楚地表明自己并不是那种典型的红十字会代表。根据汤普森的传记作家赫尔曼·哈格多恩（Hermann Hagedorn）记述：

他故意表现出人们心目当中典型美国大亨的样子：在欧洲酒店的套房中享受，买了一辆法国豪华轿车，尽职尽责地接待、品茶，并表现出对艺术品浓厚的兴趣。社交界和外交官们慢慢地注意到，这是一个有权力的人，便开始聚集在他周围。他在大使馆、部长高官的宅邸消遣。人们发现他是个收藏家，于是那些有古董的人开始向他献殷勤，送他微观模型、德累斯顿瓷器、挂毯，甚至是一两座豪宅。[1]

当汤普森观看歌剧时，他会出现在皇家包厢。街上的人都称他为"美国沙皇"。根据乔治·凯南（George Kennan）的说法，人们叫他沙皇一点儿都不奇怪，因为"他被克伦斯基（Kerensky）[2]当局视为美国真正的大使"。[3]

有记录显示，汤普森财团在华尔街购买的俄罗斯债券的金额达1000万卢布。[4]此外，他给了亚历山大·克伦斯基超过200万卢布，用来在俄罗斯境内做革命宣传，并与J.P.摩根公司一起，给了布尔什维克党相当于1万美元的卢布，用于在俄国以外（特别是在德国和奥地利）进行革命宣传。[5]在摩根发给汤普森的一封电报中，摩根说已经把这笔钱转账到了彼得格勒的国民城市银行分行。

---

[1] 赫尔曼·哈格多恩：《巨头：威廉·博伊斯·汤普森和他的时代》（纽约：雷纳尔·希区哈克出版社，1935年版），第192-193页。

[2] 亚历山大·克伦斯基，1917年俄国二月革命后担任临时政府司法和军事部长。——译者注

[3] 乔治·凯南：《俄罗斯退出战争：1917—1920年的苏美关系》（新泽西：普林斯顿大学出版社，1956年版），第60页。

[4] 哈格多恩前引书，第192页。

[5] 萨顿前引书，第83、91页。

南非的教训

乍一看，摩根集团为克伦斯基和列宁提供资金似乎十分不合理。虽然这些人都想改造世界，但他们对于未来的设想相距甚远，事实上，布尔什维克还是其竞争对手。但当时在政治竞赛中为双方提供资金的策略，已经是圆桌社成员的一门艺术了。类似的情形，曾发生在1899年布尔战争初期的南非。

几十年来，在解决南非的问题上，英国和荷兰一直都很积极。荷兰在德兰士瓦和奥兰治设立了自由邦，而英国在罗得西亚、好望角、巴苏陀兰、斯威士兰和贝专纳等地创建了殖民地。当他们发现自己在为同一地区的资源竞争时，战争就不可避免。在德兰士瓦的白水区发现的黄金，为战争提供了一个好借口。从政治的角度来说，德兰士瓦掌握在布尔人手中，布尔人是荷兰定居者的后裔。但是在该地区发现黄金之后，矿区主要由英国人开发，并在其控制下稳固地发展。毫不奇怪，这场游戏中最大的玩家之一是塞西尔·罗德斯，他早已垄断了英国控制之下的南部钻石区。历史学家亨利·派克（Henry Pike）告诉我们：

随着在德兰士瓦的发现，罗德斯的贪婪变成了热情。他极度仇恨当时的德兰士瓦总统保罗·克鲁格（Paul Kruger），极力反对克鲁格要让德兰士瓦独立的主张，并认为如果没有他，自己将能依靠英国的统治横扫所有南部非洲。[1]

1895年，罗德斯启动了一项计划，组织约翰内斯堡的英国人起义推翻克鲁格政府。起义由他自己资助，并由他的兄弟弗兰克以及其他忠诚的支持者领导。随后，利安德·詹姆逊（Leander Jameson）爵士率领的英国军队从贝专纳和罗得西亚入侵德兰士瓦。这场起义最终在

---

[1] 亨利·派克：《南非共产主义史》（南非：南非基督徒国际使命出版社，1985年版），第39页。

逮捕詹姆逊和公众的哗然声之中结束。

但罗德斯下定决心要拿下德兰土瓦，于是他立即着手准备第二个更有耐心的策略。在罗德斯的影响之下，阿尔弗雷德·米尔纳勋爵被任命为南非的英国高级专员。在伦敦，伊舍（Esher）勋爵（秘密组织的另一个成员）成为爱德华国王的首席政治顾问，并在这段时期中每日与国王接触，因此英国这边就被罗德斯搞定了。关于布尔方面，奎格利教授给我们讲了一个惊人的故事：

> 这个故事的细节仍然晦涩，我们只知道一个年轻而杰出的剑桥毕业生扬·斯穆茨（Jan Smuts）——罗德斯的忠实支持者——在1895年，以金伯利钻石公司代理人的身份到了南非。在后来的1908—1950年间，他是罗德斯—米尔纳集团的重要成员之一。1895年，他去了德兰土瓦，因为他暴力反英的激情，他被委以该国的总理（尽管是英国人）和克鲁格总统的首席政治顾问之职。米尔纳不顾南非将军发出的强烈抗议，毅然决然地在布尔边界上发动了挑衅性的军事运动。最后，斯穆茨发出了最后通牒，坚决要求英国军队停止活动，却遭到了米尔纳拒绝。至此，战争已不可避免。[1]

因此，经过圆桌成员在双方的精心设计——一方提出令人憎恶的要求，而另一方则对这些要求表示愤慨——这场战争终于在1899年10月的英国入侵后拉开大幕。经过2年半的激烈战斗，布尔方面被迫投降，米尔纳接管了之前对方占领的土地。被称为"米尔纳幼儿园"的圆桌组织成员把控了所有关键的政府职位，金矿终于得到了安全保障。

对所有的马下注

在世界的另一边——纽约市，"坐山观虎斗"的策略正在被圆桌

---

[1] 奎格利前引书，第137–138页。

成员J.P.摩根应用于同样精彩的赌局之中。奎格利教授告诉我们：

> 对摩根来说，所有的政党都是可以利用的组织，公司要在所有阵营中都插一脚。摩根本人、德怀特·莫罗（Dwight Morrow）等伙伴与共和党人结盟；罗素·莱芬韦尔（Russell C. Leffingwell）与民主党结盟；格雷森·墨菲（Grayson Murphy）与极右派联手；托马斯·拉蒙特（Thomas W. Lamont）与左派结盟。[1]

虽然托马斯·拉蒙特是著名共和党人、左派人士科利斯·拉蒙特（Corliss Lamont）的父亲，但我们也必须知道，他和法西斯也能打成一片。事实上，托马斯·拉蒙特在20世纪20年代就担任过墨索里尼的非官方商业顾问。[2]

在摩根为拥护布尔什维克的团体提供资金的同时，他也创立了可能是美国最强大的反布尔什维克组织——联合美国人（United Americans）。它开始恐吓民众，说红色的暴民时刻准备侵吞纽约市。它发出令人震惊的警告，警告金融崩溃，警告饿殍遍野，警告绝望的工人阶级。讽刺的是，担任该组织官员的人包括：担保信托公司（Guarantee Trust Company）的艾伦·沃克，时任美国驻苏维埃的财务代理人；巴尔的摩和俄亥俄铁路公司总裁丹尼尔·威拉德（Daniel Willard），积极发展苏联铁路；西屋气闸公司的H.H.威斯汀豪斯（H.H. Westinghouse），当时在俄国经营一家大型工厂；库恩-勒布公司的奥托·卡恩（Otto H. Kahn），也是新兴苏联政权的主要资金支持者之一。[3]

即使是在俄国境内，圆桌组织也在四面下注。除了前文提到的摩根同时给布尔什维克和他们的对手——孟什维克提供资金，摩根还资助了正在西伯利亚与布尔什维克作战的科尔恰克（Kolchak）上将的

[1] 奎格利前引书，第945页。

[2] 约翰·P.迪金斯：《墨索里尼和法西斯：美国视角》（新泽西：普林斯顿大学出版社，1972年版）。

[3] 萨顿前引书，第163-168页。

军队。这没什么值得大惊小怪的，科尔恰克上将也收到了来自英国金融家（包括阿尔弗雷德·米尔纳财团）的资助。[1]

人们普遍认为，红十字会前往莫斯科的任务是防止俄国政府与德国单独订立和平协议，从而让德国军队免除后顾之忧，全力以赴地对抗英法两国。根据故事所述——这群爱国者并不把战争看得那么重要——他们的第一个目标就是支持沙皇。沙皇被推翻后，他们转而支持孟什维克，因为他们希望俄国处于战争状态。当孟什维克被驱逐时，他们又继续支持布尔什维克，以获得足够的影响力来说服执政者不向德国提供帮助。消化这么多信息的确很费劲，不过我们得到了一个更合理的解释——摩根通过他的惯常做法牟利：在所有马的身上下赌注，这样，无论哪一匹马率先越过终点线，摩根都是赢家。

英国圆桌代理人

布尔什维克革命成功之后，英国驻俄大使乔治·布坎南爵士被召回国，"米尔纳幼儿园"中一位名叫布鲁斯·洛克哈特（Bruce Lockhart）的年轻人取代了他的位置。洛克哈特在《英国代理人》（*British Agent*）一书中描述了自己的任务，在谈到与首相劳埃德·乔治（Lloyd George）会谈时，他写道：

我知道，他已经打定了主意，而且十分坚定。米尔纳勋爵后来告诉我，他曾和美国红十字会的汤普森上校谈过，那时，汤普森刚刚从俄国回来，他用迟钝的语言谴责协约国的愚蠢，因为协约国竟然不愿与布尔什维克谈判……

三天后，我所有的疑虑都被打消了。我肩负着特别任务前往俄国与布尔什维克党建立非官方友谊关系……选择我去完成这个使命

---

[1] 萨顿前引书，第102、146、166–167页。

的不是外交部长，而是战争内阁——也就是米尔纳和劳埃德·乔治勋爵……

我几乎每天都能见到米尔纳勋爵。在我出发的前五天，我和他单独在布鲁克家吃饭。他那天很是振奋。我们谈到了战争、英格兰的未来、他自己的事业、青年一代的机会……他根本不是侵略主义者，更不是保守主义者，虽然民众一度认为他是这样的人。恰恰相反，他对社会的许多见解十分超前。他坚信高度有组织的国家的服务、效率和辛勤工作远比称呼或钱袋重要。[1]

美国圆桌代理人

当汤普森回到美国时，他选择了自己的助手雷蒙德·罗宾斯（Raymond Robins）接任美国红十字会会长。我们对罗宾斯知之甚少，只知道他是豪斯上校的门生，如果不是因为他成了布鲁斯·洛克哈特著作的核心人物之一，在这部戏中他可能依然是一个默默无闻的角色。从书中可以看到：

我在圣彼得堡最早认识的人中包括雷蒙德·罗宾斯，美国红十字会会长……他曾是罗斯福在1912年竞选美国总统时"进步党"运动的领导人物。虽然他自己就是一个富人，但他是一个不折不扣的反资本主义者……以前，他最崇拜的两位英雄是罗斯福和塞西尔·罗德斯，现在他已经成了列宁的仰慕者……罗宾斯是唯一一个想见列宁就能见到的人，而且他也在某种程度上对这位冷静的布尔什维克领导人有所影响。

从非官方层面来说，罗宾斯与我有着类似的使命。他是布尔什维

---

[1] 布鲁斯·洛克哈特：《英国代理人》（纽约和伦敦：G.P.普特南之子出版社，1933年版），第198–199、204、206–207页。

克和美国政府之间的中介，并且接受了说服威尔逊总统承认苏联政权的任务。[1]

这些话语中蕴含着惊人的启示。首先，我们了解到，罗宾斯在1912年伍德罗·威尔逊的选举中发挥了关键的作用。其次，我们知道他是一个反资本主义者。第三，我们发现他对塞西尔·罗德斯有着英雄崇拜情结。然后，我们看到了他对列宁有一定影响力。最后，我们被告知，他实际上是布尔什维克和美国政府之间的中介。

事实上，罗宾斯崇拜塞西尔·罗德斯这一事实具有重要意义。这不仅仅是一个大学生对于智慧长者的着迷。在他离开俄国之前的那天晚上，罗宾斯同洛克哈特一起享用晚餐。洛克哈特这样描述当晚的情景："他一直在研究罗德斯的生活，晚饭后他向我们完美地剖析了罗德斯的性格特征。"[2]从而，我们得知洛克哈特和罗宾斯都是塞西尔·罗德斯虔诚的门徒，他们二人毫无疑问都是国际网络的一部分，奎格利教授指出："他们可能也是圆桌会议的成员。" 洛克哈特向英国集团报告，而罗宾斯向美国集团报告，但两人都明确地为相同的目标工作，做着"看不见的手的工作"。

布尔什维克党人了解这些人的背景，愿意和他们接触。布尔什维克党允许这些人参加会议[3]，并就重要决定进行磋商。[4]关于这些资本家如何变成了"反资本主义者"，最好由洛克哈特自己讲述。在他的回忆录中，他写道：

会面结束后，我回到公寓，接到罗宾斯的紧急消息，他要求我立即去见他。等我见到他之后，我发现他处于极度兴奋的状态。他一直都与萨尔金德有矛盾，萨尔金德是托洛茨基的侄子，也是外交部的

---

[1] 洛克哈特前引书，第220页。

[2] 同上，第270页。

[3] 同上，第253页。

[4] 美国国务院第861.00/3449号档案。

助理委员，一直都很粗鲁。列宁曾经向这个美国人保证，无论发生什么，都将永远为他准备好一列火车，并能在一个小时之内赶到，想离开俄国就可以离开。我到的时候，他刚刚结束和列宁的通话，列宁答应在十分钟之内作出答复。我静静地等待着，而罗宾斯已大发雷霆。一会儿，电话响了，罗宾斯拿起听筒，列宁同意了。萨尔金德被解职了，但他是党派的元老，列宁问是否可以让他作为布尔什维克的使者前往伯尔尼。罗宾斯笑了笑说："谢谢你，列宁先生。因为我不能把这狗崽子送入地狱，就只能悉听尊便了。"[1]

这就是美国红十字会的秘密使命，是为了和共产主义领导人建立联系。然而，时至今日，它仍是一个被精心保守的秘密，甚至许多靠近它的人都无法看到真相。威廉·汤普森在俄国的助理是科内利斯·凯莱赫（Cornelius Kelleher）。后来，凯莱赫在谈及红十字会医疗团队负责人富兰克林·比林斯（Franklin Billings）医生的天真时，写道：

可怜的比林斯先生始终相信他肩负着救治俄国人的科学使命。它实际上只是一个面具——美国红十字会救苦救难的任务只是一个幌子。[2]

当然，面具的目的就是隐藏。所以面具的后面又是什么？伪装者真正的动机和目标又是什么？

我们将在下一章详述这一问题。

---

[1]　洛克哈特前引书，第225–226页。

[2]　凯南前引书，第59页。

本章总结

布尔什维克革命是群众自发的起义，但其中一些资金来自于德国，是因为德国希望内部问题可以使俄国退出战争。不过，其中更大部分的资金和领导来自英国和美国的金融家。这就是罗斯柴尔德法则在战争中的完美演绎。

当时世界上最富有的男人之一塞西尔·罗德斯创立了一个秘密团体。该团体总部设在英国，罗德斯集团的核心董事会被称为圆桌。而在其他国家，则建立称为圆桌社的下属结构。美国的圆桌社被称为外交关系委员会。外交关系委员会最初由J.P.摩根控制，后来由洛克菲勒掌握，是当今美国最强大的集团。它比联邦政府更强大，因为几乎所有的政府关键职位都由其成员担任。换句话说，它就是美国政府。

这两个组织的成员在俄国革命之前就保持着紧密的联系，在沙皇被推翻之后，合作愈加频繁。美国派往俄国的特遣队自称是从事人道主义工作的红十字会。通过与托洛茨基和列宁的亲密友谊，他们从新政府那里获得了有利可图的商业优惠，并且获利丰厚。

第14章
金钱买来的劲敌

> 俄国革命中，布尔什维克以较小的力量成为了革命的主力军；纽约金融家伪装成红十字会官员，支持了布尔什维克党；美国鼓动俄国参与战争的完整记录；根据罗斯柴尔德法则打造的"劲敌"。

在上一章中，我们有幸看到了美国红十字会在俄国的任务，用机构内部人员的话来说，红十字会只是一个面具。这就产生了一个逻辑问题，隐藏在面具后面的真正动机和目的是什么？

在随后的几年里，曾经的参与者解释说，他们只是遵从人道主义，努力促使俄国对抗德国，从而帮助英国和其盟友的自由事业。对于雅各布·希夫和其他在纽约的犹太金融家来说，他们有另外一种解释，反对沙皇是因为他的反犹太主义。当然，这些动机是可以为世人所理解的，也是被人们所接受的借口。然而，其行为与这种解释南辕北辙。

战斗的经过

事实上，那一年在俄国曾发动了两次革命。第一次叫做二月革命，在亚历山大·克伦斯基的领导下建立了一个临时社会主义政府。

此政府的政策相对缓和，试图容纳所有革命派别，包括最少数的布尔什维克党。

二月革命发生的那个时候，列宁和托洛茨基都不在俄国。列宁在瑞士，直到四月才回国，而托洛茨基还在纽约进行宣传和演讲。

俄国的第二次革命，叫做十月革命，由布尔什维克党领导。由于组成临时政府的各种团体之间存在意见不统一和决策犹豫不决，因此布尔什维克党得以彰显自己的能力。他们召集了几个团的士兵和水手，并在10月25日凌晨的黑暗中有条不紊地占领了政府所有建筑物和通讯中心。这令所有人手足无措，没有人敢真正阻挡革命军。布尔什维克党的行动悄无声息，到了黎明，俄国人民甚至还不知道发生了什么，但他们的国家已经建成了世界上第一个人民共和国。为了保命，克伦斯基在两天内逃离了俄国，所有临时政府的部长被逮捕。共产党人就这样革命成功，并且开始执政。

关于这场革命，可以参照莱昂纳·夏皮罗（Leonard Schapiro）教授的权威著作《1917年的俄国革命》（*The Russian Revolutions of 1917*）：

有证据表明，当危机来临时，驻守彼得格勒的绝大多数部队都不支持政府，他们保持中立的态度。哥萨克部队拒绝服从政府的调动命令，留给政府的只有几百名女兵和大约2000名预备军官。然而另一方面，布尔什维克党却有几个团的士兵来执行他们的命令。此外，波罗的海舰队也支持他们。

在这种情况下，布尔什维克党基本是在没有人伤亡的情况下接管国家的。与二月革命的血腥暴力相比，10月25日的彼得格勒显得波澜不惊。那天夜晚，人们穿戴整齐走上街头，剧院和餐馆都照常营业，沙利平（Shaliapin）在剧院中唱着《鲍里斯·戈都诺夫》（*Boris Godunov*）。重要的车站和机构在10月25日上午全部被布尔什维克党和平接管，没有动用一颗子弹……

包括奥罗拉号（Aurora）在内的一艘战列舰和几艘巡洋舰，已经从克朗斯塔特开到彼得格勒并在这里抛锚驻扎，船上的枪炮都已准备就绪……

冬宫内的临时政府收到了布尔什维克党下达的最后通牒，声称冬宫位于奥罗拉号和彼得保罗要塞炮火的射程之内，要求其成员投降。晚上9时40分许，奥罗拉接到命令发射一响空炮。这么做是为了更快地吓跑预备军官，虽然说这些年轻的预备军官们早就开始逃跑了。女兵被组织起来参与防御，但也在宫殿被入侵之前逃走了。11点钟，实弹攻击开始，宫殿受到不同程度的损坏……

攻击冬宫这戏剧性的一幕，受到了苏联历史学家和电影界的热捧，他们认为这是一个传奇。10月26日凌晨2点左右，一支小分遣队率领一群人，在军事革命委员会两名成员的带领之下进入宫殿。显然，留下的预备军官准备奋死抵抗，但长官却命令他们投降。最后，仅有三名预备军官受伤。[1]

林肯·斯特芬斯的日记

林肯·斯特芬斯（Lincoln Steffens）是美国著名的左翼作家，他在日记中记述了纽约金融家的动机。托洛茨基在哈利法克斯被英国政府逮捕时，斯蒂芬斯恰好也在那艘船上。他仔细记录了他和其他乘客的谈话，这些人都去过当时四分五裂的俄国。其中一名乘客是克莱恩公司（Crane Company）副总裁查尔斯·克莱恩（Charles Crane），他曾是伍德罗·威尔逊总统的支持者，也是民主党财务委员会前主席。他还在俄国建立了西屋公司，访问俄国的次数不少于23次。他的

---

[1] 莱昂纳·夏皮罗：《1917年的俄国革命》（纽约：基本图书，1984年版），第135–136页。

儿子理查德·克莱恩（Richard Crane）是当时的国务卿罗伯特·兰辛（Robert Lansing）的机要助理。因此，阅读这些旅伴的意见是具有指导意义的。他写道："……大家都同意革命现在仍处于第一阶段，它必须向前继续发展。克莱恩和船上的俄国人都认为应该在彼得格勒继续革命。"[1]

对于汤普森的说法——只是试图让俄国继续对德作战——我们在这里要再次声明，这与事实大相径庭。克伦斯基和临时政府为了战争而努力着，然而，红十字会的伪装者们却强烈支持布尔什维克党。伪装者们说，他们并不喜欢布尔什维克党，但不得不识时务地支持该党，他们是为了能够影响胜利者，并且希望说服他们改变在战争上的立场。

但这样的做法并没有产生什么实质性的效果。伪装者们试图影响布尔什维克党，但正如我们已经看到的，布尔什维克从未动摇。在十月革命成功之后，布尔什维克党确实兑现了承诺。他们与德国签署了和平条约，没收了私有财产。

从当时的情况看，布尔什维克党几乎肯定会取得胜利，但除了纽约金融家之外，其他人似乎很难看清这一点。不过，即便是这些非常精明的政治观察家也无法真正预见未来的道路，因为这件事看起来实在是太困难了。举个例子，1918年2月时，阿瑟·布拉德（Arthur Bullard）担任公共信息委员会（Committee on Public Information）俄国分会的负责人，该委员会是美国政府的战争宣传机构。历史学家乔治·凯南称布拉德为"自由社会主义者、自由撰稿人，豪斯上校的私人侦探"。[2]因为他的官方身份，使得他有很多机会与雷蒙德·罗宾斯交流。布拉德在某报告中记述了其中一次对话：

[1] 林肯·斯特芬斯：《林肯·斯特芬斯信件》（纽约：哈考特-布雷斯出版社，1941年版），第396页。

[2] 乔治·凯南：《干预的决策：1917—1920年的美苏关系》（新泽西：普林斯顿大学出版社，1958年版），第190、235页。

罗宾斯有几点保留意见——其中有一点是早就应该承认布尔什维克，当时就应该立即承认，这才能有利于赢得布尔什维克的好感。"那样的话，我们现在应该能掌控俄国过剩的资源了。"[1]

披着羊皮的金融家

次年，美国参议院调查了美国公民在支持布尔什维克革命的过程中所发挥的作用。记录中的文件之一是罗宾斯发给布鲁斯·洛克哈特的早期公报。罗宾斯公报中写道：

你会听到传言，说我是华尔街的代理人；我是威廉·B.汤普森收购阿尔泰铜业（Altai Copper）的中间人；我在俄国已经为自己谋得了50万英亩的上佳木材林地；我已经控制了跨西伯利亚铁路；他们给了我垄断俄国铂金的权力；说我为苏联工作就是为了获得这些好处……类似这样的言论不胜枚举。现在，我可以说这些都不是真的，但专员，就让我们假设是真的。假设我在这里是为了华尔街金融大亨和美国商人攻占俄国；假设你是一匹英国狼，我是一匹美国狼，当这场战争结束，我们将为了争夺俄国市场互相杀害；这也没什么。但同时让我们再假设，我们是相当聪明的狼，我们也知道，如果我们现在不在一起狩猎，德国狼就会吃掉我们两个。[2]

萨顿教授把这一切看得清清楚楚。在下面的段落中，他会具体讲到威廉·汤普森，但也会提到美国红十字会以及其他的金融家：

汤普森感兴趣的主要是金融和商业。具体地说，汤普森对俄国市场十分感兴趣，并希望华尔街或者某个集团能够在战后影响、改变和占领这个市场。当然，在汤普森的心中，德国只是政治敌人，而不是

---

[1] 美国国务院316-11-1265号档案，1918年3月19日。

[2] 美国参议院：《布尔什维克的宣传》，第65届国会会议司法委员会小组委员会，1919年，第802页。

经济敌人或商业敌人。为了欺骗德国，汤普森愿意把钱放在任何能够实现其目标的车上。换句话讲，汤普森企图以美国帝国主义来打击德国帝国主义，但列宁和托洛茨基机敏地发现了这场斗争的目的并加以利用……

汤普森不是布尔什维克党派成员，他甚至不是亲布尔什维克派，也不是亲克伦斯基派，更不是亲美派。汤普森最重要的动机就是控制战后的俄国市场，这是他的商业目标。克伦斯基、托洛茨基、列宁这样的革命者十分重视意识形态，但金融家不在乎。[1]

"二战"的另一面

让我们短暂停顿一下，看看第二次世界大战的另一个侧面，也就是金融家是如何明目张胆地从资助冲突双方中获益的。

事项："二战"前，美国和英国银行家就大量资助德国工业。大多数资金来自于美国最大的那些公司，而且他们明知这些钱会用于战争工业。法本公司（I.G. Farben）是工业企业卡特尔中最大的投资者，法本的资金资助着德国的情报机构，并且是德国工厂人力来源——奴隶式集中营的主要资助者。法本甚至聘请了艾维·李（Ivy Lee）的公关公司，他曾是约翰·D. 洛克菲勒的公关。艾维·李的公关专家帮助希特勒改善其在美国公众心目中的形象。

事项：法本用来扩大公司业务的大部分资本来自华尔街，主要来自洛克菲勒的国民城市银行、狄龙–瑞德公司（Dillon, Read & Company，也属于洛克菲勒公司）、摩根的公平信托公司、哈里斯·福布斯公司（Harris Forbes & Company），还有库恩–勒布公司联

---

[1] 萨顿前引书，第97–98页。

盟中的犹太人公司。[1]

事项：在盟军轰炸德国期间，法本的工厂和办公大楼均接到美国战争部的指示。战争部的许多工作人员在公职之外，还是上述投资公司的合伙人。例如，当时的战争部长是罗伯特·帕特森（Robert P. Patterson），当时的海军部长是詹姆斯·福雷斯塔尔（James Forrestal），后来成为国防部长。他们两个都曾任职于狄龙-瑞德公司。事实上，福雷斯塔尔曾是该公司的总裁。

事项：在第二次世界大战期间，根据《租借法案》，美国向苏联提供了超过110亿美元的援助，包括14000架飞机、近50万辆摩托和其他军用车辆，以及400多艘战舰，甚至还有美国一半的铀供给——这是制造原子弹的必要原料。但在此期间，所有贷款出货量中，有三分之一是用于战后经济发展的工业设备和用品，战争结束后的一年多时间里，贷款仍然继续流入苏联。截至1946年年底，苏联仍然以2.375%的利息获得了20年的信贷，远低于正常的回报率。[2]

终结美联储的第五个理由

有一些历史学家甚至没有对下述事件产生疑心，那就是第一次世界大战、第二次世界大战、朝鲜战争和越南战争的资金是通过联邦储备系统的曼德雷克机制筹集的。自1694英格兰银行成立以来，所有战争的历史都表明，如果没有金钱，战争数量将大为减少，甚至可能根本不会发生。正是因为欧美政府利用了隐性征税的能力，才使得现代战争成为可能，美联储也是实现这一目标的首选方法。

人们可以认为，在战争时期法定货币是一种维持国家生存的手

---

[1] 安东尼·萨顿：《华尔街和希特勒的崛起》（加利福尼亚：76出版社，1976年版），第23-61页。

[2] 安东尼·萨顿：《国家自亡：军事援助苏维埃政权》（纽约：艾林顿公司，1973年版），第24页。

段，而且是必要手段，而维持生存是个人和政府的原始本能，其他问题都必须让步。但是，和平时期的法定货币没有这种存在的理由，这一点毋庸置疑。此外，政府和银行资助其他国家的战争，其中的利益让他们垂涎无比。他们卷入战争，为了个人利益，为了政治进程，或为了其他原因，但在引发人类的流血冲突这种后果面前，所有的理由都站不住脚。

联邦储备制度一直履行着这一职能。美联储一直致力于提高美国潜在敌人的军事能力，我们没有理由相信战争不会再发生。因此，说联邦储备系统鼓励战争毫不夸张。这是让这个"怪物"歇息的最好理由。

本章总结

那些资助俄国布尔什维克革命的金融家，并不是出于意识形态的考虑，而是为了希望能从中获取利润。他们的资金无损于革命的伟大事业，但可以从侧面看出这些金融家为了利润，可以无所不用其极。

part

FOUR

有人说，以史为鉴，可以明得失。如果我说美联储是美国第四家中央银行，而非第一家，你一定会大吃一惊。美国曾经经历过这样的事，每一次，结果都大致相同。想知道发生了什么？那么，让我们将时间机器的坐标设置到1690年的马萨诸塞殖民地。欲知后事如何，请继续阅读。

第四部分

三家银行的故事

第15章

丢失的寻宝图

法定货币给美国殖民地带来的痛苦经历；美国开国元勋们决心禁止在新国家发行没有贵金属支撑的纸币；为此目的起草《宪法》；真正美元的诞生；随之而来的繁荣。

在广播的黄金时代，有一档电台节目叫《埃德加·卑尔根秀》（*Edgar Bergen Show*），节目中一个口技表演者问他的道具玩偶："你怎么会这么蠢？" 答案一成不变。玩偶沉思一会儿后，会拉长声音回答道："嗯，蠢也不容易呀！"

当我们审视今天所处的货币混乱环境——美元贬值、金融机构崩溃，我们不得不扪心自问：美国是如何陷入这个困境的？不幸的是，玩偶的回答是相当合适的。

要想了解我们如何到达我们现在所处的位置，就得知道我们是从哪里开始的，开始探究这一切的最好起点就是美国《宪法》。《宪法》第一条第八款和第十款说：

国会拥有下列权力：

借贷款项……铸造货币，厘定国币和外币的价值，并确定度量衡的标准……制定关于伪造合众国证券和通货的罚则……

无论何州……不得铸造货币；不得发行信用券；不得将金银币以外的任何物品作为偿还债务的法定货币。

制宪会议代表们对这些词语字斟句酌。国会拥有"铸造货币"的权力，而不是打印货币。托马斯·科利（Thomas M. Cooley）在《宪法的原则》（*Principles of Constitutional Law*）中解释："铸造货币是指根据固定的价值标准，在商业中用带标记的金属块作为交换媒介的物质。"根据起草宪法的人的演讲和叙述，"不得发行信用券"意味着不能用打印的纸质借条充当流通的货币，换言之，就是不得发行没有金银支撑的印刷式法定货币。

起初，这种解释似乎非常清晰明白。然而，这两个简单的条款后来却成为争论的焦点，相关争论文章至少有几千页。问题的症结就在于，虽然《宪法》明确禁止各州政府这样做，却没有禁止联邦政府这么做。这真是宪法制定者的不幸疏忽，但他们做梦也不会想到他们的后代"居然会那么愚蠢"，竟然不明白他们的意图所在。

说实话，误解他们的意图非常"不容易"。你只需要了解美国制宪会议之前的货币发展史，并阅读那些在该创始文件上签字的人所发表过的信件和参加过的辩论即可。

当人们阅读制宪会议上的辩论时，人们会感觉到这些代表们对货币问题的热情。他们中的每一个人都能从个人经历中回忆起由于发行纸币导致的殖民地混乱。他们毫不犹豫地提出反对意见，他们坚持认为，在美国，无论是州还是联邦政府，都不应该再容忍这种做法了。

殖民地的纸币

1690至1764年间，殖民地使用的是最早的法定货币。为了支持对法国魁北克殖民地的军事袭击，马萨诸塞率先使用法定货币进行资助。其他殖民地迅速跟进，几年之后，美国殖民地到处都是没有实际价值的印刷"票据"。这个过程简单而直接，原因也很容易理解。正如一位殖民地立法者解释的那样：

先生们，试问，当我可以印刷"票据"并且得到一卡车的钱的时候，我还会让我的选民们负担额外的税负吗？[1]

这种"开明"的政治手腕所产生的影响持续了很久。物品价格飞涨，法定货币的法律迫使殖民地居民接受这些毫无价值的废纸，普通民众则忍受着巨大的个人损失和困苦。到18世纪50年代末，康涅狄格的物价上涨了800%，卡罗来纳上涨了900%，马萨诸塞是1000%，罗德岛则达到2300%。[2]

这种情况一发不可收拾。从1751年开始，英国议会介入，尽管并不常见，但这次母国的干涉实际上有利于殖民地。英国政府迫使他们停止使用法定货币，并且，从此以后，只能使用英国银行的货币。

随之而来的结果出乎了法定货币制定者的预料。在"资金不足"的巨大阴影下，居然出现了一个繁荣的奇迹。强制使用法定货币迫使每个人把真正的货币囤积起来，取而代之的是使用那些毫无价值的纸张。于是，这些纸币已经变为废纸，殖民者开始再次使用他们的英镑、法郎和荷兰金币，价格迅速调整到符合现实生活的水平上来，商业也再度获得了坚实的基础。即使在七年战争（1756—1763年）的经济紧张时期和在独立战争之前仍然如此。这是一个完美的例子，向我们展示了如果政府不干预，经济系统是可以在痛苦中逐渐恢复生机的。[3]

---

[1] 威廉·古杰尔：《美国银行和货币的简短历史》（费城：T.W.尤斯迪克出版社，1833年版），第2卷，第27页。

[2] 保罗和勒尔曼前引书，第23页。

[3] 罗杰·韦斯：《马萨诸塞殖民地货币标准》，载于《经济史回顾27卷》，1974年11月版，第589页。

战争时期的通货膨胀

随着殖民地独立运动的爆发，上述进程戛然而止。公开的敌对行动使英国更依赖英格兰银行，同时，殖民地也获得了重新开启"印刷机时代"的强大动力。

下列数字就是强有力的证据：

• 在1775年独立战争开始时，联邦殖民地的总货币供应量为1200万美元。

• 同年6月，大陆议会增发200万美元。在纸币印刷前，议会再度授权增发100万美元。

• 到年底，再度增发300万美元。

• 1776年，增发1900万美元。

• 1777年，增发1300万美元。

• 1778年，增发6400万美元。

• 1779年，增发1.25亿美元。

• 上述五年内总计增发2.27亿美元，对比最初的1200万美元，增幅约为2000%。

• 在这种"联邦"货币的基础上，各州分别增发了大致相同数额的货币。

• 此外，由于大陆军队无法从国会获得足够的钱，因此发行了用于购买军需物资的"证书"，总计2亿美元。

• 合计：在1200万美元的基础之上，五年内共增加了6.5亿美元，货币供应增幅超过5000%。[1]

虽然法定货币的洪流侵袭了经济，但大多数受害者完全不知道原因。1777年，一位爱国老妇人的话宣泄了出了一大群人的情绪，她

---

[1] 关于货币增发情况，详见保罗和勒尔曼前引书，第26–27页。

说："真是可怜，国会现在想印多少钱就印多少钱，竟然还让我们的士兵受苦受穷。"[1]

这些美元注入的直接结果是暂时出现了繁荣的景象。毕竟，不是每个人都同时获得了增发的钱，而且人们还认为这是一件很好的事情。但紧接着通货膨胀和自毁机制就开始运行了。1775年，被称为大陆币的殖民地货币单位价值为1美元。1778年，贬为25美分。到1779年，也就是仅仅使用了四年之后，它的价值已经不到一分钱，已经无法承担流通货币的职责。就是那一年，乔治·华盛顿写了"一车的钱买不到一车的粮食"。

"不值得一个大陆币"的说法就起源于这个沮丧的时期。

关于通货膨胀效应的真实性质，没有谁的描述比托马斯·杰斐逊（Thomas Jefferson）的话更准确、更生动：

美国人民会问，为什么要用7200万的大陆币或州货币，才能换到如今的600万美元？我回答说，其中的6600万差价消失在了一个个持有纸币的人手中。每一个经手纸币的人，都损失了持有这张纸币那段时间内的价值。这对他来说是一种货真价实的税收，实际上，美国人民就这样为战争贡献了6600万美元，而且是通过最沉重、最不平等的税收模式。[2]

价格控制和法定货币法律

自然而然，人们都努力想办法拯救自己的存款，两种最明显的方法是：（1）随着货币价值下降，定期调高物价。（2）只用金币来交换货

---

[1] 古杰尔前引书，第28页。这位女士的天真可能引人发笑，但美国人今天是否更聪明了？现在的美国人不也在呼吁美联储增发货币，以减轻穷人和失业者的困苦吗？

[2] 托马斯·杰斐逊：《为百科全书而对美国进行的观察》，写于1786年6月22日，收录在《杰斐逊文集》，第4卷，第165页。

物和服务。作为回应，殖民地议会和大陆议会采取了惯用的措施。他们进行工资和价格管制，严厉处罚不遵守法定货币法律的人。根据这样一条法律，那些拒绝接受无价值纸币的人甚至被形容为叛国贼。

罗德岛不仅提高了不接受其票据的罚款额度，而且在第二次犯罪时，这个人就会失去其公民身份。[1]

那么结果就是，因纸币蒙受损失最多的人，就是那些最信任政府的人。1777年，受损的大多是辉格党人（Whigs），他们因为爱国才持有纸币，然而却因此失去了他们的生计和一生的积蓄。另一方面，托利党（Torie，保守党）不信任政府和纸币，尽量采用票据进行交易，尤其是黄金票据。结果，这一群人经受住了暴风雨的打击。但他们经常被不那么精明的邻居嘲笑为"托利投机者"、"囤积者"，甚至"叛国贼"。

参与制宪会议的代表们绝对不会忘记当时的情景。1787年，制宪会议在费城举行开幕式，街上愤怒的民众纷纷恶语相向。抢劫猖獗、企业破产，酒鬼和暴徒肆意横行。法定货币的果实已经成熟，但代表们并不喜欢它的味道。

1785年10月，乔治·华盛顿写道："政府的车轮卡住了……我们正在坠入混乱和黑暗的山谷。"[2]一年后，他在给詹姆斯·麦迪逊（James Madison）的一封信中说："没有比现在更阴郁的日子了。我们正在迅速接近无政府状态。"[3]

1787年2月，华盛顿写信给亨利·诺克斯："如果有任何人之前告诉我会出现当下这般可怕叛乱的话，我会认为他是个疯子。"[4]

就在制宪会议开幕前三个月，华盛顿表达了反对法定货币概念的

---

[1] 詹森前引书，第324页。

[2] 阿特伍德前引书，第3页。

[3] 同上，第4页。

[4] 同上，第4页。

理由。一些人抱怨没有足够的金币（铸币）满足商务的需要，他说：

> 对铸币的需求量被人为夸大了。我认为货币应由资产决定，而非捕风捉影。我认为这对我们是有益的。以我愚见，在现在这个时刻，人类的智慧不足以制定出一个长期支撑纸币信用的计划；因此，贬值必然随着纸币发行量增大而发生，那么交换的物品的价值将比货币贬值的价值大得多。那样，对农夫、种植者、工匠有好处吗？
>
> 另外一个同样邪恶的弊端在于，它将立即打开投机的大门。由此，社会中最自然、也许是最有价值的部分就会被奸诈、狡猾的投机者所掠夺。[1]

制宪会议

大多数制宪会议的代表都赞同华盛顿的上述观点。他们下定决心制定宪法，防止任何州，特别是联邦政府本身再次发行法定货币。他们的想法无比坚定。

来自康涅狄格的奥利弗·埃尔斯沃思（Oliver Ellsworth），后来成为美国最高法院第三任首席法官，他说：

> 这是永久禁止纸币的大好时机。之前各种试验的伤痛仍让公众记忆犹新，美国人的骄傲已经不再容忍这种试验了。[2]

弗吉尼亚的乔治·梅森（George Mason）告诉代表们，他对纸币有致命的仇恨。此前他曾写信给乔治·华盛顿："他们可以通过法律发行纸币，但再多的法律也不会让人们接受它。纸币是建立在欺诈和奴役的基础上的。"

来自宾夕法尼亚的詹姆斯·威尔逊（James Wilson）说："如果

---

[1] 《华盛顿写给斯通的信》，1787年2月1日，转引自班克罗夫特前引书，第231—232页。

[2] 本段文字及下述关于此话题的论述，参见班克罗夫特前引书，第30、43—44、82页；也可参见保罗与勒尔曼前引书，第168页。

消除生产纸币的可能性，将对美国的信贷带来最有益的影响。"

来自新罕布什尔的约翰·兰登（John Langdon）警告，他宁愿拒绝整个联邦计划，也不愿给予新政府发行法定货币的权力。

来自特拉华的乔治·里德（George Reed）宣称，宪法赋予新政府发行纸币的权利的条款"与《启示录》中的怪兽一样让人恐惧"。

托马斯·潘恩（Thomas Paine）虽然不是制宪会议的代表，但他在前一年写文章称他坚决反对法定货币，并称其为国家的伪造品，他尤其憎恶迫使人们接受这种伪造品的法律。他说："赞成制定这样的法律的立法机构成员应该处以死刑。"

真是个有趣的想法！

如果还需要进一步的证据证明开国元勋们打算禁止联邦政府考虑发行"信用券"，那看看这个吧：美国宪法的第一稿大量复制了最早的《邦联条例》（*Articles of Confederation*）中的条款。因此，代表们审议时，才发现其中包含了许多混乱的旧规定。其中某条款写道："美国的立法机构有权借款和发行信用券。"但是，在对这个问题进行了激烈的讨论之后，该条款在投票中因压倒性的反对意见被删除。[1]亚历山大·汉密尔顿（Alexander Hamilton）的言论可以代表大多数代表的意见，他说："发行无价值的纸张作为有价值的标志，不应该成为宪法的组成部分，从今往后都不应再提；在本质上，这种行为与征税、欺诈横行是一样的。"[2]

8月16日的制宪会议记录上记载了一件事：

删除"发行信用票据"的相关动议被提出并得到响应，该动议……得到通过（本段文字旁边标注：票数的比例大于四比一）。[3]

---

[1] 如希望看到对于代表们各自意见的更好总结，参见埃德温·维埃拉：《八片币：货币权力与美国宪法的障碍》（新泽西：健全货币委员会，1983年版），第71~76页。

[2] 《亚历山大·汉密尔顿文集》，第2卷，第271页，转引自班克罗夫特前引书，第26页。

[3] 班克罗夫特前引书，第39、40页。

《第十修正案》规定："没有被宪法赋予联邦的权利，或者并未由宪法禁止授予各州的权利，由各州及其人民自主保留。"联邦政府绝对没有发行信用券的权力，州政府也无此权利，因此，发行合法法定货币的权力只属于人民。换句话说，个人和私人机构，例如银行，有权发行借据（IOU），是否将其用作货币由人民决定，但宪法明确禁止任何级别的政府强制实施。

给议员的一条建议

顺便说一下，宪法从来没有修改过这一点，也没有规定只有银和金可以用作合法货币。如果这本书的每一个读者都把本书复印件（或者至少是本节的复印件）寄给各自投票选举的议会代表，那这件事就有趣多了。每个国会议员都宣誓遵从宪法，你可以写一张简单的小纸条，问问他们打算什么时候开始行动。

即使你不满意他们的答复，也不要失望。美国政治家和法官都不想谈论这个话题。我们可以时不时地摇摇船，但绝不是为了沉船。挑战现存货币体系是否符合宪法的诉讼很少被送上法庭。拒绝接受这些案件，或者用"轻浮"的名义驳回诉讼，对于法官来说可以自保，否则他们将面临一个艰难的选择。要么，为了维护目前的矛盾，他们必须胡搅蛮缠——因此会接受公众的嘲讽；要么他们必须宣布拥护宪法，但这样会摧毁整个赤字机制和美联储制度——这种行为需要相当大的勇气。他们不仅需要忍受机制建造者的愤怒，还不得不面对一个个困惑的公众，而缺乏宪法或金钱本质知识的公众会很容易地认为法官已经迷失了心智。同样，政治家更希望引用一些政府方面的自圆其说的说辞，使得我们的法币体系看起来似乎是合法的，甚至是合宪的。

这就是赤裸裸的不幸的现实。在公众更加了解真相之前，我们不能过多地寄希望于美国法院或者国会。然而，将这一事项提请给你所支持的代表仍然是值得付出的努力，因为教育的进程必须从某个地方开始，而华盛顿是一个很好的起点。

然而，回到这一点，重要的是要知道，联邦政府拥有的货币权力是很有限的："铸造货币"和"确定度量衡的标准"。鉴于金银币被特别定义为唯一允许流通的货币，那么上半句"铸造货币"的含义就毫无疑问了。铸造货币就是铸造重金属硬币，就这么简单。

下半句的意思也同样清楚。无论在宪法还是在代表们的讨论中，校准金银币价值的权力仅限于确定度量标准。其实，这两项权力是一回事。确定硬币的价值与确定一英里、一磅、一夸脱的含义完全相同。它是创建可以衡量某件事物的一个标准。宪法这一部分的措辞可以追溯到最初的《邦联条例》，其中的条款进一步阐明了当时人们的普遍理解：

美国国会……拥有唯一的、专有的权利和权力，对于国会或各州议会授权铸造的硬币进行合金与价值的调节，确定全美国通行的度量衡标准。

因此，美国国会拥有的权力仅限于确定作为国家货币单位的贵金属的重量。

美元的起源

制宪会议上代表们在争论时，西班牙"八片币"（pieces of eight）的银币已经成为事实上的货币单位。大陆会议成立了一个官方委员会，对美国流通的硬币进行抽样，并确定其重量和纯度的平均值。调查结果根据各种硬币的相对价值进行了排序。在制宪会议召开之时，国会已经在确定国家货币的度量标准了。这些硬币又是如何变成美元的，这是一个有趣的故事。埃德温·维埃拉（Edwin Vieira）向我们讲述道：

货币历史学家一般将最初的美元与石里克伯爵（Count Schlick）联系起来。1519年，石里克开始在巴伐利亚约阿希姆泰尔（Joachim's Thai）铸造这样的银币，因此这种银币就被称为"石里克特泰勒"（Schlicktenthalersor）或"约阿希姆泰勒"（Joachimsthalers），简称"泰勒"（thaler），被美国人译为"美元"（dollar）。有趣的是，美国的殖民地并没有采用英格兰的货币，而是采用了西班牙的。西班牙在1497年进行了货币改革，银正式成为了西班牙的货币单位和计算单位。后来，一种八里亚尔的新硬币也出现了，不同地方对其的称呼不同，比如比索（peso）、杜罗（duro）、八片币或西班牙美元（由于其重量和纯度与泰勒相似）。凭借着西班牙的商业和政治影响力，这种硬币很快在新世界的金融市场占据了主导地位。[1]

1785年，托马斯·杰斐逊敦促美国政府采用西班牙美元作为美国的官方货币单位。他在提交给大陆会议的小册子中写道：

考虑到或大或小规模的各种金钱交易，我觉得，可能没有比美元更方便的度量标准了……美元是一种已知的硬币，人们对它也最熟悉。从南到北的人们都在使用它；人们已经认可了这种货币单位。[2]

1785年7月6日，国会一致投票通过以西班牙美元作为美国的官方货币单位。不过，杰斐逊明白，这样空口白话是不行的，尽管这种货币的重量和质量都很可靠，但其成分却并不统一，而且必须制定出该货币与其他货币的兑换比率。毕竟，对于一种用作"确定度量衡标准"的货币，国会肯定要严格审核。杰斐逊直奔要害地说："如

---

[1] 维埃拉前引书，第66页。
[2] 《使用金、银、铜铸币的主张》（自费印刷提交给大陆会议的小册子，1785年3月13日），第9～10页。转引自维埃拉前引书，第68页。

果我们确定美元是我们的货币单位，我们必须精确地定义一美元是多少。也就是说，不同时间铸造、不同重量和纯度的硬币将有不同的价值。"[1]

我们不能忽视杰斐逊所表达的逻辑。两年后，国会在仔细检查了目前流通的西班牙美元的实际重量和纯度后，定义了美元的确切含义。经过宪法批准后，一美元银币含有371.25格令的纯银，商业中的所有物品，包括其他硬币，都将按照该标准进行衡量。

随着西班牙人继续减少其硬币的银含量，减少美元银币中的含银量的压力开始增加。1791年，财政部长亚历山大·汉密尔顿在国会报告中建议美国政府建立一个联邦造币厂，并提出了一个强有力的铸币标准。他说：

本国货币交易中最初规划采用的美元，由于其重量和纯度的连续降低，目前已经贬值了5％。现在的流通中，新美元正在逐渐代替旧的硬币，可人们几乎没有注意到它们之间的区别。财产的价值取决于早先的约定，因此也在贬值……其他财产的贬值也是显而易见的。不言自明，一个国家的国民的财产价值会随着外国货币的波动而变动，会随着外国政权的法规变化而变化……

国家硬币中金银的含量，与给定的数量相符，不能比之前的数额低，否则将破坏内在价值的平衡，并且使每英亩土地、每亩小麦的实际价值都比过去更低……这将扰乱社会秩序，无论是那些靠钱生钱的人，还是那些收入较低的穷人阶层，都会滋生不满情绪，因为对于所有人而言，生活必需品都会……越来越贵。[2]

[1]　维埃拉前引书，第11页。

[2]　《美国国会的辩论和诉讼》，附录第2059、2071–2073页。转引自维埃拉前引书，第95、97页。

金银复本位制

在前面的引文中，汉密尔顿提到了金银币，而不仅仅是银币。这是因为在那个时候国会开始考虑双金属造币。回想起来，这是一个错误，纵观整个历史，双金属主义总是昙花一现，无法存在很久，因为它总是引起混乱，最终结果必然是其中一种金属货币消失。这是因为黄金和白银之间的相对价值总是有微妙的变化——任何两种金属都是如此，这取决于不断变化的供需。我们可以设定不同贵金属的兑换比率，但随着时间推移，这个比率将不再真实。实际价值更高的金属将被囤积甚至熔化，因为作为金属它将拥有比金钱更高的价值。这正是美国早期发生的事情。经过仔细分析自由市场后，当时确定的黄金价值约为白银价值的15倍。1792年的《铸币法案》相应地将金对银的相对价值设定为15比1。之后，它授权联邦政府铸币厂铸造黄金硬币，即鹰币，并规定其价值是10美元。换句话说，一枚金币等于十枚银币。由于每枚银币含有371.25格令的纯银，十枚银币共计3712.5格令纯银。因此，每枚鹰币的含金量即为上述纯银数量的十五分之一，也就是247.5格令纯金。

与大众的误解截然相反的是，国会并没有创造出"黄金美元"（直到57年后，也就是1849年的《铸币法案》之后才出现）。其实，国会只是再次申明美国的记账货币应以美元为单位，并将这些单位再次界定为含有371.25格令纯银的硬币。国会所做的，只是授权铸造了金币，并将金币的价值固定为银币价值的15倍。并且国会还指出，联邦造币厂中生产的所有银币和金币都是合法货币，但其价值要根据重量和纯度，比照银元的标准来确定。

哦，对了，还有另一件事。国会通过的法律规定，所有致使国家造币贬值的人，都要被判处死刑。如果今天仍然执行这项法律的话，众议院、参议院、财政部的管理层和总统都难逃此厄运。

自由铸币制

也许《铸币法案》最重要的条款就是自由铸币（free coinage）。在自由铸币的环境下，任何公民都可以把粗银或粗金带到铸币厂，交很少的钱，就可以将其转换成硬币供个人使用。政府仅仅规定了铸造硬币的技术标准，并在硬币上标明其重量和纯度。政府在这方面的作用，就和杂货店称东西或加油站量容积一样简单。在此过程中，政府仅需依照宪法规定"确定度量衡标准"。

自由铸币是美国成功史的重要组成部分，直到1934年颁布《黄金储备法案》（*Gold Reserve Act*）后才废止——后来的法案矫枉过正，甚至规定公民拥有黄金也是非法的，我们将在后面的章节中细细感受这个令人沮丧的时期，但现在重要的事情是回顾我们的货币体系的伟大历史。额尔金·格罗斯克洛斯解释道：

正如实践中所证明的那样，自由铸币的本质是遏制贬质和贬值。银币在私人手中，政府就就无法通过改变标准来获利，个人也没有从中获利的机会。如果流通中的银币的外观和面额相似，但标准不确定，专横的政府就可能因为利欲熏心而随心所欲地修改标准——自从铸币产生以来，这些邪恶的行为就相伴相生，严重阻碍了经济的自然增长。这一下，该风险就不存在了。同时，自由铸币制为经济提供了保持稳定和品质的重要工具，使得更有活力、更健康的商业生活成为可能，政府也能够据此来提升威望、增加物质财富。[1]

---

[1] 格罗斯克洛斯前引书，第167页。

健全货币和经济繁荣

对于一个新生的国家来说，这的确是一个吉祥的开端，并很快就出现了经济繁荣的结果。1789年12月16日的《宾夕法尼亚公报》（*Pennsylvania Gazette*）宣布："由于联邦宪法消除了纸钞的危险，我们的贸易额提高了50%。"[1]但这仅仅只是个开始。历史学家道格拉斯·诺思（Douglass North）说："1793—1808年，呈现了空前的繁荣景象。"[2]路易斯·黑克（Louis Hacke）描述这个时期是"史无前例的商业扩张期，事实上，美国……整体的出口额从1791年的1900万美元上升到了1801年的9300万美元。"[3]此外，联邦赤字在1792年达到支出的28%，在1795年下降到21%。到1802年，赤字已经完全消失，并被一个几乎与政府总支出相等的盈余所取代。

乔治·华盛顿亲眼目睹了这个经济奇迹的发生，非常激动、兴奋，并在与他的朋友法国政治家、前大陆军将军拉法耶特（Lafayette）通信中说："尊敬的先生，我所热爱的国家，其政治重要性和社会幸福感都在不断增加。" 在给凯瑟琳·麦考利·格雷厄姆（Catherine Macaulay Graham）的信中，他说："美国在新政府治理下正享有一种难以想象的繁荣和安宁感。"在给美国诗人和外交官大卫·汉弗莱斯（David Humphreys）的信中，他说："我们的公共信用空前高涨，三年前简直无法想象今天的情景。"[4]

在谈及没有金银支撑的纸币的这个特定主题上，华盛顿写道：

我们在未来有一天可能看到商业繁荣、国家富强、人民安乐的局面。但是，如果我们在追求手段的过程中，再次不幸地栽倒在无价值

[1] 索西前引书，第36页。

[2] 道格拉斯·诺思：《美国经济的增长》（纽约：W.W.诺顿出版社，1966年版），第53页。

[3] 路易斯·哈克：《美国资本主义》（纽约：铁毡出版社，1957年版），第39页。

[4] 这些信分别写于1790年、1791年，引自阿特伍德前引书，第5—6页。

的纸币或任何类似的欺诈中，那么无疑会给处于初级阶段的国家信贷以致命一击。[1]

这是那些起草美国宪法的人所制定的货币蓝图。回顾过去，人们唯一能发现的缺陷就是制定者试图在金银价值之间设定一个固定比率。铸币商不应该为金币设定美元价值，而是应该根据重量和纯度来标注黄金价值。然后，自由市场就能把它作为一种交换价值，来换取商品和服务，这样就能自动将其正确的货币价值与同等购买力的白银进行兑换。因此，不可避免的是，在"十美元"的鹰币出现之后不久，金与银的兑换比率便开始超过了十五比一的比率，鹰币也就无法流通。在后来的几年里，随着加利福尼亚和澳大利亚大金矿的发现，这个过程逆转了，白银又从流通中消失了。但是，尽管这种金银复本位制导致实际兑换比率与政府规定的兑换比率之间存在差异，但它是在公开市场上发生的，没有人因为这种麻烦而受到严重损害。所有的这一切，都基于一个标准：一美元硬币所规定的银含量。此外，银币和金币都有其内在价值，可以完全公平公正地衡量。这是一个国家能为经济繁荣、人民富足所做的最大贡献。

本章总结

宪法禁止州政府和联邦政府发行法定货币。这是开国元勋们故意而为之，因为他们以前在战争期间特别是在独立战争期间曾对法定货币有过惨痛的体验。针对需要，国家必须有一个精确定义的货币单位。国会认可了当时使用的西班牙美元，并将该美元银币的含量定为371.25格令纯银。随着联邦铸币厂的成立，美国的银元都按照这一标

[1] 写于1789年，转引自路易斯·巴索：《一篇关于货币改革的论文》（密苏里州：货币现实协会，1982年版），第5页。

准铸造，同时也铸造了价值十美元的鹰币。

最重要的是，美国建立了自由铸币制度，美国人能够将他们的粗银和粗金转化为政府正式认证价值的国家硬币。这些措施，促生了一个健全货币和经济繁荣的时期。但当下一代美国人忘记历史的时候，他们会恢复使用纸币和"信用券"，这个繁荣时期就会结束。

开国元勋们制定的货币计划是天才们的集体智慧产物。在历史上，没有一个人能够在一个立法机构中找到这么多睿智的人，他们既理解银行货币所固有的欺诈，也明白通货膨胀的隐性税收本质。史上第一次，学者和政治家议会决心为自己创造的国家修建一条康庄大道。表面上看来，他们给了我们一张寻宝图，我们所要做的只是保障经济安全、实现国家繁荣。但是，正如我们将在下面的章节中看到的那样，当历史的教训随着那些人的逝去而被淡忘时，那张地图就被丢弃了。

第16章

来到美国的"怪物"

> 美国第一个中央银行——北美银行（Bank of North America）在宪法起草之前就已成立；美国的第二个中央银行——第一合众国银行（First Bank of the United States）成立于1791年；两家银行造成的大规模通货膨胀；两家银行终止的原因。

令人诧异的是，美国甚至在宪法起草前就拥有了第一家中央银行。它于1781年春季由大陆会议主办，次年开业。加拿大殖民地当时很期盼加入独立殖民地的阵营，这样将形成横跨整个北美大陆的联盟。因此，新的金融机构被命名为为北美银行。

该银行由议会成员罗伯特·莫里斯（Robert Morris）组织，他是一群政治家和商人的领导人。这群人希望新国家模仿英国的重商主义，他们希望用高税收支持一个强大的、中央集权的政府，用高关税补贴国内产业、大规模陆军和海军军队，并促进殖民地向外国市场进军。罗伯特·莫里斯是一个富有的费城商人，他在独立战争期间获得了不少战时合同，赚取了巨大的利益。他仔细研究了货币的秘密科学，1781年时，大多数人都认为他是国会中的金融奇才。

北美银行严格遵照英格兰银行的模式。按照部分储备金的做法，北美银行可以发行超过实际存款的纸本期票，但由于一些金和银必须保存在银行库中，所以这一过程受到了明确的限制。对于公共或私人的债务而言，银行票据不是强迫所有人都接受的法定货币，但政府确实同意接受以票据面值支付所有的税收和关税，这使得它们起到了和黄金一样的特定目的。此外，与今天的美联储不同的是，北美银行没有权力直接发行国家货币。

作为中央银行的职责

另一方面，银行在票据发行领域拥有垄断权，这意味着其他银行都不能发行流通的票据。这一点，加上其票据可以按照面值支付所有税务，再加上联邦政府当时没有自己发行货币，才使得这些票据成为了流通的交换媒介。大家的预期是，一段时间后银行的纸质票据作为货币被接受，这个预期在一段时间内实现了。此外，该银行也成为联邦资金的存托机构。银行刚刚成立，就向政府贷出了120万美元，其中大部分款项都是为了这次贷款而凭空创造出来的。因此，尽管银行本身存在局限性，尽管它本质上是一个私人机构，但它承担了中央银行的职能。

北美银行从一开始就有问题。银行章程要求私人投资者提供40万美元的初始认购。当莫里斯无法筹集这笔钱时，他就利用了他的政治影响力弥补了政府资金的短缺。在某次活动中，他非法贪污了法国借给美国的黄金，并将其存放在北美银行。然后，他将这笔钱用作储备金，并以此为基础创造了所需的初始资金，再将这些资金借给自己和同仁们。这就是秘密科学的力量。[1]

有一个很难以理解的事实是，那些制定宪法的人竟然允许北美

---

[1] 默里·罗斯巴德：《构想自由：1775—1784年的革命战争》（纽约：阿灵顿公司，1979年版），第4卷，第392页。

银行存在了几年。然而，我们必须记住，在制定宪法时，战争仍在进行中，甚至是那些最聪明的政治家也经常被迫在这样的时候采取权宜之计。人们还必须相信——虽然开国者们对政府印刷机创造的法定货币的性质一清二楚，但是对于隐藏在部分储备金银行体系后的造币机制，他们还一无所知。

无论如何，国会并未更改北美银行的章程，而它在战争结束后就消失得无影无踪。默里·罗斯巴德（Murray Rothbard）详细说明了它终结的原因：

> 尽管北美银行拥有垄断特权，以及名义上的铸币偿付能力，但市场对于膨胀的票据缺乏信心，这就导致北美银行票据在费城首府之外贬值。为了维持其票据的价值，银行甚至雇人劝说赎回票据的人不要坚持以铸币赎回，这一举措显然不能让民众树立对银行的长期信心。

> 经过一年的运营，莫里斯的政治权力下滑，他迅速将北美银行从中央银行的角色转换到由宾夕法尼亚州包租的纯商业银行。到1783年底……中央银行在美国的第一次实验结束了。[1]

这个故事恰当的结尾在两百年后才得到谱写，那时候，"国家最古老的银行"宾夕法尼亚第一银行，被联邦存款保险公司紧急救助了。

逃脱宪法的制约

在北美银行画上句号、制宪会议"关上纸币大门"之后，美国因此享受了前所未有的经济增长和繁荣时期。上帝关了一扇门，但还留着一扇窗。国会不准印钱，但它没有失去借钱的权力。

在普通人的词汇中，借钱是接受某笔已经存在的款项。因此，当

---

[1] 罗斯巴德前引书《银行的秘密》，第194–195页。

银行家在没有钱的情况下还能发行货币进行放贷时，普通人就懵了。看上去他似乎是在借贷，但实际上，他是在造钱。

然后，像今天一样，银行专业术语的神秘性让大多数普通人无法理解，我们也很难理解私人银行发行的票据如何能和印刷货币一样造成灾难性结果。在这种情况下，货币和政治学家决定绕过宪法。他们的计划是建立一个银行，赋予银行创造货币的权力，再把大部分的钱借给政府，由政府确保这些借据被大众当成货币使用。因此，国会不用发行信用券，银行来发。

由此，第一合众国银行诞生了。

1790年，该建议由当时的财政部长亚历山大·汉密尔顿提交给国会。顺便提一下，汉密尔顿曾是北美银行创始人罗伯特·莫里斯的助手，从这个意义上说，他做这件事一点儿都不奇怪。令人惊讶的是，在制宪会议期间，汉密尔顿一直是可靠货币的坚定支持者。这两件事很矛盾，所以人们就质疑即使是最善意的人也会因为财富和权力的诱惑而堕落。汉密尔顿、莫里斯和其他联邦政府领导人希望政府不要插手造币业务，有可能并不是因为这有违宪法，而是想为创造中央银行预留空间，因为中央银行可以进一步远离公众视野和政治控制，从而可能成为他们中饱私囊的源泉。除此之外，仅有的另一种解释是，人的看法是善变的，他们也没有真正理解其行为的影响。然而，鉴于他们在所有其他事务上的才华，我们很难心悦诚服地接受这种解释。

汉密尔顿与杰斐逊的冲突

汉密尔顿的建议遭到了当时国务卿托马斯·杰斐逊的强烈反对，于是掀起了一场激烈的政治辩论，也引发了此后几十年的争论。事实上，美国第一批政党的成立很大程度上就是因为这次争论。联邦党人聚集在汉密尔顿思想的周围，而后来称为共和党人的"反联邦党人"，则被杰斐逊的想法吸引。[1]

杰斐逊指出，"宪法"没有授予国会建立银行或类似机构的权力，这意味着这种权力是保留给各州和其人民的。在反驳汉密尔顿的建议时，他说："跨过这条界线一步，就相当于扩充了国会的权力，将会导致国会权力的无限增大，进而不受任何限制。"[2]他还说，即使宪法赋予了这种权力，也是一件极其不明智的事情，因为允许银行创造货币可能导致国家破产。

另一方面，汉密尔顿则认为，如果能合理地保持债务，那么债务就是件好事，国家需要更多的资金流通来跟上商业的发展。他说，只有银行才能够提供所需资金。此外，虽然宪法确实没有明确赋予创建这种银行的权力，但为了完成宪法赋予的其他职能，创办银行是一种隐含的权力。

这就是绕过宪法的途径。

这两个人的思想极端对立：

杰斐逊："发行公共货币的私人中央银行对人民自由的威胁比一支常备军还要大。"[3]"我们不能让统治者使我们承受永久的债务。"[4]

汉密尔顿："如果不把富人与国家的利益、信用统一起来，没有一个社会能够成功。"[5]"国家的债务只要不是过度，对国家就是有益的。"[6]

---

[1] 奇怪的是，杰斐逊的共和党发展成了现在的民主党。

[2] 《国务卿托马斯·杰斐逊的意见》，1791年2月15日。转引自克鲁斯前引书，第147—148页。

[3] 在杰斐逊的信件和公开言论中可以发现许多私人银行和常备军的比较。参见《托马斯·杰斐逊文集》（纽约：帕特南与儿子出版社，1899年版），第10卷，第31页。

[4] 《托马斯·杰斐逊文选》（威利图书公司，1944年版），第749页。

[5] 转引自阿瑟·施莱辛格二世：《杰克逊时代》（纽约：曼特图书，1945年版），第6—7页。

[6] 汉密尔顿写给罗伯特·莫里斯的信件，1781年4月30日。转引自约翰·马丁：《全球债务危机：美国越来越多的参与》（纽约：基本图书，1984年版），第246页。

美国第二家中央银行诞生

经过一年的激烈辩论之后，汉密尔顿占了上风。1791年，国会通过了一个为期20年的合众国银行特许经营权章程。它以英格兰银行为模板，这意味着它几乎是北美银行的精确复制品。事实上，作为与过去密切相连的证据，新银行的总裁是托马斯·威林（Thomas Willin），他是罗伯特·莫里斯的合伙人、北美银行前总裁。[1]

和以前一样，新银行在发行银行票据时享受垄断地位。再一次说明，这些票据并没有强迫人民接受作为清偿私人债务和合同的法定货币，而是被政府接受的法定货币，可以用于缴纳税收和关税，因此它们很容易被民众用作普通货币。还有，该银行又一次成为所有联邦资金的官方存储机构。

该章程还规定了合众国银行在任何时候都必须在存款人要求退回存款时，用金或银币兑换其票据。这是一个令人钦佩的规定，但是，由于银行并不需要保留与借出金额相当的金币，所以在数学上，这是一个不可能坚持的任务。

与旧的北美银行一样，美国新银行的80％资本由私人投资者提供，联邦政府占20％。然而，这只是一个记账的手法，因为已经预先安排好，银行可以立即把这些钱如数借给联邦政府。和莫里斯操纵北美银行的计划一样，联邦"投资"本质上是一个弥补私人资金缺口的花招。"你想叫它什么都可以。"杰斐逊说，这不是贷款或投资，而是一个完完全全实在的礼物。他当然是对的。在私人出资不足章程要求数额9％的情况下，该银行已经开门营业了。该银行总资本额指定为1000万美元，这意味着私人股东需要出资800万美元。然而，约翰·肯尼斯·加尔布莱斯苦笑着说："节俭的投资人似乎都囊中羞

---

[1]　有趣的是，作为大陆会议的一员，威林曾投票反对《独立宣言》。

涩，银行在仅有约67.5万美元现金的情况下就开业了。"[1]

来自欧洲的"怪物"

这些私人投资者是谁？他们的名字没有出现在任何公开文献中，但我们可以确定他们包括国会议员和参议员（和他们的助手），以及制定银行章程的人。在加尔布莱斯的书中有一条有趣的线索，暗示了这个群体的另一面，他在《钱从哪儿来到哪儿去》第72页中写道："外国人可以拥有股票，但不拥有投票权。"

这无伤大雅的声明背后隐藏着多少故事啊。冷冰冰的现实是，在欧洲，罗斯柴尔德银行王朝无论是在财政上和政治上都极具影响力，在创建美国中央银行的进程中也发挥了不可或缺的作用。传记作家德里克·威尔逊解释说：

多年以来，曼彻斯特纺织品制造商N.M.罗斯柴尔德公司从美国南方各州购买棉花，因此罗斯柴尔德家族十分关注美国。内森……曾向美国各州发放贷款，一段时间内曾是美国政府在欧洲的官方银行家，也是美国中央银行的忠实支持者。[2]

古斯塔夫·迈尔斯（Gustavus Myers）在他的《伟大的美国财富史》（*History of the Great American Fortune*）一书中，更有针对性地指出：

实际上，罗斯柴尔德家族对美国金融法律有重要的影响力。法律文件显示，他们是合众国银行背后的力量！[3]

罗斯柴尔德家族不仅仅是一个投资家，也不仅仅是一股势力，他们对美国中央银行的创建有巨大作用。罗斯柴尔德家族在美国金融和

[1] 加尔布莱斯前引书，第72页。
[2] 德雷克·威尔逊前引书，第178页。
[3] 古斯塔夫·迈尔斯：《伟大的美国财富史》（纽约：兰登书屋，1936年版），第556页。

政治中的意义，我们已经在前文中用了大幅篇章去叙述，因此没有必要在这里赘述。然而，在本书中，我们有必要注意一下这个事实，杰基尔岛的怪物并不是美国土生土长的物种。

通货膨胀再度袭来

从一开始，新银行的主要目的是为联邦政府创造资金，为私营企业提供资金是次要目标。这一点，从设定的最高利率是6%可以看出来。这使得除了贷款给联邦政府和一些大规模的、享受优惠利率的借款方之外，其他人很难获得贷款。政府没有浪费时间，立刻启动了中央银行的机制。政府在开始时"投资"了200万美元，但在此后五年内要贷款820万美元，也就是说，合众国银行专门为政府创造了620万美元。

任何熟悉货币历史的人都可以很容易地预知接下来的事。

数以百万计的储备金被创造出来，在通过政府的支出计划将其注入经济中，结果就是货币供应与商品、服务供应之间出现了不平衡。由于美元的相对价值下降，物价开始上升。在同样的五年期间，批发价格上涨了72%。换个说法，即所有人以货币形式储蓄的资金中，有42%被政府通过通货膨胀的隐性税悄然没收。

以前曾困扰殖民地的通货膨胀效应卷土重来，危害着另一代美国人民。这一次，不是由印钞机造成的，而是部分储备金机制。将两种机制联系在一起，并使它们发挥作用的节点是联邦债务。政治和货币学家违反开国元勋的意图创造了这种联邦债务。正是这种联邦债务，使杰斐逊惊叹：

我希望我们的宪法能增加一项修正案。为了实现宪法的原则，我希望靠这条修正案来约束政府的管理；我指的是增加一条修正案，剥夺联邦政府借款的权力。[1]

像真实世界中的许多事情一样，合众国银行是一种邪恶与善良的混合物。它当然不都是坏的。殖民地时期，各州政府印制了许多纸币，人们感到满意，而购买力却受损了。另一方面，银行需要维持一些黄金和铸币作为其发行货币的基础。虽然储备金小于纸币的数量，但它仍然有一个界限，能够限制货币供应的数量。这是善良的一面。

此外，很明显，出于自身利益的考虑，银行的董事们希望将创造货币的权力保留在自己的控制之下。只有整个经济体的生产足以支持其货币供应，他们才能从中央银行机制中获利。他们不想杀鸡取卵。所以，像我们现代的联邦储备体系中的同行一样，他们通常比较克制，在少数情况下，甚至非常克制。

"野猫银行"

在此期间，"野猫银行"开始蓬勃发展。它们被赋予这个名字不是因为他们很疯狂——虽然它们的确很疯狂——而是因为它们位于遥远的边境地区，据说他们的唯一的客户就是野猫。

野猫银行的会计准则和商业实践都相当粗放。像当时所有的银行一样，联邦政府要求它们保留一定比例的金银币存款储备金。为了提升公众对于其履行义务的信心，通常银行的做法是保持金库门常开，以便在营业时间内让顾客看到一两桶金币——这与现代金融机构的做法完全不同，现代的金融机构宣称拥有几十亿的资产，但从不提及其负债的规模。然而，哪怕是为了与公众搞好关系，现代投机分子却连几个贵金属硬币都不愿意拿出来。有时候，当各州的审查员挨个检查

---

[1] 给约翰·泰勒的信，写于1789年11月26日。转引自马丁·拉森：《持续的减税运动》（康涅狄格州：德温–阿黛尔出版社，1979年版），第12页。

每家银行储备金时，在审查员抵达的前几分钟，黄金会被运到银行金库，而这些黄金还是从刚审查完的银行金库中调来的。

关键的一点是，第一合众国银行能够约束其他的所有银行，无论是野猫银行，还是城市银行。除非某银行能够履行用票据换铸币的承诺，否则中央银行将拒绝接受该银行的所有票据。对此，公众也作出了相应的反应。如果中央银行觉得这些票据不够好，那么人民也会拒绝接受。通过这种间接的影响，也能限制当时的所有银行。这也是善良的一面。

一些历史学家说，无论如何，第一合众国银行还是起了积极作用的。例如，加尔布莱斯赞赏地写道：

有时，当那些经营状况良好的州银行遇到票据持有人或债权人挤兑的时候，中央银行会提供帮助。除了实施限制措施外，它还是最后贷款人。因此，在其短暂的生命历程中，人们对中央银行的基本监管职能有了深刻的认识。[1]

一个不太喜欢中央银行理念的人就会问：如果这些州银行"状况良好"，为什么还要中央银行来帮助它们维持存款人的信心呢？"最后贷款人"的概念，今天被认为是神圣的教条，它的产生基于这样一个假设：在美国银行体系中，欺诈是完全可以接受的。由于任何单一银行或一群银行可能在任何时候"遇到票据持有人或债权人挤兑"，因此，谨慎的做法是，让中央银行存放些许储备金，在发生客户挤兑之前将储备金送到银行——就像在审查员到达之前把黄金送到银行。

至于中央银行对其他银行的约束，即使没有政府银行的存在，同样的效果也会产生，这一点不难理解。如果自由市场已经开始运作，可以肯定的是，不久以后，拥有诚实信誉的银行将获得越来越多的储户，它们将成为最受欢迎的银行，因此，它们也最兴旺。然而，为了

---

[1] 加尔布莱斯前引书，第73页。

实现这一目标，他们不得不拒绝其他银行的毫无价值的票据。公众会如预期般作出反应，即使是最肆无忌惮的银行也会像预期的那样作出反应。对，即使是最肆无忌惮的银行，如果想生存下去，也必须服从这一法则。由于自由市场内的公开竞争，整个银行系统将受到制约。假设只有一个联邦特许的中央银行才能对货币体系带来这种间接而温和的影响，那就意味着只有美国政客、官僚和政府机构才能以诚信行事，这个理念怎么说也是不太靠谱的。

金权政治的工具

无论如何，不可否认的是第一合众国银行减缓了许多私人银行的失控趋势，否则它们可能会更糟。如果没有中央银行，其他银行的行为可能会造成更加严重的通货膨胀。但是，"没有它可能更糟"的结果并不能证明"有它就是好的"，事实上，正是因为有了它，美国人民在五年内失去了42%的财产。我们也不能忘记，这种财产的损失是有选择性的，比如富人阶层的有形资产的价值就可以随着通货膨胀而水涨船高。尤其是那些从企业中赚取巨额利润的政治和货币学家们，并没有承受这种损失。正如汉密尔顿所说，中央银行"把富人和国家的利益、信用捆绑起来了"。

加弗努尔·莫里斯（Governeur Morris）是宪法起草者的一员，他曾精准地阐述了这种金权政治的发展。他曾担任罗伯特·莫里斯（二人并非亲戚）的助手，是贵族制度的忠实拥护者。所以他很有资格说出下面这段话：

富人将努力建立自己的统治，奴役其余的人。他们一直都是这样做的，将来也会一直这么做……如果我们的政府不对他们有所限制，他们就会像其他地方的富人一样采取行动。我们应该记住，人民的所作所为从来不是仅仅依靠理性。富人会利用自己的激情来欺压百姓。这场比赛的结果将是产生一个更暴力的贵族，或更极端的专制主义。[1]

那些年里，合众国银行承受的政治压力一直在稳步上升。对于其批评者来说，这是因为美国公众意识的觉醒。不幸的是，局势并不总是那么让人愉悦。当杰斐逊的共和党人费尽心思讲述"怪物"的起源时，其言论产生了相当大的影响力，与此同时，另一个观点迥异、目标相反的团体也在反对合众国银行。杰斐逊等人反对创建合众国银行，是因为他们想要一个只有金银币的货币体系。另外一群由冒险家、投机者和疯狂扩张的企业家组成的团体反对银行，因为他们想要一个没有约束的货币体系，甚至连部分储备金都不想要。他们希望每个本地银行都能自由地创造尽可能多的纸币，因为他们会把这些钱用于自己的项目和利润。政治真的会让两群水火不容的人成为伙伴。

银行章程到期的时间越来越近了，论战更加激烈，但势均力敌。国会大厅回荡着愤怒的争吵声。投票僵持不下。一次次进攻，一次次反击，随后再度陷入僵局。暗地里更是冲突不断。

副总统乔治·克林顿（George Clinton）投出了最关键一票，打破了僵局。至此，战争硝烟散尽，延期银行章程的提案被众议院否决了。1811年1月24日，第一合众国银行关门。

争论的结果也许已经确定，但战争还远未结束。失败者品味着失败的苦涩滋味，已经重新开始准备下一次的战斗。不幸的是，随后发生的事件正中他们的下怀。

随着合众国银行的调节作用失效，美国的银行体系完全转移到政府特许公司手中，许多公司都野心爆棚。它们的数量迅速增长，创造

---

[1] 写给詹姆斯·麦迪逊的信件，1787年7月2日。转引自W.克利昂·斯科森：《繁荣经济学》，载于《弗里曼文摘》，1985年2月刊，第9页。

的货币供应量也突飞猛进。通货膨胀紧跟随其脚步袭来，公众不满的情绪越来越高涨。

如果按照自由市场进行运作，竞争很可能很快就会清除投机者并恢复系统的平衡，但它从未得到这个机会。不过，1812年战争做到了这一点。

1812年战争

1812年战争是历史上最无意义的战争之一。我们现在知道的战争的主要原因是英国强行征召美国水手，在公海协助英国海军抗击法国拿破仑。[1]其实，法国也征用了美国水手参加与英国的战争，但是他们的行为被忽略了。此外，英国在战争进行之前已经撤销了他们关于美国海员的相关政策，这也就意味着战争成因已经消除，如果国会想保持和平局面的话，基本可以得到恢复。我们可以得出这样的结论：美国内部代表银行利益的一派实际上希望发生冲突，因为他们可以从中牟取利润。证据之一是，这些被征召船员的故乡新英格兰各州[2]坚决反对战争，而野猫银行最多的西部和南部各州却都叫嚣着要战斗。

在任何情况下，绝大多数公民是不愿卷入战争的，所以国会也就无法以战争的理由增加税收、获得军备资金。因此，政府需要州立银行在税收结构之外创造资金，并免受自由市场的约束。这是政治和货币学家邪恶联盟的经典案例。罗斯巴德教授给出了详细介绍：

美国政府鼓励扩张银行数量、票据和存款数量，以便扩大战争债务的规模。美国中大西洋地区、南部和西部各州的这些新银行，肆无忌惮地印刷了大量新票据来购买政府债券，毫不顾忌通货膨胀的危

---

[1] 当时，英国皇家海军拦截美国商船追捕逃兵，强征船上的美国海员入伍——这些人虽然出生于英国，但已归化为美国公民。——译者注

[2] 指美国东、北部的几个州，包括缅因州、新罕布什尔、佛蒙特州、马萨诸塞州、罗德岛州、康涅狄格州。

险。然后，联邦政府使用这些票据在新英格兰购买武器和工业品……

1814年8月，结果愈加明朗，除了新英格兰银行，美国国内的银行都无法兑付铸币，它们实际上已经破产了。各州政府和联邦政府在1814年8月决定允许银行继续经营，并拒绝履行赎回铸币的义务。换言之，政府允许银行拒绝履行其庄严的合同义务……

这次法律暂时失效的行为不仅使得当时通货膨胀更加严重，也为从此之后所有的金融危机埋下了伏因。政府向银行保证，无论美国有没有中央银行，如果它们因通胀而陷入困境，政府会把它们解救出来。[1]

州立银行为联邦政府创造了足够的短期资金，将债务从4500万美元提高到1.27亿美元，对于新兴国家来说，这一数目足够让人大吃一惊了。货币供应量翻了三倍，但商品没有明显增加，意味着美元的价值缩减到原来购买力的三分之一。到1814年，储户开始慢慢意识到这是骗局，极力要求赎回他们的黄金而不是纸票。银行无奈之下关门，不得不雇用额外的警卫以保护官员和员工免受愤怒的人群伤害。政治和货币学家再次成功地掠夺了美国公众大约66%的财产，这个数字不包含之前掠夺的那42%。

耍把戏和银行梦

托马斯·杰斐逊一直坚定地反对纸币，这时他是美国的总统。为了使这个国家理智起来，他从未停止过反对虚假货币和债务的呼吁：

虽然所有的欧洲国家都已经向我们展示了缘木求鱼的愚蠢之处，但我们仍然期望在这些把戏和银行业的幻梦中找出凭空造钱的力量，

---

[1] 罗斯巴德前引书《银行的秘密》，第198–199页。

以便满足沉重的战争费用……[1]

银行纸币的贴现费用占到了美国战争税款的一半；或者换句话说，使战争的费用翻倍……[2]

接着，银行滥发票据的危机到来，银行只得宣布自己的死刑。2至3亿美元的银行本票在人民手中，只能用于特定产品和资产的出售，而且银行正式宣布不会支付现金……人们接受票据，是因为他们相信这就是现金（黄金），现在那些轻信和愚顽的人，因为贪婪和被骗而手握着大把一文不值的纸质媒介……[3]

如果不具备每年通过税收偿还利息的能力、不具备在规定期限内偿付本金的能力，那么不借钱就是一个明智的规则……[4]我们没有权力让后代承担我们欠下的债务，我们有偿还自己债务的道德义务……[5]地球是属于生者的，而非死者……我们可以把每一代人都视为一个独立的国家，他们有权约束自己，但无权捆绑下一代人……[6]

永久债务的理论已经浸染了每一寸土地，并通过不断积累的负担压垮这片土地上的居民。[7]

然而，国会不听。

本章总结

甚至在宪法起草之前，美国就有了第一家中央银行。它被称为北美银行，1781年由大陆会议特许创办。它以英格兰银行为模板，有权

---

[1]　《托马斯·杰斐逊文集》馆藏版，第14卷，第227页。

[2]　《托马斯·杰斐逊文集》馆藏版，第13卷，第364页。

[3]　《托马斯·杰斐逊文集》馆藏版，第14卷，第187–189页。

[4]　同上，第269页。

[5]　同上，第358页。

[6]　同上，第270页。

[7]　同上，第272页。

发行比其储备金更多的纸质本票。起初，这些纸币被广泛流通并承担了国家货币的职责。不过该银行本质上讲是一个私人机构，从一开始它的目的就是创造资金借给联邦政府。北美银行充斥着欺诈，在政治上也很快陷入失宠的局面。数量膨胀的钞票最终被普通市民所拒绝，并不再在费城以外的地方流通。该银行最终转变为宾夕法尼亚州特许经营的一个纯粹的商业银行。

法定货币的倡导者并没有放弃。1791年，第一合众国银行（美国第二家中央银行）由国会创立。新银行是上一个银行的复制品，包括欺诈也被复制了。该银行的私人投资者是全美国最富有和最有影响力的公民，包括一些国会议员和参议员。但是新银行最大的投资和最强大的影响力来自欧洲的罗斯柴尔德家族。

银行立即履行为政府创造货币的职能。这导致了货币供应量的大规模膨胀和物价上涨。在最初的五年里，人们储蓄的42%都是由所谓的通货膨胀这种隐性税没收的。同样的现象20年前也困扰着殖民地，但是这次不是由印刷机印钱造成的，而是由部分储备金制度引起的。

随着银行章程续期时间的临近，两个有相反意图的团体却成了奇怪的政治盟友：杰斐逊的人想要健全货币；边远地区的野猫银行家们想要无限的偷窃许可权。1811年1月24日，由于一票之差，银行章程被参议院否决。合众国银行关门了，但野猫银行到处都是。

1812年战争在美国公众中不受欢迎，因此政府无法通过税收获得资金。政府的选择是，鼓励野猫银行购买其战争债务债券，并将其转换为政府随后用于购买战争物资的钞票。在两年内，国家的货币供应量增加了三倍，价格也上涨了。货币和政治学家再次成功地掠夺了美国公众约66%的资产，这还不包括前几年被掠夺的42%。

第17章
蛇窝

美国第三个中央银行——第二合众国银行（Second Bank of the United States）的故事；安德鲁·杰克逊以"反合众国银行"的口号竞选总统；杰克逊总统和银行总裁尼古拉斯·比德尔（Nicholas Biddle）之间的战斗；为维持银行生存，比德尔制造萧条、恐吓公众；杰克逊的终极胜利。

前一章所概述的1812年的货币混乱，是由于银行业中普遍存在的欺诈行为造成的。存款人真诚地将他们的黄金和白银存放在银行保管，为了日常交易的方便而换取了纸币。反过来，银行答应他们，只要他们愿意，随时可以兑换铸币。然而，与此同时，通过部分储备金银行机制，纸币数量远远超过储备的铸币的价值。由于所有的纸币都可以要求兑换成铸币，银行家们知道，如果有相当一部分的顾客要求赎回铸币，那庄严的承诺就无法兑现。事实上，这正是在那个时期一次又一次发生的事情。

1814年，托马斯·杰斐逊回到蒙蒂塞洛，悻悻地逃避自己在货币问题上的失败。在给约翰·亚当斯（John Adams）的一封信中，他写道：

一直以来，我都与银行为敌；不是和那些贴现现金（即收取真实货币贷款利息）的人作对，而是针对那些用自己发行的纸币淘汰我们的现金的人。在合众国银行刚成立时，我温和而公开地反对它们。那群银行家嘲笑我是疯子，而他们正试图从公众身上欺骗、搜刮利润……我们应该为独立战争中的纸币建造一座祭坛，它虽然毁了个人，但救了共和国。我们还应该烧毁所有现存的、未来的一切银行章程，以及它们的所有票据吗？它们不仅毁了个人，也毁了国家。但我们做不到，热衷于纸币的势力太强了。它所造成的错觉和腐败完全侵蚀了政府、将军、特使和大众。[1]

杰斐逊是对的。国会既没有智慧也没有勇气让自由市场清理第一合众国银行消亡后产生的混乱。如果国会着手处理，那么欺诈很快就会被公众熟知，不诚实的银行会被摒弃，人们虽会遭受损失，但苦难也许会永远结束。相反，国会选择了保护银行的组织性欺诈，并将损失延续。1816年，当一个为期20年的特许经营权授予了第二合众国银行时，这一切宣告完成。

第二合众国银行

新银行在每个方面都参照了旧银行的规制，只有一个例外。"考虑到该法赋予的专有特权和利益"[2]，国会从私人投资者中肆无忌惮地提取了150万美元的贿赂。银行家们很高兴地支付了费用，不仅因为对于这个有利可图的企业来说这是一个合适的价格，而且就像我们在前面章节所叙述的那样，他们可以立即获得政府存款的总资本的五分之一，并以此制造出大部分需要的启动资金。章程要求银行筹集至少700万美元的资金，但即便到了开业的第二年，其资金也从未超过

---

[1] 莱斯特·卡彭：《亚当斯与杰斐逊的信件》（纽约：西蒙和舒斯特出版社，1971年版），第2卷，第424页。

[2] 《1816年法案》第20条，第3款。

250万美元。[1]货币和政治学家再一次挖出了利润的河道，而天真的纳税人头脑中充满了"银行改革"的甜蜜愿景，并为此支付账单。

旧银行和新银行之间另一个重要的相同点是包含了大量的外国投资。事实上，新银行的最大股东（约占股票的三分之一）就是这个外国集团。[2]毫不夸张地说，第二合众国银行的英国属性和美国属性一样根深蒂固。

美国的第三个中央银行从一开始就陷入深度麻烦之中。它承诺继续保持监督其他银行的传统，除非这些银行的票据可以按要求兑换铸币，否则一律拒绝接受。但是当其他银行再度要求新银行还像以前一样把铸币暗渡陈仓时，该银行经常言听计从。我们同时还需要注意的是一个小小的腐败问题。研究该银行的一位历史学家写道："许多有影响力的人士和股东一样，认为铸币偿还的形式很不明智，而借款人急于维持银行在放贷时的配合。"[3]

在经济学中，每一项政策都有其后果，而第二合众国银行宽松货币政策的后果则是让美国第一次经历了"繁荣—崩溃"的周期。加尔布莱斯告诉我们："在1816年，战后的繁荣遍布全国，西方的土地上一片欢腾。新银行也兴高采烈地分享了这种快乐。"[4]

该银行比其竞争对手具有优势的地方就在于它拥有联邦的特许经营权：政府同意在缴纳税款时接受其票据。但其他州立银行绝不肯放弃参与游戏的快感。它们仍有能力通过部分储备金体制创造货币，从而进一步扩大国家流通货币的数量。由于急于进行这一行动，宾夕法尼亚州在1817年授权建立了37家新银行。同年，肯塔基州紧随其后发放了40份特许经营权。在中央银行成立后的头两年，银行总数增长

---

[1] 罗斯巴德前引书《银行的秘密》，第203页。

[2] 克鲁斯前引书，第25页。

[3] 拉尔夫·卡特罗尔：《第二合众国银行》（芝加哥：芝加哥大学出版社，1902年版），第36页。

[4] 加尔布莱斯前引书，第77页。

了46％。凡是道路上有"教堂、小酒馆或铁匠铺"的地方，都被政府认为是建立银行的合适地方。[1]在这两年时间内，货币供应量增加了2740万美元，纳税人又被剪了40％的羊毛……

在过去，这种通货膨胀的效果总是随着购买力的下降而逐渐消失，财产从生产者手中不断转移到控制政府和管理银行的人手中。这一次，这个过程发生了新的变化。渐进主义被突变主义所取代。货币学家用他们的双手牢固地控制着赚钱机器，现在开始调控杠杆，并且不断变换花样。货币供给的扩张和随后的收缩现象实际上使国家陷入了经济动荡。明明可以通过摇树来加速收割，为什么要等到苹果掉下来呢？

1818年，银行突然开始提高对新贷款的要求，并尽可能多地收回旧贷款。和现在的情况一样，公众认为这种货币供应的收缩是合理的。银行家们说，有必要制止通货膨胀。但事实上正是银行创造了早前的通货膨胀，然而人们似乎都没有注意到。

毫无疑问，许多银行家和政治家本着诚意行事，试图控制自己造成的通货膨胀。不是每个从中央银行机制中受益的人都完全理解它。就像科学怪人，他是人造的怪物，但人却无法控制它。对于这些人而言，他们的罪行虽然愚蠢，但绝非出自恶意。但大多数银行家都不愚蠢，尤其是那些行长，这就迫使我们得出这样的结论：许多货币学家都清楚地意识到他们所创造的"怪物"的破坏力。往好了说，他们是事不关己、高高挂起；往坏了说，他们是明知故犯、坐收渔利。他们故意挑逗和刺激怪物，盘算着怪物肆虐之后能捡到多少战利品。当然，说到底，他们是出于善意还是恶意一点也不重要，反正结果都是一样的：天哪，战利品真多啊。

1818年，美国第一次经历人为创造的货币收缩，此时银行开始担

---

[1] 诺曼·安吉尔：《货币的故事》（纽约：斯托克斯公司，1929年版），第279页。

心自己的生存能力。罗斯巴德教授说：

从1818年7月开始，政府和合众国银行开始意识到他们正处于怎样可怕的困境之中；货币和信贷的巨大膨胀，再加上大规模的欺诈，使得合众国银行每况愈下，已经无法维持黄金偿付的法律要求。在接下来的一年里，合众国银行开始了一系列的巨大收缩，被迫削减贷款，以及在南部和西部的信贷……货币和信贷的收缩迅速给美国带来了第一次大规模的经济和金融萧条。美国由此经历了第一个全国性的"繁荣—崩溃"周期……

这次通缩的结果导致了一连串的违约，企业和厂家宣告破产，繁荣时期不健全的投资纷纷开始清算。[1]

政府干预使得经济周期更加恶化

人们普遍认为，恐慌、繁荣—崩溃周期、萧条是由银行之间的无序竞争造成的，因此需要美国政府插手进行监管。事实恰恰相反。在自由市场中形成这种混乱，恰恰是因为美国政府授予了中央银行垄断权力来防止竞争。在没有垄断的情况下，个别银行只能在有限程度和短期内以欺诈方式经营。必然结果是，其所作所为会被其竞争对手曝光，并被迫退出该行业。是的，他们的储户会因破产而受到伤害，但损害只限于少数人，并且只是偶尔发生。某个地区可能因此遭受暂时的重创，但这个悲剧不会扩展到全美国、牵连到每一个人。美国的整体经济会蒙受损失，但经济大局将继续繁荣。在繁荣的环境中，即使那些受到银行欺诈伤害的人也有迅速恢复的机会。但是，当一家中央银行可以保护欺诈经营者，并迫使所有银行采取同样的行动，竞争的力量将不能再抑制其影响。通货膨胀将无处不在，当然，通缩来临时

---

[1] 罗斯巴德前引书《银行的秘密》，第204-205页。也见于加尔布莱斯前引书，第77页。

也会席卷全国。除了银行家和政治家，每个人都同时受损；萧条遍布全国；经济复苏遥遥无期。

这正是"1819年恐慌"中发生的事。在《美国银行与货币的历史资料》中，赫尔曼·克鲁斯写道：

中央银行，是其他州立银行的最大债权人，它有两个选择：它可以注销债务，这当然会损害股东权益，导致破产；或者它可能迫使州立银行履行自己的义务，这就意味着州立银行的大规模破产。答案显而易见……州立银行在重压之下会彻底地抽空经济中的货币供给，而随着货币的枯竭，国家经济必然陷入严重的萧条。[1]

正如历史学家威廉·古杰尔（William Gouge）指出的："银行得救了，可人民被毁了。"[2]

在此期间，国家银行与州立银行之间的竞争已经从自由市场的开放领域转向了封闭的政治舞台。自由市场竞争已被特许经营权授予的垄断地位所取代。联邦特许经营权显然比州特许经营权更好，但是各州用它们拥有的武器进行了激烈的反击，其中之一就是征税的权力。有几个州规定，如果发行商业票据的银行没有本州的特许经营权，要想在本州区域内营业，必须缴税。它们这么做表面上是为了提高本州税收，但实际上是为了赶走联邦银行。

最高法院支持中央银行

1819年，当联邦银行拒绝向马里兰州缴税时，这个问题被提交给最高法院，这就是麦卡洛克起诉马里兰州的著名案件。当时的首席法官是约翰·马歇尔（John Marshall），联邦主义者的领军人物，倡导

[1] 克鲁斯前引书，第190–191页。
[2] 古杰尔前引书，第110页。

建立一个强大的、集权的联邦政府。正如预期的那样，马歇尔谨慎地作出了支持联邦政府中央银行的决定。

中央银行是否合宪的问题，不在于国会是否有权直接或间接地发行信用券或是将债务转换为货币。如果问题这么简单，法院将很难继续支持中央银行，因为不仅美国宪法明确禁止这些做法，而且每个人都知道银行的所作所为。相反，法院把问题集中在中央银行是不是国会为了执行其他先发权力而采用的"必要、适当"手段。从这个角度来看，人们一致认为中央银行确实是合宪的。

银行的票据和信用券一样吗？不，因为银行票据仅有银行信贷的支持，而没有联邦政府的背书。没错，中央银行确实创造了钱，而且大部分都是政府用的，但财政部没有印钱，因此，它不是政府的钱。

中央银行和政府机构不一样吗？不一样，因为中央银行只是被美国政府授予了垄断权，以州政府的权力行使垄断权，但这并不意味着银行的行为就是"国家行为"。

此外，州政府不能对联邦政府或联邦机构征税，包括合众国银行，正如马歇尔所说："税权是毁灭的力量。"

这是另一个绕过宪法的方法，而且被那些本应该忠诚地捍卫宪法的人利用了。

最高法院已经发表了讲话，但公众并没有就此事发声。19世纪20年代，公众舆论逆转，再次支持杰斐逊共和党人倡议的自由放任和健全货币原则。但由于共和党当时抛弃了这些原则，因此马丁·范布伦（Martin Van Buren）和安德鲁·杰克逊领导创建了一个新的联盟，让这些原则再度焕发了生机。这个新党派就是民主党，其宗旨之一就是废除美国中央银行。在杰克逊1828年当选总统后，他花费了大把时间试图赢得国会的支持。

尼古拉斯·比德尔

到了这个时候，尼古拉斯·比德尔是合众国银行的总裁，他觉得杰克逊是一个强大的对手，不仅是因为他所处位置赋予他的权力，更因为他的坚强意志和个人使命感。比德尔堪称美国东岸社会精英的典型代表：富有、傲慢、无情、才华横溢。他13岁就从宾夕法尼亚大学毕业，当这个年轻人进入商界时，已经完全掌握了金钱的秘密。

有了控制国家信贷的能力后，比德尔很快就成为美国最有权势的人之一。他在参议院委员会上被问到一个问题：他的银行是否利用了相对于其他州立银行的优势地位而牟利。在他的回答中，我们可以清楚地看到他的权势。他回答说："从来没有。基本上所有银行都会受到合众国银行权力的影响，但从来没有任何银行因此受损。"[1]正如杰克逊在几个月后公开指出的那样，这相当于承认大多数州立银行只有赢得合众国银行的欢心才能生存，当然，也就是赢得比德尔先生的欢心。

1832年，银行的特许经营权还有四年到期，但比德尔决定不能再等，因为届时杰克逊的影响力将更大。他知道总统正在谋求连任，作为一个候选人，他肯定不希望表现得太过激。批评合众国银行是一回事，但要彻底消灭它肯定会使杰克逊损失不少选票。因此，比德尔强烈要求国会早日将特许经营权延期，以此软化杰克逊的反对。这项法案得到了由参议员约翰·克莱（John Clay）领导的共和党人的支持，并于大选开始前的7月3日顺利通过。

---

[1] J.D.理查森：《总统通信、文件汇编（1789—1908）》（华盛顿：国家文学艺术局，1908年版），第2卷，第581页。

杰克逊凌驾于国会之上

比德尔使出了绝妙的手段，但它丝毫没有奏效。杰克逊决定将他的整个政治生涯都押在这一问题上，他做了一个或许前无古人、后无来者的惊人决定——他否决了这项法案。总统的传记作家罗伯特·雷米尼（Robert Remini）说："否决的消息就像龙卷风一样袭卷了整个国家。因为他不仅引用了反对延期特许经营权的宪法论据——这是动用否决权的唯一理由——但也指出了政治、社会、经济和国家方面的原因。"[1]

杰克逊动用否决权的理由主要分为三点：（1）政府赋予银行垄断权有失公正；（2）即使它是公正的，中央银行也是违宪的；（3）外国投资者占据主导地位将对美国产生威胁。

关于政府赋予的垄断权有失公正这一点，他指出：该银行的股票只有该国最富有的公民才拥有，而股票也只会出售给那些具有政治影响力的少数人，普通人不仅被不公平地排除了参与的机会，而且他们还被迫为银行服务付出远超所值的费用。中央银行依靠劫贫济富来挣钱已经很糟了，把挣到的钱送给外国人就更糟了。杰克逊说：

并不是只有我们自己的公民才能享受政府的恩惠。这家银行有超过800万份的股票是外国人持有的。这就相当于美国公众白白送出了数以百万计的礼物……据调查，超过四分之一的股票是由外国人持有的，剩余的四分之三由美国的几百个公民持有，这些人主要来自最富有的阶级。他们谋取了私利，但把全美国人民排除在外，无法享受这种垄断权的好处和一本万利的收益。[2]

关于合宪性问题，他表示，他不受最高法院先前判决的约束，因

---

[1] 罗伯特·雷米尼：《安德鲁·杰克逊的人生》（纽约：哈珀与罗出版社，1988年版），第227–228页。

[2] 克鲁斯前引书，第22–23页。

为总统和国会都有权自行判断某一特定法案是否合宪。顺便说一句，这种观点在当时并不新奇，只是在最近的几十年里，人们才开始认为最高法院才是宪法权威。事实上，正如杰克逊在他的否决通知中指出的那样，开国元勋们创立了一个行政、立法和司法三权分立的政府，而且这种分工的目的不仅仅是分担国务，也是为了平衡各个分支的权力。三权分立的目标不是使政府更有效率，而是故意使其效率低下。每个总统和每个立法者都受到道德的约束，也都宣誓去维护宪法，如果他们每个人都没有权力决定什么是合宪的，那么宣誓维护它也没有什么意义。

外国投资者们操纵银行

考虑到美国的安全问题，杰克逊最终说到了该银行有很多外国大股东的事实。严格说来，尽管外国投资者们没有投票权，但他们的财力十分强大，美国投资者受惠于他们，自然会服从他们的指示。杰克逊总结道：

依靠一个本质上与我们国家没有太大关系的银行，我们的自由和独立真的不会受到威胁吗？……和平公正的选举和远离战争的中立，不会因此受到威胁吗？……当一家银行主要受外国人控制、按照他们的利益行事，如果不加约束的话，肯定会走到这样的道路上去……控制我们的货币，接管我们的公共资金，让成千上万的公民成为一盘散沙，这是比海军军力更强大和危险的敌人。[1]

杰克逊的否决通知书的结尾最为激情澎湃。这些话，不是说给国会，而是说给广大选民听的。他说：

令人遗憾的是，权贵们常常利用政府的行为达到他们自私的目

---

[1] 克鲁斯前引书，第26–27页。

的。每一个公正的政府之下都将永远存在着社会差异。人类的制度不能保证人才、教育或财富的平等。在充分享受上帝的礼物和硕果累累的工业成果、经济和美德的同时，每个人都同样受到法律的保护；但是当法律可以通过授予头衔、财富和特权来人为创造竞争优势时，富有的人会更加富有，有权力的人更有权力，而卑微的社会成员——农民、机械师和工人，他们既没有时间也没有方法来获得那些福利，只有抱怨政府的不公。政府不必作恶。它的罪恶来自于滥用权力。如果政府可以约束自己、平等待人，那么就如天堂的甘霖普降在高山与低谷、富人与穷人身上一样，必将成为一种无条件的赐福。我所看到的这条法案，似乎是对这些正义原则的广泛而不必要的违背。[1]

否决权没有击败银行，它只是宣战书。真正的战斗还没有开始。

比德尔对国会的操控

作为银行业的指挥官，比德尔相较于他的对手来说，有一个强大的优势。为了实现他的目的，他将国会牢牢地攥在手中。或者，更确切地说，他慷慨的开支全部流入了国会议员的口袋。按照罗斯柴尔德法则的步骤，比德尔一直细心谨慎地奖励在商界取得成功的政治家。他们之中几乎没有人会疏远对自己有利的人。甚至连伟大的议员丹尼尔·韦伯斯特（Daniel Webster）都拜倒在比德尔的宝座前。加尔布莱斯说：

比德尔不是没有资源。他始终相信银行是最终的权力来源，当国会因为预算问题而迟迟不发钱的时候，他经常向国会议员们提供资金。丹尼尔·韦伯斯特曾间歇性地担任中央银行董事，并始终是银行的顾问。他曾说："我相信我没有像往常一样收到顾问预付款。如果

---

[1] 克鲁斯前引书，第36～37页。

银行希望维持与我的关系，那么最好要像往常一样向我付款。"比德尔还接纳了许多的人，包括新闻界人士在内。[1]

在"伟大人物也会沉迷于财富并向其妥协"这个话题上，韦伯斯特是一个特别值得研究的人。他一直是国会中健全货币的忠实支持者，然而，作为比德尔工资单上的法律顾问，在麦卡洛克诉马里兰州一案的最高法院庭审时，他代表银行出庭了。那些绕过宪法、破坏健全货币的创意，许多都出自他那支自相矛盾的笔下。

杰克逊否决银行特许经营权之后，比德尔请求韦伯斯特发表演讲，并将此演讲文章大量印刷，分发给群众。在其中的一次演讲中，韦伯斯特重复了合众国银行可以对其他银行产生有益影响的说法，然后虔诚地宣告："国会可以自行铸币……没有任何一个州（甚至国会本身）可以创造金银以外的货币来偿还债务。"[2]这次令人震惊的虚伪演讲辞被广泛分发，而分发者正是那个不用金银支撑、仅需债务支持就可以伪造法币的机构。然后，直到现在，大多数人还是不加辨别地相信他的言语和行为，认为这样一个"伟大"的人所做的这个演讲，证明了银行的价值。比德尔甚至向民众散发了30万份杰克逊的否决通知，显然，他相信许多人不会读它。这个行为的潜在含义是，银行认为否决通知书不会得到民众的赞同。[3]

货币的力量无处不在。正如弗吉尼亚州老共和党人约翰·伦道夫（John Randolph）所说："你在议会里碰到的每一个人，除了极少数遵守规则的例外，其他人要么是银行的股东、总裁、出纳、会计，要么就是和银行相关的门卫、走私者、雕刻工、造纸商、技工。"[4]

---

[1] 加尔布莱斯前引书，第80页。

[2] 克鲁斯前引书，第2页。

[3] 参见雷米尼前引书，第234页。

[4] 《第14届国会年鉴》，第1册，第1066、1110页。

杰克逊直接恳求选民

国会、银行、投机者、工业家和新闻界，这些力量都受控于比德尔。但杰克逊有一个秘密武器，一个从来没有在美国政治中使用过的秘密武器。这个武器就是直接呼吁选民。他在竞选活动中传达了自己的理念，并用恰当的词语表达出来，给选民留下了很深的印象。他反对贵族统治，并称贵族统治已经入侵了国会大厅、损害了人民的道德、威胁他们的自由，还颠覆了选举过程。他说，合众国银行就是一个吃人的九头蛇。他发誓要与这怪物斗争到底，要么杀死它，要么就被它杀死。他的想法被大众总结为："要么银行存杰克逊亡，要么杰克逊生银行死，二者绝不并立。"[1]

关于纸币的问题，总统同样做了强调。他的传记作者描述了这一运动：

他说他用黄金支付了回家路上的所有开支。"同胞们，你们看，如果我能打败尼古拉斯·比德尔，消灭他的怪物银行，就绝不会产生更多的纸币。"黄金不是流行的交换媒介，而是被人们作为安全和稳健的货币而收藏，但杰克逊和他的政府希望恢复黄金的正常使用。与纸币不同，黄金代表着真正的价值，这才是老实人的货币。而另一方面，纸币就是银行用来腐败、骗子用来欺骗无辜良民的工具。[2]

杰克逊成功地激起了美国民众的愤怒。当11月的选举尘埃落定时，他获得了巨额的信任票。他获得了55%的民众投票和80%的选举团投票。但战争还远远没有结束。杰克逊赢得了选举，但银行还将继续运行四年。银行打算在这几年时间里，煽动公众的情绪继续支持它的存在。最大的战斗还没有到来。

[1] 罗伯特·雷米尼：《安德鲁·杰克逊和美国自由的进程（1822—1832）》（纽约：哈珀与罗出版社，1981年版），第373页。

[2] 雷米尼前引书《安德鲁·杰克逊的人生》，第234–235页。

杰克逊转移联邦存款

杰克逊的行动没有丝毫犹豫、迟疑，他深谙时间就是用来对付自己的武器。他说："堕落的九头蛇只是受伤了，并没有死亡"。[1]在选举后不久，他命令财政部长威廉·杜恩（William Duane）将联邦政府的所有新存款都存放在全国各地的州立银行，合众国银行中的现有资金用于当前的支出，直到该账户被耗尽为止。没有可以使用的联邦资金，"怪物"肯定会灭亡。然而，相较于杰克逊的气愤，杜恩却有着自己的担忧，他知道一旦这样做了，国家的经济必将遭到重创。

这并不是内阁官员和总统第一次出现分歧。然而，在过去的时日中，僵局始终都是以财政部长的辞职被打破。今非昔比，杜恩不但拒绝辞职，还提出了一个有趣的宪法问题。只有经过参议院同意，总统才能任命行政部门的官员。然而，在解雇问题上，宪法始终保持沉默。这是否也需要参议院批准？宪法暗示解雇也是需要参议院批准的，但史上从未发生过这种事件。

杰克逊没有耐心解决这些理论问题。于是，一封解职信迅速出现在了杜恩的办公桌上："你不用再履行财政部长的职责。"[2]1833年10月，联邦存款开始迁出合众国银行。

杰克逊觉得他终于把"怪物"牢牢制服了。"我抓住了它的把柄。"他胸有成竹地说，"我已经准备好用螺丝刀来撬动它的每个牙齿，然后是身体，直至死亡。"[3]尽管下面的话听上去不太可信，但他的确是这样说的："比德尔先生和他的银行将在六个星期后变得像

[1] 雷米尼前引书《安德鲁·杰克逊和美国自由的进程（1822—1832）》，第52页。

[2] 威廉·杜恩：《转移存款及随后发生事件的叙述和通信》（费城：公证出版社，1838年版），第101–103页。转引自雷米尼前引书《安德鲁·杰克逊的人生》，第264页。

[3] 赫尔曼·维奥拉：《安德鲁·杰克逊》（纽约：切尔西出版社，1986年版），第88页。

羊羔一样安静、无害。"[1]

比德尔蓄意制造货币混乱

我们至少可以说，该总统"软禁"银行的想法有点天真了。比德尔的回应不像羔羊，反而更像一只受伤的狮子。他的计划是迅速收缩国家的货币供应，创造另一种恐慌性的萧条，类似于13年前合众国银行造成的通缩。这一切可能被大众归咎于杰克逊总统转移联邦存款，由此产生的反弹肯定会导致国会推翻总统的否决权。雷米尼告诉我们：

比德尔发动反击了。他开始在整个银行体系中大幅削减贷款。这标志着一个强大的金融家和一个坚定的并且同样强大的政治家之间开始了一场激烈斗争。比德尔知道该怎么做。他知道如果他给货币市场带来足够的压力和痛苦，就能迫使总统把存款挪回来。他几乎有点得意："这个杰出的总统以为，他曾经战胜过印第安人、囚禁过法官，所以就能同样地战胜银行。但他错了。"……[2]

"由于社会经济发生灾难，"比德尔宣称，"政党的忠诚度只能随之崩塌。"当然了，这种切肤的痛苦将扭转一切。"只有广泛的苦难才会对国会产生影响……我们唯一保险的做法是寻求公司的稳定控制——我毫不怀疑，最终的结果将是银行特许经营权续期、继续发行货币……我自己要走的路已经决定好。其他银行和所有的商人都可能会破产，但合众国银行绝对不会。"[3]

因此，比德尔决定牺牲美国人民以保银行的生存。我们不难想

---

[1] 杰克逊写给范·布伦的一封信，1833年11月19日。转引自雷米尼前引书《安德鲁·杰克逊的人生》，第264页。

[2] 雷米尼前引书《安德鲁·杰克逊的人生》，第265页。

[3] 雷米尼前引书《安德鲁·杰克逊和美国自由的进程》，第111页。

象这一举动所引起的经济混乱。比德尔在那个十分脆弱的时期收缩货币供应量是非常危险的。由于该银行之前放宽信贷，扩大了贸易量，大部分的贸易都依赖于这种方式。此外，关税税则正好在这个时候到期，对现金和信贷有了更多的需求。企业亏损严重，工资、物价下跌，人们失业，公司破产。12月份重新召开的国会被称为"恐慌会议"，举国上下一片骚动。报纸社论发出警告，愤怒的抗议信件席卷华盛顿。

国会的压力持续增大，它开始像按照比德尔的预想展开行动。在公众的眼中，杰克逊总统必须为这样的困境负全责。都是他傲慢地解雇了财政部长杜恩、愚蠢地坚持转移存款；这都是他顽固反对国会的后果。

参议院谴责杰克逊

在那一百天里，一群"演说家"每天都在诋毁总统，谴责他的傲慢和对国家有害的行为。时间一长，那些谴责的声音传入了参议院。1834年3月28日，国会以26比20的投票结果启动了对总统的谴责案。杰克逊是历史上第一个受到国会谴责的总统，这让杰克逊的自尊心很受打击。比德尔最后占了上风。

总统在白宫前勃然大怒，他对支持银行的一个代表团说："你们就是兽穴里的毒蛇，我打算把你们赶出去。永恒之神庇护我，我一定会把你们赶出去。"[1]

议会的指责并不代表大多数民众的情绪。即使在坚定支持银行的参议院里，谴责案的支持者也仅多出了三张票而已。这一整段时间里，事态在不知不觉中发展迅速，公众已经了解到了事实的真相。当

---

[1] 维奥拉前引书，第86页。

然，杰克逊也在他的权力范围内用尽一切方法推波助澜，其他因素的影响也不可小觑，但最重要的还是比德尔自己。比德尔如此自大，禁不住在公众面前夸夸其谈准备破坏经济的计划。人们默默听着他吹嘘，但也相信了他。故事的转折发生在合众国银行的起源地——宾夕法尼亚州，该州州长乔治·沃尔夫（George Wolf）公开谴责银行和比德尔。他的谴责就像赛马比赛的第一声号令。随着合众国银行起源地州长的反对，很快它就成了众矢之的。几乎在短短的几天内，国家和国会的态度都发生了天翻地覆的变化。

民主党没有浪费时间来回味这些意想不到的收获。1834年4月4日，为了测试他们在这个问题上的实力，他们呼吁在众议院就取消参议院谴责的一系列决议进行投票。实质上，决议表明，众议院完全支持总统的银行政策。第一项决议，以134票对82票通过，宣布"不应该延长特许经营权"。第二项决议，以118票对103票通过，同意"不应归还"存款。第三项决议，以175票对42票的压倒性票数通过，呼吁成立一个国会特别委员会，调查合众国银行是否故意制造了目前的经济危机。这是杰克逊获得的压倒性的胜利，几年后，参议院通过一项决议，正式取消了参议院之前的谴责案。

比德尔蔑视国会

当调查委员会委员手持传票来到费城的合众国银行的大门前，要求检查银行账目时，遭到了比德尔的断然拒绝。比德尔也不同意检查他个人与国会议员之间的个人贷款和垫款的信息，并坚定地拒绝到华盛顿作证。对少数人来说，这种蔑视国会的行为将受到谴责，并遭受严厉罚款或监禁。但此规矩不适用于尼古拉斯·比德尔。雷米尼解释说：

委员要求以蔑视国会的名义发出传票，但许多南方民主党人反对这种极端行动并拒绝合作。比德尔沮丧地说，如果他因为"拒绝向国会议员的敌人提交不利于国会议员的秘密信件，而被国会议员送进监狱"，那该有多么讽刺。尽管比德尔逃脱了蔑视国会的处罚，但他粗暴对抗国会的做法已经被美国公众看到了眼里。[1]

比德尔的银行还存在着，但已受到了致命的打击。到那时，杰克逊已经偿还了1812年战争所借的全部国家债务，甚至出现了盈余。事实上，他命令财政部向各州捐赠了超过3500万美元资金，用于建设各种各样的公共工程。

战胜银行之后的这些成就，让总统成了国内外货币学家们的眼中钉。因此，1835年1月30日，他们对总统起了杀心，并策划了两次暗杀行动。这不足为奇，但奇怪的是，两个刺客都失手了，杰克逊幸免于难，这一切都是命运的安排。这是史上第一次针对美国总统发起的暗杀行动。刺杀行动的犯罪嫌疑人是理查德·劳伦斯（Richard Lawrence），他不知是真的疯了，还是想通过装疯来逃避严厉的惩罚。无论如何，劳伦斯因为精神错乱而被认定无罪。[2]后来，他还向朋友吹嘘，他曾经与欧洲的大人物接触过，那些人向他保证，就算他被抓住，他们也会保护他不受法律制裁。[3]

故事的结局在意料之中。合众国银行的特许经营权于1863年到期，由宾夕法尼亚州政府改组为州立银行。在一次疯狂的棉花投机中，银行官员获得了大笔款项，并且暂停了黄金偿付，比德尔因被控欺诈罪而被捕。虽然没有定罪，但他至死都在应对民事诉讼。五年后，该机构被迫永远关门，美国第三个中央银行的故事至此落下了帷幕。

[1] 雷米尼前引书《安德鲁·杰克逊的人生》，第274页。

[2] 雷米尼前引书《安德鲁·杰克逊和美国自由的进程》，第228–229页。

[3] 罗伯特·多诺万：《暗杀者》（纽约：哈勃兄弟出版社，1952年版），第83页。

好中有坏

我们可以易如反掌地让故事就此结束，也能让杰克逊总统永享英雄桂冠和屠龙者的称号。但是，让我们站在更为客观的角度去看待这件事情，美德的力量并非一直保持着纯洁。杰克逊所代表的是那些只想要金银充当国家货币的人，但是这个群体的力量不够大，不足以对抗银行。他卷入了一场由很多仇视银行的组织发动的战争之中，那些组织的参战原因并不那么光明磊落。例如，急速扩张的州立银行和商业组织对于宪法中的货币规则不感兴趣，他们只是单纯地反对合众国银行，他们认为联邦银行所谓适度的限制仍是过度的、不合理的。随着联邦银行的出局，他们迎来了自己的机会。我们将在下一章中具体讲述后续进展，讽刺的是，这个群体得到了想要的结果，杰克逊等人却只是为他人做嫁衣。

杰克逊在努力想要杀死"恶龙"时接受了这些组织的支持，这一点不应受到责备。在政治中，经常需要与对手临时结盟，以实现偶尔的共同目标。但在只有少数几个竞争对手的情况下，杰克逊在这条路上走得太远了，比他之前的任何一位总统都多。他改变了美国政治的性质。在他的领导之下，国家逐渐远离了由开国元勋们亲手制定的分权理念，再一次回到了传统世界的集中制和君主制。他激烈挑战了各州脱离联邦的理念，他的做法不仅导致了内战，而且会使各州永远无法制约联邦政府的权力扩张。美国联邦制度不再秉持基于民众的原则，而成了武力的较量。此外，通过煽动选民对于中央银行问题的情绪，杰克逊完成了总统从人民公仆再到国家领导的转换。

在与中央银行战斗的高潮时期，杰克逊直接呼吁选民支持他："总统直接代表着人民。"要想完全理解那句话的含义，我们必须牢牢记住，宪法规定：总统是由各州立法机构间接选举的，而不是广大选民直选的。为了摆脱英国国王乔治三世制定的规则，开国元勋们发动了独立战争，因此他们绝不希望美国再有任何形式的国王，并且想尽办法确保美国总统不会获得国王般的权力。他们意识到，作为一位民选统治者，除非他的权力受到了明确的限制和分散，否则他就可能会演变成专制统治。因此，《宪法》第2条第1款规定由选举团来选举总统。

选举团的成员将由各州决定。州长、参议员或联邦政府的其他官员被明确、巧妙地排除在外。选举团应该严格地根据一个人的品质和执行能力选择总统，而不是由于他的党派、政治关系、好的外表、个人魅力或是所发表的激动人心的演说。人们可以选择他们的国会议员，但选举团才能选择总统。因此总统的选区应该不同于国会。这种差异对于确保宪法制定者辛辛苦苦所创造的权力平衡是十分重要的。作为控制政府的一种手段，这是一个非常伟大的政治工程。

然而，所有这一切在1832年的选举中改变了。历史的悲剧之一就是，良好的初衷通常导致了糟糕的先例。杰克逊对抗合众国银行的战斗就是一个典型的例子。

本章总结

1812年战争期间，为了获得战争资金，政府一直容许大多数银行进行欺诈，这使美国陷入了货币混乱。战争结束时，政府没有一劳永逸地终结这些行欺诈银行，而是让自由市场来治愈这些灾难。国会决定保护银行、掩盖欺诈，并维持损失。它通过创建美国第三家中央银行——第二合众国银行来达到此目的。

新银行几乎是前一个银行的精确复制品，政府授权它为联邦政府创造资金并监管州立银行。该银行吸引了大量的资本，相比于旧银行，它在跨州经营方面做得更好。因此，其政策对国家货币供应有着更大的影响。这是有史以来第一次有一家银行能对美国全国造成巨大影响，而不仅能影响银行所在区域。"繁荣—崩溃"周期终于在美国出现了。

1820年，公众转而更支持共和党人倡导的自由放任和健全货币原则。但由于共和党当时抛弃了这些原则，因此马丁·范布伦和安德鲁·杰克逊领导成立了一个新的联合政党，这些原则重新焕发生机。杰克逊在1828年当选总统后，开始勤勤恳恳地实现自己的竞选宣言。

银行的负责人尼古拉斯·比德尔是一个强大的对手。比德尔不仅具备强大的个人能力，而且许多国会议员都与他存在利益瓜葛，因此银行有很多政治方面的朋友。

随着杰克逊的第一任期接近尾声，比德尔要求国会早日续签银行的特许经营权，希望杰克逊不要在连任竞选之年冒险争论。投票很容易通过，但杰克逊接受了挑战并否决了这个提案。因此，与银行的战争成为了竞选总统的主要议题。

杰克逊以强大的优势再次当选，他的第一个行动就是从银行中移出联邦存款，并将它们存放于私人的、区域性银行。比德尔通过收缩信贷、回收贷款来反击，这是为了缩小货币供应量并触发全国恐慌。他公开指责是因为杰克逊撤出存款才导致了经济衰退。

一切几乎都按计划进行着。比德尔的政治盟友成功地让杰克逊在参议院受到了谴责。然而，比德尔战略的真相最终泄露出来，国会调查委员会传唤他解释自己的行为。对杰克逊的谴责也随着第二合众国银行的覆灭而消失了。

第18章

面包、鱼与内战

> 政府试图通过政治措施稳定银行体系，包括调整部分准备金率，建立银行破产保险基金；所有这些方案的失败，为内战创造了经济条件。

如上一章所述，到1836年，"九头蛇怪物"已被杀死，总统实现了他的允诺，"杰克逊生，银行死"。

同年4月，政府开始巩固其胜利，并通过国会推动一系列货币改革。其中一项就是要求所有银行停止发行5美元以下的纸币，这个要求后来增加到20美元。其目的是迫使美国人在日常交易中重新使用金银币，而让银行券主要用于大型商业交易。白宫还宣布，在未来，所有的联邦土地销售将需要全额支付"合法货币"，当然，就是指贵金属铸币。[1]

然而，读者们必须要记住，就算合众国银行已经不复存在，但银行业仍然活跃着，杰克逊的敌人也还在。让那些倡导硬通货的人们感到失望的是，这些改革并不足以开辟新的太平盛世。不仅是他们自己力量不足，而且银行会利用新的技术手段绕开他们，最终善变的国会完全改弦更张。

我们应该特别注意政府对小面额钞票的限制。这是一个很好的想

---

[1] 奥托·斯科特：《六个秘密：傻瓜与烈士》（南卡罗来纳州：美国教育基金会，1979年版），第115页。

法，但立法者未能理解，或者至少是假装听不懂，在这个时候银行开始越来越多地处理支票货币（checkbook money），技术上称为活期存款（demand deposits）。随着人们逐渐习惯这种转移资金的新方法，银行发行的票据就越来越不重要。政府限制发行银行纸币而不限制创建活期存款，是徒劳无益的。

1837年，随着合众国银行尘封进历史，国家进入了经济繁荣的尾声。罗斯巴德教授告诉我们，这种扩张和伴随的通货膨胀是"被中央银行推动"的。[1]在短短四年里，流通中的总货币量增长了84%。然后，像夕阳落下一样不可逆转的是，由部分储备银行创造的那一部分货币——换句话说，没有贵金属支持的货币——开始收缩。仅在第一年里，全国16%的货币完全消失了。再一次，工人失业，企业破产，人们流离失所，储蓄一文不值。许多银行也倒闭了，但他们的经营者逃了，只留下一袋一袋的记录单。

关于如何稳定银行体系的建议很多。但是，现在，他们都没有处理真正的问题，那就是部分准备金银行制度本身。格罗斯克洛斯说，这些建议每一项都是"根据如何增加面包和鱼的产量，或者如何制作羊毛毡的特定理论"提出来的。[2]由于那时所提出的建议与今天提出的建议相同，并且由于它们中的每一个都被实际尝试，因此我们可以看看这些实验的实际结果。

用银行资产支持货币的建议

关于增加面包和鱼的产量，有四种理论。第一个，货币的创造应该基于银行资产设置比例，这个方法已经在新英格兰各州做了尝试。

---

[1] 罗斯巴德前引书《银行的秘密》，第211页。
[2] 格罗斯克洛斯前引书，第184页。

例如，在马萨诸塞州，银行票据的发行量被限制为实际存放在金库中的银行资本的两倍。此外，银行票据必须是严格意义上的金银币，而不能是纸币、债券、证券或其他债务证书。另外，银行可以发行的小面额银行票据的数量有限，马萨诸塞州是杰克逊该项改革的试点。按照以前的标准以及今天的标准看来，这是一个特别保守的政策。事实上，即使在1812年战争的压力下，当全国数百家银行倒闭时，马萨诸塞州的银行以及大多数新英格兰各州的银行也能够维持黄金支付。

然而，随着时间的推移，对纸币的限制变得不太重要，因为银行现在正在使用的是支票货币。他们可以发行的纸币可能只相当于实际资本的两倍，但是对于写入存款簿的数字从来没有有效的限制。因此部分储备金银行的"储备金"开始再次减少。格罗斯克洛斯说，1832年的货币收缩就像"一把大镰刀在收割作物"，在1832年至1844年间，马萨诸塞州有32家银行倒闭。[1]

国家试图建立银行审查员机制、增加银行股东对其存款人的补偿责任，但是根本问题仍然被忽视了。于是新的银行集团诞生了，一股新的投机狂潮席卷了整个经济世界。1862年，虽然法律仍然限定银行只能拥有两倍于资本的钞票，但银行创造了7368.5万美元的货币（包括支票货币）。其中仅有959.5万美元具有铸币的支撑，也就是相当于仅有13%的储备金。马萨诸塞州并没有解决这个问题。

用安全基金保护存款的建议

第二个关于稳定银行业并允许银行凭空造钱的理论是建立一个"安全基金"。该基金由所有银行共同创立，将援助任何需要紧急贷款的成员，以弥补其储备金的突然流失。它是当今美国联邦存款保险

---

[1] 格罗斯克洛斯前引书，第185页。

公司和相关机构的前身。

第一个安全基金于1829年在纽约成立。法律要求每个银行每年提供其资本存量的0.5%，直到总额达到3%。该基金最初在1837年的经济危机期间进行了测试，但几乎全军覆没。它之所以还能存活，仅仅是因为国家同意接受所有已破产银行的无价值票据可以用作运河通行费。换一种说法，就是纳税人被迫弥补差额。当基金耗尽后，那些有偿付能力的银行就会因被迫承担破产银行的偿付责任。自然，这就会促使所有银行更加肆无忌惮地行动。为什么不这么做呢？一方面，至少一段时间内利润会更高，另一方面，即使银行因为鲁莽而陷入麻烦之中，安全基金会也会保护它们。结果是，该制度惩罚谨慎、奖励鲁莽，这种情况与当今美国银行体系的现状几乎一样。格罗斯克洛斯说：

谨慎管理的机构所冒的风险更小，自然利润就较少，工作更繁琐，为了缴纳安全基金费用，它们被迫开展更具投机性的业务。[1]

渐渐地，所有的银行都陷入了泥潭。1857年，马萨诸塞州的这个安全基金被废弃了。

密歇根州安全基金可能是那个时期更典型的例子。该基金成立于1836年，随即在次年的1837年恐慌中灰飞烟灭。

用证券支持货币的建议

关于维持稳定的货币体系的第三个建议是基于政府证券来发行货币，换句话说，以政府债务为基础发行纸质凭证。在19世纪50年代，伊利诺伊州、印第安纳州、威斯康星州和其他中西部州采用了这种方案，它也为60年后的联邦储备系统开辟了先例。格罗斯克洛斯说：

[1] 格罗斯克洛斯前引书，第186页。

票据发行热潮非常猖獗，以至于这些票据被称为"红狗"和"野猫"货币……银行数量的增多制造了虚假的证券需求和证券市场（用作资本存量）的火爆，并因此刺激了更多国债的发行。随之，为了应对高涨的需求和火爆的市场，银行发行了更多的票据，然后就有了更多国债、更多票据、更多国债……结果就是债务的无限循环和纸面财富的急速膨胀。最终，这一过程在1857的恐慌中停止了。[1]

用州政府信用支持货币的建议

第四个建议是用州政府的全部信用和信托来支持货币的发行。这是许多南方州尝试的方法，它成功地生存下来并且成为我们现代银行系统的基石之一。

例如，阿拉巴马州在1835年以1380万美元的公债为基础创建了一个州立银行。金钱立刻涌入经济中，人们为奇迹般的繁荣而欢欣鼓舞。立法者如此醉心于这个计划，以至于他们完全废除了直接税，决定用银行的钱来支撑政府运营。换言之，他们不是通过税收提高州政府收入，而是通过通货膨胀来抽取财富。

像前文中提到过的其他所有危机一样，这个泡沫在1837年的恐慌中破裂。银行的调查报告显示，其所谓的600万美元资产根本一文不值。在州政府的信托和信用的支持下，那些借钱投资于这家银行的人几乎输得精光——这还不算通胀造成的损失。

1838年，密西西比州将其全部的信用和信托置于一家州立银行之后，发行了1500万美元的债券作为其银行票据的后盾。这家银行在四年后破产，州政府完全拒绝承担其债券的义务。此举激怒了很多债券持有人，特别是购买了大部分债券的英国金融家。亨利·普尔

---

[1] 格罗斯克洛斯前引书，第188–189页。

（Henry Poor）描述了此举对本州及其人民的破坏性影响：

> 该银行从未偿还其4800万美元的借款，也从未赎回2300万美元的票据和存款。整个系统都崩毁了，这个州的人民变得一贫如洗……每个人都背负着债务，但毫无偿还的可能。人们没有多余的钱来购买土地，土地也变得毫无价值。大多数人逃离了这个州……对于债务人提起的诉讼，答复都非常简短：去德州吧。[1]

建立在州政府信用基础上的货币，在伊利诺伊州、肯塔基州、田纳西州和路易安那州也有着相似的命运。1825年，伊利诺伊州的州立银行倒闭时，留在其中的所有"信用"钞票在公共广场上被人们焚烧。另一家成立于1835年、倒闭于1842年的银行的经历也差不多。这些事件的破坏力太大了，以至于《伊利诺伊州1848年宪法》特别规定，今后州政府不得再创设银行或持有银行股票。

在阿肯色州，政府和银行甚至试图将房地产作为一个魔术棒。州立银行的认股人只许将房地产作为抵押，而不是以现金出资。短时间内，该银行票据的价值直线下跌，跌到只有面额的25%。四年后，该银行消失了。

自由银行的幻影

当时有另一种理念，叫做"自由银行制度"（free banking），这个名字有点讽刺。所谓的自由银行制度仅仅是完成了从公司到私人协会的转换。除了国家不再对着银行喋喋不休，银行系统本质上的其他方面没有任何改变，包括一系列的政府监控、法规、支持和其他非自由市场的因素。乔治·塞尔金（George Selgin）提醒我们，"创立银

---

[1] 亨利·普尔：《货币及其法律》（伦敦：亨利·金公司，1877年版），第540页。

行通常伴随着许多限制，特别包括向国家提供必要的贷款"。[1]

自由银行与特许银行相比，同样具有欺诈性。资金流仍按照旧有的习惯，在银行审查员眼皮底下从一个银行流动到另一个，"把铅、碎玻璃和（适当的）十便士钉子放在盒子里，上面铺一层薄薄的金币"。[2]马萨诸塞州一家自由银行崩溃时，人们发现其仅有86.48美元的资金，却发行了50万美元的票据。[3]

汉斯·森霍尔兹教授这样写道：

尽管经济学家在许多事情上意见相左，但大多数人都同意他们接受政治的控制……在内战之前，这些经济学家总是喜欢指点美国的货币和银行业，当然都是自说自话、自卖自夸。他们特别喜欢把1838—1860年的"自由银行时代"作为一个可怕的例子，并以此来论证增强政府监管的好处。

现实生活中，在自由银行时代所经历的不稳定不是由银行造成的，而是由广泛的政治干预造成的……"自由银行"法案……没有废除繁杂的法定条文和监管指令。事实上，他们还增加了一些。[4]

如果银行业是真正自由的，那么各州只需做下列两件事：（1）像执行其他合同一样执行银行合同，然后（2）什么都不管。通过执行银行合同，任何未能偿付铸币的银行高管都会被送进监狱，这样货币滥发的情况很快就会停止。什么都不管，州政府不需要用那么多安全基金、担保、规则来保护公众，人们自然会谨慎对待、明智处理。但是，事实上，银行继续享受着暂停黄金偿付而不受惩罚的特权，而政治人物则在努力说服选民一切都在掌握之中。

简而言之，在银行破产、经济混乱期间，投资者和纳税人都被剪

---

[1] 乔治·塞尔金：《自由银行理论：在竞争性票据问题下的货币供应》（新泽西：罗曼与利特出版社，1988年版），第13页。

[2] 加尔布莱斯前引书，第87页。

[3] 查理·比尔德：《美国文明的兴起》（纽约：麦克米伦出版社，1930年版），第1卷，第429–430页。

[4] 汉斯·森霍尔兹：《老银行神话》，载于《自由人》，1989年5月，第175–176页。

了羊毛。美国做了许多尝试，但不打算重回金银货币的老路。随着安德鲁·杰克逊的名字淡出历史，诚信银行的美梦也破灭了。

不是所有的银行都腐败，当然也不是所有的银行家想图谋公众的财富。不乏有许多诚实的人在努力以道德的方式履行其受托责任的例子。但是他们费力不讨好，如前所述，这种制度惩罚谨慎，奖励鲁莽。总的来说，谨慎的银行家被主流推到角落里，成为这一时期历史的注脚。

银行不诚信，工业照样繁荣

在这段时间内，一个积极的方面是，许多商业企业应运而生，尽管阻力重重，但是取得了巨大的繁荣。政府开凿了宏伟的运河，铁路越建越远，城镇变得繁华，崭新的公路一点点延伸，北美大草原变成了片片农田，新企业随之到来。这种扩张很大程度上是由银行发行的大量资金促成的。部分储备金银行制度的辩护者以这次经济发展为论据，得出了结论，部分储备金制度很有效。没有这些钱，美国永远不可能成长、繁荣。例如，加尔布莱斯说：

随着文明的发展，在19世纪三四十年代，银行出现在印第安纳州或密歇根州的土地之上。银行贷款给农民，使得他们能够购买土地、饲料、种子、食物或者一些简单的设备，因此农民就成了商业的一部分。如果农民和其他人变得富裕并还清贷款，银行就成功了。如果农民和其他人无力偿还贷款，银行就会倒闭。遭殃的也许是当地债权人，也许是东部的供应商，他们手里只剩下毫无价值的票据。但是总有借款人加入商业的队伍，而那些身处各地的票据持有人也为西部开发做了不自觉的贡献……边远地区的银行业尽管混乱、不正规，却比那些严格限贷、固步自封的银行更有效。[1]

威廉·格雷德解释道：

简而言之，"无畏、兴旺的混乱状态"创造了根本性的进步。但这不是一个稳定的系统，因为它导致了银行倒闭和商业投资崩溃、不靠谱的投机和违约贷款。但不可否认的是它也充满活力和创造性，在经济繁荣的泡沫被碾碎之后创造了永久的经济增长。[2]

这经常被当做自由经济学失败的典型案例。在评估政策时，我们通常只关注它对某一特殊群体的影响，而忽略了其他所有群体所面临的众多影响。是的，如果我们只关注那些获得了新方法和建立新业务的拓荒者，那么部分准备金制度看起来确实不错。但是，如果我们在加尔布莱斯的"不自觉的贡献"和格雷的"泡沫"中纳入所有财务损失和所有受害人，那么最好的结果也仅仅是归零，而在道德层面，部分准备金制度则是负值。

加尔布莱斯、格雷德和其他受欢迎的经济学家认为，西方不可能实现诚信银行的梦想，但逻辑不支持这样的结论。我们完全有理由相信，银行倒闭和由此导致的企业倒闭，几乎抵消了辛勤工作和诚信工业带来的收益。如果这些破坏性的经济"动荡"消失了，那么经济系统将变得不那么混乱，虽然商业活动可能会减少，但是商业目标的完成率会更高，西方国家甚至可能取得更快的发展。

但这个理论从没有实践的机会。

险境中的联邦

正如上一章所述，经济冲突一直在煽动战争中发挥重要作用。

---

[1] 加尔布莱斯前引书，第85页。

[2] 格雷德前引书，第259页。

在美国历史上，没有哪个时代的民众经历了比内战之前更大的经济冲突。这并不奇怪，因此，那一时期直接导致了美国的血腥内战，造成了兄弟相残的悲剧。

关于南北战争的起因，世上流传着许多说法。人们普遍认为内战的爆发是因奴隶制问题而起。这最多是一句半真的话。奴隶制是问题之一，但是战争的主要原因是北方和南方的经济利益之间的冲突，甚至连奴隶制本身都是以经济学为基础的。在因重工业而繁荣的北方，这可能是一个道德问题，但在农业生产为重的南方，农田劳作需要人力劳动的大量投入，这就成了主要的经济问题。

1860年，林肯在担任总统职务期间清楚地表明了奴隶制并不是最重要的战争原因，他在第一次就职演说中重述了这一信息：

南部诸州的人民看起来存在着疑虑：共和党执政意味着他们的财产、和平和人身安全将会出现危险……我并不企图直接地或间接地去干涉蓄奴州的惯例。我相信我没有这样做的合法权力，我也不倾向这样去做。[1]

在1861年战争爆发后，林肯再次强调了他以前的立场。他表示：

我在这场斗争中最重要的目标是拯救联邦，而不是保存或摧毁奴隶制。如果我能拯救联邦但不释放任何奴隶，我会这样做；如果我能通过释放所有的奴隶来拯救它，我也会这样做；如果我能够通过释放一些人、奴隶另一些人而拯救联邦，我也会这样做。[2]

听到这些话的时候你可能会惊讶，严格说来，亚伯拉罕·林肯是一个白人至上主义者。在他与参议员斯蒂芬·道格拉斯（Stephen Douglas）的第四次辩论中，他就直言不讳地说：

我从来不赞成以任何方式实现白人和黑人种族的社会和政治平

---

[1] 唐·费伦巴赫尔等：《亚伯拉罕·林肯：演讲与写作（1859—1865）》（纽约：美国文库，1989年版），第215页。

[2] 罗伯特·波利斯等：《林肯：他的话语和世界》（威斯康星：国家之美基金会，1965年版），第54页。

等——我既不赞成让黑人当选民或陪审员，也不赞成他们与白人一同任职；除此之外，我还要说，白种人和黑种人之间存在着身体上的差异，我相信这将永远禁止两个种族在社会和政治平等的条件下生活在一起。而且，因为他们不能这么生活，所以必然会有地位高下之别，我和其他人一样赞成将优越的地位分配给白种人。[1]

这并不是说林肯对奴隶制制度漠不关心，实际上他强烈地认为奴隶制是违反个人和国家道德的行为，但他也知道奴隶制终将会逐渐被全世界废弃。他相信，只要允许自然的启蒙力量在政治制度中运作，奴隶制很快就会在美国消失。他的忧虑是正确的，如果要求立即彻底改革，不仅会破坏联邦，还会导致大规模流血事件，让更多人承受苦难，甚至超过奴隶制本身所带来的痛苦。他说：

我绝不允许自己忘记，英国在激烈争论了一百年后才成功地将奴隶制废除；这项举措有众多咄咄逼人的反对者；也有隐形的"毫不关心"的对手；有经济上的对手；也有劣等种族论调的对手；有黑人平权的对手；也有宗教和秩序的对手；这些对手有权有势，而对面的人却无依无靠。但我也记得，虽然他们像蜡烛一样燃烧了一个世纪，最终在闪烁中消亡，只在黑暗中存在过一瞬，甚至气味都没被人记住。连学校的小男孩都知道威尔伯福斯（Wilberforce）和格兰维尔·夏普（Granville Sharpe）推动了进步；但现在谁可以叫一个男人去螳臂当车？记住这些事情，我只能把它看作比这次辩论更高远的目标，这场比赛可能在我有生之年都不会决出胜负。[2]

如果林肯在战争中的主要目标不是废除奴隶制，而是维护联邦，那么问题就出现了：为什么联邦需要被维护？更确切地说，南方各州为什么要分离？

---

[1] 费伦巴赫尔前引书，第636页。

[2] 同上，第438页。

战争的起因是合法掠夺，而非奴隶制

南方主要是农业区，不得不从北方或从欧洲进口几乎所有的制成品，这都需要通过南方的棉花来换取。然而，即使在运输成本增加之后，许多欧洲的纺织品和制成品仍相当便宜。因此，南方各州发现购买欧洲货物比购买北方制造的货物更划算。这给北方的美国制造商带来了相当大的竞争压力，他们需要降低价格并且提高工作效率。

然而，共和党人对这一安排很不满意。他们决定利用联邦政府的权力来提高竞争力。他们声称这是符合"国家利益"的，他们几乎对所有从欧洲进口到美国北方的商品征收了严格的进口关税。毫不奇怪，征税的范围并不包括棉花，这是因为对棉花征税并不符合国家利益。提高进口关税的结果之一，就是欧洲国家为了反击而停止购买美国棉花，这严重损害了南方经济。另一个结果是，北方的制造商能够以更高的价格出售商品，而不必担心竞争，南方民众几乎被迫购买所有的必需品。这是一个合法掠夺的典型案例，法律就是用来满足一群公民的利益而牺牲另一群人的利益。

北方对南方奴隶制的反对使得局势更加动荡。这一事件中经常被人们忽略的一个事实是，奴隶的成本非常高，每个奴隶大约值1500美元。因此，从今天的购买力来看，一个雇用四五十个奴隶的种植园需要巨大的资本投资，它相当于今天的数百万美元。因此，对南方而言，废除奴隶制不仅意味着丧失了生产经济作物的能力，而且意味着彻底摧毁了巨大的资本基础。

许多南方种植园的业主正在努力调整——他们将投资转化为更有利可图的工业生产，就像在北方一样。其他人认为，领工资的自由人比没有工作热情的奴隶更有效率。然而，他们很难跳出传统的束缚。他们认为，如果没有过渡期，突然完全废除奴隶制会破坏他们的经济，会使许多奴隶被饿死，这些事情随时都会发生。[1]

这就是林肯在竞选时所说言论的背景，他也解释了为什么他在演讲中试图平息南方对他的意图的恐惧，但他的话大多是政治修辞。林肯是一个共和党人，他完全依赖于控制该党的北方工业家。即使他想要——并没有迹象表明他做了——他也不可能扭转经济偏袒和保护主义，毕竟就是这些力量帮助他成为了总统。

墨西哥与门罗主义

除了北方和南方之间的冲突利益，还有其他因素也在试图分裂美国。这些势力扎根于欧洲，以法国、西班牙和英国为核心，他们的愿望是控制拉丁美洲的市场，墨西哥是其主要目标。这就是门罗主义在1823年诞生的原因。詹姆斯·门罗（James Monroe）总统让欧洲各国注意到，美国不会干涉他们的事务，并且也不容许他们干涉美洲的事务。他特别声明，美洲大陆不可再被殖民化。

没有一个欧洲国家试图验证这个说法，但他们知道，一旦美国卷入内战，就没办法再插手拉丁美洲事务。因此，鼓励美国国内的战争是为墨西哥殖民扩张铺平道路。美洲已经成为全球政治游戏的巨大棋盘。

在《美国内战的历史图片》（*American Heritage Picture History of the Civil War*）中，我们看到：

很明显，在（英国和法国）这两个国家的上层强烈支持南方邦联之前，战争的态势并不明显——他们表达了强烈的支持，似乎只需要一点刺激，他们就会介入战争，并向独立的南部国家提供军事援助……欧洲的贵族从来没有对美国佬民主的巨大成功感到高兴。如果

---

[1] 威廉·麦克汉尼：《根本没有内战：第一部分》，载于《个人主义研究杂志》，1992年冬季刊，第41页。

美国现在分成两半，那就证明民主不利于生存，欧洲的统治者会很高兴看到这种情况的。[1]

欧洲各国的领导人都密切关注着美国和英法两国的这一盘大棋。当时最公正的观察家之一是德国总理奥托·冯·俾斯麦（Otto von Bismarck）。由于俾斯麦本人与国际金融力量牵涉极深，所以他的观察具有双重意义。他说：

把美国平分为两个联邦，是南北战争之前就由欧洲的金融强权决定的计划。这些银行家担心，如果美国一直是一个国家，就将获得经济和财政独立，这将扰乱他们在欧洲和世界的金融支配地位。当然，在金融的"内圈"，罗斯柴尔德家族掌握了话语权。他们看到了获得伟大战利品的机会，只要能把美国分裂为两个弱国，再用债务将其捆绑……所以，他们派遣间谍进入美国，煽动奴隶制的问题，为联邦的南北双方插入楔子……北方和南方之间的破裂变得不可避免；欧洲金融的领导者利用他们的力量煽动战争，并把它转化为自己的利益。[2]

该策略虽然简单但很有效。在南北双方首次发生冲突后的几个月内，法国部队在墨西哥登陆。1864年，墨西哥被法国人征服，法国扶持马克米连诺一世（Ferdinand Maximiliano）成为了傀儡君主。南方邦联认为马克米连诺是一位盟友，这两个团体都认为在战争成功后，他们将结合成一个新的国家，当然得由罗斯柴尔德家族主导财政权力。与此同时，英格兰派遣11万军队进入加拿大，随时威胁着美国的北部边境，英国舰队也进入备战状态。[3]

欧洲力量准备"逼宫"了。

---

[1] 布鲁斯·卡顿著、理查德·凯彻姆编辑：《美国内战的历史图片》（纽约：美国遗产出版公司，1960年版），第249页。

[2] 康拉德·西姆：《俾斯麦的人生与观点》（法国：维埃耶出版社，1921年版），第13-16页。读者们应该注意，俾斯麦是铁血宰相，他的政治观念应该谨慎对待，不过，这段引述应该是对当时欧洲观点的准确评价。

[3] 卡顿和凯彻姆前引书，第250页。也见于奥托·艾森斯米尔：《内战的另一面》（纽约：鲍勃斯-梅里尔出版社，1961年版），第25页。

本章总结

虽然第二合众国银行已经倒闭，但银行业非常活跃。许多老问题依然存在，而新的问题也已经出现了。纸币的发行受到了严格的限制，但这在很大程度上被越来越多的支票货币所抵消，而支票货币没有任何限制。

当合众国银行进入历史时，美国已经接近繁荣—崩溃周期的末段。当货币供应不可避免地收缩时，政客们开始提出如何稳定银行体系的建议。而这没有涉及真正的问题，即部分储备金银行制度本身。他们尝试各种方法，但都失败了。

这段时间史称"自由银行时代"，这个名称很讽刺，所谓的自由银行仅仅是完成了从公司到私人协会的转换。除了国家不再对着银行喋喋不休，银行系统本质上的其他方面没有任何改变，包括一系列的政府监控、法规、支持和其他非自由市场的因素。

这一时期的经济混乱和冲突是内战的主要原因。林肯在他的公开演讲中清楚地指出，奴隶制不是问题。基本问题是北方和南方依赖于彼此的贸易，北方向南方出售工业品，南方向北方出售棉花。南方与欧洲也有类似的贸易，这对北方来说是一个麻烦。欧洲以较低的价格向美国南方销售许多产品，北方的市场份额正在减少。北方政治家通过了保护主义的立法，对工业产品征收高额进口关税。这阻碍了欧洲货物的进口，并迫使南方以更高的价格从北方购买。欧洲通过减少购买美国棉花来报复，但这对美国南方损害尤大。这是典型的合法掠夺，而南方不想再承受。

同时，欧洲的金融强权希望美国卷入内战。如果美国可以分裂成两个敌对国家，那么欧洲在北美洲大陆上的扩张就会减少很多障碍。法国渴望占领墨西哥，并将其与美国南部的许多州合并成一个新帝国。另一方面，英国在加拿大边境部署了军事力量，准备采取行动。由欧洲资助和组织的政治激进分子在美国南北分界线两侧都活跃起来。奴隶制问题只是一个策略而已，美国已成为世界经济和政治无情游戏的目标。

第19章

绿币和其他罪行

> 内战的原因是经济和政治双方面的，而不是美国奴隶的自由问题；双方使用法定货币资助战争的方式；外国势力发挥的重要作用。

在上一章中，我们看到了美国大陆如何成为全球政治游戏中的棋盘。欧洲势力一直希望看到美国卷入内战，最终分裂成两个较小和较弱的国家。这将为他们进一步殖民拉丁美洲铺平道路，而不必担心美国人的门罗主义。就这样，短短几个月后，南北战争爆发，法国军队在墨西哥登陆，1864年，马克米连诺成为傀儡君主。随即，让墨西哥加入南方邦联的战争的谈判立即开始。英国军队移动到加拿大边界，以展示其军事力量。美国似乎面临着两个欧洲强国的夹击。

北方的盟友

如果没有一个意想不到的事件打破进程，上述杰出的策略可能会赢得整场比赛。沙皇亚历山大二世——他从不允许在俄国建立中央银行——通知林肯，他准备与北方结成军事同盟。虽然沙皇已经在俄国解放了农奴，但他援助联邦的主要动机与解放南方的奴隶毫无关系，这一点毫无疑问。英法两国曾试图分裂芬兰、拉脱维亚、波兰、克里米亚和格鲁吉亚，以便分裂俄国。法国的拿破仑三世曾向英国和奥地利提出，三国应立即对俄国宣战，以加速这种肢解。

亚力山大二世知道他的敌人正在考虑发动战争，所以他决定参与这一局棋。1863年9月，沙皇派遣他的波罗的海舰队战舰开赴弗吉尼亚州亚历山大港，派遣亚洲舰队开赴旧金山。在俄罗斯出生的卡尔·兰格尔-罗科索夫斯基（Carl Wrangell-Rokassowsky）解释了这一举动的意义：

俄国和美国之间没有签署任何条约，但是双方的共同利益和对两国的战争威胁在这个关键时刻使它们走向结盟。通过派遣波罗的海舰队开赴北美海港，沙皇转守为攻。1863年7月14日，俄国海军部长克拉贝（Krabbe）向洛斯斯基（Lessovsky）上将发出指示，其中的第3条命令是，当战争爆发后，俄国舰队尽全力攻击敌人的航船及聚居地。俄国亚洲舰队司令波波夫（Popov）上将，也接到了相同的指令。[1]

俄国海军帮助联邦对南方各州实施了毁灭性的海军封锁，从而阻止他们从欧洲获得关键物资。这并不是说，俄国舰队不让法国和英国船只出港。事实上，他们之间都没有互相攻击的记录，但这就是重点。当时法国和英格兰都不想卷入与美国和俄国的公开战争的危险之中，这使得他们对南方的公开军事援助极其谨慎。在整个冲突中，英法官方认为保持中立是最有利的。倘若没有俄罗斯舰队的牵制，战争的进程可能会有很大的不同。

战争初期相当不利于北方，而在最初的几年里，结果还远未确定。不仅是联邦军队在战场上屡战屡败，就连后方的民众也越来越沮丧。如前文所述，南北战争从一开始就不是一场基于人道主义原则的普通战争，而是一场商业利益的战争。这就导致了两个严肃的问题：第一个问题是如何能让人们战斗，第二个问题是如何让他们付钱。这

---

[1] 卡尔·兰格尔-罗科索夫斯基：《暴风雨来临之前》（意大利：尖端印刷出版社，1972年版），第57页。

两个问题都通过违宪的简单方法解决了。

解放奴隶宣言

为了让人们去战斗，政府决定将战争变成废奴运动。《解放奴隶宣言》是林肯的一个妙招，他借此把战争转化为"穷人对抗富人"的战斗，而北方人普遍接受了这个观点。此外，它不是宪法修正案，也不是国会法案。它完全没有宪法权威，只是林肯以武装部队总司令的身份发出的命令而已。

保护联邦不足以点燃人们对战争的热情，只有追求更高的自由问题才能做到。为了能使自由与北方的利益相一致，官方除了正式宣布反对奴隶制之外别无选择。在一再强调奴隶制不是战争的原因之后，林肯后来解释了为什么他会改变路线，并发布了公告：

事情已经变得越来越糟，我觉得我们无法再继续实施我们的计划了，我们已经出了手中的最后一张牌，现在必须改变我们的战术，否则，我们将会输掉游戏。所以，我现在决定实行解放政策。[1]

宣言的修辞堪称精湛，但其中留下了很多的悬念。布鲁斯·卡顿在《美国内战的历史图片》一书中写下了这样的语句：

严格说来，《解放奴隶宣言》荒谬之至。它宣布所有奴隶在那些美国政府不能真正控制的地区获得了自由，并允许奴隶制继续存在于由联邦控制的州……但它最终改变了战争的整个格局，对南方邦联造成了无与伦比的打击。[2]

《解放奴隶宣言》也对欧洲国家产生了深远的影响。只要战争被看成是政府企图镇压叛乱，那就没有什么神圣可言了，所以帮助任何

---

[1] 转引自查尔斯·亚当斯：《战斗，战斗，骗子：税收的故事》（荷兰：欧洲–荷兰出版社，1982年版），第229页。

[2] 卡顿和凯彻姆前引书，第252页。

一方都不可耻。但现在，战争的原因变成了自由，在欧洲，至少英法政府都不敢公然反对一个试图废除奴隶制的国家。1862年以后，欧洲政府代表南方邦联进行军事干预的机会迅速减至零。在宣传方面，南方人民已经到了千夫所指的地步。

把战争变成一场反对奴隶制的运动是林肯的高明之举，吸引了一批新的志愿兵加入联邦军队。但这并没有持续多久。北方人可能反对南方的奴隶制，但真正的战争开始时，他们舍生赴死的信念就削弱了许多。在战争初期，士兵们服役时间只有三个月，服役期满后，很多士兵拒绝续约。林肯面临着一个尴尬的现实，他很快就没有军队继续进行"十字军东征"了。

双方加强兵力

纵观历史长河，人们只有在强敌威胁的情况下才愿意拿起武器捍卫他们的家庭、家园和国家。如果想让他们在一场没有个人利益的战争中战斗，唯一方法就是给他们大额的奖金和赏金，或通过征兵强迫他们这样做。因此，这两种方法都被用来激励在外作战的联邦军队，这并不奇怪。此外，虽然宪法规定只有国会可以宣战和参军，但林肯凭借自己的权威就做到了。[1]

在征兵开始之前，北方各州对志愿者的数量进行了规定。为了满足这些配额并避免麻烦，每个州、镇和区县都精心制定了赏金制度。到了1864年，许多地区的男人可以通过参军得到超过1000美元——相当于今天的5万美元。富人可以通过付一笔代偿费避免法律的惩罚，或者雇用别人代替他参军。

在南方各州，政府在征兵方面更加大胆。尽管它们很重视州权，

---

[1] 国会后来批准了林肯的行动，但是那时候他们已经没有选择，因为战争已不可避免。

但南方邦联立即授予里士满[1]政府更多的权力和特权。1862年，它通过了一项征兵法案，将18–35岁之间的每一个男性公民的控制权交到了邦联总统的手中。与北方一样，这条法律也有严重的漏洞。例如，拥有20个奴隶的业主或监工不用服兵役。[2]平心而论，我们必须注意的是，南方很多人并没有利用这种漏洞。与北方各州相反，南方的士兵们认为他们是为了保家卫国而战斗，而不是为了一个抽象的事业或现金奖励。

北方的暴乱

当林肯在1863年发起征兵行动时，北方人民感到愤怒。在纽约的麦迪逊广场，成千上万的抗议者加入火炬游行并参加反林肯集会。历史学家詹姆斯·霍兰（James Horan）描述了此场景："当总统的漫画被悬挂在演讲台上方后，百万愤怒民众的嘘声充斥了夜空。"[3]俄亥俄州和伊利诺伊州都爆发了反征兵骚乱，联邦军队被迫出兵镇压。在纽约，7月12日，当征兵的第一批名单公布时，暴徒们冲进了征兵办公室，并焚烧了建筑物。骚乱持续了四天，直到波托马克（Potomac）的联邦陆军遵照命令向人群开枪，骚乱才得以停止。一千多平民在骚乱中伤亡。[4]

时光飞逝，人们很容易忘记林肯任期内在北方和南方发生了暴乱。政府自己的士兵射杀了一千名平民，这是一个巨大的悲剧，悲剧的酿成恰恰体现了当时美国的绝望状态。为了镇压暴乱，林肯再次通过不顾宪法中的人身保护权利，让政府在没有正式指控和没有审判的

---

[1] 弗吉尼亚州首府，南方邦联首都所在地。——译者注

[2] 卡顿和凯彻姆前引书，第484–485页。

[3] 詹姆斯·霍兰：《邦联代理人：历史的发现》（纽约：皇冠出版社，1954年版），第209页。

[4] 卡顿和凯彻姆前引书，第486、511页。

情况下拘押反对者。因此，在反对奴隶制的旗帜下，北方的美国公民不仅在自己城市的街道上被杀害，而且被迫参加军事战斗，或者不经审判就被投入监狱。换句话说，自由人被奴役，这样奴隶就可以自由了。这场改革运动真实而诚恳，但付出的代价相当沉重。

政府还以类似的方式逼迫人们为战争付钱。如果宪法的个人权利可以因为战争而被搁置一边，那单纯的"资助"肯定也通行无阻。

人们经常说真理是战争中的第一个牺牲品。我们应该补充：金钱是第二个牺牲品。到1861年年底，联邦政府年度财政开支为6700万美元。在第一年的武装冲突之后，政府开支是4.75亿美元，1865年增加到了10.3亿美元。在分类账的收入方面，税收只占这一数字的11%。到战争结束时，赤字上升到了26.1亿美元。这些钱必定来自不为人知的某个地方。

所得税和战争债券

美国第一次征收所得税的试验就是在这个时候进行的；同时开始的还有另一次违宪的行动。按照今天的标准，这是牛刀小试，但它仍然是一个非常不受欢迎的措施。国会议员们心知肚明，任何额外的征税都将进一步煽动骚乱的气焰。

以前，战争时期的传统资金来源是银行，它们只是在放贷的借口下创造资金。但是，合众国银行的破产严重阻碍了这种方法的实施。州立银行渴望承担这一角色，但是，到了这个时候，大多数银行已经无法遵守黄金偿付的承诺，也无法再制造更多的钱，至少造不了公众愿意接受的钱。

合众国银行可能无法提供足够的贷款，但英国的罗斯柴尔德财团有这个能力并且愿意提供贷款。正是在这段时间里，罗斯柴尔德家族通过他们的代理人奥古斯特·贝尔蒙特（August Belmont）加强了他们在美国工业中所占的股份。德里克·威尔逊告诉我们："他们有中美洲炼铁厂（Central American ironworks）、北美多家运河建设公司的大量股份，也有许多其他行业的股份。利用新发现的金矿，他们成为了重要的纯金进口商。"[1]

贝尔蒙特将罗斯柴尔德的大量资金用来购买南方各州银行的债券。当然，这些债券的价值几乎为零。然而，随着战争形势有利于北方，他开始购买尽可能多的债券，因为面值几美元的债券只需要支付一美元。他的计划是在战争结束时，让联邦强迫南方各州履行所有战前债务的责任。当然，罗斯柴尔德将获得巨大的投机利润。同时，在梅森–迪克森线[2]的北边，贝尔蒙特代表联邦政府在英国和法国出售联邦债券。据传，贝尔蒙特曾拜访林肯总统，提出以27.5%的利息将罗斯柴尔德的钱借给林肯，随后他被林肯粗暴地赶出了办公室。这个故事未必是真的，但它表明了一个真相：发战争财、双方下注，正是罗斯柴尔德闻名欧洲的惯用伎俩，而如今，他们在美国故技重施。

在北方，出售政府债券是筹集资金的一项可行措施。然而，即便有复利的诱惑和黄金偿付的保证，联邦政府也仅仅筹得了刚过半数的所需资金。所以，联邦面临着一个实际的难题。唯一的解决方法是终止战争或印刷纸币。对于林肯和控制国会的共和党人来说，这个选择不难做出。

1812年战争期间已经有了先例。当时，财政部长阿尔伯特·加拉廷（Albert Gallatin）以违宪的名义废除了"信用券"，改而印刷国库券，大部分国库券的利息为5.4%。政府从来没有宣布这笔钱是法定货币，因此不能算作违宪。

---

[1] 德里克·威尔逊前引书，第178页。

[2] 美国宾夕法尼亚州与马里兰州之间的分界线，也是美国南北方的分界线。

林肯绿币

然而，在内战时期，所有的合宪性借口都已不再重要。1862年，国会授权财政部印刷价值1.5亿美元的"信用券"，并将其作为用于支付的货币流通。它们可作为所有私人债务的法定货币来使用，但不能用于政府关税或税收。该信用券是用绿色油墨印刷的，因此就被称为了"绿币"（greenbacks）。选民们相信这是一次紧急措施，很快就会被放弃。到战争结束时，共发行了4.32亿美元的绿币。

华盛顿高官们的态度很务实，宪法在和平时期是很好的，但在战争中是无法落实并实施的。例如，身为财政部长的萨蒙·蔡斯（Salmon P. Chase）强烈支持在其领导下发行的绿币，用他的话说，这是"绝对必要的"。八年后，他成为最高法院的首席大法官，却宣布绿币违宪。他的想法改变了吗？一点也没有。他支持绿币时，国家处于战争中。当他宣布绿币违宪时，国家处于和平状态。基本上，所有政府在战时都会采用权宜之计。正如前文中的罗斯柴尔德法则中写道："无论是什么样的政府，为了保证自我生存的原始需求，其法律的至高无上、不可亵渎性，人民生活的繁荣昌盛以及财政部的偿付能力都可以牺牲。"

发行绿币遭到了国会的反对，但林肯热情地支持。他的主要观点如下：

政府，拥有创造和发行货币、信贷货币的权利，享有通过税收和其他方式收回流通的货币和信贷的权利，而不必、不应借款付息。创造和发行货币的特权不仅是政府的最高特权，而且是政府最大的创造性机会。[1]

林肯似乎反对政府向银行支付利息，因为他们创造的钱毫无价

[1] 出自国会图书馆立法咨询处关于林肯货币政策的摘要。转引自欧文前引书，第91页。

值，政府同样也很容易可以创造出毫无价值的钱来，而且不付利息。如果人们忽视宪法禁止这两个做法的事实，并且愿意容忍通货膨胀所带来的后果，那么采取哪种做法还可以争论一下。政治家仍然可以发行货币，但至少银行没办法搭便车了。

林肯对银行业的看法

很明显，林肯对银行的看法发生了变化。在他早期的政治生涯中，他一直是银行业的朋友和宽松信贷的支持者。在成为共和党总统候选人之前，林肯在19世纪30年代是辉格党的成员，他当时一直是第二合众国银行的支持者。[1]在与参议员斯蒂芬·道格拉斯著名的辩论中，两人的争论点之一是，林肯为合众国银行辩护，并主张其重建。此外，在成为总统后，他也要求国会重新建立中央银行。[2]

林肯的做法似乎是矛盾的，这让人有种感觉，在他努力为那场不受欢迎的战争筹款时，他有时觉得中央银行是有必要的。与萨蒙·蔡斯等政治家一样，为了挽救政府于危难，林肯愿意尝试所有方法。

但有一点很清楚。不管林肯对货币的个人意见如何，银行家们都对绿币不满，因为他们无法再继续控制政府债务，所以他们急于用银行法定货币代替联邦法定货币。为了做到这一点，有必要建立一个全新的货币体系，用政府债券作为发行纸币的支撑；换句话说，回归原来的中央银行体制。这正是财政部长蔡斯的打算。

1862年，英国金融家的美国代理人撰写了一份名为《危害通告》（*The Hazard Circular*）的备忘录，这份备忘录在富商阶层流传甚广，其中详细阐述了银行家的基本立场：

[1] 出自林肯关于国库分库的演讲。转引自费伦巴赫尔前引书，第56—57页。
[2] 出自1862年12月1日林肯向国会提交的年度国情咨文。转引自费伦巴赫尔前引书，第398页。

资本家从战争中所能获得的巨额债务，必须用作控制货币数量的手段。为了实现这一点，债券必须成为银行业的基础。我们现在正等待财政部部长向国会提出这项建议。一般来说，我们不能允许绿币作为货币长时间流通，因为我们不能控制它。但我们可以控制债券，进而控制银行。[1]

国家银行法案

1863年2月25日，国会通过了《国家银行法案》（次年进行了重大修订），建立了一个新的国家银行体系。该结构类似于合众国银行，但与它不同的是没有能够影响其他银行的一家中央银行，而是由许多国有银行来进行控制。大多数银行法律都打着"改革"的旗号兜售给大众，但《国家银行法案》是少数例外之一。坦率地说，它就是通过创建政府债券市场，然后将这些债券转化为流通货币，以此来筹集战时军费。它是这么起作用的：

当一家国家银行购买政府债券时，国家银行不会继续持有该债券。它把债券交还给财政部，换回等量的"合众国银行票据"，并将银行的名字刻在票据上。政府宣称这些票据是税收和关税的法定货币，因此它们被公众普遍接受为货币。银行债券的净成本是零，因为所有成本都立刻收回了。从技术上来说，银行仍然拥有债券并从债券上收取利息，但他们也使用了等量的新生银行票据货币，还可以带息借出。当所有的迷雾消散时，我们可以看出它只是对之前的计划进行了些许修改。货币和政治学家简单地将政府债务转化为货币，银行家们在为他们两者的服务过程中获取了大量的费用。

---

[1] 查尔斯·林德伯格：《银行、货币、货币托拉斯》（华盛顿特区：国家资本出版社，1913年版），第102页。

至少从操纵者的角度来看，该系统存在的第一个缺点就是：即使钞票已广泛流通，它们也不会被归为"合法"的钱。换句话说，他们不是所有债务的法定货币，只是税收和关税。珍贵的金属铸币和绿币仍然是美国的官方货币。直到55年后联邦储备系统诞生，在法律的强制之下，政府债务才以钞票的形式成为了美国所有交易的官方货币。

1863年的《国家银行法案》要求银行以合法货币（金币）的形式保留一定比例的票据和存款作为储备金，以便支撑银行的运营。这个百分比的变化取决于银行的规模和地点，但平均来说，大约是12%。比如，该银行有100万的铸币存款，可以用其中的88万美元（去除12%的储备金）购买政府债券，换回等量的银行票据，并将这些票据再次贷出，然后就可以收取债券和贷款的双重利息了。银行可以从借给政府的88万铸币中收取利息，还可以从借给客户的88万美元票据中收取利息。[1]因此，银行在不用增加其资本的情况下，收入却翻了一番。不用说，债券产生的速度和印钱一样快，战争筹资的问题也解决了。

国家银行体系产生的另一个后果是，从那一天起，联邦政府就无法摆脱债务。请重读这句话。这一点都不夸张。甚至中央银行的伙伴也不得不承认这一现实。加尔布莱斯沮丧地说：

在内战结束以后的许多年里，联邦政府的财政每年都获得了大量盈余。但是，它却无法还清它的债务，清偿发售出的政府债券，因为这样做意味着没有债券去做国家货币的抵押。还清债务就等于摧毁了货币流通。[2]

正如前文所指出的，这种情况至今依然如故。所有的美元现钞和支票货币都是由贷款行为创造的。如果所有的债务都偿还了，美国的

---

[1] 这是理论上的最大值。实际的数字要少很多，因为银行很少能够将其全部的票据贷出去。实际的资金利用率大约在70%左右，达不到88%。

[2] 加尔布莱斯前引书，第90页。

所有货币将消失在蓄水池和计算机中。国家债务是为私人债务创造资金的基础。[1]偿还或大幅度减少国债将削弱美国的货币体系。即使财政部有盈余，任何政客也都不敢主张偿还国债。因此，美联储系统实际上将我们的国家债务锁定为永久债务。

战争的隐秘成本

对于看懂了前几页的人来说，《国家银行法案》产生的第三个结果不值得惊讶。战争期间，美元的购买力下降了65%，货币供应量增长138%，价格涨了一倍多，而工资涨了不到一半。通过这种机制，美国人将他们在这段期间赚取或持有的一多半钱交给了政府和银行——还不算税款。[2]

南方的财政状况更糟。除了从新奥尔良的联邦铸币厂中没收了约40万美元的黄金外，几乎所有的战争费用都是通过印刷法定货币来获得的。南方邦联票据的数量每年增长214%，如果把银行票据和支票货币囊括在内，每年增长超过300%。除了邦联票据，南方各州都发行自己的法定货币，到战争结束时，所有票据的总额约为10亿美元。在这四年期间，价格上涨了9100%。当然，在阿波马托克斯（Appomattox）签字停战之后，南方邦联的票据和债券都变得一文不值。[3]

像往常一样，一般市民都不会明白——新创造的钱其实代表了一种隐藏的税，而且代价更高。北方各州的选民肯定不会容忍这种公开、真实的大幅加税。即使在"保家卫国"的南方，如果他们能预知

---

[1] 参见第十章内容。

[2] 参见保罗与勒尔曼前引书，第80-81页。也见于格罗斯克洛斯前引书，第193页。也见于加尔布莱斯前引书，第93-94页。还见于罗斯巴德前引书《银行的秘密》，第222页。

[3] 加尔布莱斯前引书，第94页。也见于保罗和勒尔曼前引书，第81页。

后果，也不会这样做。但北方的情况更为特殊，由于他们不明白金钱的秘密科学，美国民众不仅支付隐性税，还为国会鼓掌喝彩。

1863年6月25日，也就是《国家银行法案》签署成为法律的四个月后，一份保密报告从伦敦的罗斯柴尔德投资公司送到纽约的一家联营银行。这份保密报告是一份直白又带着些许自吹自擂的总结：

> 少数理解这种制度的人（银行贷款既能赚取利息，也能作为货币）要么对由此产生的利润趋之若鹜，要么过于依赖那些人的帮助而不敢言语。而另一方面，那些无法理解这个制度的大多数人……将毫无怨言地承受这种负担。[1]

林肯对未来的担忧

林肯个人虽然为《银行法案》而担忧，但他对党派的忠心和在战争时期保持团结的必要性迫使他舍弃否决权。他的个人观点是十分明确的，次年他在给威廉·埃尔金斯（William Elkins）的信中说道：

> 和平时期，货币权力掠夺国家；逆境时期，货币权力图谋国家。它比君主制更加专制，比专制更具体化，比官僚主义更自私。我认为在不久之后我们将面临一场危机。这使我深感不安，使我为我国的安全担忧。大公司已经登上王座，腐败必将随之而来，国家的金融大亨们将利用人们的偏见巩固其统治，等财富聚集在几个少数人手中，共和国就会毁灭了。[2]

林肯在回顾自己在这个痛苦的历史篇章中所扮演的角色时，不可能不感到矛盾。一方面，他无视国会，暂停了人身保护权，并发布了《解放奴隶宣言》，他所扮演的角色是武装部队总司令，而不是执行

[1] 欧文前引书，第99—100页。
[2] 林肯写给威廉·埃尔金斯的信，1864年11月21日。转引自阿切尔·肖等：《林肯百科全书：林肯所说所写的文字》（纽约：麦克米兰出版公司，1950年版），第40页。

国会意愿的行政执行官。此外，《解放奴隶宣言》的动机并非流行的历史书所描述的人道主义，而是让民众支持战争的一种手段。通过参与发行绿币，他违反了宪法中最清晰、最重要的条文。由于没有否决《国家银行法案》，他默许美国人民再次落入金融强权的手中，这种行为无异于把逃出来的奴隶再捆回去。

从积极的一方面来看，林肯毫无疑问是一位爱国者。他关心的是维护联邦，而不是宪法，他拒绝让欧洲列强将美国分裂成两个国家，肯定是明智的。林肯认为他违反宪法的某些条款是为了拯救整个宪法。但是，这个理由可能引起麻烦，在几乎所有国家的危机中，它都可以成为极权主义力量扩张的借口。人们不可能相信，拯救联邦的唯一办法是废除宪法。事实上，如果从一开始就仔细地阅读宪法，弱势的南方人就不可能被强势的北方人合法掠夺，起初就可能不会有分裂运动。而且，即使掠夺已经存在，严格遵照宪法可能会光荣、和平地解决分歧。如果真能那样，不仅战争不会发生、联邦继续屹立，今天的美国人也不会受到那么多的政府监管。

善意以待

林肯本人的立场是很清楚的。虽然他的政治伙伴们呼吁对南方实施经济报复，但总统坚决反对。"善意以待"对他而言不仅仅是一个口号，他愿意在这个问题上拿他的政治地位冒险。他否决了《韦德-戴维斯提案》的原因是，为了惠及新英格兰纺织品的制造商，该法案将在战争结束时扣押南方的棉花。棉花也将作为可靠交易物来偿还南方在战前签订的债务，从而按照面值回购所有由罗斯柴尔德代理人贝尔蒙特以折扣价购买的债券。这种对金融家和投机者的蔑视无疑需要巨大的勇气。

但问题比这更深。林肯同意向所有对联邦宣誓效忠的南方公民实行大赦；当有10%的选民宣誓时，南方人可以选举国会议员、参议员，州政府也将被认可为联邦的一员。但是，共和党人已经认同了《韦德–戴维斯提案》，即所有分裂州都将被当成被征服国家对待；当宣誓的选民数量达到50%时，才能选举政治代表；解放了的奴隶有权投票——虽然北方妇女还没有这项权利——但是，由于他们缺乏教育和政治意识，此后很多年里他们都没有在政府中发挥出应有的作用；此外，那些宣誓的人必须发誓他们从来没有武力对抗联邦，但几乎每一个身体健壮的南方白人都这样做了，所以就意味着两代人之内，南方无法拥有政治代表。

根据林肯的大赦政策，不久之后，国会里的共和党将被民主党的巨大优势所压制。北方的民主党人已经兵强马壮，一旦他们能够与重新归属联邦的南方民主党进行合作，共和党就会失去其政治、经济力量。所以，当林肯否决了《韦德–戴维斯提案》时，他自己效忠的党就不留颜面地抛弃了他。

在这些动机和特殊利益相交集的地方，有两个团体的人越来越希望把林肯赶走。一个团体是由金融家、北方工业家和激进的共和党人组成的，他们都想在战争结束时合法掠夺南方。该团体内的政治家们还期待着进一步巩固他们的力量，建立军事独裁。[1]另一团体的规模虽小，但同样危险。它是由坚定支持南北分裂的复仇者组成的。后来的事件显示，这两个团体都与一个名为"金环骑士会"（Knights of the Golden Circle）的组织有诡秘的联络。

---

[1] 关于这个运动的有趣内容，参见西奥多·罗斯科：《阴谋网络：谋杀林肯的男人》（新泽西：普伦蒂斯–霍尔出版社，1959版）；也见于克劳德·G.鲍尔斯：《悲剧时代：林肯之后的革命》（纽约：霍顿·米夫林出版社，1957年版）。

金环骑士

金环骑士会是一个致力于占领与征服的秘密组织，其中两个最著名的成员是杰西·詹姆斯（Jesse James）和约翰·威尔克斯·布斯（John Wilkes Booth）。该组织是乔治·毕克雷（George Bickley）于1854年在辛辛那提建立的，组织成员主要来自共济会。它与名为"季节"（The Seasons）的法国秘密社团有密切的联系，而法国社团本身就是光明会的一个分支。[1]战争开始后，毕克雷成为南方邦联特务机构的领导，他的组织也迅速蔓延到了南部各州和境外。

在北方，这些阴谋者寻求"夺取政治权力并推翻林肯政府"。事实上，我们之前提到的北部反战暴乱主要是该团体策划和领导的结果。在南方"他们试图通过征服墨西哥来扩大奴隶制的范围"。[2]与马克米连诺合作时，骑士会希望建立一个墨西哥-美国帝国，这将是反击北方的有效力量。事实上，该组织的名称就反映了他们的目标，即在美国北部地区之外建立一个帝国，形成以古巴为圆心的一个圆形国家，向北延伸到宾夕法尼亚，向南到达巴拿马。

1863年，该团体被重组为美国骑士团（Order of American Knights），并在次年更名为自由之子骑士团（Order of the Sons of Liberty）。当时，它的成员的数量约在20万至30万之间。战争后，该组织隐匿得更深，残部最终形成了3K党。

约翰·威尔克斯·布斯

这个时期流传下来一个传说，即杀害林肯的凶手约翰·威尔

---

[1] 威廉·麦克汉尼：《根本没有内战：第二部分》，载于《个人主义研究杂志》，1992年秋季刊，第18-20页。

[2] 霍兰前引书，第15、16、208-223页。关于与墨西哥合并一事，参见《哥伦比亚百科全书》第3版，第1143页。

克斯·布斯不是在加勒特的谷仓被杀的，而是逃走了，那具尸体实际上是一个同谋者的尸体；在战争部长埃德温·斯坦顿（Edwin M. Stanton）的操控下，政府偷天换日、掩盖事实。从表面上看，这是一个荒唐的故事。但是，当战争部的大量文件最终解密并在20世纪30年代中期进入公共视野时，历史学家震惊地发现，在这些文件中有许多事实可以证明传说并非毫无根据。

第一个探索这些惊人记录的人是奥托·艾森斯米尔（Otto Eisenschiml），他所写的书《林肯为什么被谋杀？》（*Why was Lincoln Murdered?*）由小布朗出版公司于1937年出版。然而，对于事实最好和最具有可读性的解释是20年后由西奥多·罗斯科（Theodore Roscoe）写的。在作品的序言中，罗斯科从那些隐秘的文件中得出了令人惊讶的结论：

19世纪的大量文学著作中都包含暗杀林肯的内容，在福特剧院所上演的悲剧被进行各种演绎，仿佛那是一场大歌剧……只有少数人关注到这场谋杀中的罪行：林肯因这项残忍的重罪而死，暗杀者布斯有一群追随者，谋杀的密谋中包含了牟利的动机。谋杀已经过去了70年，作家们为它赋予了一种崇高感：林肯，是个烈士；布斯，是个恶棍；最终正义得到伸张；美德赢得了胜利，林肯成了"时代伟人"。

但案件的事实既不那么令人满意，也并非可喜可贺。因为事实表明，造成林肯死亡的罪犯逃脱谋杀罪指控，逍遥法外了。[1]

伊拉佐·弗雷特斯（Izola Forrester）是约翰·威尔克斯·布斯的外孙女，她在《这个疯狂的行为》（*This One Mad Act*）一书中讲述了金环骑士的秘密记录。几十年前，战争部长斯坦顿把这些记录精心存放在政府的库房里，自从暗杀林肯以来，从不允许任何人查阅这份文件。因为她是布斯的后代，以及她身为职业作家的身份，

---

[1] 罗斯科前引书，序言第7页。

所以，她最终成为第一个查阅文件内容的人。弗雷特斯讲述了这段经历：

五年前，我才得以查看隐藏在房间的保险箱和神秘旧包裹的内容，其中包含遗物和审讯所用的物证……五年前，如果我没有跪在房间的地板上，看到旧保险箱的背后藏着包裹，我可能永远不会看到它们。这些藏起来的文件和物品、两片遗骨、子弹和手枪，是内战后官员留下来的奇怪谜团的一部分。为什么要把这些明显不协调又可怕的展品放在一起呢？

这是我和外祖父仅有的联系。我知道他是毕克雷创立的秘密组织——金环骑士会的成员。我有一张他和一群兄弟们穿着制服的老照片，是哈里的女儿在我们外祖母的《圣经》中发现的。我知道，暗杀发生后，报纸舆论立刻就开始说这个组织与谋杀林肯有关，并宣布布斯是其成员和工具。这让我再次想起了祖母说过的那句话，她说她的丈夫是"其他人的工具"。[1]

这是一则有趣的评论，让人浮想联翩：其他人的工具？弗雷特斯的外祖母指的是金环骑士会的领袖吗？欧洲金融家的代理？还是林肯自己的党内小人？我们可能永远不会肯定地知道这些团体中的任何一个人在多大程度上参与了暗杀林肯的行动，但我们知道，联邦政府内部的强大力量，都集中在了战争部长斯坦顿的身上，他积极隐瞒证据，匆忙终止调查，确实保护了某些人。

本章总结

这个悲剧性的插曲就写到这里吧。那么，让我们总结一下。美国

---

[1] 伊佐拉·弗雷斯特：《这个疯狂的行为》（波士顿：黑尔、库什曼和弗林特出版社，1937年版），第359页。

最血腥、最具破坏力的战争的起因不是自由与奴隶制的问题，而是经济利益的冲突。这场冲突的核心是合法掠夺、银行垄断，甚至还牵涉到欧洲在拉丁美洲的殖民扩张。南北双方的美国士兵的坟墓上，无疑都印刻着罗斯柴尔德法则的印迹。

在北方，绿币、税收或战争债券都不足以资助战争。因此，联邦建立了国家银行系统，将政府债券转换成法定货币，人们一半以上的货币资产都被通货膨胀这种隐性税拿走了。在南方，印刷机取得了同样的效果，货币最终几乎一文不值。

林肯颁布的《解放奴隶宣言》和沙皇亚历山大二世提供的海军援助，使得英国和法国无法直接干预战争。林肯被金环骑士会的一名成员暗杀，这个组织和美国政治家、英国金融家过从甚密。沙皇亚历山大几年后也曾被刺杀，传言实施刺杀的组织和纽约的金融机构有关系，特别是雅各布·希夫和库恩–勒布公司。

至于中央银行的构建过程，算有喜有悲吧。有一段时间，绿币消除了银行家控制的一小部分政府债务，但《国家银行法案》迅速制止了这一点。此外，通过使用政府债券作为货币供应的支撑，它将国家债务锁定为永久债务。美联储的基础已经打牢，但最终的结构仍然需要架设。货币体系还没有集中到唯一的中央银行机制手中，控制权还没有从政治家手中拿走，放在银行家自己的手中。

"怪物"访问国会的时候到了。

part

FIVE

大丰收

货币和政治学家一直在阐述联邦储备系统理论的优点。它已经成为现代的经济信仰，经济生活离开它根本无法持续。理论已经准备好了，由此创造出来的"怪物"在1913年搬进了它的巢穴，并从此栖居在那里。如果我们想知道它是一个为人类服务的生物，还是一个吃人的怪物，我们只需要看看它已经做了什么。经过这些年的测试之后，我们可以确定它做了什么，和它将继续做什么。或者，引用一句格言来说，"观其行而知其人"。现在让我们来检验一下收获成果吧。

第20章
伦敦的联系

摩根家族的崛起；摩根与英格兰和罗斯柴尔德家族的关系；美联储和英格兰银行之间的联系；美联储决定用美元通胀来支援糟糕的英国经济。

美国内战之后到联邦储备系统确立之前的这段时期，经济波动巨大，引起了不小的混乱。1863年至1865年，《国家银行法案》建立了一个联邦特许银行系统，该系统拥有控制货币制度的特权和权力。它们垄断了纸币的发行，政府同意在税款和关税中接受这些纸币。政府允许它们用政府债券支撑90%的货币，而不是黄金。而且，它们保证，在系统中的每一家银行都必须按照面值接受系统中其他银行的票据，不管该银行的处境多么岌岌可危。此举的效果是，美国内战后的银行体系并不像一些历史学家所声称的那样自由和不受监管，而恰恰是美联储诞生的转折点。

"仅仅通过创造更多的货币就能创造繁荣"的理念一直深深吸引着政治家和商人，但在我们的历史中，没有任何一个时期比19世纪后半期更为流行这一理念。国家已经因为"点石成金"的理念而步入癫狂，希冀通过银行业的魔法把一切变成金钱。个人支票逐渐在商业中流行开来，就像银行票据一样流通，银行则尽可能多地借出金钱。就像格罗斯克洛斯所说："低利借款就像吗哪[1]一样成为人们普遍的诉求，就像以色列人一样，人类越容易得到钱，抱怨也就越多，也就越不愿为之奋斗。"[2]

著名金融家杰伊·库克（Jay Cooke）的看法代表了当时的主流观点。内战时，他向联邦政府借出了大量贷款，战后又为北太平洋铁路筹集了1亿美元。库克出版了一本小册子，这本小册子的标题很好地总结了它的内容：《我们的国家债务可能是对这个国家的祝福。债务是公共财富、政治联盟、保护工业、国民货币的安全基础》（*How Our National Debt May Be a National Blessing. The Debt is Public Wealth，Political Union，Protection of Industry，Secure Basis for National Currency*）。库克问道："为什么这个宏伟、光荣的国家要因为一个过时、发霉的理论——由于所谓的"铸币"理论的拖累，它的行动迟缓、血液凝结——而受到阻碍、无法发展？"[3]然而，事实却证明了迟缓和凝结并不是因为发霉的铸币理论，而是源于之前闪闪发光的货币宽松理论。北太平洋铁路公司破产，导致投入其中的海量货币蒸发殆尽，库克那伟大的投资公司也与它一起消亡，并引发了1873年的恐慌。马修·约瑟夫森（Matthew Josephson）写道：

《都是因为杰伊·库克的失败》刊登在报纸上，全国各地的卖报男孩都在叫卖……

西方世界最大和最尽责的银行破产，仿佛晴天霹雳震撼了世界。很快，与该银行相关的经纪人、国家银行以及5000家商业公司也随之跌入破产的深渊。这一天，华尔街的股票接连停牌；主要股票在一小时内下跌30至40点，或者直接腰斩；不可预估的恐惧压制住了人们的贪婪；交易所关闭；仿佛是一场溃败，美国历史上最大的

---

[1] 吗哪是《圣经》中的一种天降食物，是以色列人出埃及时在旷野中得到的神赐食物。——译者注

[2] 格罗斯克洛斯前引书，第202页。

[3] 罗斯巴德前引书《银行的秘密》，第231页。

危机开始了。[1]

更多的兴衰仍在上演

从内战结束到美联储建立，货币供应总共有四次大幅收缩：分别是1873年、1884年、1893年和1907年的恐慌。每次危机的特点都是银行准备金不足和暂停黄金支付。国会采取了行动，不是要求增加储备和安全系数，而是允许减少储量。1874年6月，国会通过了一项法案，允许银行完全以政府债券来支撑所发行的票据。当然，这意味着国会拥有了更多的法定货币，也意味着银行纸币不再有任何黄金支撑，连那10%也没有了。这一举措从银行储备中释放了超过2000万美元的资金，进而使得更多支票货币进入经济流通之中。

有一种公认的说法认为，这些恐慌是由农场在收获季节的贷款需求而引起的；为了提供这些资金，国家银行必须减少通常存放在较大城市银行的现金储备；此举削减了城市银行的储备金，整个系统变得更加脆弱。事实上，这种说法的一部分是真实的，但显然没有人会就其余的问题展开追问，尽管肯定有些人想到了。为什么不是每年秋天都有恐慌，而是每过十来年才发生一次呢？为什么所有的国家或城市银行没有保持充足的储备来满足储户的需求？为什么其他季节就不需要这样做呢？为什么仅仅对一些贷款申请者说"不"会导致数百家银行倒闭？所谓的解释在这些问题的深究之下就会土崩瓦解。

事实就是，如果没有农业的季节性需求，金钱魔术师会找到另一个替罪羊，比如"固定"的储备、货币供应缺乏"弹性"、国际收支"不平衡"，或者用一些官员惯用的推责理论——问题总是出自于部

---

[1] 马修·约瑟夫森：《强盗大亨：伟大的美国资本家（1861—1901）》（纽约：哈考特·布雷斯·乔瓦诺维奇出版社，1934年版），第170页。

分储备金银行本身。底线就是，尽管有一个精心的计划，将各个国家银行的小额储备汇集到更大的区域银行中去，然后这些储备就可以像历史上的"金桶"那样在各个城镇流通，但这个方法仍然没有奏效。"面包"和"鱼"顽固地拒绝增长。

摩根一将功成万骨枯

这一时期的货币扩张和收缩仿佛是投资海洋上数以千计的船舶激起的大浪。但是有一艘大型船只随风破浪，航行状态相当好，我们可以看到它在整个暴风雨过程中一直都在救助那些处于困境的船只和那些被遗弃的货物。这艘船回到了港口，这个港口曾经是他人的财产，但现在根据公海规则，它属于救助船的船长。船长的名字赫然入目：J.P.摩根。

看到这里，我们可以回想起前文所叙述过的事情，J.P.摩根公司在第一次世界大战之中扮演的角色不可小觑。摩根曾被法国和英国政府选为在美国出售其战争债券的官方代理人。当一战的形势对英法不利时，摩根为了自己的利益迫使美国加入战争，此举是为了挽救战争前的贷款。摩根公司也是英国在美国的官方代理。该公司违反了国际条约，为英国处理、购买和运送所有战争物资，包括卢西塔尼亚号上的诸多弹药。

摩根和英国之间的密切关系不是偶然。摩根是外交关系委员会的推动者。该委员会是由塞西尔·罗德斯建立的秘密团体的分支，主旨是扩张大英帝国。所以，与其说摩根是美国人，还不如说他是英国人。

其原因得追溯到摩根家族的起源，这一切都始于马萨诸塞州丹佛市一个名叫乔治·皮博迪（George Peabody）的美国商人。在1837

年，皮博迪前往英国销售切萨皮克和俄亥俄运河（Chesapeake and Ohio Canal）的债券——由于当时经济衰退，美国投资者们对该项目没有兴趣，因此他希望找到英国投资者来代替。他时常被伦敦的大型投资公司拒绝，但最终，他的坚持得到了回报。斯坦利·杰克逊（Stanley Jackson）在他为摩根写的传记中说到了皮博迪先生：

> 当恐慌在美国最终开始消退时，他一次又一次地拜访伦敦的大亨，向他们保证马里兰州和其他各州将兑现他们的债券。他也继续用他的个人基金支持美国债券。他的债券几乎是免费买来的，但他最后赚得盆钵满载。他售出了大部分的切萨皮克和俄亥俄运河债券，并原封不动地将6万美元的佣金还给了马里兰政府，这为他赢得了极高的声誉。[1]

正是在这次旅行期间，皮博迪在伦敦的老布罗德大街22号开设了一家进出口业务公司，并开始向他的许多托运人提供贷款和信用证。因此，他跨入了专门从事英国和美国之间交易的投资业务。

这是一个极佳的时机。美国贸易正开始迅速扩张，伴随着对投资资本和大量债券的不懈需求，这些债券的回报率远远高于欧洲同类产品。皮博迪的公司一枝独秀，利用这个不断扩大的市场，他的公司势力迅速扩大。

皮博迪一生都没有结婚，随着他年岁增高，他开始寻找接班人。接管这个职位的要求很高。首先，这个人必须在美国出生，这样才能真正作为美国投资的代表。第二，他必须得偏爱英国，而且只有受过良好教育的人才能被伦敦金融界的贵族所接受。第三，他必须通晓英美两国的金融界。第四，皮博迪要很喜欢他。

---

[1] 斯坦利·杰克逊：《J.P.摩根》（纽约：施泰因与戴出版社，1983年版），第37页。

皮博迪选择了摩根

当波士顿商人朱尼厄斯·摩根（Junius Morgan）在1850年伦敦举行的一次晚宴上遇到了乔治·皮博迪时，他没有意识到这位老年金融家会立刻喜欢上他，于是开始小心翼翼地询问他的背景和声誉。两个人从此开始了长期的商业和社交联系，最终在1854年年底时，摩根和他的家人搬到伦敦，成为皮博迪公司的合作伙伴，组成了众所周知的皮博迪–摩根公司（Peabody, Morgan & Company）。

除了在英国为美国商业企业和州政府出售债券，该合伙公司也成为内战期间联邦政府的主要财务代理人，而在这期间，该公司的巨大利润受到了伦敦金融高层人士的关注。1864年，皮博迪终于退休了，完全把业务交到摩根手中，他立即将公司改名为J.S.摩根公司（J.S. Morgan and Company）。

老摩根的儿子约翰·皮尔庞特·摩根进入了波士顿的英语高中，但他大部分时间就读于欧洲学校，深受英国传统的熏陶。他出生于美国，然而，皮博迪和老摩根精心策划，使他理想地继承了英美混合的角色。这个男孩将不可避免地接受国际金融方面的培训，并努力继承父亲的衣钵。第一步是于1857年在纽约投资公司邓肯–谢尔曼公司（Duncan, Sherman & Company）就职。七年后，朱尼厄斯收购了纽约一家竞争对手公司，并任命他的儿子为丹比尼–摩根公司（Dabney, Morgan & Company）的合伙人，该公司是伦敦总公司的纽约分公司。1871年，随着第三个合作伙伴——费城的安东尼·德雷克塞尔（Anthony Drexel）的加入，该公司成为了德雷克塞尔–摩根公司（Drexel, Morgan & Company）。1895年，德雷克塞尔死后，最后更名为J.P.摩根公司（J.P. Morgan & Company）。巴黎的一个分支被称为摩根–哈吉公司（Morgan, Harjes & Company）。

美国化的纽约分部

朱尼厄斯遭遇车祸意外死亡后几年后，皮尔庞特决定重塑伦敦公司的形象，使之更英国化。因此纽约分部将变得更加独立，代表美国方面的利益。那时，他的儿子J.P.摩根二世（朋友们都称呼他为杰克）已经是公司的合伙人，他俩将在创造这种形象方面发挥重要作用。传记作者约翰·福布斯（John Forbes）告诉我们：

1898年1月1日，J.P.摩根二世，也就是杰克，成为了伦敦公司的合伙人。两个星期后，他的妻子杰西和他们的三个孩子来到这里……他离开纽约，此后八年都在英国居住。

摩根被派往伦敦做两件事。第一，先学习英国人如何在英格兰银行控制的中央银行体系下进行银行业务。摩根先生期望在美国建立联邦储备系统，并希望摩根公司的高层能了解这种系统的运作方式。第二，是悄悄地观察这个城市，选择合适的英国合作伙伴把J.S.摩根公司改造为英国公司。[1]

这两件事得以实现，靠的是英格兰银行资深主管爱德华·格伦费尔（Edward Grenfell）的加盟，他成为了组建后的摩根-格伦费尔公司的高级合伙人。但这一点并不能改变纽约的J.P.摩根公司仍然更倾向于英国的事实。[2]

阅读这一时期的历史事件，我们都可以得出结论，皮博迪和摩根是罗斯柴尔德的重要竞争对手。这是真的，他们经常互相竞争同一个业务，但是每个传记作者都说，刚来伦敦的摩根非常敬畏罗斯柴尔德的力量，并有意识地培养他们的友谊，最终他们变得非常亲密，美国人也成了罗斯柴尔德的私交好友。摩根公司经常与罗斯柴尔德家族等

---

[1] 约翰·福布斯：《J.P.摩根二世》（夏洛茨维尔：弗吉尼亚大学出版社，1981年版），第31页。

[2] 多年后仍然如此。1991年12月23日，《商业周刊》的文章提醒我们，生活在康涅狄格州的J.P.摩根公司总裁丹尼斯·韦瑟斯通被伊丽莎白二世女王封为骑士。

大型合资企业密切合作，但这是——并且仍然是——大型投资公司的常见做法。然而，鉴于随后发生的事件，皮博迪/摩根公司似乎更进了一步，有时甚至成了罗斯柴尔德的秘密代理人。

与罗斯柴尔德的隐秘联盟？

一些作家说，这种秘密关系几乎从一开始就建立了。例如，尤斯塔斯·姆林斯（Eustace Mullins）写道：

> 来到伦敦后不久，乔治·皮博迪就得到了内森·梅尔·罗斯柴尔德的接见。没有拐弯抹角，罗斯柴尔德向皮博迪透露，很多伦敦贵族公开表示不喜欢罗斯柴尔德，并拒绝他的邀请。他建议谦逊温和的皮博迪，如果能建立一个慷慨的东道主的形象，会被伦敦市民牢牢记住。当然了，罗斯柴尔德会支付所有的账单。皮博迪接受了这个建议，很快成为伦敦最受欢迎的东道主。他每年七月四日举行晚宴，庆祝美国独立，在英国贵族之间尤其受欢迎。其中许多人，在喝皮博迪的葡萄酒时，都会嘲笑罗斯柴尔德粗鲁的行径和不雅的举止，但他们没有意识到，他们喝的每一滴酒都是罗斯柴尔德付的账。[1]

姆林斯没有给出这个故事的出处，因此人们有理由怀疑这个故事是否真实。然而，这种秘密安排并不像听起来那么荒谬。毫无疑问，罗斯柴尔德有能力处理这样的秘密关系，事实上，他们正是靠着这种瞒天过海的本领才声名远扬。此外，他们也有充分的理由这样做。在欧洲和美国，反犹主义和反罗斯柴尔德的情绪十分高涨，而罗斯柴尔德家族的经验也表明有个代理人会更有利于开展工作。德里克·威尔逊告诉我们："从此，罗斯柴尔德的名字传播到了远离伦敦和巴黎的

---

[1] 尤斯塔斯·姆林斯：《联邦储备的秘密》（弗吉尼亚：银行家研究机构，1983年版），第49页。

地方。但是，大银行家之间的联系却不那么明显。"[1]

这种若有若无的联系恰恰是奥古斯特·贝尔蒙特在美国所扮演的角色。由于反犹主义，他在1837年把他的姓氏从舍恩伯格（Schoenberg）改成了贝尔蒙特。在此之前，罗斯柴尔德代理人是J.L.和S.I.约瑟夫公司（J.L. and S.I. Joseph & Company），听起来非常美国化。不过，在贝尔蒙特和罗斯柴尔德建立联系前不久，代理合作已经终止。

1848年，该家族决定派遣阿方斯·罗斯柴尔德（Alphonse Rothschild）到美国检查贝尔蒙特的运营情况，并评估去掉代理、直接经营的可能性。在长期访问后，他给家里人写下了这样的话语：

几年后，美国与中国和印度必将形成更多的贸易，两个大洋的生意都是美国的……该国家拥有繁荣的基础，人们不得不承认这一点。我毫不犹豫地说，罗斯柴尔德的公司——不仅仅是一个代理机构——应该在美国建立。现在是一个很好的机会，以后各方竞争会更多，必然会出现更加困难的问题。[2]

一些历史学家对该建议从未付诸行动表示惊讶。威尔逊说："这是罗斯柴尔德丧失的最好的机会。"[3]另外一些人则想知道这个机会是真的失去了，还是换了一种间接的方式被采用了。一个重要的事实是，就在此前不久，乔治·皮博迪在伦敦赢得了名声，并与内森·罗斯柴尔德建立了密切的关系。皮博迪公司是否有可能从罗斯柴尔德财团那里获得了美国的代理权？有没有一种可能，贝尔蒙特是表面上的罗斯柴尔德代理商，而皮博迪公司则是暗中的代理人，罗斯柴尔德想让他们俩互相竞争？

约翰·穆迪给出了答案："罗斯柴尔德满足于与摩根保持密切盟

---

[1] 德里克·威尔逊前引书，第176页。
[2] B.吉勒：《罗斯柴尔德家族的故事》，第一卷，第581页。转引自德里克·威尔逊前引书，第181页。
[3] 德里克·威尔逊前引书，第182页。

友的关系，而不想在千里之外的美国与其竞争。"[1]加布里埃尔·科尔克（Gabriel Kolko）说："1895—1896年，摩根在欧洲销售美国黄金债券的活动是基于他与罗斯柴尔德家族的联盟。"[2]塞里诺·普拉特（Sereno Pratt）说："像J.P.摩根公司这样的公司……在美国代表着欧洲的伟大公司和机构，就像贝尔蒙特公司长期代表罗斯柴尔德一样。"[3]乔治·惠勒写道："反犹主义是现实世界的一个丑陋部分……需要一个人作为表率，谁能比J.P.摩根更适合？他个性坚定，又是资本主义的新榜样，并且他的家族可以追溯到独立战争之前。"[4]

摩根家族的崛起

把这些因素考虑进去的话，摩根在伦敦和华尔街的崛起就很容易理解了。例如，在1857年的美国恐慌期间，皮博迪公司是唯一从英格兰银行获得巨额贷款的美国投资公司，这不仅使它免于覆灭，而且使它有能力挽救华尔街的其他公司。

皮博迪已经开始积极从事承兑汇票贴现业务，这是一种银行术语，意思大概是商品买卖中的借款的保险。它的原理是这样的：卖方出具一张汇票，规定好付款日期，通常是九十天后。当买方收到汇票后，他的银行在其上面写上"接受"，并签上银行官员的名字，使其成为具有法律约束力的合同。换句话说，银行为买方信用背书，即使买方违约，银行也会担保付款。

自然，这种担保有代价。该价格表示为总汇票数额的百分比，并

[1] 穆迪前引书，第27页。

[2] 柯尔克前引书，第142页。

[3] 塞雷诺·普拉特：《华尔街所为》（纽约：阿普尔顿出版社，1916年初版；纽约：阿诺出版社，1975年再版），第349页。

[4] 惠勒前引书，第17–18、42页。

且它从买方支付的金额或从卖方收到的金额中扣除。实际上，交易的双方都要支付费用，卖方的银行收到票据、支出相应款项时要收费，买方的银行承担保证付款的责任也要收费。因此，销售额要在支付给银行的金额基础上"贴现"（discounted）。皮博迪公司一直积极从事承兑汇票贴现业务，主要是为英格兰的卖家和美国的买家服务。

摩根与1857年恐慌

在1857年的华尔街恐慌之中，许多美国买家无法支付他们的汇票，自然要由皮博迪和摩根兑现他们的担保。当然，他们没有那么多钱，而如果找不到钱，公司一定会破产。斯坦利·杰克逊为我们介绍了当时的情形：

皮博迪公司几乎撑不住了。它突然发现自己承担了200万美元的承兑汇票，并且这些纽约经纪人和银行家的贬值债券也找不到其他人接手，他们现在也没有足够的资金。公司很快就要每天支付数千英镑，如果没有大量的临时贷款，合伙人只能让公司暂停营业了。[1]

罗恩·彻诺在《摩根家族》一书中说："乔治·皮博迪和其公司即将破产的谣言传遍了伦敦，竞争对手们对此都十分开心……伦敦的一些大家族告诉摩根，他们可以救助该公司，但皮博迪必须在一年内关闭银行。"[2]

杰克逊还写道：

英格兰银行宣布向皮博迪公司提供80万英镑贷款，利息很合理，并且如果需要的话，可以追加100万英镑。这是一次非同寻常的支持，因为托马斯·汉基（Thomas Hankey，英格兰银行行长）已经拒

[1] 杰克逊前引书，第56页。
[2] 彻诺前引书，第11页。

绝了好几家美国公司的类似请求，理由是那些公司都没有达到他的标准……皮博迪公司几乎一夜间恢复元气，周转资金立刻恢复到了之前的水平。[1]

凭借英格兰银行源源不断的现金和信贷，皮博迪和摩根游刃有余地在华尔街廉价出售他们的贬值股票和债券。短短几年时间后，美国市场重新恢复秩序，该公司的资产已经取得了巨大的增长。[2]

这个事件向我们证明了关系的重要性。如果罗斯柴尔德真的是竞争对手，他们就会抓住这个机会，利用他们在英格兰银行和伦敦其他投资公司的巨大影响力排挤皮博迪，而不是帮助他，尤其是巴林银行已经准备这么做了。罗斯柴尔德始终相信，一个成功的皮博迪公司最终将有利于自己。

反犹主义是有利可图的

在后来的几年里，杰克·摩根承担着坚定反犹分子的角色，这无疑加强了他与那些不愿意和犹太人有任何关系的投资者和借款人的关系。当然，其中包括美国财政部的官员。这在1896年危机中起到了重要作用。当时联邦政府的黄金储备严重不足，因而担心无法兑现纸币换黄金的承诺，被迫借入6200万美元的黄金。罗斯柴尔德家族显然可以提供这份贷款，但财政部想避免反犹主义的抵制。一切尽在不言中，摩根公司成为主要贷款人，罗斯柴尔德甘当配角。惠勒写道：

克利夫兰政府的完美政客们……肯定知道，如果由"国际犹太金融巨头"罗斯柴尔德家族援助美国财政部，将会产生许多危险……

在此期间，皮尔庞特·摩根没有采取什么动作。因此，看起来这

---

[1] 杰克逊前引书，第56-57页。

[2] 约瑟夫森前引书，第60页。

位年迈的金融家——两个月后他就58岁了——似乎也和其他人一样，不打算干预接下来的政府债券安排了。看起来好像他已进入老年，没有了内战开始时卖军火、与东部资本家激烈争夺铁路控制权的激情，而只想着该如何书写自己的讣告了。

但即便如此，他也会从一潭死水的金融界里脱颖而出，而且并不需要皮尔庞特·摩根毛遂自荐。在财政部需要补充黄金储备时，第一个提起他的名字的人，是伦敦的罗斯柴尔德家族。[1]

一战时，由于德国犹太银行家资助德国皇帝的秘密被公之于众，表面上的反犹分子J.P摩根二世因此获利颇丰。因此，与摩根做生意，而不与那些犹太人做生意，某种程度上简直成了爱国的表现。

当J.P.摩根于1913年去世时，人们惊讶地发现他的财产只有6800万美元，与范德比尔特（Vanderbilt）家族、阿斯特（Astor）家族、洛克菲勒家族的财富相比，根本不值一提。更令人难以置信的是，杰克·摩根在1943年去世时，留下的遗产仅有1600万美元。他死之前的确曾将少量遗产转移到其他家庭成员名下，但大多数的财富仍在他自己手中。当然，其中可能存在簿记的花招，但这也有可能是真的。当阿方斯·罗斯柴尔德于1905年在巴黎去世时，据透露其财产中包含6000万美元的美国证券。英国罗斯柴尔德家族无疑也有数量众多的美国证券。此外，这些证券大多由摩根公司负责打理。[2]我们不能忽略一种可能性，即摩根公司的财富和权力的主要部分曾是，并且自始至终是罗斯柴尔德的财富和权力的化身。

摩根的反犹表现有多少是真实的，有多少是假装的，在最后的分析中，这些都不重要，也不必在这里强调。不管人们如何解释摩根和罗斯柴尔德之间的关系，事实是，他们很亲近，关系一直持续，双方

[1] 惠勒前引书，第16–17页。

[2] 参见1905年5月27日《纽约时报》刊载的《罗斯柴尔德巴黎分公司倒闭》一文，第9页。

都有利可图。如果摩根真的有反犹主义的倾向，那么他和罗斯柴尔德都绝不会与对方做生意。

要用正确的角度来看伦敦的联系，这是很有必要的。让我们再次放弃严格的时间顺序，跳转到1924年，也让我们把这些角色暂时搁置。在讲述创建联邦储备系统的戏剧之前，我们先跳到事件发生的11年后去看看。

英国面临的困境

在第一次世界大战结束的时候，英国面临着一个经济困境，它在战争早期就放弃了金本位制，为的是消除创造货币的所有限制，结果导致了严重的通货膨胀。但现在它想重新赢得世界金融市场上的地位和威望，而要做到这一点，回归金本位就十分有必要。此外，英国规定英镑汇兑价值为4.86美元，大约与一战前的汇率相当。

所谓的回归金本位实际上是误导，因为并不是所有的货币都有黄金的支撑。实际上，更准确的说法应该是部分金本位，其中只有一小部分货币拥有黄金的支撑。即便如此，金本位仍然是英国梦寐以求的目标，原因有三个。首先，由于所有货币都能兑换黄金，所以它在货币体系中营造了更大的消费者信心，尽管基于部分储备金制度时这种承诺总是被打破。[1]其次，它提供了一种在国家之间进行金融交易的有效手段，黄金始终是国际通行的选择。再次，它对法定货币的发行量有一些制约，从而对通货膨胀和繁荣—崩溃周期提供了一定程度的抑制。

因此，虽然它仍有很多不足，但重回部分金本位制的决定仍然是

---

[1] 政府对赎回黄金有诸多限制。比如只能赎回金条，而不能赎回金币。因此，黄金不会像货币一样流通，只有大规模的国际交易才能使用。

正确的方向。但这项计划存在两个严重的问题。第一个问题是黄金的交换价值永远不能由政治法令来决定，它将总是由市场中的供给和需求的相互作用决定。试图确定英镑兑换美元的价格，就像试图确定小学生要用多少张棒球卡才能换一枚紫色玛瑙。国际货币市场就像一个巨大的拍卖会。如果拍卖人把出价开得太高，就会流拍，这正是英镑所处的尴尬境地。

另一个问题是，在一战期间，英国采取了大规模的福利计划，建立了强大的工会体系。这之所以成为一个问题，是因为要想使英镑在国际贸易中被接受，唯一方式就是让它贬值到具有竞争力的实际价值水平，这将意味着，不仅福利会急剧减少，而且劳动力的价格——工资也会降低。政客们都允许物价下跌，但他们没有勇气减少福利或工资。相反，他们继续向人们承诺更多的福利和更容易的信贷。因此，价格继续上涨。

英国陷入萧条

英镑的价格被人为抬高，以维持物价、工资和利润水平，因而英国的出口成本也很高，使得其国际竞争力下滑。随着出口下降，进入该国的钱也减少了。英国成为债务国，这意味着它对其他国家的付款大于其在这些国家的收入。

正如我们在第五章所指出的，如果一个人的支出远远超过他的收入，他必须增加收入、省钱、抛售资产、伪造货币或者借款。国家也是如此。英格兰的借款信用已经耗尽，而为了维持习以为常的高生活水平、购买外国货物，英国迅速用光了其储蓄。它不能伪造货币，因为这些进口的付款必须用黄金支付，这也就是说，随着国民储蓄的减少，英格兰的黄金流出了国家。这不是个好兆头。如果这个过程继续下去，英格兰很快就会彻底破产。顺遍说一下，英国此时的情况与"二战"结束以后困扰美国的情况非常相似，而且原因也大体相同。

到1919年3月，英国的贸易情况非常低迷，因而英国别无选择，只能让英镑的价值浮动，这意味着由供需自行调整汇率。在一年内，英镑汇率下降到3.21美元，损失了34％。因为美元是当时的世界货币标准，每英镑兑换的美元变少，意味着英镑在世界所有市场的价值都变低了。结果是英国人为进口货物支付的价格越来越高，而其货物出口所得到的价格却越来越低。英国经济不仅严重贫血，而且它正在经历一战形成的巨大通货膨胀的影响。换句话说，它正在经历痛苦，但从长远来看，它正在恢复健康，慢慢地回归现实。

货币和政治学家无法忍受这种状况，他们决心寻找一种快速而无痛的治疗方法，以使这种狂热继续下去。政府采取了几种紧急措施。第一是由英国主导的国际联盟金融委员会（Financial Committee of the League of Nation）要求所有欧洲国家遵循类似的通货膨胀货币政策。他们还需要建立所谓的"黄金交易标准"，所有国家都以其货币——英镑为基准，而不是黄金。这样，它们就可以一起膨胀，而不会造成黄金在国家之间的破坏性流动了，当然，英国将作为系统的监管者和保证人。换言之，英国利用其在国际联盟中的地位，让英格兰银行成了欧洲所有其他中央银行的主导型央行。美联储与世界银行目前在联合国内的作用与此类似。

美国繁荣问题

英国能够控制欧洲，但美国却不会任其摆布。美国在战争期间的通货膨胀与英国相差不远，美国也是部分金本位，但黄金储备量非常大，并仍在增长。只要美国继续向英国出口商品，并且只要美元的价值继续升高，英镑的低迷还将持续。[1]

英国为这个问题选择的疗法很简单。像输血一样，只要有新的足够且稳定的资金输入，就可以解决英国的问题。伦敦的金融家要做的就是找到一个强大而牢固的靠山，一个不会问太多问题就愿意伸出援手的国家。毫无疑问，选择的是山姆大叔。这就是典型的转移机制，"二战"以后应用广泛。

有一种方式，可以使一个国家的"生命之血"输入到另一个国家。最直接的方法就是直接给钱，比如美国所谓的"外国援助"。另一种方式是把钱伪装成其他形式的礼物，例如在国外设立毫无必要的军事基地，真实目的是为了促进经济，或以较低的利率向外国政府贷款，并且毫不介意贷款永远不会偿还。但第三种方式是最聪明的：即让一个国家的通胀比另一个国家更快，使得在国际贸易方面的实际购买力从通胀更严重的国家转移到不那么严重的国家。这是一种真正值得货币学家学习的方法。它是如此微妙、如此复杂，以至于能想到这种方法的人万中无一，反对的声音更加稀少。因此，它是解决1925年英国问题的理想方法，尽管需要美国付出代价。正如罗斯巴德教授所说的那样：

简而言之，美国公众要承受通货膨胀的负担，以及随后的崩溃（即1929年的崩溃），以维持英国政府和英国工会习以为常的作风。[2]

在联邦储备体系创立之初，内部成员曾经为了权力进行过短暂的斗争，但在几年内，纽约银行的负责人本杰明·斯特朗赢得了比赛。读者也许还记得，斯特朗以前一直是摩根的银行家信托公司的主管，是参加杰基尔岛秘密会议的七个代表之一。奎格利教授提醒我们，

[1] 默里·罗斯巴德著、巴利·N.西格尔编：《金钱危机》（纽约：巴林杰出版社，1984年版），第115-117页。
[2] 同上，第131-132页。

"斯特朗的职业生涯与摩根银行关系密切……他成为纽约联邦储备银行的总裁，就是由于摩根和库恩-勒布公司的联合支持"。[1]

斯特朗是美联储这个卡特尔的理想人选。他完全有资格当选，他与伦敦金融界的关系相当密切。当蒙塔古·诺曼于1920年成为英格兰银行行长时，两位中央银行家开始了密切合作，这段关系一直持续到1928年斯特朗突然离世。

很多人认为，诺曼即便算不上心智错乱，至少也是个怪人。奎格利也说：

诺曼是个奇怪的人，他的面相仿佛是得过偏执、歇斯底里的人。他认为政府没有任何用处，并害怕民主。在他看来，这两个问题都是对私人银行业的威胁，而私营银行业对于人类而言是正当而宝贵的……当他重建英格兰银行时，他把银行建得非常牢固，能够抵御所有叛乱。金库建于地下水位之下，只要行长按一下办公桌上的按钮，金库就会被淹没。终其一生，诺曼大多数时间里都在四处奔波，每年的行程达数万英里，经常采用化名，戴着大檐帽、穿着黑色大斗篷，被人戏称为"骗子教授"……

诺曼与斯特朗结成了坚固的同盟……20世纪20年代，他们凭借英美两国的金融实力，迫使世界上大多数国家都采用了金本位（并人为地给英镑设定了价值），通过不受政治影响的各国中央银行来协调运作，因此所有的国际性金融问题都可以由这些中央银行来决定，而不必再让政府干预。[2]

斯特朗和诺曼经常一起度假，有时候在缅因州巴港，不过通常在法国南部。他们无数次跨过大西洋会晤，商量如何控制世界经济。莱斯特·钱德勒告诉我们："他们的联系非常频繁，而且会晤持续时间

---

[1] 奎格利前引书《悲剧与希望》，第326页。

[2] 同上。

很长。他们之间的合作非常紧密，以至于无法分清二人在某些想法和计划中的角色。"[1]在斯特朗到访期间，英格兰银行为其提供了一间办公室和一名私人秘书，两个人通过每周例行的私人电话保持密切的联系。所有这些会晤和随后发布的报告都不对外公布。当他们频繁的会晤引起媒体的关注时，标准的回复是他们仅仅两个朋友一块聚会聊天而已，谈论的都是非正式话题。根据诺曼传记作者的披露，到1926年，法兰西和德国中央银行的头头们也不时参与其中，而且这样的会晤比"共济会或玫瑰十字会（Rosicrucian Order）举行的会议更加隐秘"。[2]

1927年的秘密会议

这一系列讨论的高潮是1927年的举行的一次秘密会议，与会人员一致同意将美国人民的金融财富大规模向英国转移。加尔布莱斯描述道：

1927年7月1号，毛里塔尼亚号（Mauretania）远洋邮轮抵达纽约，随船抵达的还有两位名人：英格兰银行行长蒙塔古·诺曼、德意志银行行长哈亚马尔·沙赫特……这次访问的表面理由冠冕堂皇，但两位银行家的名字都没有出现在邮轮乘客名单上。而且，他们到达后也没有会见记者……

抵达纽约的除了这两个银行业巨头外，还有法兰西银行副总裁查尔斯·瑞斯特（Charles Rist），他们会见了纽约联邦储备银行行长本杰明·斯特朗……

讨论的焦点是英格兰银行持续弱势的储备头寸。如果美联储降低

---

[1] 莱斯特·V.钱德勒：《本杰明·斯特朗：央行行长》（华盛顿特区：布鲁金学会，1958年版；亚诺出版社，1978年再版），第259页。

[2] 约翰·哈格雷夫：《蒙塔古·诺曼》（纽约：灰石出版社，1942版），第108页。

利率，并鼓励借贷，则有助于缓解英格兰银行目前的危局。黄金持有人将更愿意把黄金放在伦敦，从而获得更高的回报。假以时日，美国商品或服务的价格会变得更高，从而相当于提高了英国工业和劳务的竞争力。[1]

加尔布莱斯的语调平和，但当时现场的气氛相当紧张。他谈到这次会议的目的是确定一项计划，根据该计划，美联储主席要有目的地在美国促成通胀，从而使美国商品和服务价格上涨，降低美国商品在世界市场的竞争力，并促使美国的黄金流入到英格兰银行。斯特朗几乎不需要劝说就同意这种做法，因为这正是他和诺曼的想法，实际上，他已经在实施这个计划了。要求德国人和法国人与会的目的是让他们也同意在本国制造通胀。沙赫特和瑞斯特在会议还没结束时就先行离场，留下斯特朗和诺曼敲定最后的细节。

相比美国，斯特朗更加关注英国的财富。在一封1924年5月写给财政部长安德鲁·梅隆（Andrew Mellon）的信中，斯特朗谈到了降低美国利率的必要性，这是货币扩张的第一步，目的是让美国商品与服务的价格比英国更高。他承认这样做的目的是避免英格兰削减工资、利润和福利的痛苦。他说：

目前，大致的情况是，国际交易中的英国商品价格整体上比美国商品的价格大约高出10%，重建英国金本位的一个初步方案是推进价格系统的逐步调整，然后再启动货币改革。换句话说，这样做意味着这边的价格有小幅上涨，而他们那边的价格则有小幅的下降。

这种调整的代价绝大部分由美国人民承担，而英国人付出的代价则小得多。不过英国政府将在政治上和社会影响方面面对压力，因为英国将出现价格猛降的现象……还要面对贸易不振，超过一百万人失

---

[1]　加尔布莱斯前引书，第174–175页。

业人员需要政府救济。[1]

美元贬值

1924年，也就是斯特朗、诺曼和瑞斯特历史性会谈几年之前，美联储的曼德雷克机制就已经为了英格兰的利益而高速运行。那几年，有两次巨量的货币扩张。第一次是1924年，有4.92亿美元的债券被货币化，还有两倍于此的银行承兑汇票。第二次通胀出现在1927年的下半年，是紧接着斯特朗、诺曼、沙赫特与瑞斯特之间的秘密会议发生的，涉及2.25亿美元的政府债券加上2.2亿美元的银行承兑汇票，使得银行的储备金增加了4.45亿美元。同时，对成员银行的再贴现率（即银行从美联储借款的利率）从4%降低到3.5%，这样，银行就更容易获得额外的"储备金"，并创造出更多的法定美元。藉由这些方法，这些商业银行创造出来的货币数量大约是联邦储备系统创造的货币数量的5.5倍，这意味着仅仅六年的时间，就有超过100亿的美元被创造了出来。[2]

纵观那段时期，为了政府债券和承兑汇票的需要，美联储推动了利率的下降。[3]正如所预期的那样，持有黄金的人之后就趋向于把黄金运到伦敦以获得更高的收益，而美国的黄金开始流向国外。再者，由于通胀开始削弱美元的购买力，美国制造的商品价格在世界市场上开始上涨，降低了美国商品的市场竞争力；美国出口开始下降；失业

---

[1] 钱德勒前引书，第282–284页。

[2] 第一次通胀期间，债券和承兑汇票大约释放出13.28亿美元，第二次通胀约为4.45亿美元，共计17.73亿美元。该金额乘以5.5等于97.515亿美元。加上原有的储备金17.73亿美元，总额为115.245亿美元。这个估算数字与美联储公布的金额106.61亿美元差不多，应该符合那段时期内存款总额和流通货币增长的实际情况。

[3] 当某种商品供不应求时，它的价格就会上涨。如果是以债券和其他计息债务证券的形式存在，则价格与其利息收入相反。价格越高，利息越低。换句话说，价格越高，意味着获取同等利息的成本更高。因此，当美联储创造出债券或商业票据（比如承兑汇票）的需求时，基于这些商品的利息收入减少，这使得它们作为投资而言更加昂贵。

率上升；低利率和信贷宽松刺激了证券市场的投机。整个金融系统正疾速向着1929年华尔街大股灾演进。不过那个故事要到下一章讲述。

《联邦储备法案》最终稿的实际起草人是亨利·帕克·威利斯（Henry Parker Willis）。在联系储备系统形成后，他受命担任联邦储备委员会第一书记。到1929年，他对卡特尔已经死心了。在一篇发表在《北美评论》的文章中，他写道：

> 在1926年的秋天，一群具有世界性影响力的银行家正在华盛顿一家旅馆中围着一张桌子议事。其中一位银行家提出的问题是联邦储备系统的低贴现率是否能够刺激投机。"是的，"被问到的显赫人物回答道，"它们会的，不过这也没办法。这是我们帮助欧洲必须付出的代价。"[1]

几乎不用怀疑，"被问到的显赫人物"是杰克·摩根。杰克在早年就接受了英国传统的教育，他的金融帝国根植于伦敦，他的家族业务得益于英格兰银行的保护。在其晚年，他每年几乎有半年待在英格兰，他一直公开强调他的初级合伙人要"向不列颠效忠"，[2]并且他主导着美国外交关系协会。具备这种背景的人，是很乐意牺牲美国人利益的。确实，"这是我们帮助欧洲必须付出的代价"。

尽管美国经济的危机迹象日益明显，摩根的门徒本杰明·斯特朗却为自己的成绩沾沾自喜。在一封于1929年写给参与援助的美国代理人帕克·吉尔伯特（Parker Gilbert）的信中，他写道：

> 到今年1月份，可以说我们最近四年的政策卓有成效。我们让欧洲的货币整顿得以完成，否则，这件事是不可能完成的。坦诚地说，存在一个大家公认的危险，即我们有可能会遭遇一场重大的投机风暴和某种程度的信贷膨胀……我们正在朝这个方向迈进，必须着手处

---

[1] H.帕克·威利斯：《联邦储备系统的失败》，载于《北美评论》，1929年5月，第167页。
[2] 彻诺前引书，第167页。

理。现在的情况下，我们可以接受这种风险，而且对海外的损害是最小的。[1]

海外损害？那国内损害是什么？显然，斯特朗并不太在意两者之间的差别。他把美国看成复杂的世界金融结构中的一部分，对世界有利的也对美国有利。此外，是的，对英格兰有利的，也对这个世界有利。

英美同盟

现代历史中最不为人理解的一件事是美国最杰出的政治和金融人物中的很多人——就跟现在一样——为了推进他们的目标，一直乐于牺牲美国的部分利益。自从塞西尔·罗德斯的社交圈以及后来演变出来的圆桌集团形成后，这个组织的目标就一直保持不变，即试图把英语国家合并成一个单一的政治实体，同时在其他地缘政治区域创建多个类似集团。在达成这一目标后，所有这些集团将合并成一个全球性的政府。

安德鲁·卡内基撰写的名为《胜利的民主》（*Triumphant Democracy*）一书中对这一战略有着比较深刻的描述。书中对英格兰作为世界强权正在走向衰落表示了关切，他写道：

与它的美国孩子重新结盟，是阻止英国继续衰落的唯一途径……我反对一切妨碍重新结盟的不利因素，我赞成一切有助于重新结盟的有利因素。我对所有政治问题的判断都是基于该观点……

人类议会和世界联邦一直以来是诗人笔下的宠儿，这意味着它比英美同盟更前进了一大步……我要说的是天上的太阳肯定会照耀着合并统一的英国和美国，同样，在某个早晨，太阳会升起，把它的光辉

---

[1] 钱德勒前引书，第458页。更详细说明，可参见本书第22章相关内容。

铺撒到重新联合起来的国家，人们会为之欢呼："英-美同盟"。[1]

本章总结

在美国内战后，美国人目睹了一系列的货币供应扩张和收缩过程，这些过程直接催生了经济的繁荣和萧条。这是法定货币创造的结果，这些法定货币是通过银行系统创造出来的，银行系统远离自由和充分竞争，是中央银行系统的中继站。面对极端混乱的形势，摩根财团却能鹤立鸡群，欣欣向荣。摩根与英格兰金融架构、文化有密切的联系，事实上，它携带着更多的英国基因，而非表面上看上去的美国企业形象。各种事件都暗示在这一时期的大部分时间内，摩根财团与罗斯柴尔德家族有着非常隐秘的合作关系。

本杰明·斯特朗是摩根财团的人，他被任命担任纽约联邦储备银行的第一任行长，很快，他就在美联储系统内取得了主导地位。斯特朗立即与蒙塔古·诺曼组成了牢固的联盟，后者是英格兰银行行长，他们为了帮助英格兰经济走出萧条而通力合作。达成这一目标的手段就是在美国引发通胀，通胀的结果是黄金从美国流出，美国商品在国际市场上的竞争力下降，失业增加，证券市场投机盛行，所有这一切都是1929年华尔街股灾和随后大萧条的驱动因素。

尽管本章节没有涉足，但必须记住相同的因素对于美国卷入两场世界大战产生了作用，因为英国需要美国提供的经济和军事资源来赢得战争。再者，本次行动的主要操盘手是一个由塞西尔·罗德斯创建的秘密社团的成员，该社团成立的目的是推进大英帝国的扩张。

---

[1] 安德鲁·卡内基：《胜利的民主》（纽约：查尔斯·斯克里布纳的儿子出版社，1893年版），第530—549页。这是该书的修订版，第一版写于1886年。更早版本中没有这些内容。

第21章

竞争是一种罪

> 关于纽约投资银行家如何组成卡特尔来避免竞争的故事；提交的法案是为了促成该卡特尔的合法化；如何掩盖立法的真实性质；法案如何被挫败。

我们已经跨越了很长时间的历史，触及许多重要的问题，现在，让我们回到本书开始的地方：通往杰基尔岛的旅程。

在上一章，我们看到南北战争后的货币供应是如何膨胀和收缩，并因此催生繁荣和萧条的。我们看到J.P.摩根公司是如何凭借来自伦敦的金援在经济周期中获取巨额利润的，尤其是他们在经济衰退期间获利更丰。然后，我们穿越时空，了解了J.P.摩根和其他美国金融巨头是如何与英国利益集团密切勾连的。我们同样看到在20世纪20年代的联邦储备系统内，摩根的代理人如何故意让美元走弱从而达到提振英国经济的目的。现在，让我们回到刚开始的地方，并允许我们重新回顾之前的重要一幕：联邦储备系统是如何缔造的。

中央银行系统的中继站

那些为美联储控制货币系统辩护的历史学家一直声称，这段时期内出现的经济繁荣和萧条就是自由和竞争性银行系统作用的结果。不过，正如我们已经看到的那样，这些破坏性的周期就是由于联邦银行系统创造并消灭法定货币的直接后果——而这个联邦银行系统仅仅是华尔街一小撮金融企业的提线木偶——这些金融企业构成了中央银行系统的中继站。这些银行没有一家能真正免于被控制，也没有一家是传统意义上的竞争性企业。实际上它们接受政府的补贴，并被赋予很多垄断特权。不过，站在华尔街银行家的立场上，他们要的还有更多。首先，美国仍旧没有一个"最后贷款人"——这是银行业术语，指的是充分成熟的中央银行有能力去创造无限量的法定货币，并立即被输送给任何遭遇挤兑的商业银行。"最后贷款人"制度是银行凭空造钱、免受客户"挤兑"影响的唯一途径。换句话说，这是逼迫美国公众缴纳隐性的通胀税以弥补银行系统储备头寸不足的一种方法。因此，培养各级别银行和金融人才的教育机构和院校，才会在教学中对"最后贷款人"这一概念的优点大肆吹捧。这也是这一系统自保的一种方法。

与内战前相比，银行现在比以往更偏好激进的通胀，而且银行之间更加团结，但当它们走得太远、太快时，银行催生的繁荣还是会结束，然后就是经济衰退。尽管这对银行来说意味着很高的收益，不过这样的做法也是充满危险的。由于美国经济规模在扩大，繁荣和衰退的幅度也相应扩大，对摩根公司这样的企业来说，要从繁荣-衰退的周期律中全身而退正变得越来越困难。它们正被一种与日俱增的恐惧感包围着：也许它们将无法幸免于下一次崩盘。

除了这些关切外，现实是很多州立银行，尤其是大多数正经历开发热潮的南部和西部各州银行，已经选择不加入国家银行系统，并因此已经摆脱了华尔街-华盛顿轴心的控制。由于南部和西部人口的增加，国家银行系统的布局也在往这里集中。对于纽约的权力中心来说，新成立的银行正成为新的竞争对手。到1896年，非国有银行的数量已经占整个银行数量的61%，而且它们的银行存款占了整个银行系统总存款的54%。截至1913年——《联邦储备法案》通过的那一年——非国有银行数量已经上升到71%，同时其存款规模占总数的比例上升到了57%。[1]是时候采取行动来阻止这一趋势了。

另一种竞争压力源自产业惯例，就是公司通过自身的利润而非借贷资金完成融资。1900年到1910年，70%的美国公司通过内部进行融资，从而使得各个产业不受银行影响。和很多实业家一样，银行家要的是更加"灵活"或"有弹性"的货币供应，这能使他们及时地在某个时点创造出足够的货币，从而随心所欲地下调利率。这将使得给实业家的贷款变得更具吸引力，从而把这些实业家捆绑到银行家身上。

托拉斯和卡特尔取代竞争

华尔街面对的另外一个问题是大型的投资机构，比如摩根公司和库恩–勒布公司——尽管他们还是竞争对手，不过到了这个时候，他们彼此之间的竞争已经不再刀光剑影了。托拉斯和卡特尔的概念已经在美国出现，对于那些行业顶端的人来说，合资、市场分配、价格垄断和合并带来的收益远高于自由企业竞争创造的利润。罗恩·彻诺对此做了以下解释：

华尔街正滚雪球般形成一个由摩根统治的巨型机构。1909年12月，皮尔庞特已经从托马斯·莱恩（Thomas Fortune Ryan）手里收购了公平人寿保险公司（Equitable Life Assurance Society）的大多数股份。这使得他有能力对美国三家最大的保险公司——互助人寿（Mutual Life）、公平人寿和纽约人寿（New York Life）施加影响……他的银行家信托公司已经接管了三家其他的银行。1909年，他已经获得了对担保信托公司的控制权，通过一系列的合并操作，他把

---

[1] 柯尔克前引书，第140页。

这家企业改造成了美国最大的托拉斯企业……其中，核心的货币托拉斯集团包括J.P.摩根公司、第一国民银行和国民城市银行……

华尔街的银行家近乎乱伦般地兼任对方董事会的董事职位。一些银行的高层领导都相互在对方银行兼职，以至于很难把他们区分开……银行间也同样相互持有巨额的对方股权……

为何银行不进行合并，而是玩起了交换股份和董事会成员的字谜游戏？大多数银行是私人合伙制或者寡头控股银行（closely held banks），它们本可以合并。答案是，传统的美国人对于集中的金融霸权本能地感到反感和厌恶。摩根公司-第一国民银行-国民城市银行的铁三角担心，如果公开宣布结盟会招致公众的惩罚。[1]

比起公开的合并，相互渗透的董事会人员配置结构和其他形式的隐秘控制要安全得多，不过也有其自身的缺陷。比如，它们无法穿透同业竞争的障碍。由于这些企业联合体变得越来越大，因而总是寻找各种方法来组合其顶层设计，而非让它们组成一个囊括各自在内的法人实体。因此，就催生了卡特尔这个概念，它是相同产业领域中的实业家之间的"利益同盟"，一种促使各家企业在较高层级、以合作伙伴形式走到一起的机制，该机制旨在降低或消除残酷的竞争。

不过，所有的卡特尔有其内在的自毁机制。迟早其中的某个成员不可避免地会不满足于它的利益份额，尽管这是事先大家一致同意的安排。它决定还是要诉诸竞争，并以此获得更大的市场份额。很快，大家意识到阻止这一切发生的唯一方法是依靠政府的政策来实施卡特尔协议。在此过程中，很多法案被伪装成保护消费者的手段，但实际上它们的作用是确保消除竞争。亨利·P.戴维森是摩根的合伙人，他在1912年对国会委员会说："我宁愿选择规则和控制，也不喜欢自由

---

[1] 彻诺前引书，第152–153页。

竞争。"[1]约翰·D.洛克菲勒更是痴迷于此，他总是重复他的一个观点："竞争是一种罪恶。"[2]

这种趋势并非银行业独有。罗恩·保罗和刘易斯·勒尔曼展现了历史性的眼光：

1896年和1900以后，美国进入了一个所谓的共和党人主导美国政治的进步时代。以"进步主义"名义实施的强制性卡特尔化开始侵入美国经济的方方面面。随着19世纪80年代美国政府州际商务委员会（ICC）的成立，铁路已经开始在各州开通，不过现在各行各业正以"高效""稳定""进步"和公共福利的名义日益集中和卡特尔化……尤其是大型企业集团，其中的领头羊就是J.P.摩根利益集团，其借助全国公民协会（National Civic Federation）和其他智库的影响力向其他企业施压，不过他们发现19世纪90年代后期的自发卡特尔和产业合并运动并没有在各产业内实现价格垄断。于是，他们决定转向州政府和联邦政府，希望依靠他们遏制竞争，并形成强制性卡特尔的格局，当然，这样做有一个冠冕堂皇的理由，就是"遏制大企业集团之间的竞争"和提高公共福利。[3]

挑战不再是如何消除竞争对手的优势，而是如何不让新的竞争对手进入自己所在的领域。约翰·D.洛克菲勒凭借从标准石油获取的巨额收益控制了大通国民银行，他的兄弟威廉收购了纽约的国民城市银行，但华尔街的金融竞技场上还有一位角斗士。摩根发现他没有选择，只能允许洛克菲勒进入俱乐部，不过，既然他们进来了，大家都同意必须阻止其他竞争对手的涌入。这就是后来联邦立法的真正目的。加布里埃尔·柯尔克对此做了解释：

---

[1] 加布里埃尔·柯尔克：《现代美国历史大事记》（纽约：哈珀·柯林斯出版集团，1976版），第13页。

[2] 威廉·霍夫曼：《大卫：一位洛克菲勒成员的报告》（纽约：莱尔·斯图尔特公司，1971年版），第29页。

[3] 保罗和勒尔曼前引书，第119页。

在很多大规模的并购案中，美国钢铁公司（U.S. Steel）的并购案是巅峰，不久之后，他（摩根）被迫修正了立场，尽管他更希望能全面控制。更重要的是，到了1898年，他再也无法无视新的金融竞争对手的巨大能量，他必须采取防御措施。依靠国民城市银行的投资，标准石油公司的财力已经跃居摩根财团之上，而到了1899年，标准石油已经准备涉足大众经济领域……在北方证券公司（Northern Securities）之战中，考验来了。争夺双方都付出了不菲的代价，最后的结局是握手言和，以平局结束了这场血腥的厮杀。摩根和标准石油互相表示尊重，很快，相互宽容的战略在银行领域盛行，血雨腥风的争夺不再出现……温和的中立比激烈的冲突更有益，因此纽约五大银行巨头之间呈现出了错综复杂的相互关联。[1]

1919年，约翰·穆迪以华尔街内部人士的视角，向我们描绘了这一幕合纵连横的情形：

如果不是华尔街"资本的主人"在同一时期形成了更为紧密的联盟，这场利益集团巨头之间史诗般的合纵勾连当然不可能完成。在重组的前几年，利益集团之间还在激烈竞争，但此刻基本消弭于无形。尽管金融界的两大巨头——摩根财团及其盟友、标准石油的势力，仍旧看上去是泾渭分明的两大阵营，但实际上他们之间形成了相互渗透的"利益共同体"，形成了实际上的和谐共处的格局。因此，通过银行实施的对资本和信贷的控制，正趋向于集中到越来越少的几个寡头手中……不久，我们就可以说，两大互为竞争对手的银行不复存在，取而代之的是一个巨型的、和气生财的金融霸权。[2]

---

[1] 柯尔克前引书《保守主义的胜利》，第143-144页。
[2] 穆迪前引书，第117-118、150页。

奥尔德里奇-弗里兰法案

在没有政府干预的条件下，华尔街相对公正也比较轻松地处理了发生在1879和1893年的货币紧缩，不过1907年的危机几乎把华尔街的金融机构推向深渊。形势变得很明了，必须做出两个改变：银行业竞争的所有痕迹现在必须从整体上被抹去，并由一个国家卡特尔取而代之；更多的法定货币必须被制造出来并提供给各家银行，从而在未来可能出现的储户挤兑时保护银行。毫无疑问，需要拉国会入伙，以便动用政府权力达成这一目标。柯尔克写道：

另一方面，1907年的危机也暴露出当时纽约金融业的联合体不足以应付挑战，无法有效惩罚那些自认为可以脱离金融利益共同体独立发展的金融业造反派……国家已经变得太大，同时金融业也变得越来越复杂。华尔街感觉到了不足和孤独，从依赖自己的资源转而开始依靠美国政府的力量。[1]

这一战略性转变的第一步是个权宜之计。1908年，国会通过《奥尔德里奇-弗里兰法案》（*Aldrich–Vreeland Act*），该法案从根本上促成了两大目标的实现。首先，该法案授予各国有银行发行紧急通货的权利，紧急通货被称为"手写票"（script），当银行无法向提款储户付款时，可以用这些紧急通货来替代通用货币。在1907年恐慌中，银行票据交易所利用"手写票"取得了一定的成功，但这不过是一次没有法律依据的野蛮试验。现在，国会让其合法化，而且正如加尔布莱斯所观察的那样，"新的法律让这些应急举措成为规则。只要各种债券和商业贷款有抵押品，这种手段就可以使用——实际上，这些债券和商业贷款很方便就可以变成现金。"[2]

---

[1] 柯尔克前引书《保守主义的胜利》，第144页。

[2] 这种合法的"手写票"仅用过一次——在1914年第一次世界大战爆发之时。参见加尔布莱斯前引书，第120页。

该法案的第二个、也许是最重要的影响是依据该法案创立了国家货币委员会，该委员会的职责是研究美国银行业中存在的各种问题，之后就此向国会提出稳定货币系统的各种建议。委员会由九名参议员和九名众议员代表组成。委员会副主席是众议员爱德华·弗里兰（Edward Vreeland），他是一名水牛城地区的银行家。主席当然是参议员尼尔森·奥尔德里奇。从一开始，委员会就是个幌子，委员会实际上是奥尔德里奇一个人在唱独角戏。所谓的调查研究机构在两年时间内没有开过一次会，同时，奥尔德里奇却跑到欧洲会晤英格兰、法国和德国央行的头面人物。三次欧洲公务旅行就花费了纳税人3万美元。委员会唯一上得了台面的成果是38卷的欧洲银行史著作。奥尔德里奇以诸多委员的名义提出了很多建议，但没有征求过任何一名委员会成员的意见。实际上，是奥尔德里奇和六位甚至不是该委员会成员的人提出了这些建议，他们的报告也不是在华盛顿的国会会议室，而是在佐治亚州一个豪华的私人狩猎场完成的。

而且这一事件最终把我们带回到新泽西火车站那个寒风刺骨的夜晚，在那里，六个拥有世界四分之一财富的人，登上了奥尔德里奇的私人车厢，开始了不为人知的杰基尔岛之旅。

杰基尔岛计划

正如本书开篇所概括的那样，那次会议的目的是确定一项计划并通过该计划实现五项目标：

1. 如何遏止那些构成竞争的小银行不断增长的影响力，并且确保国家金融资源的控制权仍然掌握在在场这些人手中。

2. 如何使货币供应更加富有弹性，从而逆转目前私人资本集资的趋势，并重新掌控工业贷款市场。

3. 怎样把这个国家里各个银行的小储备金库合并成一个大金库，这样所有银行就会愿意遵循同样的贷款—存款比率。这至少会使它们当中的一些不发生货币外流，或防止银行挤兑。

4. 如果这最终会导致整个银行体制的崩溃，那么怎样把银行家的损失转嫁到纳税者头上去。

5. 如何说服国会，让他们相信这个机制是一个保护公众的措施。

会议上，与会者确定只要在卡特尔协议中写入技术性语言，然后再把这些行业术语加工成法律用词，就可以轻轻松松地实现前面两个目标。至于第三个和第四个目标，通过立法建立"最后贷款人"制度来实现；换句话说，真正的美国央行有能力创造出无限量的法定货币。这些从整体上看还都是属于技术性问题，而且，尽管在某些次要问题上有分歧，但他们通常愿意听从保罗·沃伯格的建议，后者在这些事务方面有着丰富的经验，并被公认为集团内的理论家。第五个目标是最重要的目标，就如何实现该目标，与会者之间发生了激烈的争论。

为了说服国会和公众相信成立银行卡特尔的目的是保护公众利益，杰基尔岛上的战略家制定了如下行动计划：

1. 不要公开宣称这是一个卡特尔，甚至也不说所组建的是一家中央银行。

2. 让它看上去像是一个政府机构。

3. 组建区域分支机构，以便让它在表面上具有去中心化性质，而且不受华尔街银行控制。

4. 开始时采取保守策略，包括很多合理的金融业原则，但在随后的几年中悄悄改变或取消具体的规定。

5. 利用近期公众普遍存在的恐慌心理和银行倒闭事件给公众心理的冲击，适时提出受到公众欢迎的货币改革建议。

6. 提出杰基尔岛计划是为了响应货币改革需求而专门制定的。

7. 聘用大学教授，让外界感觉该计划具有学术上的正当性。

8. 同时大胆地反对该计划，让公众感觉华尔街的银行家反对该计划。

换汤不换药

如果美国人知道美联储是一个半卡特尔、半央行性质的组织，是绝不会接受这种制度的。尽管政府保护主义的观念已经很快被企业、学术界和政治圈所接受，不过卡特尔、托拉斯和限制自由竞争等概念仍旧受到广大选民的强烈排斥。在国会山内部，任何直白谈论卡特尔或央行的提案很容易被全面否决。加利福尼亚的众议员埃弗斯·海耶斯（Everis Hayes）就曾警告道："美国人民反对央行的立场是坚定的。"[1]科罗拉多州参议员约翰·萨弗斯（John Shafroth）宣称："民主党反对设立央行。"[2]因此，杰基尔岛上的货币学家决定为他们的新创造发明一个专有名称，该名称中不但没有银行这样的称谓，还让人联想到联邦政府的形象。为了能制造出权力不会集中于纽约大银行这个印象，最初的计划做了修改，用一个由区域金融机构组成的网络取代原来的设想，这样做的公开理由是分享和分散权力。

参议员奥尔德里奇的传记作者纳撒尼尔·怀特·史蒂芬森告诉我们："奥尔德里奇也参与了杰基尔岛的讨论，很快他就改变了立场，对设置央行的设想非常热心。他的想法是把大型的欧洲银行，比如英格兰银行那套系统在美国复制出来。"[3]加尔布莱斯进一步做了解释："他（奥尔德里奇）的想法是通过迂回的方式挫败反对者，就是

---

[1] 《国会记录》，第5部分，1913年，第4655页。

[2] 《国会记录》，第6部分，1913年，第6021页。

[3] 史蒂芬森前引书，第378页。

不设立一个央行，而是设立类似央行的多个金融机构。同时在用词上避免使用央行这个称呼。"[1]

弗兰克·范德里普告诉我们，区域概念仅仅是个装饰品，而网络化系统将在实质上作为央行来运作。他说："法律规定设立12家银行，而不是一家……不过法律的真正意图是通过华盛顿的联邦储备委员会整合这12家银行，从而事实上是一家银行在操作。"[2]

如果说在杰基尔岛上制定的计划中不使用"银行"这个字眼是计划中不可或缺的一环，那么避免卡特尔这个名称出现就显得尤为重要。不过，该提议的卡特尔性质对那些犀利的观察家来说几乎是和尚头上的虱子。在美国银行家协会的一次演说中，奥尔德里奇就很直白地谈到这一点。他说："这个还在构想中的组织不是银行，而是一个目标明确的、涵盖我国所有银行的集团联盟。"[3]。两年后，同样还是面对这批银行家，大通国民银行的A.巴顿·赫伯恩（A. Barton Hepburn）更加直言不讳地说："采取的措施是组织中央银行的方法及原则。的确，如果它能达成法案倡议者的期望，就能让所有整合进来的银行形成中央式的主导力量。"[4]麻烦的是找到一个比卡特尔更合适的名称。

保罗·沃伯格的想法是，刚开始时以保守的方式构建所发明的联邦储备系统，然后逐渐去除各种保护措施。创建一个强大的联邦储备委员会同样也源于他的构思，利用这个平台，区域分支机构就可以被吸收进纽约的央行并受其管控。哥伦比亚大学经济系主任、塞利格曼投资银行家族成员埃德温·塞利格曼教授解释并称赞了该计划：

根据我的研究，沃伯格先生是第一个向公众公开其观点的

[1] 加尔布莱斯前引书，第122页。

[2] 范德里普前引书《从农场男孩到金融家》，第72页。

[3] 克鲁斯前引书，第三卷，第1202页。

[4] 柯尔克前引书《保守主义的胜利》，第235页。

人[1]……就其建立而言，沃伯格先生比这个国家当中的任何一个人都更有资格说《联邦储备法案》是他完成的……联邦储备委员会的存在就等于创建了一家名副其实的中央银行，唯一不同的是它不叫中央银行……沃伯格先生的目标很实际……他的责任是明白，一个国家的教育必须是循序渐进的，而且这个任务很大程度上就是消除偏见和疑虑。他的计划因此包含了所有类型的详尽建议，这些建议旨在应对公众设想的危险，并让国家相信整体方案从根本上是行得通的。沃伯格先生期望，随着时间的流逝，也许能从法案中去除一些条款，按照他的看法，当初加入这些条款仅仅为了其教育意义。[2]

奥尔德里奇提案

杰基尔岛计划的第一稿由奥尔德里奇提交给参议院，由于参议员在返回华盛顿后突然生病，实际上法案由弗兰克·范德里普和本杰明·斯特朗撰写的。[3]尽管众议员弗里兰也是合著人，但它还是从一开始就被称为"奥尔德里奇提案"。弗里兰自己也承认，他几乎没有对该法案有实质性的贡献，但他渴望成为这个团队一员的意愿还是具有相当的价值。在1910年8月25日的《独立报》——这是一家属于奥尔德里奇的刊物，虽然名为"独立报"，但它一点也不独立，弗里兰曾经评论道："我建议组建的银行……是一种对抗垄断的理想手段。它不可能变成一个垄断组织，它将阻止其他银行联合起来实行垄断。

---

[1] 大多数历史学家认同塞利格曼对于沃伯格的看法，即其在创建联邦储备系统方面扮演了开创性角色。不过，这一幕中的某些参与者似乎也不甘居人后，因而在这个问题上表现出了明显的分歧。比如，时任美国财政部长威廉·麦卡杜就说："这个结论可以说毫无根据，即便不能说是谎言，我们也可以断定它源自无知。"参见麦卡杜前引书，第281页。尽管存在相互冲突的意见，但以客观的心态浏览这些记录就会得出结论，其他人确实在方案的形成和政治协商方面提供了很有价值的贡献，不过计划的精华部分，就是它的整体概念和基本原理，无疑应归功于沃伯格非凡的才华。

[2] 埃德温·塞利格曼：《政治学的学术演变（第四卷）》（纽约：1914年版），第3—6页。

[3] 范德里普前引书《从农场男孩到金融家》，第72页。

由于收益限制在4.5%，所以不可能形成垄断。"[1]

多么让人吃惊的声明！由于它的内容半真半假，看起来非常具有隐蔽性。能确定的是在4.5%利息的条件下，垄断不可能——或至少实际上并不——存在。不过美联储不可能一直坚持这样低的利率。真实的情况是，投资者从美联储股份中获得的股息收益确实是4%，同样真实的是，真正的利润并非来自股息，而是来自法定货币产生的利息。而且，即便是银行破产，他们也能获得小额的利润。再者，身处央行内部使得他们比竞争对手更早接触到重要的货币发行数据和决策情况。上述优势就可以为他们带来不菲的利益，而这些利益等于（有时甚至高于）因曼德雷克机制而获取的利益。真相是联邦储备系统是一个私有机构，隐藏的事实是美国政府并没有从金融交易中抽身。实际上，恰恰相反，美国政府是私有银行的合作伙伴，并且是卡特尔协议的强制执行人。在美国的历史上，美国政府从没有像现在这么深入地参与其中。

尽管一半是事实，一半是宣传，奥尔德里奇提案所建议的组织架构在很多方面类似于原先的第一合众国银行。该银行有权把联邦债务转换成货币，并把这些货币借贷给政府；该银行还有权介入和控制区域银行的事务，并且政府资金都存在该银行。不同的是这些规定给予新生美联储的特权和权利，比之前的第一合众国银行更多。其中最重要的是联邦储备系统有权发行美国的官方货币。金融机构的纸币成为法定货币，不仅可以支付公共债务，也可以用于私人债务，这在美国的历史上是第一次。从此以后，任何人如果拒绝接受这些纸币，将被送入监狱。"美利坚合众国"这几个字将印在每张纸币上，并盖上美国财政部的大印。当然，财政部长的签名也会被印在纸币上的醒目位置。所有这些措施只有一个目的，就是让公众相信新的机构是货真价

---

[1] 爱德华·B.弗里兰：《更好的银行和货币系统》，载于《独立报》，1910年8月25日，第394页。

实的政府机构。

让反对者无法反对

　　既然现在基本策略已经实现，而且专门的提案也已经起草完毕，下一步就是为此造势，以赢得公众支持。这是该计划的关键一步，这要求每一个具体的步骤都要做得天衣无缝。实际上，这项工作实施起来比预想的要容易得多，因为在华尔街，很多金融机构反对金融权力的集中。那时，最大的反对声音来自威斯康辛州参议员罗伯特·拉弗莱特（Robert LaFollette）和明尼苏达州众议员查尔斯·林德伯格（Charles Lindbergh）。不到一个星期，其中的一位就发表了措辞严厉的声明，强烈反对他们所谓的"货币托拉斯"，他们的观点是货币托拉斯是造成经济繁荣–崩溃周期的罪魁祸首，他们认为这样的繁荣和崩溃背后的目的就是获取利益，比如从救助丧失抵押品赎回权的房屋、农场和企业的行动中获利。有人质疑这样的托拉斯是否真实存在，但当拉弗莱特公开指控美国是由一个仅仅15人的小集团所控制时，他们全都哑口无言。货币学家并不感到吃惊，甚至都懒得去否认它。事实上，当J.P.摩根的合伙人乔治·贝克被记者问到他对拉弗莱特的声明的反应时，他的回答是这种指责完全荒诞不经——据他个人了解，他认为人数不会超过8个！[1]

　　当然，公众被激怒了，压力都集中到了国会这边，国会需要作出反应。货币学家已经准备好了，将把这种反应转换成自己的优势。他们的策略很简单，就是：（1）设立一个国会特别委员会负责调查货币托拉斯；（2）确保委员会是由对货币托拉斯持友善态度的人组成的；（3）选择性地公开托拉斯运作的部分内容，确保披露的内容足

------

[1]　姆林斯前引书，第16页。

以满足公众对于改革的呼声。一旦政治气候适宜，奥尔德里奇提案就能推进，而且完全可以实现预期的目的。

该策略当然并不新颖。正如众议员林德伯格解释的那样：

自从南北战争以后，国会已经允许银行完全操纵金融立法。参议院金融委员会的成员和众议院银行和货币委员会的成员都是银行家，或者是他们的代理人和律师。这些委员会控制和操纵了媒体对于提案性质和程度的报道，参议院和众议院举行的各种关于货币的辩论也会选择性地见诸报端。所有委员会的成员都是精心挑选的……进来的人对委员会全部持支持态度。[1]

普若委员会

普若委员会就是一个典型案例。它是众议院下属的一个关于银行和货币事务的委员会，1912年，它被赋予重任，负责实施一项著名的"货币托拉斯"调查。该委员会主席为来自路易斯安那州的众议员阿尔森·普若，一如往常，他被很多人认为是"石油托拉斯"的代言人。听证会持续了8个月，最后出来的结果是好几卷干巴巴的统计数字和华尔街银行业一大堆自我吹捧的证词。这些金融家从来没有被问到任何与国外投资机构相关的事务。他们也没有被问到他们对来自新银行的竞争做何反应。他们也没有被问到他们是否制定了保护投机银行免于货币外流的计划；或者他们希望制定低利率的动机；或者他们是否有让纳税人承担其损失的方案。美国公众的印象是，国会在真刀真枪地曝光丑闻和腐败，但是，现实更像是老朋友之间的炉边闲谈。不管从银行家的口中说出来何种奇思怪想或谬论，都毫无争议地被接受了。

---

[1] 林德伯格前引书，第76页。

这些听证会得以召开，大部分原因是众议员林德伯格和参议员拉弗莱特的公开指责。不过，当他们被要求在委员会亮相时，两人都拒绝前往。所有前去听证会作证的人都是银行家和他们的朋友。柯尔克告诉我们：

改革者很幸运，普若委员会于1912年发起了针对货币托拉斯的力度很大的调查，调查持续了八个月，最后披露了质量极高的数据，即使不是结论性的，也足以让这个国家感到恐惧，这些统计数据证实了华尔街对整个国家经济的控制力……委员会精心制作的表格显示5家金融公司在112家公司中占据了341个管理层位置，这些公司的总资本达到了惊人的220亿美元。证据看起来带有结论性，而这个国家受到的惊吓恰好让它意识到改革银行系统是非常紧迫的任务——推测起来无外乎要把华尔街置于管控之下……

媒体的报道使得华尔街重现昔日的狂欢，而完全没有被注意到的事实是，鼓吹银行改革的最大一股势力就是银行业本身，也就是那些观点和立场各不相同的银行……不过，银行业改革成为一个严肃的议题，主要还是要归功于普若听证会。[1]

柯尔克已经谈到了一个有趣的话题。华尔街上那些最大的银行竟然是银行业改革队伍的领路人，几乎没有一个人意识到这一事实的重要意义。在呼吁改革的银行家中，最引人瞩目的是库恩-勒布公司的保罗·沃伯格，在《联邦储备法案》通过前的七年里，他周游全国到处发表演讲，演讲的主题只有一个，就是呼吁公众和社会各界支持改革，此外，他还在媒体上发表文章，包括在《纽约时报》上刊登七篇连载文章。来自摩根和洛克菲勒所属企业的代言人也加入进来，并定期在专业团体和政治组织发表演讲呼应改革诉求。不过，却没有人去注意鱼发出的浓浓腥味。

---

[1] 柯尔克前引书《保守主义的胜利》，第220页。

赢得学术界的支持

银行业名人的演讲和文章从来就不指望能影响大多数公众的立场。他们的作用是提出基本论点和技术细节，其他人的工作则是使用这些材料，而引用材料是无法被指责具有自利的动机的。为了把信息传递给选民，需要聘请全球学术界代表为这场争论营造体面的氛围和理智客观的环境。为此目的，各家银行一共出资500万美元，设立了一个特别"教育"基金，这笔钱的绝大部分流向三所大学：普林斯顿大学、哈佛大学和芝加哥大学，这三所大学一直是工业和金融巨头捐款的最大受益人。

也刚好是在这个时期，经济学研究正成为一个崭新的学术领域，并被越来越多的人所接受，这时候要找个天才又渴望成功的教授并非难事。为了金主的学术赞助和象牙塔顶端的学术头衔，教授也急于向外界大力宣扬杰基尔岛计划的种种好处。这里的学术探索不仅为了回报金主的赞助，也同样为了获得新经济领域先锋的光环，而使得所宣扬的主题获得全国性的承认。加尔布莱斯写道：

在奥尔德里奇的指导下，多达二十多个关于货币机构的研究课题在美国和其他国家被立项，立项人都来自新兴的经济学专业。至少可以确定的是，经济学家一直以来对联邦储备系统尊崇备至，某种程度上应归功于这个行业中有那么多的先行者在其诞生过程中贡献良多。[1]

银行教育基金最主要的贡献是创建了一个名为国家公民联盟（National Citizens' League）的组织。尽管该组织完全由保罗·沃伯格牵头的各家银行资助和控制，但它的公开形象是寻求银行改革的公民团体。该组织的任务包括分发成千上万的宣传教育小册子，组织人员

---

[1] 加尔布莱斯前引书，第121页。

给国会议员写信宣传联邦储备制度，给媒体提供有价值的材料，渲染出一种草根阶层都支持杰基尔岛计划的印象。

纳撒尼尔·史蒂芬森在尼尔森·奥尔德里奇的传记中写道："联盟是超越党派的组织。要注意的是不要过分关注奥尔德里奇参议员……总的来说，联盟已经花费了成千上万的美元来普及金融学知识。"[1]

被选中的行动带头人是一位名为J.劳伦斯·拉夫林（J. Laurence Laughli）的经济学教授。柯尔克对此评价道："拉夫林在自由主义理论上有着非常正统的贡献，不过，他也是学术界在银行监管方面的主要鼓吹者……同时对银行业的需求以及政治现实非常敏感。"[2]对他的任命会给这个组织带来理性、客观吗？史蒂芬森写道："芝加哥大学的拉夫林教授负责联盟的宣传。"[3]对此，众议员林德伯格有如下暗示："读者都知道约翰·D.洛克菲勒给芝加哥大学资助了大约500万美元。事实上，芝加哥大学也可以叫洛克菲勒大学。"[4]

这并不一定意味着拉夫林是被收买了，然后洛克菲勒再告诉拉夫林需要说什么和做什么。那样的话不会起到什么作用。教授无疑相信杰基尔岛计划的好处，而且有证据表明他对自己的责任有着炙热的虔诚。不过同样可以确定的是，他之所以能被选中，也恰恰是因为他的新职位，因为他确实支持"银行与政府之间的伙伴关系是对破坏性竞争的一种有益替代"这一观点。换句话说，如果他不是发自内心地同意约翰·洛克菲勒的"竞争是一种罪恶"的观点，恐怕他可能永远也不会有机会被授予教授职位。[5]

---

[1] 史蒂芬森前引书，第388-389页。

[2] 柯尔克前引书《保守主义的胜利》，第187页。

[3] 史蒂芬森前引书，第388页。

[4] 林德伯格前引书，第131页。

[5] 关于联盟形成和运作的高质量综述，详见柯尔克前引书《保守主义的胜利》，第186-228页。

威尔逊和华尔街

学者伍德罗·威尔逊也因为银行业改革的观点走到了公众舆论的聚光灯下。前面的章节已经提到，威尔逊在民主党大会上被提名总统候选人，很大程度上归功于豪斯上校。不过，我们现在说的是1912年，也就是竞选总统的十年前，他还是个默默无闻的人。他在1902年当选为普林斯顿大学校长，如果没有给大学捐款的华尔街金主的通力抬举，他本没有可能赢得这个职位。他与安德鲁·卡内基的关系尤其密切，并是卡内基基金会的董事。

其中两个最慷慨大方的捐助人是克利夫兰·道奇和塞勒斯·麦考密克（Cyrus McCormick），他们都是洛克菲勒国民城市银行的董事，也都是普若委员会所谓的美国"金融托拉斯"的华尔街精英。两人都是威尔逊的普林斯顿大学同窗。当威尔逊于1890年以教授身份回到普林斯顿大学时，道奇和麦考密克因为他们的财富而成为大学的董事，并且对威尔逊的事业有许多帮助。费迪南德·伦德伯格在《美国六十大家族》（America's Sixty Families）一书中有如下描写：

在他成为总统候选人的近20年前，伍德罗·威尔逊就已经在华尔街的庇护之下……1898年，威尔逊不满意自己的薪水，威胁要辞职，同时收到了很多大学的校长聘书。道奇和麦考密克立即亲自充当威尔逊的财务金主，并同意给后者提供额外的非正式津贴，最终让威尔逊继续留在了普林斯顿大学。给威尔逊家族私人基金捐款的金主中就包括道奇、麦考密克、摩西·泰勒·派恩（Moses Taylor Pyne）和珀西·R.派恩（Percy R. Pyne），正是派恩家族创建了国民城市银行。1902年，也是该集团安排威尔逊当选为普林斯顿大学的校长。[1]

懂得感恩的威尔逊经常用热情的词汇赞扬巨型企业的诞生，他

---

[1] 伦德伯格前引书，第114–115页。

尊崇J.P.摩根为美国的领袖，也接受应该对经济进行管控的论调。"个体竞争的旧时代很可能将一去不复返，"他说道，"它可能重新出现；谁都不知道；但在我们的时代它不会再现，我有信心这么说。"[1]

H.S.凯南讲述了其余的故事：

伍德罗·威尔逊，普林斯顿大学校长，是第一个支持杰基尔计划的著名教育界人士，他的表态为他赢得的回报是随后到来的新泽西州长一职和后来的美国总统大位。在1907年的大恐慌中，威尔逊宣布："如果我们能任命一个由热心公共事务的人——比如J.P.摩根——组成的六人或七人委员会，那么我们是有可能避开这场灾难的。"[2]

反对奥尔德里奇提案

杰基尔岛会议上的争议之一是如何确定这项法案的名称。沃伯格是心理学大家，希望该法案的名字为《国家储备法案》或《联邦储备法案》，他认为这样的名字能从某种程度上让人联想到其中包含的政府和准备金含义，这两个名字都能在潜意识层面吸引人们的关注。另一方面，奥尔德里奇出于自利的自我意识，坚持以自己的名字命名该法案。沃伯格指出以奥尔德里奇的名字命名该法案会让人联想到与华尔街的瓜葛，这将对计划的实现产生毫无必要的桎梏。奥尔德里奇对此做了解释，因为他一直是国家货币委员会的主席，该委员会的职责就是为银行业改革建言献策，如果他的名字没有出现在法案中，则容易让人感到困惑。我们知道，关于名称的激烈争论持续了很长时间。不过，最终，政治家的自负战胜了银行家的理智。

---

[1] 格雷德前引书，第276页。

[2] H.S.凯南：《联邦储备系统》（洛杉矶：正午出版社，1966版），第105页。

当然，沃伯格是对的。所有人都知道，奥尔德里奇曾是大企业和大银行的利益代言人。旨在保护烟草业和橡胶业托拉斯的关税法案得以通过，再一次证明了他对这些利益集团的忠诚。银行业改革的法案以奥尔德里奇名字命名，必然成为反对者攻击的靶子。1911年12月15号，众议员林德伯格在众议院提出反对意见，他的发言也句句切中要害：

奥尔德里奇计划本质上就是华尔街计划。它是货币托拉斯捍卫者对政府的一次全面挑战。它意味着，必要时，人们将承受另一次恐慌。奥尔德里奇领着政府的薪水，他的身份应该是人民的利益代表，却提出一个为托拉斯利益集团服务的计划。[1]

奥尔德里奇提案从来就没有付诸表决。1910年，共和党人丧失了在众议院的控制权，之后又于1912年失去了在参议院的多数党位置，并且输掉了美国总统大选，通过一项以共和党人命名的法案的希望也就不复存在。奥尔德里奇也已经被自己选区的选民抛弃而丧失了参议员资格，现在，法案要面对民主党人和民主党总统伍德罗·威尔逊的质询了。

这个法案如何被通过是政治史上一件非常有趣的事，我们将在下一章讲述这段历史。

本章总结

《联邦储备法案》通过前的那一段时期，银行业要面对种种联邦和州两个层面的繁杂的控制、管制、补贴和限制。通俗历史书把这一时期的特点概述为高度竞争和自由银行制度。实际上，它是最终创设美联储的征途中的一个中继点。不过，华尔街需要政府的更多参与。

---

[1] 凯南前引书《联邦储备系统》，第118页。

纽约的银行家迫切希望获得"最后贷款人"的身份，这样就可以无限量地发行货币，这能帮助他们在面对银行挤兑或货币外流时从容渡过难关。他们还想要迫使所有的银行都执行非足额准备金政策，这样经营保守的银行就不会占用其他银行的准备金。另外还有一个目标是限制在南部和西部创立更多的新银行。

那是一个托拉斯和卡特尔概念日益具有吸引力的时代。对于那些把它捧上天的鼓吹者来说，竞争代表着无序和资源浪费。华尔街的银行像滚雪球般地分裂成两大阵营：摩根集团和洛克菲勒集团，不过他们相互之间已经基本停止竞争，并同意了合作式的金融架构的安排。不过为了防止这些卡特尔组织分崩离析，则需要纪律来强制要求参与者遵守协议。为达成该目的，需要把联邦政府拉进来作为合作伙伴。

为了向国会兜售该计划，必须隐瞒卡特尔这个事实，还需要避免使用央行这个概念。名字中采用"联邦"这个词，能使它看起来更像是政府性质的运作；名字中采用"储备"这个词，是让它从金融专业角度看起来具有合理性；名字中采用"系统"这个词（第一稿中使用的是"协会"这个词）是为了掩盖它实质上是一家中央银行的本质。采用12个区域分支机构组成的架构，是为了给外界造成一种去中心化的幻象，不过从一开始它就被设计成以央行形式来存续和运行，而它的设计模本就是英格兰银行。

《联邦储备法案》的第一稿被称为"奥尔德里奇提案"，众议员弗里兰参与了起草，不过它实际上并非这些政客的作品。它是银行家保罗·沃伯格的智慧结晶，实际起草人是银行家弗兰克·范德里普和本杰明·斯特朗。

用奥尔德里奇的名字去命名一个金融法案，是一种很糟糕的策略，因为他是华尔街利益代言人的事实众所周知。以他的名字命名法案在政治上是不合适的，而且议会也绝不会通过该法案。但是，基础已经被夯实，而且时代已经改变，政治的主导力量已经异位。现在粉饰的工作量已经大大减少，当它重新出现时，门面上刻着政客的名字，而这个政客在公众看来代表着一种反华尔街的情绪。

第22章

被吞没的国会

利用立法让银行业卡特尔合法化的第二次努力；银行支持总统候选人伍德罗·威尔逊；他们的策略是让他当选，然后由威尔逊推动卡特尔立法；最后的结果是《联邦储备法案》成功通过。

1912年的选举是一次强权政治和选民欺骗术的教科书式演绎。共和党总统威廉·霍华德·塔夫脱（William Howard Taft）打算争取连任。与那个时代的大多数共和党人一样，他的政治生命离不开工业区的大企业和银行利益集团的支持。他之所以被选中担任总统，是因为他背后的利益集团希望他继续执行其前任西奥多·罗斯福的贸易保护主义政策，尤其是增强对拉美地区的糖、咖啡和水果市场的垄断。不过，在他当选后，他对卡特尔反而实施了更多的约束，从而招致了共和党的嫉恨。当塔夫脱拒绝支持奥尔德里奇提案后，最终的决裂来临了。他之所以拒绝，不是因为它会导致一个央行的出现，从而让政府对经济活动施加影响，而是因为政府并没有获得足够的控制力。他意识到杰基尔岛计划将让银行扮演舵手的角色，而政府则只是一个幌子。他不反对货币与政治之间的联姻，他想要的仅仅是政治势力应具有更大的发言权。银行不反对针对权力的平衡讨价还价，也愿意做出必要的妥协，但在这一历史时刻，他们真正需要的不是对该计划无动于衷的白宫主人，而是可以成为该计划的拥趸，并利用他的权力在国会中争取更多支持的总统。从那一刻时起，塔夫脱的政治生命可以说已经画上了句号。

这是一个普遍繁荣的时代，塔夫脱受到选民和共和党基层组织的欢迎和支持，看起来他连任几乎是铁板钉钉的事。民主党推出的总统候选人为威尔逊，他呆板的个性和冷漠的风格使得他无法有效地吸引选民支持。

进步党候选人

不过，当西奥多·罗斯福刚刚结束了非洲狩猎之旅回国后，摩根的代理人乔治·铂金斯和弗兰克·芒西（Frank Munsey）就登门劝说罗斯福与现任总统竞争夺党内提名。劝说无果后，他们就建议罗斯福以进步党候选人的身份挑战塔夫脱。到现在人们还不知道罗斯福为何要接受这样的提议，不过考虑到他的支持者的意图，这样做也不让人意外。他们不希望罗斯福赢得大选，不过，作为前共和党人，他们知道他会让共和党分裂，通过截流塔夫脱的选票，达到让威尔逊入主白宫的目的。

总统竞选需要钱，需要很多很多的钱。共和党的财力很雄厚，给它捐款的大部分都是希望自己的候选人输掉大选的人。不想惹出太多的麻烦又切断财路是不太可能的。因此，解决的办法就是同时给三名候选人捐款，同时把重点放在威尔逊和罗斯福身上。

一些历史学家尽管承认这些事实，还是一直不承认这种欺骗是有意识的。罗恩·彻诺说："到了1924年，摩根财团对美国政治的影响如此之深，以至于阴谋家们都不能告诉你哪个总统候选人对银行业更有利。"[1]不过每个人不必一定要像阴谋家那样辨识出欺骗存在的证据。费迪南德·伦德伯格告诉我们：

J.P.摩根公司无疑是1912年美国总统大选的主导者……提名大会前，罗斯福的支持者有乔治·W.铂金斯和弗兰克·芒西。确实，这两人鼓励罗斯福去与塔夫脱竞争党内提名……芒西是摩根公司在媒体界的代理人，根据摩根的利益需要而不时进行着买入、卖出、创建和压制新闻媒体的活动……铂金斯于1911年1月1号从摩根公司辞职，去扮演更有影响力的政治角色……

有人怀疑，这两人都不是过分热衷于让罗斯福胜选，这种怀疑似乎不无道理。铂金斯和芒西的想法可能是让威尔逊获胜……这种观点有一些证据可以证明：铂金斯通过克利夫兰·道奇而秘密地为威尔逊的竞选投入了大量的金钱，道奇和铂金斯的捐款大约有35500美元，这是位于特伦顿的名为《真正美国人》（*True American*）的报纸披露的，该报纸一直在全国范围内为威尔逊的竞选造势。

纵观这三人的竞选，芒西和乔治·铂金斯一直是罗斯福的铁杆支持者，给钱，帮助润色演讲稿，到华尔街拉金主，总之，把整个竞选担子都挑了起来，目的就是为了打败塔夫脱……铂金斯和J.P.摩根公司是进步党的资金后盾，其他的一切都是幌子……芒西给进步党的现金捐款使他在1912年的政治捐款达到了229255.72美元。加上铂金斯，二人的总捐款超过50万美元，而芒西又额外花费了10万美元从亨利·爱因斯坦（Henry Einstein）手里购得纽约新闻社，帮助罗斯福有了一份支持自己的纽约市晨报。正如克拉普委员会（参议院特权和选举委员会）从罗斯福那里了解到的，铂金斯和芒西还为罗斯福的选举拉票火车之旅承担了不菲的开支。简而言之，罗斯福竞选资金大部分来自两个忠诚于摩根的政客，他们的目的就是要看到塔夫脱

---

[1] 彻诺前引书，第254页。

连任失败。[1]

摩根公司并非华尔街上唯一一家为这场三方较量、致力于挫败现任总统的大选背书的银行。库恩–勒布公司的菲利克斯·沃伯格按照惯例资助共和党人的竞选活动，不过他的兄弟保罗·沃伯格和雅各布·希夫则支持威尔逊，另一个合伙人奥托·卡恩却支持罗斯福。给民主党竞选活动捐款的其他共和党大佬包括伯纳德·巴鲁克、亨利·摩根索（Henry Morganthau）和托马斯·福琼·赖安（Thomas Fortune Ryan）。[2]而卡特尔中的洛克菲勒阵营也深深卷入了这场选战。威廉·麦卡杜是威尔逊的全国竞选组织的副主席，他透露说洛克菲勒的国民城市银行的克利夫兰·道奇个人捐助了51300美元——相当于其他所有捐款的四分之一还要多。在麦卡杜的口中，"他是上帝之赐"。[3]费迪南德·伦德伯格把道奇描述为"伍德罗·威尔逊背后的金融天才"。然后，他继续说道：

> 威尔逊的提名对克利夫兰·道奇——国民城市银行总裁、道奇铜与军火公司创始人的后裔——来说是一场个人胜利……提名也意味着赖安、哈维和J.P.摩根公司取得了胜利。在这一时刻，与道奇分享胜利的还有国民城市银行的联合总裁——年轻的J.P.摩根二世，现在他是摩根公司的头号人物，以及雅各布·希夫、威廉·洛克菲勒、J.奥格登·阿穆尔（J. Ogden Armour）和詹姆斯·斯蒂尔曼（James Stillman）。总之，除了乔治·贝克，普若委员会所谓的"货币托拉斯"大亨们都在其中。[4]

就这样，货币学家仔细挑选他们的候选人并着手为他的胜利铺平道路。这种策略堪称精妙。谁会相信华尔街会支持一个民主党人，尤

[1] 伦德伯格前引书，第106–112页。

[2] 柯尔克前引书《保守主义的胜利》，第205–211页。

[3] 麦卡杜前引书，第117页。

[4] 伦德伯格前引书，第109、113页。

其是这个政党的纲领中写着这样的话："我们反对所谓的奥尔德里奇提案或设立中央银行的决定，也就是众所周知的货币托拉斯。"

多么具有讽刺意味啊！服务于工人的政党、托马斯·杰斐逊创建的政党——成立到现在才不过几代人的时间，但这个肩负着反对设立中央银行的使命的政党，现在竟然去拥抱一个大力支持华尔街金融业的政客，还同意一项设立联邦储备系统的隐秘计划。正如乔治·哈维（George Harvey）后来吹嘘的那样，金融投资人对于威尔逊"那些损害金融家利益的激进演讲并没有敌意，因为参与政治游戏的人必须这样讲话"。[1]

威尔逊的全国竞选组织的副主席、后来的财政部长威廉·麦卡杜是这所有一切事件的亲历者，他说：

任何一位竞选人的主要竞选资金来源都是那些怀揣个人目的的人——而竞选金库则是磨刀石……事实是这个国家正面临被金权民主主义控制的危险。也就是说，这是一个虚假的共和国，美国政府仅仅是一小撮拥有巨额财富的人的木偶，他们通过其财富发话，把他们的影响贯彻到美国的每个角落，即使到现在依旧如此。

经验显示，控制一个政党最实用的方法就是给它捐款，而且是巨款。这有助于巨款金主与政党领导层之间形成亲密的关系。有了接触，有了影响，其余的一切就搞定了！[2]

让他们爱恨交加的货币托拉斯

罗斯福实际上根本就不关心银行业问题，可能是因为他对这个领域并不了解。此外，即使凶悍的"反托拉斯能手"赢得了总统大

---

[1] 伦德伯格前引书，第120页。
[2] 麦卡杜前引书，第165–166页。

选，金融投资家也没有什么惧怕的。尽管他反对大企业的立场尽人皆知，但他真实的政治理念还是相当被华尔街认可的。正如彻诺所观察到的：

尽管罗斯福－摩根之间的关系有时候可以用讽刺漫画形容成反托拉斯能手与托拉斯国王之间的关系，不过实际上他们之间的关系远比上述比喻更加复杂。公开的争论掩盖下的是更为深层的意识形态上的同路人关系……罗斯福视托拉斯为经济发展的一种自然和有机的产物。他认为阻止托拉斯就像尝试在密西西比河上筑坝一样。不管是罗斯福还是摩根都不喜欢19世纪不平衡、利己主义的经济，而是赞成以大企业为核心的经济结构……在两者的博弈之间，总是在上演刀光剑影的戏剧，仿佛他们之间存在很大的怨仇，但实际上并非如此……罗斯福和摩根其实是秘密的兄弟。[1]

因此，正如沃伯格在1912年1月（也就是大选的十个月前）的日记中写到的那样，罗斯福"由于赞成奥尔德里奇提案的立场，几乎可以说已经赢得了大选"。[2]

尽管在这些事务上有着心照不宣的理念契合，但无论是威尔逊还是罗斯福，都还是全身心地演绎着自己的角色——由于私下里接受了华尔街最有实力的银行的捐款，他们公开支持让人热血沸腾的反对"货币托拉斯"的改革运动。罗斯福高调宣称"货币发行的权力应掌握在政府手中，而且货币发行应避免被华尔街操纵和控制"。[3]而且他多次重复进步党的纲领，因为该党纲领里写着："我们反对所谓的奥尔德里奇货币法案，因为它将把我们的货币和信贷系统置于私人控制之下。"同时，其对手威尔逊则宣称：

这个国家中的企业管理正出现一种异常危险的集中趋势……因

---

[1] 彻诺前引书，第106–112页。

[2] 沃伯格前引书，第1卷，第78页。

[3] 亨利·S.康马杰编：《美国历史文献》（纽约：F.S.柯福慈公司，1940年版），第77–79页。

此，我们国家的发展，我们所有的活动，都掌握在一小撮人手中……这个货币托拉斯，或者正如它的正确叫法，这个信贷托拉斯……并非空穴来风。[1]

在选战中，塔夫脱被描绘成大企业和华尔街银行业的拥趸——当然，他确实也是。不过罗斯福和威尔逊也一样。主要的区别在于塔夫脱是依据他的实际政治表现被定性的，而另外两人则是根据他们的言论被定性的。

选举的结果正如战略家预期的那样。威尔逊只赢得普选票的42%，当然，这表明58%的选民不支持他。如果罗斯福没有参选的话，他的选票无疑将流向塔夫脱，而威尔逊将只是个陪衬。豪斯上校若干年后向其传记作者乔治·维雷克吐露："威尔逊是靠着罗斯福才当上总统的。"[2]

既然中意的人已经入主白宫，让国会通过杰基尔岛计划就进入到了最后的阶段。国会中最后的反对阵营由民主党的民粹主义分子组成，其中的领袖人物是威廉·詹宁斯·布莱恩。这个集团的问题在于他们的意识形态立场很坚定，他们是发自内心地反对货币托拉斯。尽管欺骗选民是一件比较简单的事，但要对付这群政治老手并非易事。现在需要的是一个全新的法案，表面上要对该法案做出相当大的修改，从而换得布莱恩这一派不再掣肘。但是，计划的本质内容并没有改变。为了完成关键的最后一击，具有丰富政治运作经验的高手就显得不可或缺了。很幸运，白宫里面恰好有这样一个人，可以在这个关键时刻助一臂之力。他并非美国总统，而是豪斯上校。

---

[1] 卡特·格拉斯：《结构性金融中的风险》（纽约：双日出版社，1927年版；阿诺出版社，1975年再版），第78-79页。

[2] 维雷克前引书，第34页。

豪斯上校的角色

豪斯上校在英国接受教育，他的父亲作为英国商人的代理与美国南部有经贸往来，豪斯上校也是通过伦敦的社交关系开始涉足公众事务的。从前面的章节可以看出，也许比起任何其他美国人，他更有资格充当美国加入一战协约国阵线的推手，之后，他又通过摩根财团向英国和法国提供了大量的贷款。他不仅帮助威尔逊在民主党大会上获得党内提名，也成为总统的忠实伙伴和私人顾问，在很多方面还是总统的政治导师。通过豪斯，威尔逊关注到了货币托拉斯的诉求，也是豪斯在外交和经济政策方面给了总统很多建议。阿瑟·史密斯（Arthur Smith）是一名受人尊敬的传记作者，他在1918年曾经写道，豪斯"拥有本世纪椭圆形办公室以外的人从不曾拥有的权力，他拥有的权力让所有政治大佬或内阁成员相形见绌"。[1]另一位近代的传记作者乔治·维雷克的评论相对理性，但也把豪斯描绘成"合众国的首席行政官"、"超级大使"、"在大海上驾驶轮船的舵手"。[2]他还说：

六年里，白宫北翼的两个房间归豪斯上校使用……在工作和娱乐方面，他们俩的想法完全一致。豪斯几乎就是威尔逊的复制版。豪斯像是内阁的顶梁柱，他制定了威尔逊政府的第一批政策，实际上主导着美国的外交事务。说实在的，我们其实有两位总统……

希夫家族、沃伯格家族、卡恩家族、洛克菲勒家族、摩根家族都信任豪斯，当联邦储备系统立法初具雏形时，豪斯就是白宫与金融家之间的中介。[3]

看看豪斯上校的个人日记，可以看出他的办公室几乎就是杰基尔

[1] 阿瑟·史密斯：《真实的豪斯上校》（纽约：乔治·多兰公司，1918年版），第14页。

[2] 维雷克前引书，第4页。

[3] 同上，第4、35、37页。

岛计划团队的指挥部。从下面的每日记事中可窥一斑：

1912年12月19日：我与保罗·沃伯格在电话中就货币改革进行了交流，我向他通报了我的华盛顿之行，以及我为了让事情走上正轨而做的努力。

1913年3月24日：我五点钟约了卡特·格拉斯（Carter Glass）。我们是坐在车里谈话的，为的是避免别人打扰……晚饭后，我对总统谈到了这件事，并建议由麦卡杜和我负责把格拉斯的建议形成正式的文件，由总统背书后提交给欧文（参议院金融委员会主席）。

1913年3月27日：杰克·摩根先生和其公司的丹尼先生准时于5点来到。麦卡杜十分钟后出现。摩根手里有一份已经起草完毕并打印出来的货币计划。我们就该计划做了相当时间的讨论。是我建议他用打字机把计划打印出来并于当天送给我们的。

1913年10月19日：下午近傍晚时，我见到了密苏里州参议员里德，并与他讨论了货币问题。

1913年10月19日：我的第一个访客是保罗·沃伯格，他与我讨论了货币问题……参议员默里·克莱恩（Murray Crane）之后也来了。他一直与货币委员会的参议员威克斯和尼尔森保持着接触。

1913年11月17日：保罗·沃伯格在电话上向我讲述了华盛顿之行。他被货币形势困扰不已并请求与我会面，雅各布·希夫和克利夫兰·道奇会和他一起来。

1914年1月21日：晚餐后我们（威尔逊和豪斯）像往常那样来到总统书房开始讨论联邦储备委员会的人员任命。[1]

单就银行业问题而言，豪斯上校实际上扮演的是美国总统的角色，所有利益相关方都心知肚明。威尔逊并不掩饰自己在银行理论上的无知，他说："我政治生涯中最感到困窘的事一直是我的工作使得

---

[1] 西摩前引书，第1卷，第161–168页。

我没有时间去做深入的调查。我看起来几乎是被迫依靠各种表层印象
而不是通过研究作出决策……我希望我掌握更多的知识，更全面地了
解情况，从而对涉及的问题作出正确的决策。"[1]查尔斯·西摩对此
有所补充："豪斯上校不知疲倦地向总统提供自己搜集的材料……上
校是这个法案的隐形守护天使。"[2]

奥尔德里奇计划的终结

杰基尔岛计划团队的首要任务是给奥尔德里奇计划办一个"葬
礼"，但并非事实上终结该计划。拉夫林教授最终同意沃伯格的观
点，即把奥尔德里奇的名字加到任何银行法案上都并不理智，尤其是
现在民主党人控制着参众两院，而总统也是民主党人，所以他急于
给法案取一个新的名字。在国家公民联盟的官方出版物《银行改革》
（*Banking Reform*）中，拉夫林写道："奥尔德里奇计划出现又消失
是一种进步。人们对此话题的兴趣被唤醒也是一种进步。"他说，现
在国家公民联盟可以自由地"协助形成一个能够被民主党人认可的法
案"，这个法案"是非必需品……要与老版法案有所区别"。[3]

不久民主党人就提出了自己的法案。实际上，这样一个过程甚
至在1912年的大选前就已经开始了。奥尔德里奇计划的最大反对声音
来自众议院银行和货币委员会的民主党主席——弗吉尼亚州的众议员
卡特·格拉斯。而且正是格拉斯负责起草新计划。不过，据他自己
承认，他实际上不具备银行方面的专业知识。为了补这方面的课，

---

[1] 西摩前引书，第1卷，第160页。

[2] 同上。前文曾提到，麦卡杜认为自己对于创建美联储的贡献更大。同样，卡特·格拉斯在自己的著作《结构性金融中的风险》一书中提到，相比于豪斯，他更有资格赢得创建美联储的荣誉。不过，无论是麦卡杜还是格拉斯，都不是幕后权力的一部分，而恰恰是本故事的核心，两人都没有说到底是谁在真正主导这件事。

[3] 柯尔克前引书《保守主义的胜利》，第222页。

也为了起草法案的需要，他从华盛顿李氏大学（Washington and Lee University）聘请了一名经济学老师亨利·威利斯。威利斯一直是拉夫林教授的学生和门徒，并且一直以来受聘于国家公民联盟担任技术文档撰稿人。对于这种关系的重要性，柯尔克有下面的解释：

整个1912年的春天，威利斯一直在与拉夫林通信，信的内容包括他在格拉斯委员会的工作、他与上级的关系，以及华盛顿的流言蜚语。老教授的建议很受尊重……"你来了以后，"他就自己写的一份备忘录致信拉夫林，"我希望把这份备忘录给你看，因为其中包含了您的批评指导。"两人之间的师生关系仍然相当亲密……

拉夫林、豪斯上校和格拉斯密集地就改革事宜咨询重要的银行家，为银行家之间的意见交流起到了桥梁的作用，而且在法案起草期间一直存续，作用很大……另外，豪斯上校也会在一月份的下旬和弗里克、奥托·卡恩及其他人谈话，接下来的几个月，他还会会晤范德里普、杰克·摩根和其他银行家，讨论的话题当然是货币改革……为了确保改革让银行家们更加满意，定期且密集的私下沟通一直在整个二月和三月进行着，参与的人有格拉斯、豪斯和威尔逊……（国家公民）联盟十分赞赏格拉斯，而银行家则感觉越来越自信，因为豪斯上校都开始拜访格拉斯，并对他的货币观点表现出兴趣……

新总统承认对金融业理论或实践"一无所知"。11月，格拉斯对豪斯也有相同的表态，这种知识的真空具有极端重大的意义。整个银行改革运动，在所有的关键阶段，都掌握在一小撮人手中，而这些人相互之间的联系已经有很久的历史，这种联系不仅体现在意识形态上，也体现在私人关系中。[1]

---

[1] 柯尔克前引书《保守主义的胜利》，第219–228页。

格拉斯-欧文提案浮出水面

在1913年撰写的《委员会报告》中，格拉斯反对奥尔德里奇提案，理由是缺乏政府管控。他这样评论道：法案把权力集中到纽约大银行手中；法案为通胀打开了大门；法案没有估算纳税人需要承担的真正成本；而且法案确立了货币垄断。所有这些都是正确的。格拉斯总结道，这个国家需要的是一种崭新的安排，一个并非货币托拉斯代理人起草的真正的改革法案，而且法案要真正满足普通人的需要。这也是完全正确的。之后，他提出了自己的提案，该法案由威利斯起草，起草过程也得到了拉夫林的指导和启迪，这个法案就每个重要的细节而言，实际上是已经被埋葬的奥尔德里奇提案的借尸还魂，只是穿上了一件新衣裳。

格拉斯提案不久就与参议员罗伯特·L.欧文（Robert L. Owen）提出的类似议案合并，成为新的格拉斯-欧文提案。尽管刚开始格拉斯与欧文在政府控制银行业的程度方面有一些不太尖锐的分歧，但欧文的基本观点与威利斯和拉夫林一致。在参议院任职时，欧文同时还是俄克拉荷马州的一家银行的总裁。跟奥尔德里奇一样，他也是好几次游学欧洲，去研究英格兰银行和德国中央银行的运作，他基于对上述央行模板的考察和研究，提出了自己的提案。

提案人的那些反华尔街的豪言壮语，让卡特尔中那些非学院派的成员变得神经兮兮。沃伯格试图去安抚他们的不安，同时，他更加卖力地吹嘘自己才是真正的提案作者，发表文章逐个比较奥尔德里奇提案与格拉斯提案的差别。分析显示，两个法案不仅在所有的基本条款上保持一致，甚至其中的整段文字的用词都一样。[1]他写道："于是，撇开那些影响'外壳'的外部差异，我们发现两个系统的'核心

[1] 沃伯格前引书，第1卷，第98页。

部分'非常相似，而且相互关联。"[1]

格拉斯提案的成功之处，在于它造成了一种印象，就是它反映了金融界的各种观点。最后，格拉斯和他的委员会举行了公众听证会，目的就是让每个人都有机会把自己的想法和观点表达出来。当然，这就是走个过场。提案的第一稿已经在听证会举行前的几个月完成。按照惯例，众议员林德伯格和其他反对杰基尔岛计划的见证人无法作证发声。[2]媒体对听证会做了广泛的报道，而公众得到的印象是专家们都赞成法案。柯尔克做了如下总结：

尽管他们对自己的工作持有审慎的信心，而且格拉斯确信举行听证会是有益的，但他们还是选择了最能获得公众赞同的提案内容进行讨论，并确保听证会过程不会发生意外……公众以为，召开听证会时还没有起草提案，所以威利斯的草稿从来没被人提起，更不用说对外界披露了……1913年1月和2月举行的格拉斯小组委员会的听证会只不过是一次友好聚餐。[3]

银行家的分裂

公众并非这场骗局的唯一受害者，银行业自己也不幸深陷其中——至少是那些比较小的、被排挤在华尔街权力中心之外的银行。早在1911年2月，美国22名最有实力的银行家就在大西洋城召开了一次为期三天的闭门会议，会议最后推出一项战略，就是动用政府的力量批准和维持银行卡特尔的存续和发展，并要推动中小型银行认可这个观点。这些人公开谈论的话题是建议未来的卡特尔将中小型银行置于大银行的控制之下，但把这项议题提交给这些中小型银行以便取得

[1] 沃伯格前引书，第412页。
[2] 林德伯格前引书，第129页。
[3] 柯尔克前引书《保守主义的胜利》，第225页。

他们的支持和背书时，议题的真实目的必须含糊，不得让这些中小型银行知晓议题发起人的真实意图。[1]

美国银行家协会的年会在闭门会议的几个月后举行，为奥尔德里奇提案背书的一项决议在全体大会上以绝对多数顺利通过，让许多出席者大为沮丧。安德鲁·弗雷姆（Andrew Frame）就是其中的一位。他是西部银行业的代表，曾在上面提到的格拉斯小组听证会作证，对这个骗局他做了如下描述：

货币法案被提出时，距离在新奥尔良召开的1911年度美国银行协会年会已经没多少时间了。与会的银行家中，只有不足百分之一的人读过该提案。大会上，支持该提案的演讲有12次之多。来自得克萨斯州奥斯汀的吉纳雷尔·汉比（General Hamby）给会议主席瓦茨（Watts）写了一封信，请求举行否决该提案的听证会。他并没有得到一个很绅士的答复。我拒绝就此投票表决，而且很多银行也与我持相同的立场……不支持该提案的所有人都会被扫地出门。[2]

有意思的是，在弗雷姆作证期间，众议员格拉斯对于公共论坛上只有一种声音并没有作出任何评论。他也没办法评论，因为随后他处理自己的提案时，也采用了这种方式。

由于以格拉斯–欧文提案（欧文是参议院方面的共同发起人）命名的《联邦储备法案》即将诞生，奥尔德里奇和范德里普在公众面前都表现出更加积极的反对立场。他们不放过任何一个可以通过媒体表达自己立场的机会——或者任何其他有影响力的公共途径——表达他们对这个可怕法案的发自内心的憎恶。范德里普警告法定通货和猖獗的通货膨胀在道德上是邪恶的。奥尔德里奇指责格拉斯–欧文提案是对健康的金融业和良善政府的威胁。范德里普预测股票市场将催生出

---

[1] 罗斯巴德前引书《金钱危机》，第101页；柯尔克前引书《保守主义的胜利》，第186页。

[2] 姆林斯前引书，第13页。

投机和动荡。奥尔德里奇酸溜溜地抱怨，提案就其性质而言具有"颠覆性"，并"是让我们的政体从民主体制转向独裁统治的第一步，也是最关键的一步"。[1]

伪装被卸下

所有这一切仅仅是一种高水平的表演，在11月13日举行的纽约经济学会上，范德里普受邀与众议员格拉斯进行了一场辩论后，证明了这种表演的性质。有1100名银行家和商人与会，而范德里普压力重重，因为他要在这个精英集团面前做一次精彩的亮相。这次辩论让他不堪重负，在绝望的那一刻，他最终卸下了伪装。"好几年以来，"他说，"银行家几乎一直是这类立法的唯一倡导者，现在希望他们反对这样一项很合理的法案，并且让我们也跟他们一道反对，这是很不公平的。"[2]22年以后，当不再需要任何借口和伪装后，范德里普就可以直抒胸臆、一吐为快了。他在《周六晚邮报》刊文写道："尽管奥尔德里奇的联邦储备计划由于加上了奥尔德里奇的名字而夭折，但它的所有关键条款都被最终通过的法案所吸收。"[3]

财政部长威廉·麦卡杜在他的自传中有以下的评论：

银行反对联邦储备立法——而且是《联邦储备法案》的每项条款——就如同一名精力无穷的消防队员在扑灭森林大火。他们评论这个法案充斥着民粹主义论调，而且不成熟，具有破坏性，幼稚、构思低劣，而且不切实际……

对银行家的采访让我得出一个有趣的结论。我逐渐认识到尽管表

[1] 奥尔德里奇写给约翰·施莱切的信，1913年7月16日；奥尔德里奇写给塔夫脱的信，1913年10月3日。见于国会图书馆中尼尔森·奥尔德里奇的文件。

[2] 弗兰克·范德里普在纽约经济俱乐部的演讲，1913年11月13日。也见于格拉斯前引书，第125、168–176页。

[3] 弗兰克·范德里普：《从农场男孩到金融家》，载于《周六晚邮报》，1933年2月9日，第72页。

面上是喋喋不休的争论，实际上银行界从来就没有像它装腔作势声讨的那样真正反对过这个提案。[1]

整个剧情的关键在于大众心理学。自从奥尔德里奇被认为与摩根利益集团有关联，而范德里普则是洛克菲勒的国民城市银行的总裁，公众很自然地联想到"货币托拉斯"很不欢迎《联邦储备法案》。在有影响力的出版物中，只有《国家》（*The Nation*）杂志指出了奥尔德里奇和范德里普所反对的每一个条款都成出现在之前的奥尔德里奇提案中。不过这个独孤的声音很容易被淹没在宣传浪潮中。

格拉斯提案的特点是比较灵活，从一开始它的起草就只修改细枝末梢，而这样做的目的是想显示似乎已经做出了妥协，以便为各个政治势力所接受。由于几乎没人具备央行方面的专业背景知识，因此贯彻这一战略非常容易。基本策略就是把辩论的话题聚焦到相对不那么重要的议题上，比如地区银行的数量、董事会的结构，以及董事会选举程序，等等。当真正的关键议题无法避免时，对策就是口头上都应承下来，但在撰写正式文本时采用模糊的语言表述。通过这种方法，他们为后来的最终目标的实现微微打开了后门。他们的目标是，先让法案通过，之后再完善细节。

豪斯和沃伯格感到害怕的是，如果他们要一直等到万事俱备，那他们将一无所获，或者更糟的是，反对设立中央银行的反对派将有能力集合力量并通过另一套改革法案。威利斯在一份写给恩师的信中谈到："更好的选择是先拿到半个面包，而不是完全失去得到整个面包的机会……所谓的'进步'因素——比如林德伯格和他的支持者的观点——会危及立法的通过。"[2]格拉斯同意这个观点。在向那些反对纽约银行控制权的中小型银行灌输自己的观点时，他曾经警告道：

---

[1]　麦卡杜前引书，第213、225–26页。

[2]　威利斯写给拉夫林的信，见于国会图书馆的拉夫林文件中1912年7月14日、18日的档案。

"除非这个国家中持保守立场的银行家愿意放弃某些东西来支持这个法案，否则在立法后我们能得到的将寥寥无几，或者说根本什么都得不到。"[1]

布莱恩的最后通牒

民粹主义者威廉·詹宁斯·布莱恩被认为是当时国会中最有影响力的民主党人，显然，如果没有他的批准和支持，《联邦储备法案》从一开始就没有通过的可能。正如查尔斯·西摩所观察到的那样："议员对党的忠诚让他不会去反对《联邦储备法案》，尽管他并没有完整地理解这个法案……他在党内拥有影响力，可以摈除那些与他的个人理念不一致的意见。"[2]

布莱恩已经说过，他将不会支持任何导致私人银行自行发行货币的提案。他坚持货币发行只能是政府才能做的事。1913年的仲夏，当他看到法案的草稿时，他很失望地发现不仅货币可以由私人银行发行，而且中央银行的整个管理层都充斥着来自私人银行的官员。他立即发出了最后的通牒，强烈要求：（1）联邦储备的票据必须是国库通货，只能由政府发行并担保；（2）管理层必须由总统任命并通过参议院的批准。

豪斯上校和其他货币专家明白，要想让法案获得最后通过，这些条款是必需的，不过，作为杰出的战略家，策划者小心翼翼地把这些条款排除在早期草案起草进程之外，这样它们就能被当做讨价还价的筹码，并在以后以妥协的形式作为让步添加进去。再者，由于实际上没有人能从技术层面真正了解法案，他们知道要糊弄反对者是非常

---

[1] 格拉斯写给费斯图斯的韦德的信，转引自柯尔克前引书《保守主义的胜利》，第234页。

[2] 西摩前引书，第1卷，第173页。

容易的事，只要制造出一种让步妥协的氛围就足够了，而在实际操作中，最初预期的关键条款都能被保留下来。

神奇的启示

很多年以后，卡特格拉斯在自己的名为《结构性金融中的风险》（*Adventures in Construdive Finance*）一书中披露了这个骗局的性质。从该书中我们了解到，布莱恩发出最后通牒后，格拉斯被召到白宫并且从威尔逊那里得知已经作出决策，即联邦储备券就是美国政府的负债。"我一时间无语了！"格拉斯写道，之后他又提醒总统，新货币只有很少量的黄金作支撑，大部分是政府和商业债务以及私人银行的资产。"它只是面上的一个借口，"他这样说，"是否曾经有一种政府纸币主要是依据金融机构的财产发行的？是否除非银行有需求，否则政府连一个美元的债券都发不出去？法案所谓的政府职责根本遥不可及，永远也不可能发挥作用。"

对此总统解释道："正是这样，格拉斯。你说的每个字都是对的；政府的责任仅仅是一种想法。同样，如果我们能抓住事情的本质，庇护其他同伴，何乐而不为呢，只要我们能拯救法案不就行吗？"[1]

几年后，保罗·沃伯格对此做了进一步的解释：

尽管从技术和法律层面理解，联邦储备券代表了美国政府的一种责任，但实际上它是以储备银行的责任为前提的……只有联邦储备银行倒闭后，政府才必须接管这个责任。[2]

我们应当对沃伯格的解释做详细的说明。这是一个让人难以置信的重要声明。策划建立联邦储备系统的人告诉我们，联邦储备券就是

---

[1] 格拉斯前引书，第124—125页。

[2] 沃伯格前引书，第1卷，第409页。

私自发行的货币，而发钞银行的潜在损失由纳税人承担。本书中最有争议的观点之一是，杰基尔岛会议的目标之一是把卡特尔的损失由各家银行转嫁给美国纳税人。沃伯格自己也承认了这一点。

不过让我们回到1913年。布莱恩的第二个要求——由政治家控制联邦储备系统，而不是让银行控制——也由所谓的"妥协"而得到了满足。除了之前提议的地区银行的理事会，现在还将设立一个中央监管委员会，该委员会被命名为联邦储备委员会，由总统根据建议任命其成员并提交参议院审批。[1]因此，通过权力分享、利益融合和权力制衡，公众利益得到了保护。威尔逊说，采用这种方法，"银行更像是贸易和私营企业及组织的工具，而非主人"。[2]

这种安排被誉为是代议制政府行使职能的一次大胆的、崭新的试验。但从事实上看，它是货币与政治学家之间的古老伙伴关系的再现。唯一的新亮点是，现在公众觉得权力分散了。所有的考量和大多数决策都是秘密作出的。此外，权力和责任在这些利益集团之间的分散配置被故意弄得含糊不清。没有详细的命令或者更加清晰的职能概念，随着法案的起草，真正的权力将不可避免地落入那些具备这方面专业知识的人和与华尔街有勾连的人手中。对于起草法案并策划作出妥协的货币专家来说，几乎不用怀疑，有效的控制权将最终落入他们手中。并且，正如我们将在下一章看到那样，后来发生的事件证明了这种战略的有效性。

布莱恩为法案背书

布莱恩不是杰基尔岛谋略家的对手，他接受了所谓的"妥协"，

---

[1] 最初的计划是让财政部长和货币监理署长也跻身委员会，不过这一设想后来被放弃。

[2] 格雷德前引书，第277页。

只是赢了面子。如果说他脑海中还有疑虑的话，也已经因为自己被任命为威尔逊政府的国务卿而一扫而光。现在的他也是团队的一员了，他宣称：

> 总统给我机会为人民服务，让我深感自豪。他的立场是接纳与货币改革有关的所有基本原则，而且我在所有细节问题上也都和他持相同立场……政府发行货币的权力并没有交给银行；政府并没有让渡对如此发行的货币的控制权……我很高兴以一种认真和坦诚的态度为这项货币法案背书，因为此时此刻的法案比我设想的更好……各种冲突的观点已经通过协调得到了超乎预期的统一。[1]

随着布莱恩的反水，不再有人对最终的结果持怀疑态度。《联邦储备法案》于1913年12月22日在参众两院的联合委员会上被通过，这个时间点，国会议员们正盼望着圣诞节到来后的国会休会，早就没有了辩论的心思。在众议院的表决结果是282票赞成、60票反对，而在参议院，表决的结果是43票赞成、23票反对。第二天，总统在法案上签字，法案正式成为法律。

国会也被攻克了。

本章总结

塔夫脱总统，尽管是服务于大企业的共和党人，却拒绝支持企图设立中央银行的奥尔德里奇提案，这标志着他的政治生命的终结。货币托拉斯需要的是一名积极推进该法案的总统，而他们选中的人是伍德罗·威尔逊，他已经公开宣誓忠诚。威尔逊在民主党全国大会上被提名，全仰仗豪斯上校，后者是摩根和沃伯格的密友。为了确保塔夫脱不会赢得连任，货币托拉斯鼓励前共和党人总统泰迪·罗斯福竞

---

[1] 格拉斯前引书，第139–142页。

争进步党的总统候选人提名。正如计划的那样，罗斯福从塔夫脱手里分流走了共和党人的选票，而威尔逊以不足半数的普选票成功当选总统。威尔逊和罗斯福在竞选时都信誓旦旦地表示反对货币托拉斯，并指出它的邪恶之处，同时，他们自始至终都依靠同一个托拉斯的资金资助。

威尔逊当选后，准确地说，是豪斯上校入主白宫，他才是那个隐形的美国总统。在他的指导下，奥尔德里奇提案接受了整形手术，然后以格拉斯-欧文提案的面目重新出现。尽管掺入了民主党的元素，实际上从基本面来说，这个法案依旧是原来的那个杰基尔岛计划。奥尔德里奇、范德里普和其他华尔街的利益捍卫者以反对格拉斯-欧文提案为借口，让国会和公众相信大银行都害怕这一法案得到通过。最终的法案里面加入了很多好的条款，目的是让法案更容易在国会辩论中通过，不过事先的计划是在法案通过后的几年内让这些条款作废。为了赢得以威廉·詹宁斯·布莱恩为首的民粹派的支持，杰基尔岛团队同样策划了那些看起来是妥协的表象。正如威尔逊评论的那样，这些表象在实际操作中仅仅起到掩饰的作用，而实质性的条款都仍旧得以保留。简而言之，这是一次带有欺骗性质、但充满智慧光芒的政治心理学杰作，在如此完美的计谋攻击下，美国国会如同被玩弄于股掌之间。结果是1913年12月，美联储正式诞生了。

第23章
丰盛的鸭子晚宴

联邦储备政策如何引发1929年的华尔街股灾；货币供应的扩张作为一种拯救英格兰经济的手段；股市和房地产领域的投机导致波动；联邦储备委员会预见到了大崩盘，甚至引发和推动了触发大崩盘的各种事件。

有个故事讲述的是一个新英格兰的农夫，在他的农场中有一口小水塘。每个夏天，一群野鸭频繁光顾这个水塘，不过尽管这个农夫很用心，却总是无法逮住一只野鸭。不管他早上来得多么早，或者无论他怎么伪装，也不管他学哪种鸭子的叫声，这些狡猾的鸭子总是能嗅到危险的气息，并避开圈套。当然，秋天来到时，这些鸭子会南飞越冬，农夫想搞一顿鸭子晚宴的冲动倒是越来越强烈了。

于是他想出来一个主意。一开春，他就开始把谷物抛洒在池塘四周。鸭子喜欢谷物，而且由于池塘周围一直有谷物出现，不久鸭子就不再入水游嬉，而是都去吃这些谷物了。过了不久，它们习惯了农夫的出现并且开始相信这个农夫。它们看到这是一位能施舍给它们的恩主，于是更大胆地靠近这个农夫，也不再有害怕的感觉。生活好滋润啊，它们忘记了如何去飞翔。不过这还不是最重要的，因为它们现在变得如此肥胖，想飞都飞不起来了。

秋季来了，鸭子还是留在原处。冬天来了，池塘的水面结了冰。

农夫搭建了一个棚子让鸭子过冬。鸭子很开心，因为不需要长途飞翔去过冬了。而农夫尤其开心，因为在冬天的每个星期，他都能享受到美味的鸭子宴。

这就是20世纪30年代美国大萧条故事的翻版。

权力的巩固

当《联邦储备法案》提交给国会后，其中的很多关键条款的用词都模棱两可。一些细节干脆就整段被删掉。这是一种战术，目的在于避免在细节上出现争论，并为以后的解释留出余地。这样的考虑是先让法案得以通过，之后再对法案做修改。自此以后，法案经历了195次的修改，扩大了联邦储备系统的权力和管辖范围，以至于现在的联邦储备系统连当初给它投赞成票的参众两院议员都不认得了。

1913年，公众厌恶财政权力集中在少数华尔街银行手中，这些银行对《联邦储备法案》的通过起到了推波助澜的作用。为了让公众觉得新的系统会终结纽约"货币托拉斯"的统治，正如该法案的名称所体现的那样，公众被告知联邦储备系统将不会代表任何一个集团或地区的利益。相反，它把权力划分给十二个地区联邦储备系统分享，而且没有一家银行有能力起到统治作用。不过，正如加尔布莱斯指出的那样，地区分权机构的设计"对于增强地方的自豪感以及平息农民的怀疑不无裨益"。不过从长远来看，这并非策划者重点考虑的内容。

刚开始，地区支行就严肃地对待自己的自治权利，而这也导致全国委员会内部成员之间的冲突。联邦储备委员会由代表不同经济部门、出于政治考量而任命的人组成。他们并非联邦储备系统下面的各分支机构的领导的对手，因为这些人都是具有丰富金融业从业经验的银行家。

纽约"货币托拉斯"的回归

本杰明·斯特朗任行长的纽约联邦储备银行引起的权力斗争最为激烈。斯特朗有人脉，也富有经验。据回忆，他是杰基尔岛上规划卡特尔架构的六个人之一。他一直领导着摩根银行家信托公司，与豪斯上校关系密切。他还是英格兰银行行长蒙塔古·诺曼的亲密朋友，也是法兰西银行行长查尔斯·里斯特的挚友。最重要的是，他是联邦储备系统下属的纽约联邦储备银行的行长，该行是美国最大的银行，本身就是一个"货币托拉斯"。从一开始，全国委员会和地区分行就归纽约支行管理。斯特朗采取的是独裁管理，经常不与华盛顿的联邦储备委员会协商就制定美联储政策。

美国加入第一次世界大战刺激了美联储权力的扩大。美联储成为财政部唯一的财务代理人，并发行了联邦储备券，实际上美国商业银行的所有黄金储备都存放在美联储的地下金库里，最初版本的法案中的很多立法限制都被废除掉。当这个国家处于战争状态时，选民们对其的关注度自然就少了很多。

《美国的六十大家族》一书的作者费迪南德·伦德伯格认为，权力集中于这个美联储本应极力反对的"货币托拉斯"：

实际运作当中，纽约的联邦储备银行是由12个地区支行组成的联邦储备系统的龙头。其他11家支行如同造价昂贵的坟墓，其设立和存在只不过让所在地区感到脸上有光，并为了缓和杰克逊派对内地穷乡僻壤的担心。本杰明·斯特朗……银行家信托公司的总裁当选为纽约联邦储备银行的首任行长。作为高端金融的行家，斯特朗依照纽约大银行董事长的意愿操纵着这个国家的货币系统。由于斯特朗的穿针引线，联邦储备系统在整个国家毫无怀疑的情况下，与英格兰银行和法兰西银行有着千丝万缕的联系。[1]

救助欧洲

从第12章和第20章的内容可以看出，正是一战时的勾连导致了数以十亿计的美国纳税人的钱被转移给了英格兰银行和法兰西银行。这些钱大部分都以战争债券的利息和协约国购买军需用品和其他战争物质的形式偿付给了J.P.摩根的企业。

一战开支的70%以通胀而非税收的形式被偿付，这个系统工程的协调人就是联邦储备系统。联邦储备系统的支持者认为这是它面临的第一次真正意义上的考验，而且它成功地通过了考验。那一时期美国的通货膨胀只比英国低一些，后者是第一次世界大战的主角，而且比美国参战的时间要长很多。欧洲战事带来的战争开支绝大部分是美国的纳税人在承担，这一事实一点都不让人吃惊。

战争结束后，美元的输入仍旧是拯救英国的计划的一部分。为这种转移而采取的方法是人为制造低利率，并且有意让美国的货币供应膨胀。这样做的目的是为了让美元相对英镑保持弱势，并促使黄金从美国返流回英国。这两种做法都是在本杰明·斯特朗的指导下、由联邦储备系统负责执行的。赫伯特·胡佛把斯特朗描述为"一个在精神上属于欧洲的人"一点也不夸张。[2]

1987年，艾伦·格林斯潘被里根总统任命为美联储主席，此前他已经在摩根的董事会任职经年。不过，之前他一直并不讳言自己是金本位制度的支持者，并一直批评联邦储备系统对银行卡特尔的谄媚。1966年，他曾经写道：

---

[1] 伦德伯格前引书，第122页。

[2] 加尔布莱斯前引书，第180页。

当美国的企业经历1927年那次疯狂的紧缩时，美联储发行了更多的票据储备，就是希望提前阻止任何可能出现的银行储备短缺。不过，更大的灾难是联邦储备银行试图去救援一直在把黄金输送给我们的英国……"美联储"成功了：它阻止了英国的黄金流失，不过它也几乎摧毁了全球经济。美联储向经济体泵入的巨量信贷溢出并进入股市——触发了一场不可思议的投机狂潮……结果是，美国经济崩盘。[1]

在他被任命为美联储主席后，格林斯潘在这些问题上就三缄其口，也不再去做可能触怒他所服务的这个机构的事。

更高层权力的代理人

回顾这一时期美联储的历史，那些爱国者的问题最大，比如本杰明·斯特朗。他的国家为其提供了最好的待遇，从安全、财富到威望和荣誉，可是他却为了帮助其他政府的政客，与他人串谋去抢夺同胞们的财富。这是如何做到的呢？

除了参考本书前面的内容之外，还必须明白的是这些让金融杠杆成为毁灭世界的武器的人——英格兰银行和联邦储备系统的行长们——如同一根绳上的蚂蚱，都被更高位置的人拉拽着。他们的思维中完全没有民族主义甚或国际主义的概念，他们只忠诚于人。奎格利教授提醒我们：

世界上主要中央银行的头头们一定并不觉得自己是世界金融权力的执牛耳者。他们确实不是。宁可这么说，他们是他们所在国家的主要投资银行的技术官僚和代理人，这些投资银行可以把这些技术官僚和代理人捧上天，也可以把他们打入冷宫。这个世界实质的金融权力

[1] 格林斯潘前引书，第99~100页。

都掌握在投资银行手中（也可称为"国际"或"商业"银行），他们绝大部分都在各自的非上市银行中扮演幕后推手的角色。相比他们在中央银行推行的代理人制度，这样一种国际合作与国家统治相结合的体制私有化程度更高，权力更大，也更为隐秘。[1]

因此，那些故意背叛自己国家的人的行为不用讨论，而那些效忠于提拔他们的货币学家和政治家的人的行为才是重点。在这两个群体中，金融家是主角，发挥主导作用。政客们只是过客，不过那些行使货币权力的人有权去挑选自己的继承人。

农夫成为盘中餐

在一战期间，农产品价格达到有史以来最高点，利润也是如此。农夫们把部分利润换成战争债券，不过大多数利润被存入当地农村社区的银行中，也就是说，大部分钱都在中西部和南方。但对于纽约的银行来说，却发现自家银行的存款开始减少，这是不可接受的，必须设法让这些钱回流。美联储是纽约各大银行的提线木偶，被雇用来完成这项任务。

这些乡村银行中只有寥寥几家选择成为联邦储备系统的成员，这真是雪上加霜，而且这也给联邦储备系统提供了针对它们发动经济战的借口。计划既不复杂也没有特别之处，采用的方法也就是之前经常使用的老套路。（1）扩大给农民的信贷，引诱农民背负沉重的债务负担，之后（2）让经济陷入衰退，从而使农民的收入下降，以至于他们无法偿还债务。于是乡村银行会发现自己借出去的钱可能无法收回，手头都是无法履约的贷款和取消抵押赎回权的不动产，这些不动产除非以相当低的折扣出售，否则只能烂在自己手里。最终，农民和

---

[1] 奎格利前引书《悲剧与希望》，第326–327页。

乡村银行都将被破产倒闭。乡村银行是联邦储备系统的目标，农民则无故遭难。

众议员老查尔斯·林德伯格——他的儿子是世界上第一个独自驾机飞跃大西洋的人——对此有如下的解释："根据《联邦储备法案》，大恐慌是以系统的方式制造出来的；目前我们面对的是第一个通过系统方式制造出来的恐慌，制造这样一场恐慌就如同我们在解一道数学题那样。"[1]

参议院银行和货币委员会的主席、参议员罗伯特·欧文在1939年对这场恐慌的制造过程有着详细的说明。他自身也是一名银行家，还是《联邦储备法案》的合著者，后来他还为此感到后悔。欧文写道：

1920年5月……那时的农民异常有钱……他们为自己的抵押贷款支付利息。他们还购买了很多新土地，应政府的请求，购买土地的钱也是从银行借的——之后，突然爆发的信贷和货币紧缩导致他们破产，这出现在1920年……

联邦储备委员会召开了一次不对外公开的会议——时间是1920年5月18日；这是一次秘密的会议——时间为一整天；会议备忘录整整有60页，尽管会议没有对外披露，但是1923年2月10日编号为310的参议院文件却记录了这次会议……由于1920年5月18日联邦储备委员会采取的行动，导致了剧烈的信贷收缩……这次信贷和货币收缩导致第二年的国民总收入减少150亿美元；数以百万计的美国人失去工作；土地和农场价值缩水达200亿美元。[2]

整体而言，信贷的萎缩让这个国家面临一场灾难，受害者不仅仅局限于农民。不过农民在这场灾难中受损最大，因为最近成立的联邦农场贷款委员会（Federal Farm Loan Board）诱惑他们接受条件宽松

---

[1] 老查尔斯·林德伯格：《经济阵痛》（加利福尼亚：欧美妮出版社，1968年版），第95页。

[2] 美国参议院：《白银调查特别委员会报告》，第5部分，第76届国会第一次会议（华盛顿特区：美国政府印刷局，1939年），1939年4月7号，第196–197页。

的贷款——就像池塘中的鸭子——使得他们的负债率极其不正常。再者，作为联邦储备系统成员的大城市银行在1920年夏天得到了联邦政府的救助，使得它们可以把给制造业和商业企业的贷款延期。这使得其中很多的大城市银行躲过这场风暴。由于没有针对农民或乡村银行的救助计划，导致到了1921年，农民和乡村银行的破产潮就倾倒得如多米诺骨牌一样。历史书把这次事件称为1920—1921年的农业萧条。更形象的说法是"纽约的农场鸭宴"。

构筑曼德雷克机制

在第10章，我们介绍了联邦储备委员会创造或灭失货币的三种方法。在这三种方法中，在公开市场买入和卖出与债务挂钩的证券是最能对货币供应产生影响的一种方法。由联邦储备委员会买入证券（是用没有货币支撑的支票购买）能创造出货币；卖出这些证券能使货币灭失。尽管联邦储备委员有权买入和卖出世界上几乎所有类型的证券，但它有责任去优先购买联邦政府发行的债券和票据。这也是货币学家向他们的伙伴和政客承诺的创造货币的方式。没有这样的业务，伙伴关系将不再存在，而国会也将有理由取消美联储这个机构。

当联邦储备系统于1913年成立后，就确定操纵货币供应的首要方式是控制"法定准备金率"和"贴现窗口"。这是银行专业术语，意思是用于设定强制缴纳的银行资本金的水平（占存款的百分比）和设定联邦储备系统给银行的贷款利率。早先的国家银行法案规定的准备金率为25%。按照1913年通过的《联邦储备法案》的规定，纽约大银行的准备金率被降低到18%，降幅达28%。1917年，仅仅四年后，针对中心储备城市银行的准备金率要求从18%再次下降到13%（而小型银行的准备金率则只有轻微的下降）。这又是另外一次幅度为28%的削减。[1]

很明显调整法定准备金率并不是有效的工具。控制范围太小，而且太容易受到公众关注。第二个方法是影响商业贷款的利率，这个工具更有用。下面具体介绍它是如何运作的：

如果采用的是部分储备金的金融制度，则银行只需要发放贷款就可以创造出新的货币。它创造的新货币的数量受到准备金率或"部分准备金"的限制，后者被要求具备一定的水平以便满足现金流的需要。如果规定准备金率为10%，则银行借贷出去的10美元现金中的9美元是凭空产生的。因此，商业银行只要通过发放贷款就可以创造出巨量的货币。不过，一旦"全部贷出去"，即银行基于它在准备金中持有的1美元已经发放了9美元的贷款，则在可以发放新贷款前，它必须停止发放信贷并等待某些旧贷款被还清。扩张信贷规模的唯一方法是增加储备金。有三个途径可以达成这一目的：（1）用银行利润充当储备金，（2）把增发的股票出售给投资人，或者（3）从联邦储备系统借款。

银行从联邦储备系统借款

第三种选择是最常用的，即利用"贴现窗口"。当银行借用联邦储备系统的贴现窗口来获得贷款时，他们需要拿出抵押品。抵押品可能是银行持有的任何一份债务契约，包括政府债券，不过它一般由商业贷款组成。美联储之后会按照合同上规定的金额向银行发放贷款。实质上，这相当于允许银行把老贷款转换成新的"储备金"。之后可以利用这些储备金中的每一美元，以支票货币的形式再次对外放贷9

---

[1] 1980年，关于法定准备金率的多个法定限制被取消。联邦储备委员会现在有权把法定准备金率调为零，这意味着他们可以创造出无限量的货币。

美元!

这个过程并没有就此停下来。一旦形成新贷款，它们也能被当做抵押品抵押给美联储，以便制造出更多的储备金。这首乐曲就是这样循环往复，让达到新水平的债务变成"储备金"，从而可以发放更多的贷款，直到最后能发放大约20倍的货币。[1]通常这个过程被称为"贴现商业票据"（discounting commercial paper）。它是美联储在1929年大崩溃前增发货币、保持流动性泛滥的一种手段。

不过，这种方法存在一个问题，至少美联储已经注意到这一点。即使贴现窗口的利率可以被定得很低，以至于大多数银行就像上述池塘里的鸭子一样会排队去寻找免费的食物，但其中的一些银行——尤其是乡村银行中的那些最食古不化的银行——一直在抵制这种诱惑。美联储也没有办法去逼迫这些银行加入联邦储备系统。此外，银行自身要仰仗其顾客的想法，不知为何，这些顾客向银行借款的数量远远没有达到银行的预期。如果顾客停止借贷，那么银行就没有新贷款用于抵押、转换成更多的储备金。

这使得第三个机制成为更优的选择：在公开市场买入和卖出债券和其他债务。有了贴现窗口，各家银行可以被诱惑去借钱，但这些钱日后需要偿还，而且有时候它们也不愿意去借钱。不过由于公开市场的存在，联邦储备系统要做的是开出法定支票来购买证券。当支票变成现金后，创造出来的新货币就直接在经济活动中流通，而无需任何不合作银行的合作和配合。

不过，这种方法也有其短处。在一战前，公开市场上很少有政府债券在流通。即使在一战后，能交易的债券也寥寥无几。这意味着1929年大萧条前出现的恶性通货膨胀并不是赤字开支所触发。从1920年到1930年间的每一年，政府的收入相比开支都是有盈余的。让人吃

[1] 参见第十章内容。

惊的是，在大萧条出现的前夕，美国的债务几乎要被偿清了。[1]结果是几乎没有政府债券可资联邦储备系统购买。没有了政府债券，公开市场就等于是个摆设。

所有这些问题的解决方案是创建一个专门迎合联邦储备系统需要的新市场，一个介于贴现窗口和公开市场之间的折中产物。它被称作"承兑窗口"（acceptance window），形象地说，美联储只购入唯一一种债务衍生的证券，该证券又被称为"银行承兑"（banker's acceptances）。

银行承兑

银行承兑是一种合同形式，承诺为未来交付的商品履行支付义务。通常在国际贸易中使用，因为在国际贸易中，合同订立后三个月甚至半年才交货是很正常的现象。采用银行承兑，一个国家的卖方就可以把货物装船发送给另一个国家的买方，因为他确信一旦货物交付后他就能得到货款。正是买卖双方银行的担保才促成了这笔交易。首先，买方银行开具一张信用证来担保货款支付能得到履行，即使买方违约也会由银行承担。卖方银行收到信用证，它的一名经办人会在合同上写上"承兑"的字样，并向卖方支付销售款。承兑银行提前把货款打给卖方，是因为预期买方银行会在以后向它付款。对于这种业务，两家银行都会收取相当于合同金额一定百分比的费用。因此，买方实际支付的款项比合同金额稍微多一点，而卖方收到的款项比合同金额稍微少一点。

历史上看，这些合同一直是安全和让人放心的，因为银行总是很

---

[1] 罗伯特·帕特森：《大繁荣和大恐慌（1921—1929）》（芝加哥：亨利莱格尼里出版社，1965年版），第223页。

谨慎地只为那些财务健康的公司担保。不过，如果经济不景气，即使好的企业也可能无法按时履行合同。在1857年的大恐慌中，从事这种业务的乔治·皮博迪和J.P.摩根差点破产，如果不是英格兰银行拯救了他们，就不会有后来的故事了。

承兑汇票，就如同商业借贷合同，是一种可讨价还价的工具，可以在证券市场交易。承兑银行可以选择持有合同直到合同到期，或者卖掉它们。如果持有承兑汇票，当基础合同的款项最终被付清，它们的利润将被兑现，兑现的利润等于它的"贴现额"，这是银行关于承兑费用的专业术语。当第一个贴现商，就是担保人，卖掉承兑汇票时，承兑被称为"再贴现"。这种做法的优点是买方无需等待三到六个月就能提前兑现他们的利润。他们可以在最短的时间内回收资金，并且利用这笔资金获取利息。

承兑汇票的出售价格总是小于基础合同的金额，否则没有人愿意购买。其中的差价款就是买方的利润。以合同金额的百分比表示或者被称为折扣"率"——或者，在此它被称为"再贴现"。不过这些卖方提供的贴现率必须低于他用收到的钱去投资而预期获得的利润，否则他宁愿选择不出售。

尽管银行承兑汇票的交易在欧洲很常见，但在美国却不太受欢迎。在《联邦储备法案》通过前，国有银行已经被禁止购买承兑汇票。因此，有必要创建一个市场。联邦储备委员会做到了，具体的做法就是把承兑汇票的贴现率定得很低，以至于担保人不出售就显得很愚蠢。在折扣率很低的情况下，它们可以获得短期资金，并用这笔资金去投资回报率更高的项目。因此，承兑汇票交易业务很快在美国的公开市场普及开来。

不过谁会在回报率很低的条件下购买承兑汇票呢？当然没有人会去买。因此，为了创建这样一个市场，联邦储备委员会不仅要人为地把贴现率设定得很低，还要承诺去购买所有上市的承兑汇票。美联储因此成为这些证券的主要买家。很多银行也以买家的身份涉足这个市场，不过只是因为它们知道在任何时候要卖，美联储都一定会买。

由于货币是凭空创造出来的，其成本是无关紧要的，低盈利也无足挂齿。美联储的目标是不在投资上盈利。它的目的是增加整个国家的货币供应。

沃伯格及其朋友小有盈利

从这种人为创造的市场中获利最多的人只能是库恩-勒布公司的合伙人、杰基尔岛会议参与者保罗·沃伯格。所有人都公认他是首席理论家，他是其他人思想的带路人。在公众辩论中，他无疑是最有影响力的发言人之一。他是联邦储备委员的第一批成员，之后又担任委员会的副理事长，直到一战爆发才辞职，辞职是因为舆论质疑他与德国银行的关系。他也是美国法本化学公司和阿格发·安斯歌（Agfa Ansco）公司的董事，而这两家公司的控制人是I.G.法本，这个不知名的德国卡特尔若干年后将资助希特勒政权的崛起。[1]他也是外交关系委员会的董事。因此他有能力让自己处于因联邦储备系统购买承兑汇票而形成的巨量现金流的中心丝毫不让人感到惊奇。

沃伯格是纽约国际承兑银行（International Acceptance Bank of New York）的创始人和董事长，该银行是世界上最大的承兑银行。他也是几个小型"竞争者"的董事，包括享有声望的西屋承兑银行（Westinghouse Acceptance Bank）。他还是美国承兑汇票理事会（American Acceptance Council）的创始人和主席。沃伯格就是美国的

---

[1] 欲了解本段故事的更多详情，请参阅本书作者的另一本书《没有癌症的世界：维生素B17的故事》（加利福尼亚：美国媒体，1974年版）。

承兑市场。不过他还有不少在货币河流中游泳的朋友。控制美国最大金融机构的那些人成了不同承兑银行的董事或高管。这些董事会成员交叉任职的公司包括库恩–勒布公司、纽约信托公司（New York Trust Co.）、曼哈顿信托银行公司（Bank of Manhattan Trust Co.）、美国信托公司（American Trust Co.）、纽约贷款公司（New York Title and Mortgage Co.）、大通国民银行、大都会人寿保险公司（Metropolitan Life Insurance Co.）、美国运通公司（American Express Co.）、卡内基公司（the Carnegie Corp.）、信用担保公司（Guaranty Trust Co.）、麻省人寿保险公司（Mutual Life Insurance Co.）、纽约公平人寿保险有限公司，以及第一国民银行的波士顿、圣路易斯、洛杉矶支行，这只是其中的一小部分。承兑金融领域是华尔街金融精英的私人领地。

不过，在美国表象的背后，是它们与来自欧洲投资者的充分合作。国际承兑银行的美国股东的资本金总额为2.76亿美元，而外国投资者的资本金总额为2.71亿美元。其中的很大一部分由德国的沃伯格家族和英国的罗斯柴尔德家族控制。[1]

问题仅仅就是关于承兑货币的河流如何汹涌和如何自由流动吗？1929年，它达到了惊人的1.7万亿美元。纵观20世纪20年代，它已经超过了联邦储备系统创造的新货币总量的一半——比在公开市场的所有其他买入金额加上贴现窗口排成队的所有银行的所有贷款的总和还要多。[2]

创建美联储的货币学家以及与他们关系密切的商业伙伴因其努力而收获不菲。不过，知情者靠内幕获利并非问题所在。更重要的是这种自私自利的机制带来的后果是货币供应的急剧膨胀，而这也导致大萧条不可避免地到来。我们之所以要关注银行承兑，也是因为这个

---

[1] 拉里·施韦卡特编：《美国历史和档案的百科全书》（纽约：档案事实公司，1990年版），第448页。

[2] 同上，第448页。也见于默里·罗斯巴德：《美国的大萧条》（堪萨斯城：希德&沃德出版社，1963年版），第117页。

原因。

国会起疑，但不敢修正

到了1920年，国会中日益弥漫着质疑的声音和各种怨恨。政客们没有得到股份。很多政客没有意识到作为该计划的伙伴，自己有权占有股份。不过，他们被银行的专业术语和各种会计伎俩搞迷糊了，以至于不敢进行修正，以免他们会无意中按下错误的按钮。

约翰·梅纳德·凯恩斯正在伦敦以娱乐的心态观察着这一切。谈到联邦储备系统对美元币值的操纵，他写道：

这是富裕的国家把新的智慧与旧的偏见结合起来的一种方法。它能享受哈佛大学经济实验室最新的科学进步带来的好处，使得国会不敢轻率地放弃……不过所有的谎言都有某种程度的不稳定……国会议员可能会起疑。不可思议的是，某些参议员也许根本没有理解其中的含义。[1]

到那时为止，美国的政客已经体会到战争拨款这杯烈性酒的滋味，并停止了质疑。一战已经引发了对巨量货币的需求，而联邦储备系统能满足这种需求。到一战结束时，国会已经消除了对美联储的敌意。

承担一战战争开支

战争债务的绝大部分由公众承担，他们的爱国情怀驱使他们去认购战争债券。财政部为了渲染气氛，发起了大规模的宣传运动，鼓励民众踊跃认购"自由公债"（Liberty Loan）。小面额债券并不会扩大

---

[1] 凯恩斯：《货币改革小册子》，第198-199页。

货币供应，也不会引发通胀，因为钱来自本来就存在的存款。不过，很多认为支持战争是爱国义务的人会去银行借款，并用贷款来购买债券。银行利用美联储的信贷和会计簿记，凭空创造出大部分的货币，因此这些买入让货币供应膨胀。而且这种结果本可以利用更简单和更低成本的方式得到，具体来说就是直接从联邦储备系统获得钱，不过政府鼓励以任何方式促进这种趋势，因为它的目的就是让越来越多的美国公众支持战争。当人们为此作出牺牲时，它强化了美国公众认为这样做"有意义"的信仰意识。

尽管战争开支部分来源于税收、部分来源于公众购买的自由公债，但主要来源于在公开市场向联邦储备系统出售国库债券所得的收入。本杰明·斯特朗的传记作者莱斯特·钱德勒解释道：

联邦储备系统是战争融资机制的不可或缺的部分。不管是作为货币创造者还是财务代理人，美联储最重要的目标，都是确保财政部将得到所有它需要的钱，而且由国会和财政部确定相关条款……这个国家感恩地称赞，为财政部利益服务的高效的财务代理人、财力雄厚的货币和储备基金，以及永恒而不可或缺的融资体系，都为赢得战争作出了决定性的贡献。[1]

政府债务的浮出

战争年代很大程度上也是测试新战略和巩固权力的阶段。具有讽刺意味的是，这个过程将一直持续到战后——当赤字开支的理由不存在时——政府债务就开始膨胀了。在一战爆发前，联邦年度开支一直维持在7.5亿美元的水平。到一战结束时，这一数字为185亿美元，增加了2466%。大约70%的战争开支是通过举债支付的。默里·罗斯巴

[1] 钱德勒前引书，第101–102页。

德提醒我们说，战后，金融系统持有的政府债券比战时更多。[1]这表示在债券到期后政府将不会履行偿付义务。相反，政府会通过发新债取代旧债来让债务展期。为什么这么做？难道是国会需要更多的钱？不。这些债务已经成为流通货币的基础，并且，如果它们一旦被赎回，货币供应将减少。货币供应的减少被政客和美联储视为将对经济稳定构成威胁。因此，政府发现自己无法摆脱债务，即使它有钱去这么做。这个进退两难的困局一直持续到现在。

显而易见，这里存在着矛盾。罗伯特·帕特森在《大繁荣和大恐慌》（*The Great Boom and Panic*）一书中谈到，在大萧条前夕，美国正在逐步偿还债务。[2]不过，罗斯巴德告诉我们，金融系统持有的政府债券比它们在战时持有的更多！这两个判断都正确的唯一解释是，战时未偿付的债券实际上还有更多，不过它们由公众而不是金融系统持有。这使得以下的解释就显得比较合理，就是1928年的债务总额更少，而金融系统持有的政府债券还是比先前更多。这也符合先前的预期，即联邦储备系统在公开市场的作用日益重要。当公众持有的债券到期后，财政部会对该笔债务展期，而联邦储备系统会接管该笔债务。公众购买的各种债券并没有增加货币供应量，导致货币供应量增加的是各家银行购买的债券。因此，1928年的情况相比战时更有条件出现通货膨胀——即使此时政府正在摆脱债务。

1922年以前，联邦储备系统购买国库债券主要出于三个目的：（1）依靠产生的收入维持系统运行，（2）为取代银元券而新发行的联邦储备券支付对价，以及（3）推动利率降低。操纵利率的动机是鼓励向国外借贷并让钱流入到美国（那里的利率低）。[3]同样受到鼓励的还有把美国的资金向欧洲投资（那里的利率高）。这样的做法使

---

[1] 罗斯巴德前引书《美国的大萧条》，第125页。

[2] 帕特森前引书，第223页。

[3] 钱德勒前引书，第211页；也见于罗斯巴德前引书《美国的大萧条》，第127页。

得投资人可以一定的利率借到美元，并用这笔美元贷款投资其他利率更高的地方，美联储有意让货币和黄金储备流出美国。正如1963年肯尼迪总统在国际货币基金组织发表的谈话那样，美国黄金的流出"并不是偶然的事件"。[1]

公开市场的"发现"

财经作家通常认为，"公开市场机制有能力操纵货币供应"这个观点是由美联储于20世纪20年代"发现"的。这是一个完全让人吃惊的论断。比如，马丁·梅耶（Martin Mayer）在他的书《银行家》（*The Bankers*）中就有下面的描写：

现在，就如同意外事故导致了X射线或盘尼西林的发明一样，中央银行也意识到"公开市场操作"对银行的业务会有重大的影响。[2]

这让故事显得更加有趣，不过我们很难相信本杰明·斯特朗、保罗·沃伯格、蒙塔古·诺曼以及当时的其他主流货币学家会感到意外。这些人不太可能会忽略凭空创造货币并使其在经济活动中流通循环所带来的影响。公开市场仅仅是一种不同的漏斗。如果有任何惊人之处的话，也只是它可能看起来比较容易被启动。故事的这个部分是否真实并不重要，我们只用了解，它会让历史上"偶然"出现的场景成为不朽事件，同时还导致了没有人需要为政治或经济的混乱负责这样的谬论：事情发生了，但这不是策划出来的。没有人会被责怪。一切都在控制之下。放松，缴纳完你的税款，就去睡觉吧！

无论如何，到一战结束时，国会已经认清了这样一个事实，就是它无需征税，就可以利用联邦储备系统来获得收入。从这点再推出

---

[1] 参见第6章.

[2] 梅耶前引书，第401页。

去，赤字开支就变成了制度化的安排。面向联邦储备系统发行国库债券的规模逐渐增大，是因为它提供了一种把债务转化为货币的新渠道，这种渠道最终将比银行贷款或银行承兑汇票更加可靠。首先，既然国会正变得日益依赖免费的食物，则它几乎没有可能去找到自己的翅膀并振翅高飞。依赖越深，美联储越安全。

1921年，12家地区储备银行分别在公开市场买入和卖出，不过动机各有不同。有些纯粹是需要收入来弥补它们的运营费用，而其他地区储备银行——尤其是本杰明·斯特朗领导下的纽约联邦储备银行——更感兴趣的是把美国的黄金输送到英国。斯特朗立即着手把公开市场操作的控制权收拢到自己的银行。1922年6月，"公开市场委员会"（Open-Market Committee）成立，旨在协调各地区联邦储备银行行长的行动。不过，次年4月，华盛顿的联邦储备委员会用一个新机构——"公开市场投资委员会"（Open-Market Investments Committee）——取代了各家地区银行行长组成的小集团。本杰明·斯特朗就任该委员会主席。十年后，通过立法，地区联邦储备银行行长组成的小集团的权力得到了加强，立法规定地区联邦储备银行必须执行公开市场委员会的指令，不过那只是完成了一个正式手续，因为这些关系早已经形成。从1923年算起，联邦储备系统的公开市场操作一直由纽约联邦储备银行负责。货币托拉斯一直在掌控之中。

溺毙在信贷中

一切行为都产生后果，在公开市场购买国库债券和其他债务衍生证券的一个后果是，用于购买债券而创造出来的货币最终会流入商业银行，商业银行凭此可以扩大它们银行的信贷规模。"信贷"是针对不同人群使用不同含义、词义含糊不清的用词中的一个。按照银行专业术语而言，信贷膨胀意味着银行有"过多的储备金"（会计簿记），九倍于"过多的储备金"的资金被用于放贷来产生利息收入——如果某个人大发善心要去银行借钱的话。它就是等待被创造的货币。这里传达的讯息是："嘿，你这个家伙，来银行借钱吧，别犹豫了。我们可贷款的钱很多。你都不知道自己的信用贷款额度有多大。"

20世纪20年代，银行信贷的大部分份额被授予给了企业、富裕的投资者和其他投机商，不过小人物也没有被忽视。1910年，消费者信贷只占国家的零售总额的10%。但到了1929年，总额为600亿美元的零售市场的一半都是信贷交易了。格罗斯克洛斯在他的《金钱与人》一书中写道："到了1929年，美国已经被信贷洪流所淹没。它已经在这片土地是无处不在。它已经遍布这个国家经济活动的每个角落和缝隙。"[1]

由于人为制造的低利率，信贷扩张进一步放大——如同硬币的另一面——这种做法的目的就是为了援助欧洲各国政府，不过它们同样刺激了美国国内的借贷。由于在部分储备金制度下借贷的实质就是创造货币，美国的货币供应开始膨胀。从1921年到1929年6月，美元数量增加了61.8%，实质上超过国民总收入的增加幅度。同一时期，流通中的货币总值却实际上保持不变。这意味着膨胀完全是由货币替代物（比如债券和贷款合同）催生的。

繁荣–崩溃周期让情况更糟

自由市场的力量十分灵活。如同黑市一样，它以预想不到的方式发挥自己的作用，而不管是否有基于政治考量的法令存在。这种情况

[1] 格罗斯克洛斯前引书，第154页。

在美国的历史上一再上演。在创建美联储前，银行业一直是政府的宠儿，也因此缺乏健康的成长环境。银行业准入需要政府执照，它们受到政府的保护，并处于政府管制之下。它们被迫服务于当权者的政治需要。结果是倒闭银行清单上不断有新名字出现，倒霉透顶的储户一生拼搏积攒下来的血汗钱也都消失于无形。不过这种金融灾难还主要是地区性质，波及范围不广，可以通过其他领域的增长和繁荣抵消。即使在受影响最严重的群体中，恢复也是很快的。

既然卡特尔已经牢牢地控制着美国的货币供应，情况开始发生改变。自由市场的修正力量也开始矫枉过正。整个国家的所有银行相互之间都保持一致的步调，一个地区发生的事情也同样会出现在其他地区。银行不能倒闭，因此银行失败后不会进行调整。它们的痼疾一直存在，就像致命的病毒传染给其他银行。

20世纪20年代货币供应的膨胀让这种效应显露无遗。它并非一种稳定的推进，而是一系列痉挛和动荡。

每个经济周期的货币供应都比上一个周期更多，因为操控者不允许繁荣过后的萧条自然出现。货币学家现在有如此多的牌可以打，他们可以发起新一轮的货币扩张来抵消经济下行的调整。就像医生用更大剂量的麻醉剂来让病人推迟感知疾病的恶化。它会提高医生的声誉，但对病人来说并非吉兆。

过山车

从1920年到1929年，有三次明显的商业周期，其中夹杂着几次不显著的次级波动。对普通美国民众而言，这些商业周期是混乱的、让人困惑的，也是具有破坏性的。对投资者来说，这如同坐过山车，直到被吞没。

上行：美联储扩大货币供应以支付一战费用。催生的繁荣推动价格水平上升。

下行：1920年，联邦储备系统为了降低通胀率而加息。这引发了衰退，价格水平开始下降。农民利益受损最大，数以百计的乡村银行倒闭。

上行：1921年，联邦储备系统为了阻止衰退并帮助欧洲国家的政府而降息，引发通胀和债务上升。

下行：1923年，联邦储备系统收紧银根给经济降温。

上行：收紧银根产生的影响被贴现窗口降息这一刺激政策所抵消，因此鼓励银行去借入新的储备金来达到扩大货币供应的目的。

上行：1924年，联邦储备系统突然发行5亿美元的新货币。不到一年，商业银行让这5亿美元起到了超过40亿美元的作用，整整扩张了8倍。由此催生的繁荣期最显著的特征是投机而不是投资。股票市场价格急剧上升。

下行：1926年，佛罗里达土地市场崩盘，美国经济开始再次陷入衰退。

上行：1927年，英格兰银行行长蒙塔古·诺曼访问美国，与本杰明斯特朗会晤。在他访问后不久，联邦储备系统向本系统内银行注入新通货，经济再次走向繁荣。

下行：1928年春天，联邦储备系统收缩信贷，让繁荣戛然而止。

上行：银行开始把它们的储备金转换成定期存款（顾客同意等待一定时间再取回自己的钱）。由于定期存款比活期存款需要的法定准备金率要低，银行可以比之前发放更多的贷款。这弥补了之前联邦储备系统的收缩政策导致的信贷下降。

上行：到了这时，英国政府已经消耗完了之前为维持福利国家的形象而使用的补贴。1928年春天，英镑在国际市场再次贬值，黄金开始流回到美国。再一次，美联储这个新生的怪物准备去救助患病的"父亲"——英格兰银行。美联储为了降低利率并阻止黄金流动而购买了大量的银行承兑汇票。短期内货币供应增加了20亿美元。

下行：8月，美联储通过在公开市场卖出国库债券和加息来修正和逆转自己的扩张政策。货币供应开始收缩。

泡沫终于要破了。

终结美联储的第六个理由

关于美联储的谬论之一是它能保持经济稳定。不过，它起到的作用恰恰相反。在华尔街股灾之前的几年中，经济明显处于比较大的波动中，不过相同的因果关系一直到现在还在反复出现。只要有人有权随意操纵货币供应，他们都会设法绕过固有的供需关系。当感觉到有崩溃的迹象时，他们总是想借助反向操作来加以抵消。不过，在他们采取行动前很久，就已经有新的力量在起作用，而这些新的力量即使他们绞尽脑汁也无法预见得到，直到这些力量自己表现出来。这是那些奉行自我主义的所谓"专家"愚蠢至极的想法，他们总是认为自己比数以百万计的依靠自己的最佳判断作出反应的广大民众更聪明，也能作出比这些民众单独决断形成的交互式决策更好的决策。于是，联邦储备系统就其本质和自身使命而言是注定要失败的。这是它应当被终结的第六个理由：它会让经济动荡。

郁金香狂热

宽松的信贷不是那段时间的唯一问题。同样重要的是它对大众行为模式的影响。羊群效应和相信不劳而获的可能性驱使人们去接受和认可最不可思议的投机。

这样的歇斯底里俘获大众并非是历史上首例。最形象的例子之一发生在荷兰，时间在1634年到1636年之间。故事的主角是一种名为郁金香的新型名贵花卉，这种花最初是在君士坦丁堡——就是现在的伊斯坦布尔的富裕家庭的庭院中被发现。这种异国花卉的根球茎被带到荷兰，很快它就成为富裕家庭标榜自己社会地位的象征——就如同赛马或稀有名狗之于当今上流社会——于是那些手头有富裕资金的人发现投资郁金香能给他们带来非常有价值的社会认同。

郁金香球茎的价格保持平稳的增长，直到它们不仅仅是社会地位的象征，还成了投机性投资的标的物。此时，它的价格每隔几天就翻倍，而人们看到的是投机者不用投入劳力或提供服务就可以积累起可观的财富。甚至很多保守的人也受到这种非理性投机风潮的感染，也蠢蠢欲动想涉足其中。他们用房子去抵押借款，并用自己一生的积蓄投资郁金香，以期大发一笔横财。这再次推高了郁金香球茎的价格并使整个形势朝着人们预言的那样发展。郁金香球茎的期货合约——当代商品市场的一种交易形式——成为荷兰股票市场的主要交易品种。

郁金香球茎最终变得比宝石更金贵。新品种被不断培育出来，市场变得更加错综复杂，需要专家来辨认球茎的原创性和等级。价格暴涨，整个投机人群已经陷入疯狂之中。一种名为"里弗金提督"（Admiral Liefken）的郁金香品种的球茎价值4400弗罗林；而名为"永恒的奥古斯都"的郁金香品种的球茎则价值5500弗罗林，这样的价格可以去买一辆新四轮马车、两匹灰白色的马和全套马具。有记录显示，在一次交易中，一株名为"总督"的郁金香球茎售出后为主人换回了两磅小麦、四磅黑麦、四头肥牛、八头肥猪、十二只肥羊、两桶葡萄酒、四桶黄油、一千磅奶酪、一张床及床垫、一套衣服和一个银制酒杯。

之后，忽然有一天，现实从两年中的狂欢中跌落。到那时，人们都深信螺旋式上升的球茎价格与它的真实价值并不相符，而且迟早总会有人被套住。不过他们还是继续蜂拥而上去投机，他们害怕投机时机转瞬即逝，让唾手可得的财富溜走。每个人都相信他们都是刚好在价格最高点卖出。不过，在所有投机人群中，总有一些人是领头羊，到了1636年，市场被垄断在一两个大商人手上。一夜之间，所有买家都消失了。郁金香市场崩盘了，数以万计的投机者从一夜暴富之梦中惊醒——还有很多人，他们毕生的积蓄也瞬间消逝得无影无踪。郁金香狂热，正如那时的人们称呼的那样，最终走到了它的终点。[1]

那货币也会遭遇同样的命运吗？正如我们看到的那样，美联储仅仅在公开市场买入债务合约就可以创造巨量的货币供应。不过，一旦它成为经济活动中的主流，商业银行可以让这笔债务合约涉及的钱放大九倍，这就是真正的通货膨胀。保护这种特权是银行联合起来组成卡特尔的原因之一。不过，美国公众仍旧具有最后的决定权。如果没有人去借钱，游戏就结束了。

理论上，这种可能性很大，但现实并非如此。在经济态势不明朗的情况下，人们在对待正当但有一定风险的投资业务时会犹豫是否借贷，他们可能受到宽松信贷的诱惑而去做大胆的尝试。一夜暴富的痴人梦无疑是一剂强心剂。赌博、扑克、赛车、彩票和其他形式的郁金香投机狂潮证明投机的欲望深深植根于人类的基因之中。乌合之众一直渴望天上掉馅饼。

---

[1] 查尔斯·麦基：《非同寻常的大众幻想与全民疯狂》（1841年初版，纽约：L.C.佩奇公司，1932年再版），第89–97页。

股市上的郁金香

在20世纪20年代美国信贷膨胀周期的最后阶段，股票价格的上升表明股市已经是完全的投机性质。买入股票的人不介意股票估值相对于股息而言是否过高。20倍到50倍的市盈率是很正常的；一些特殊的股票的市盈率达到100也还算正常。投机者买入股票仅仅是为了持有一段时间后再卖出去，从而实现盈利。这就是所谓的"博傻"战略——不管今天的股票价格有多高，明天总会有一个更傻的人以更高的价格来接盘。在一段时期内，这样的战略似乎屡试不爽。

为了让游戏更加刺激，通常投资人会以保证金的形式购买股票。这意味着买方只要以存款的形式支付少量钱款（作为保证金）就可以购买股票，而其余的钱款则从股票经纪人那里借，而股票经纪人的贷款则来自银行，银行的钱则来自美联储。在20世纪20年代，小户投资人的保证金可以低到10%。尽管平均而言，股票的年息约为3%，投机者还是愿意为他们的贷款支付超过12%的利息，也就是说，他们的股票每年必须有9%的升值才能保本。

这些保证金账户有时候也被称为"活期贷款"，因为经纪人有权提前通知借款人在收到通知后的很短时间内归还贷款，经常为24小时。如果经纪人要求借款人还款，投资人必须立即筹集资金还款。如果无法及时还款，则经纪人将通过卖掉股票来确保自己的贷款顺利收回。理论上讲，卖掉股票收回的钱足以抵消掉借款。不过，实际情况是只有当股市暴跌时他们才会通知投资人还款。在下列情况下，股票无法卖出，除非愿意承担损失：投资人的保证金被没收；经纪人承担一定的损失，具体视价格下跌的程度而定。为了获得更高的杠杆，投资人有时会以他们持有的股票作为抵押品获取购买新股票所需的保证金贷款。因此，如果他们无法偿还为购买新股票而借入的保证金贷款，则他们也会失去自己所有的股票，尽管股票已经作为抵押品抵押出去了。

不管怎样，在20世纪20年代，这样愚蠢的担心是多余的。从1921年8月到1929年9月，道琼斯工业平均指数从63.9点上升到381.17点，上涨了597%。信贷充盈，贷款利率很低，盈利可观。

银行也成为投机商

商业银行是这场让人眼花缭乱的游戏的中间商。到20世纪20年代结束时，看起来它们更像投机商而非真正意义上的银行。它们不再单单是货币结算场所，而是自己也投身市场中。本来给企业的贷款——企业贷款通常是健康稳健的银行经营的基石——却给了股市上的投机人和城市房地产开发商。从1921年到1929年，尽管商业贷款保持不变，但银行的贷款总额从241.21亿美元上升到357.11亿美元。证券和房地产贷款上升了近80亿美元。也就是说，这一时期增加的贷款中，约70%都被用作了投机性投资。而这些钱是由银行创造出来的。

纽约的银行和信托公司有超过70亿美元进入纽约股票交易所经纪人的保证金账户。一战开始前，纽交所只有250名经纪人。到了1929年，这一数字上升到了6500人。

银行不仅创造出投机所需的钱，它们自己也成为投机商，具体的做法就是大量购入高收益债券，其中很多这样的债券都具有信用风险。这种债券的特点是很难在股市不振时实现偿付。用短期借款去做长线投资，银行正在让自己滑入危险的境地。

美联储会引发股市的投机吗？当然不会。但投机人会。无疑，美联储还有其他目标需要实现，不过它不能免责。实际上它意识到了宽松信贷的心理效应，也已经无数次地故意利用自己的专业知识去操纵公众的行为。因此银行说自己既无知又无辜是说不过去的。这个悲剧的演化过程，就是一只蜘蛛在织网时"无意"网住一只昆虫的故事。

最后的泡沫

1928年春天，联邦储备系统对股市中的过度投机表达了关切，并以加息的方式遏制信贷膨胀。货币供应的增加开始放缓，股票价格的上涨也随之回落。可以想象的是，过热的经济本可以实现"软着陆"。奎格利教授已经指出，中央银行并不拥有实权，它只不过是其他人手中的牵线木偶。投机热看起来即将退烧，但牵线木偶背后的操纵者开始有动作了，联邦储备系统让形势再次翻转。

控制牵线木偶的那根线来自伦敦。即使联邦储备系统提供了长达7年的援助，英国经济还是陷入了衰退，而黄金则持续回流到美国。美联储尽管公开谴责过度投机，却在此时功亏一篑，在1928年的下半年购买了超过3亿美元的银行承兑汇票，这导致货币供应增加了几乎20亿美元。罗斯巴德教授就此有以下评论：

> 正如我们已经注意到的那样，欧洲发现因1927年通胀而带来的收益已经消失，而欧洲人大声吵嚷着反对美国的任何货币紧缩政策。1928年下半年的量化宽松阻止了黄金进一步流入美国。大英帝国再次面对黄金流失，而英镑更加疲软。美国不得不把最后的希望押注在欧洲能够自行解决通胀政策带来的必然后果。[1]

在联邦储备系统政策反转前，股票价格实际上已经下跌了5%。现在，它们已经冲破天花板，从7月到12月份就上升了20%。可以肯定繁荣已经再现。

之后，1929年2月，发生了一件奇怪的事。蒙塔古·诺曼再次

---

[1] 罗斯巴德前引书《美国的大萧条》，第147页。

访问美国，并秘密会晤了美联储官员。他同样会晤了财政部长安德鲁·梅隆。关于这些秘密会晤的内容，迄今为止也没有详细的公开记录，不过我们可以确定三件事：会谈很重要；会谈涉及美国和英国经济；会谈当事人认为不向公众透露会谈内容是最好的选择。英美央行已经做出结论的猜测并非毫无道理，而央行的结论是泡沫——不仅在美国，更在欧洲——很可能不久就会破裂。不同于他们过去与之斗争的做法，现在是时候去退让并让泡沫破裂、让投机者出局、让市场回归真实了。正如加尔布莱斯说的："从美联储的角度看，让一切按照自己的规律去发展，也因此让规律去承担过失，那多好啊。"[1]

梅隆更是言辞凿凿。赫伯特·胡佛这样描述梅隆的观点：

梅隆先生只有一个药方："清算劳动力，清算股市，清算农民，清算房地产。"他坚持认为，一个人发烧了，唯一的方法就是退烧。他说，即使是大恐慌也不见得都是坏事。他说："它会让体系中的腐败部分被清理掉。高昂的生活费用和豪华的生活将不再是主流。人们会更加努力地工作，追求精神上的满足。价值观会得到调整，而有进取心的人将在碌碌无为的人群中脱颖而出。"[2]

如果这已经成为梅隆、诺曼和美联储的共识，那么他们会晤的目的就是确保"退烧"发生时，英美中央银行能协调它们的政策。与其被经济崩溃压垮，不如指引崩溃的方向，并让它尽量对自己有利。我们从来不知道这个猜测的剧本是否精确，不过随后发生的事件证实了这样一个观点。

---

[1] 加尔布莱斯前引书，第181页。

[2] 伯顿·赫什：《梅隆家族：历史中的财富》（纽约：威廉莫罗出版社，1978年版），第290页。

只给会员的提前预警

紧接着这次会晤之后，货币学家开始向他们金融圈子里的同僚发布预警信息，要求他们离场。2月6号，美联储建议其成员单位清空持有的股票。接下去的一个月，保罗·沃伯格在他的国际承兑银行的年度报告中也给出了相同的建议。他解释了做出这样建议的理由：

如果脱缰的投机狂潮继续蔓延开来，则最后的崩盘是必然的，而且不仅影响投机者本人，也会使整个国家陷入普遍的萧条。[1]

保罗·沃伯格是库恩-勒布公司的合伙人，该公司有一份优先客户的名单，其中有同道的银行、富有的实业家、知名政治家和外国政府的高级官员。J.P.摩根公司也有类似的名单。按照惯例，这些客户会提前收到通知，通知内容包括重大股票发行信息和比公众购买股票价格低2–15个点的认购股份的机会。这是投资银行维系自己在世界事务上的影响力的手段之一。这些名单上的人都已经提前预知到了即将来临的崩盘。

约翰·D.洛克菲勒、J.P.摩根、约瑟夫·P.肯尼迪、伯纳德·巴鲁克、亨利·摩根索、道格拉斯·狄龙（Douglas Dillon）——所有华尔街巨头的传记都吹嘘这些人的"智慧"足以让他们在华尔街股灾前逃离股市。事实上，所有内部俱乐部的成员都得以逃过这场劫难。美联储、纽约主要大银行和它们的大客户之间形成的连锁董事会中的任何成员，都没有对随后出现的华尔街股灾表示吃惊。似乎智慧很大程度上受到这些人所处名单的影响。

---

[1] 该建议被刊登在《商业和金融编年史》，1929年3月9日，第1444页。

给公众的安慰消息

尽管船员们已经准备弃船，但乘客却被告知这是一次令人愉快的旅行。总统柯立芝和财政部长梅隆依然积极地告诉公众说经济形势比以往都要好。伦敦的约翰·梅纳德·凯恩斯曾经积极发声，认为联邦储备委员会对美元的管理是人类对货币的一次"胜利"。纽约的本杰明·斯特朗则在纽约联邦储备银行的豪华办公室里夸耀道：

> 联邦储备系统的存在是对类似货币利率引发灾难的一种防范手段……在过去，心理状态是不一样的，因为金融形势的现实也是不一样的。如今，公众恐慌导致的灭顶之灾不太可能出现了。[1]

公众保持安逸的心态，而气球继续膨胀。现在是时候让针更加锋利了。4月19日，联邦储备系统在极端秘密的情况下召开了一次紧急会议。此后，《纽约时报》做了如下报道：

联邦储备顾问委员会紧急磋商
华盛顿会议充满神秘色彩

> 联邦储备委员会及其下属的顾问委员会的行动弥漫着一种极端神秘的气氛。顾问委员会的这次会议没有提前对外公布就秘密召开了，报社记者碰巧看到其中的一些人进入财政部大楼，这才发现了会议之事。即使在会议结束后，得到的也只是托词性质的答复……在财政部召开的会议进行期间，会场外设置了警戒，一大群记者被赶出了走廊。[2]

让我们简要回顾下蒙塔古·诺曼。他的传记作者告诉我们，在他成为英格兰银行行长后，他的惯例是每年去美国几次，尽管媒体很少关注到他的美国之行。旅行时他总是要乔装打扮一下，穿着一件长

---

[1] 格雷德前引书，第298页。

[2] 《联邦储备顾问委员会紧急磋商》，载于《纽约时报》，1929年4月20日，第89页。

长的黑色斗篷和一顶大大的宽边帽，而且他还使用斯金纳教授这个假名。[1]

在这些不公开的旅行中，他邂逅了一位名叫W.C.温特沃斯（W.C.Wentworth）的澳大利亚年轻人。60年后，温特沃斯给悉尼一家名为《澳大利亚人》（*The Australian*）的报纸写信，披露了这次偶遇：

1929年，我是牛津和剑桥运动队的一名成员，随队去美国跟美国大学生队打比赛。7月下旬，我们准备返程，于是，我和我们队伍的其他队友登上了纽约港的一艘小型客船（当然，那时候还没有跨大西洋商业航班）。

一个同行的乘客是"斯金纳先生"，我们队中的一些人认出了他。他实际上是蒙塔古·诺曼，他刚刚结束了对美国中央银行的一次秘密访问，也准备返回伦敦，这是一次匿名旅行。

当我们告诉他我们知道他是谁时，他请求我们替他保密，因为如果他的行程细节被公开的话，会产生意想不到的金融后果。自然，我们同意了，之后的跨大西洋航行中，他很坦白地向我们披露了很多东西。

他说："接下去的几个月里将有一场震荡。不过不要担心——它不会持续很长时间。"[2]

8月9号，即在轮船上偶遇后的几周，联邦储备委员会就收紧了它的宽松信贷政策，并把贴现率提高到6%。几天后，英格兰银行也随之提高了贴现率。这两个国家的银行准备金都开始收缩，伴随而来的是货币供应收紧。同时，美联储开始在公开市场抛售股票。

这是一种收紧货币供应的方法。保证金贷款的活期贷款利率已经

---

[1] 哈格雷夫前引书，第1页。

[2] 《给编辑的信》，载于《澳大利亚人》，1989年2月7日。

到了15%的水平，之后又攀升到20%。针已经插入气球。

鸭子晚宴开始

证券市场在9月19日到达高点，之后开始一路下滑。公众仍旧没有意识到即将"剧终"。之前过山车已经开始下行，但公众认为它无疑还要往上冲。五个多星期里，公众在股市下行阶段还是重度买入。在这期间超过100万份的股票被交易。之后，10月24日，星期四，就像一群数量庞大的鱼群因为看不见的信号而突然转向一样，数以万计的投资人蜂拥而至去卖出股票。股票行情显示系统彻底瘫痪。每个人都说市场已经跌穿底部。他们错了。五天后，它才真正跌穿。

10月29日，星期二，交易所由于一边倒的卖出而崩溃。根本就没有买方。到交易日结束，超过1600万股股票被抛售，大多数的成交价格就是买方报价。单单一天的时间，数百万投资人破产。在持续下跌的几个星期内，30亿美元的财富烟消云散。在12个月内，400亿美元的财富消失。那些计算自己的账面利润并认为自己很富有的人突然发现自己一贫如洗。

硬币都有两面，有卖方，就有买方。已经把他们的投资兑换成现金和黄金的内幕知情人就是这场浩劫的买方。必须记住的是股票价格下跌并不一定表示这些股票有什么问题。那些优秀的公司仍旧在派发股息，它们是很好的投资对象——以实际价格看的话。在这场大恐慌中，股价远远低于其应有的水平。那些手持现金的人用远远低于其实际价值的价格收购这些被低估的股票。巨型控股公司就是因此应运而生的，比如海丰有限公司（Marine Midland Corporation）、雷曼公司和公平公司（Equity Corporation）。J.P.摩根设立了名为标准品牌（Standard Brands）的食品托拉斯。就像鲨鱼吞噬鲭鱼，小型投机商成为大投机商的盘中餐。

没有证据表明华尔街股灾的目的是为了获利。事实上，有很多迹象表明货币学家采取了有力的措施来避免这场股灾出现，如果他们不是还有更重要的事情要处理，本来他们的努力已经见效。不过，一旦他们意识到股市的崩盘不可避免，他们就不再耻于利用自己的有利位置去赚钱。在这层意义上，富兰克林·罗斯福的女婿柯蒂斯·多尔（Curtis Dall）写得很形象："这是世界货币权力巨头算计好的以公众为对象的'剪羊毛'。"[1]

自然法则第五条

关于经济的"自然规律"，我们有必要增加一条法则：

教训：人的本能之一是把自己的利益置于其他人的利益之上。如果有机会，即使最优秀的人也无法抵御损人利己的诱惑。尤其是能以隐晦的形式获取利益时，人性就表现得更加淋漓尽致。当然也有人经得起这种人性的考验，不过这样的人很少。在历史的长河中起作用的总是普遍的规律。创造和灭失一个国家的货币供应的权力，为个人获利提供了无限的潜力。纵观历史，这种权力的初衷都是为了保护公众，不过结果一直适得其反。它会伤害公众，被那些掌握权力的人用于获取个人私利。

法则：当人们被授权掌控货币供应时，最终他们会利用这些权力把他人的财富收入自己囊中。

再没有哪件事能像1929年华尔街股灾以及随后久久徘徊的大萧条那样深刻地揭示了这一规律。

---

[1] 柯蒂斯·多尔：《富兰克林·罗斯福：我的勇于探索的岳父》（俄克拉荷马：克里斯蒂安十字军出版社，1967年版），第49页。

从股灾到萧条

　　旷日持久的萧条也是这个故事的重要章节。投机商已经出局，不过他们损失的钱本来就是不劳而获。有一些不幸的人连自己毕生的积蓄也赔进去了，不过也只是因为他们把这些保命钱用于短期贷款来获利。用自己实际占有的钱购买股票的人并不一定需要卖出，从长期看股票的收益还不错。大多数情况下，不劳而获的得利也只是被再次吐出来，总之不赔不赚。股价已经过山车般跌落，但很多上市公司还是照样在运行，在生产产品，在招工，也还是会派发股息。股市不景气并不会直接导致失业。郁金香走了，不过小麦还在。

　　那么，问题出在哪里呢？事实上，根本就没有问题——至少还没有出问题。股灾，对投机商来说是毁灭性的，但对普通美国人来说几乎没有影响。在大萧条之前，失业率也没有一下子上升，而且失业是由美国政府持续限制自由市场所致。股价下跌实际上是对经济的有益调整，尽管这种调整拖了很久才实施。现在，该阶段的任务是恢复经济并实现健康的增长，就如同过去所发生的那样。

　　但这次历史没有重演。引发问题的货币和政治学家现在必须为救助负起全部的责任。他们把股灾视为一次证明"美联储的管控完全合理"的黄金机会。赫伯特·胡佛启动了很多项目来支撑工资标准，阻止价格下降，资助垂危的企业，刺激建筑业，为家庭贷款提供担保，保护储户利益，救助银行，给农民提供补贴，并启动公共工程建设。富兰克林·罗斯福能当选，是因为他的新政口号许诺给民众提供更多补贴。美联储发起了一系列的"金融改革"，这些措施都旨在扩大其在货币供应上的权力。

　　1931年，新钱被注入经济体中，以便重新启动经济周期，不过这次巨石没有被撬起来。新的官僚主义、政府管制以及补贴、税收和福利、赤字开支和拙劣的价格调整已经把它牢牢牵制在发射台上。

终于，美国的生产基础在上述负担的作用下也开始瓦解。税收和管理机构迫使企业倒闭；生存下来的企业不得不削减生产；失业率开始上升。即使实施了各种经济措施，1939年的经济形势也仅仅和1930年差不多，而救助是1930年就开始的。直到"二战"爆发，战争和为战争而启动的生产才使萧条最终结束。

这是一次可疑的救助。几乎在每个方面，它都是随着一战结束而落幕的那一出剧本的重复上演，即使是这个剧本中两个重要角色的名字都一样。罗斯福和丘吉尔一起联手把美国拖入战争——丘吉尔希望美国给正在节节败退而且看起来快要撑不住的英国提供援助，而罗斯福则是出于政治上的考虑，那些聚集在J.P.摩根周围的金融家们则垂涎战争经济带来的巨额利润。不过这些会在本书的其他章节介绍，毕竟本书内容够长。

"二战"后发生的一切是本书前6章的重点，我们所能看到的历史记录也就到这里。现在是时候去重新设定时间机器上的坐标，让我们返回现在了。

本章总结

国会认为，《联邦储备法案》会把集中在华尔街手里的金融权力分散出去。不过，在美联储出现后的几年内，联邦储备系统由本杰明·斯特朗领导的纽约储备银行控制，而他的名字就相当于华尔街货币托拉斯的代名词。

在1929年的华尔街股灾开始之前的九年内，美联储负责大规模扩张货币供应。这个政策的一个主要动机是帮助英国政府维持社会福利，这些项目那时已经耗尽了英国的国库。具体做法是，通过让美元贬值和在美国降息，驱使投资人把钱投放到利率和汇率都更高的英国。虽然这个战略在短期内成功地救助了大英帝国，但它也促使催生股灾的因素开始逐渐累积起来。

这个时期美国的货币供应一直处在扩张之中，不过这个过程也夹杂着短期的货币供应收缩，而这种小插曲是为停止扩张而采取的各种措施导致的结果。每一次收缩货币供应的决定都因为援助欧洲国家的政治需要而夭折。从长远看，货币超发和信贷宽松的结果是股市和不动产领域的投机盛行，而且这种投机风潮每过一个月都会迈上一个新台阶。

有旁证证实，英格兰银行和美联储在1929年2月的秘密会议上就已得出结论，即市场崩溃将不可避免，最好的应对方法是顺其自然。就在那次会议后，金融家向名单上的优先客户发出预警——这些客户分别来自同道的银行、富有的实业家、知名政治家和外国政府的高级官员——建议他们撤出股市。同时，美国人却对经济形势保持乐观。

8月9日，美联储刺破了泡沫。它提高了银行贷款利率，并开始在公开市场抛售股票。这两个行动减少了货币供应。经纪人贷款的利率飙升到20%。10月29日，股市开始崩盘。成千上万的投资人仅在一天内就被迫破产。提前得到警示的内幕知情人已经把他们的股票换成现金，而且抛售的价格还很高。现在他们成了买方。如今的美国大富豪的一部分人就是依靠这种方法完成财富积累的。

part

SIX

　在本书的前面部分，我们穿越时空讲了很多故事。我们首先从回顾过去开始，在几个世纪的时间跨度中交错来回。我们看到了战争、背信弃义、通过投机攫取暴利和政治上的欺诈。这些历史有助于我们理解现状。现在，我们准备驾驭时间机器进入未来时空。这将是一次让人不安的旅行。即将到来的大多数情况会让人感到不悦。不过它到现在还没有出现。它仅仅是当前各种势力的投射。如果我们不喜欢所看到的内容，我们仍有机会去改变。未来将取决于我们的选择。

第六部分

走向未来的时空之旅

第24章
末日机制

美国繁荣的衰退；政府规模的膨胀；个人自由的减少；纳税增加；有证据表明美国精英统治集团的计划可能会损害美国；环境论者的运动显示它是上述计划的产物。

对一本书而言，我们讲述的历史已经够多了。现在，该重新设定我们的时间机器上的坐标并跨越到未来了。不过，在启动时间转换开关前，让我们最后环顾一下四周。未来是在现在的基础上形成的。我们现在在哪里将极大地影响我们未来往哪里去。

债务泥潭

美国当前时代的一个最显著的特征是美国及其政府已经深陷债务泥潭。年度联邦赤字自20世纪50年代以来稳步增长，而增长率现在可以说是垂直攀升。联邦政府债务达到第一个1万亿美元用了198年的时间。之后，仅仅20年的时间——大部分在里根当政时期——它借了另外3万亿美元。在小布什政府的第一年，"9·11"事件爆发前，美国联邦债务已经达到5.8万亿美元。到2010年，算上所有债务的话，这个数字已经达到202万亿美元。

要准确理解这个数字是有难度的，同时要理解它对每个美国人的影响也是有难度的。如果你有一捆40英寸高的100美元钞票，你就是一个百万富翁。202万亿美元相当于一捆100美元的钞票立柱刺向太空,高度达12.7万英里。很快,这个高度就相当于地球到月球的距离了。

到2006年,单单为这些债务所支付的净利息每年就需要4060亿美元。这相当于所有联邦收入的大约17%。[1]现在它是政府最大的一笔单项开支;比国防费用还要高;也比农业、教育、能源、住房和城市开发、内政、司法、劳工、州政府、运输和退伍军人事务部等部门开支的总和还要高。

这些利息并非由美国政府负责偿还,而是由美国纳税人在偿还。你通过纳税和通胀为美国政府支付债务利息。目前,每个四口之家承担的利息为5000美元。所有的家庭都会因为通货膨胀而履行支付联邦债务利息的义务,但不是所有的家庭都有纳税行为。因此,纳税家庭的实际负担更重。平均而言,每年每个家庭为联邦债务利息支付了超过5000美元的资金,这笔钱还不是用来购买政府服务,甚至也不是用于还掉以前的债务。这些钱没有带来任何东西,甚至不是用于道路建设或政府建筑建造。它没有用作福利或医疗服务,它也没有用来给员工发工资,它也没有用于改善这个国家国民的生活水平。它唯一的用途就是支付联邦债务的利息。

此外,利息是复利,这意味着即使政府完全消除了赤字开支,债务总额还是会继续增加,这是已经存在的利息本身也要计息的结果。2010年,国债的利息已经消耗了个人所得税收入的44%。[2]

感到吃惊吗?如果国债是不计息的,则我们就可以节省下来的钱

---

[1] 财政部认为,我们应该只关注净利息,这个数字当然更小。因为这笔钱的一部分给了联邦机构,它们持有一部分债务,因此这实际上是政府自己给自己钱。再者,联邦储备系统把它收到的一部分利息给了财政部——相当于联邦储备系统自身运行成本扣除后的剩余部分。所以,净利息只是一种记账手法,不能反映真实的国债成本。

[2] 参见《美国预算:2011财年》中的"历史图表",第31页。也见于《未偿还贷款的利息支出》,www.treasurydirect.gov/reports/ir/ir-expense.htm.。

足够用于降低公司税和免征个人所得税。不幸的是，按照当前的政策和程序，这将是不可能的事，因为国会并不依靠它的收入存续。很多开支需要钱，这些钱不是来自税收，而是来自每年出售的政府债券，然后就是债务再次增加。因此，即使我们节省下的钱足够支付个人所得税，它还是不够。政府还是会依靠赤字来维持它目前的运行。不过，如果同时能够做到让庞大的官僚体系的规模和范围有所缩小，之后，个人所得税和公司税完全可以取消，而政府将实现年终结余。[1]

末日机制

不幸的是，火车头正行驶在相反的方向上。美国政府规模越来越庞大，而不是更小。为美国政府工作的人已经多于私营部门中所有制造业企业中的雇员。银行监管者比银行从业者要多，农业部门的雇员比农民还多，福利机构的人员比领取福利的人还要多。接受美国政府支票的公民比缴纳所得税的公民还多。

到了1996年，29个州的福利已经高于秘书的平均工资；6个州的福利比计算机程序员的入门级工资还高。当人们可以利用投票权把别人的财富转移给自己时，则投票箱就成为多数人抢劫少数人的武器。这是一条不归路，在这条路上，末日机制开始加速，直到系统自我摧毁。被抢劫者逐渐厌倦承担责任，并最终也成为劫掠者。经济的建设性基石一次又一次被削弱，直到剩下的只有美国政府。

末日机制同样在政府自身范围内运行。2010年，联邦雇员的平均工资比私营部门职员高60%。1992年时，联邦开支的一半以上都被用于发放各种津贴。那些都是各种开支——比如医疗、社会保险和政府

---

[1] 联邦政府除了依靠所得税之外，还有多个源头获取实质收入，比如消费税和进口税。这些税源，加上各个州的偶尔上缴，就是开国元勋打算给予联邦政府的全部收入。这项安排一直有效地运转了135年，直到1913年才对所得税做了调整。

退休金项目——而且这些开支都是基于未来支付的承诺。

这并不意味着它们不会被取消。比如，津贴中就包括每年240亿美元的食品券开支。没有合同规定必须履行这样的义务，这只是政治私利的产物。到目前为止，大多数美国人都曾经看到很多衣着光鲜的人跟他们一起在杂货铺使用食品券购买冰激凌、椒盐卷饼、糖和酒，然后开着一辆最新款的轿车离开。食品券计划的政治本意并非帮助处于贫困线的穷人，而是为了拉选票。

这些计划确实涉及契约责任，比如社会保障和医疗，但可以由私人企业承担，它们不仅能更高效地履行这些义务，也能用更多的利润来保证履行这些义务。不过，美国国会因为害怕丢失选票而不敢触动这些利益。

正常情况下，有了针对未来承付款项的合同，合同签署人要按照法律的要求把钱存入基金中累积起来，从而确保当未来偿付需要变现时有足够的钱去兑现。联邦政府并不遵守这些法律。这些基金仅仅存在于账面上。为履行未来义务而准备的钱通常会立即被政府打了借条后拿去花掉，或者被政府用债务形式取而代之。因此，当这些未来的支付义务需要履行时，所有这些钱还必须从那时的收入中抽取。

末日机制就出现在这里。为履行这些义务所需的钱将来自未来的税收或通胀。当前的补贴占了所有联邦政府开支的52%，而且还以每年12%的比例在增长。把这个数字与用于支付国债利息的14%的联邦收入相加后，我们得到的是一个惊人的结论：所有联邦开支的三分之二是完全自动支付的，而且这一比例还在逐月升高。

即使国会想在正常的预算范围内砍掉所有这些开支计划——比如裁减军队、关闭政府部门、停止为上述政府部门发放补贴、停止使用这些政府部门的大楼（包括白宫）——它也只能把目前的开支水平降低三分之一。即使这样，每年也只是10%—12%的小规模缩减。这还是已经考虑了最好条件的情景。而实际情况是国会正在扩大自己能自由支配的开支，而非取消。一个人并不一定需要具备统计数据分析员的专业技能才能了解这种趋势的未来走向。

不过，最大的末日机制是美联储。美国的货币供应——包括铸币、纸币和支票货币——都是为了被借贷给某人而被创造出来的。当贷款被偿还时，这些美元会消失。只要背后的债务存在，它们就会存在。在货币金字塔下面，支撑整个大厦的是所谓的储备金，它表示的是联邦储备系统货币化的债务。如果我们试着去还清国债，则这些储备金也同样会开始消失，而且美国的货币供应将受到破坏。联邦储备系统将不得不进入全球的各大货币市场，并用债券——从公司债到其他国家的国债不等——来取代美国的证券。从技术上说，这可以做，不过这种转换可能是毁灭性的。因此，在联邦储备系统下，国会不敢消除国债，即使它有心这样做。

有一些末日机制已经在运行中。如果我们不理解它是如何运转的，则说明美国人还没有为未来之旅做好准备。未来展示在我们面前的景象会显得非常奇异，很多事件都极具震撼性。我们相信时间机器肯定已经出现了某些错误。

谁拥有国债？

一直有个说法，我们不需要担心国债的利息，因为"国债是美国人欠自己的债务"。那么，让我们看看谁欠了谁什么吧。

当了解联邦储备系统只持有国债的一小部分——只有约8%——时，我们可能会感到吃惊。外国投资人拥有大约27%的国债，而联邦政府的各大机构拥有28%（根据各大基金——比如社保基金——提取资金的借据计算）。而美国的私营部门投资人持有的份额最大，约为

37%。因此，"国债是美国人欠自己的债务"有一部分是真实的，或者至少可以说国债是美国所有人对美国一部分人的欠债。而收取利息的是一部分美国人，包括私人投资者，他们看上的是国债能减免州所得税，还有大机构，比如银行、上市公司、保险公司和投资基金。有了这些机构，钱就以资金池的形式出现，该资金池属于数以千计的小型投资人。因此，国债利息的大部分收益确实属于美国人。

这是好事。坏事是美国政府首先把它从我们这里拿走、再用这笔钱给我们支付利息。如果国债是美国人欠自己的钱这个判断属实，那么接下去我们给自己还款这个判断也是属实的。钱从一个人的口袋里出来，再回到另一个人的口袋中——其中要减去一笔处理费。政府通过税收和通胀从我们这里拿走1000美元，而后还给我们的只有350美元。所谓的给公众的"收益"只不过是一个巨大的骗局。

更坏的事情还在后头：当人们购买政府债券后，他们能用于投资私人产业的钱就相应少了。众所周知，政府信贷会对私人信贷形成"挤出"效应。结果是美国的生产基础受阻于为争夺投资资本而出现的不公正竞争。为了获得增长所需要的资金，私人企业必须支付更高的利息，然后又通过更高的价格传递给普通消费者。很多企业被迫缩小它们的扩张计划，导致无法创造出新的就业岗位。某些企业被迫破产，其员工也加入了失业大军。美国政府债务导致美国经济发展迟缓。债务负担越沉重，损害越大。

由外国投资人持有27%的国债看起来似乎比例不是很大，但它的具体金额却非常惊人。万亿计的美元债务是无论如何都不能被忽视的。这些债券在它们到期后可能会成为巨大的麻烦。迄今为止，它们之所以还算是一件不太坏的事，是因为用于购买的钱是已经存在的，而非凭空创造出来的。因此，它们不会引发通胀。不过不难想象的是，当债券持有人决定不再展期这些债务时，未来的情况会是怎样。

为了在债券到期后偿付这些债务，美国财政部必须发行新的国债。联邦储备系统之后一定会使用法定纸币购买这些国债。于是，外国人持有的联邦债务就像一颗滴答作响的定时炸弹。如果联邦储备系统不得不面对国债的外国持有人的偿债要求，则由此引发的通货膨胀将像海啸一般冲击美国的经济体系。

有什么区别?

有一种社会思潮就是用一种超脱的魅力去解读这些趋势：难道它不是很有趣吗？不过，相关性在哪里？为何在面对这些技术和抽象概念后会变得亢奋？如果政府陷入债务泥沼又会发生什么？如果利息都根本没有偿付，谁会在乎？如果我们拥有一种世界货币又会如何？上述的任何一种情况对于个人而言又有哪些区别？

回答这些问题的第一步是看看它已经产生的区别。我们即将来临的未来之旅只不过是对现状的延伸。

正如本书前面章节中阐述的那样，在美国政府的最高层一直存在一项战略政策，就是把经济资源从美国转出。这项政策一直很成功。基于环境灾难的末日预测，一旦美国繁荣的浪潮从海岸线上消失，美国政府就会让私人企业承担消除重工业产生废物的巨额开支。为了照顾斑点猫头鹰和沙漠袋鼠的自然习性，数千英亩的林地和农业用地已经被叫停了商业用途。高额税收，针对工作场所设置安全设施而制定的不合理规则，所谓的公平雇用原则，以及强制实施的医疗保险正在快速摧毁美国私营产业留下的一切。结果是数以百万计的美国工人失业并举家迁徙。

联邦税收，包括社保，现在拿走了美国人超过40%的私人收入。州、县和地方税收已经处于最高位。通胀正在吞噬剩余的一切。我们年收入的一半所得要交给政府。

1977年，美国劳工总会与产业劳工组织（AFL-CIO）做的一项研究显示，尽管以美元计算的工资确实有增长，但普通美国人的真实工资——以美元计的购买力——却是在缩水的。1980年，美国人口统计局对此做了确认。1992年，消费者联合会（Consumers' Union）分析一个普通美国人要工作多少时间才能购买到与三年前一样的日用品。如果以购买它们需要的工时计算，一些低价商品和服务——比如长途电话、汽油、食品和手表——1992年更加便宜。不过大额消费——比如住房、大学教育和健康医疗——比以前更加昂贵。报告由此得出如下结论：

> 普通美国家庭能维持现有的生活水准很大程度上是因为他们的工作时间延长了。过去25年间数以百万计的妇女也加入了劳动者的队伍。1970年，大约2100万妇女成为全职劳动者。现在这个数字是大约3600万。这使得家庭的购买力保持相对的稳定。不过对大多数家庭来说，它表示一个家庭有两个劳动者而不是之前的一个劳动力在挣钱。[1]

这里透露出的信息是，美国的真实工资一直在下降。年轻夫妻家庭如果只有一个人工作的话，则他们的生活水准肯定不如他们的父母辈。即使夫妻俩都工作的话，普通家庭实际的净资产也还是在缩水。休闲时间也越来越少。拥有自己住房的美国人比例在下降。一个家庭拥有自己的第一套房子的年龄也在增长。中产阶级家庭的数量在减少。家庭储蓄也在减少。生活在官方规定的贫困线以下的人的数量在增加。个人破产的比例是20世纪60年代的三倍。超过90%的美国人在65岁时仍一文不名。

---

[1] 《我们的生活水准停滞了吗？》，载于《消费者报告》，1992年6月，第392页。

新秩序

这一切的发生不是偶然的。第五、第六章中的内容已经揭示出金融强权当前正在实施的一项计划，就是要在联合国的框架内创建一个有实质意义的全球性政府。

他们已经准备好的控制手段有两种。一种是世界军事司令部，该司令部最终将控制所有国家的武装力量和核武器。这将在和平和裁军的口号下实现。另一种是世界中央银行，现在叫国际货币基金组织和世界银行，其职责是发行一种全世界所有国家都接受的通用货币。这将在国际贸易和经济增长的口号下实现。

这两种控制手段中，货币控制是最重要的。使用货币力量被视为世界政府武器库中最原始的武器，只能在最后的救赎中使用。货币控制的效果比百万吨级的核能更具威力。因为它能影响到每户家庭和每家商店，常规军队永远无法实现它那样的效果。军事力量也许无坚不摧，不过它会导致仇恨和政治动荡，而这两者将会持续数十年。由于货币操纵很少被它的受害者所洞悉和了解，它不会引发这些受害者的愤怒。事实上，操纵者都有很高的社会地位，并坐收很高的金融收益。就这些原因而言，货币控制是新的世界秩序应当选择的武器。

按照最低限度强制和最大限度自由原则组建的未来的世界议会，对人类来说是一个世界性的事物。它没有试着去把所有国家都塞进一个中央管理的蜂巢中，它包容和欢迎文化和宗教上的多样性。它没有试图让世界接受集体主义者奉为圭臬的古板规则、规矩、定额和补贴的束缚，而是鼓励多样性和自由选择。它不是对每个能想象得到的经济活动都征收重税，从而摧毁人们参与经济活动创造财富的激情，而是鼓励成员国削减现有税种从而刺激生产和创造。

世界议会奉自由为圭臬，各国分享这个世界共同体内的政治和经济优势。它可能成为实现和维持我们一直享受的和平、繁荣和自由的最强大的力量。

目标是美国

只要联合国有能力保持影响力，那新的世界秩序就很难成为一个能发挥作用的实体。美国被视为潜在的威胁。现在，由于被置于控制之下，它是安稳的，不过世界的规划者担心未来它可能会挣脱束缚。如果美国人民意识到世界政治的现实并再次实现对美国政府的控制，他们还是需要摆脱军事和经济力量的制约。因此，在世界规划者看来，首要指令的内容就是削弱美国的军事和经济实力。而这个首要指令来自美国领导人，而非其他国家的领导人。来自白宫、国务院、国防部和财政部的美国外交关系协会成员现在正在努力试图完成该计划的一部分。不过它是又一个末日机制，一旦它获得足够的动力，它将通过不归路的临界点。

朝鲜战争是美国士兵第一次在联合国的旗帜下参与的战争。这种趋势一直持续到现在，而且具体的例子越来越多，比如以联合国的名义在伊拉克、南斯拉夫、波斯尼亚、索马里和海地开展的维和行动。到这本书付诸印刷为止，毫无疑问又有更多类似的案例出现。尽管美国的军事力量正在被联合国所吸收，不过美国移交核武器的道路还非常漫长。如果这一幕出现的话，末日机制将被激活。

国际货币基金组织和世界银行也在发挥作用——与美联储合作——其作用相当于全球的中央银行。美国经济正在借助有意识的对外赠与和国内的无效投资而被消耗殆尽。他们的目标不是去帮助那些确实需要的人或是为了保护环境，而是让这个体制瓦解。当曾经自豪和独立的美国人沦落为失业者后，他们就将准备好接受世界银行精心安排的"救助"。或许一种世界货币已经被设计出来，正在等待合适的时机被推出。

铁山报告

这些策略的内容可追溯到1966年发布的一项智库研究成果，该项研究被称为《铁山报告》（*Report from Iron Mountain*）。尽管报告原件引发了高度的争议，报告本身还是暗示它是受美国当时的国防部长罗伯特·麦克纳马拉（Robert McNamara）领导下的国防部委托撰写的，撰写这份报告的是哈德逊研究所，该机构位于纽约哈德逊河畔克罗顿的铁山脚下。哈德逊研究所由赫尔曼·卡恩创办并担任首脑，而他曾经为兰德公司（Rand Corporation）工作过。麦克纳马拉和卡恩都是美国外交关系协会的成员。

研究所自称其目的是探索"让社会保持稳定"的各种方法。"稳定"这个词有"保护"、"维持"和"永远不变"的意思。显然，从一开始就可以确定，研究的本质是分析美国政府有哪些方法可以使其永远不会失去自己的权力，有哪些方法可以管制住自己的公民。

报告在其开头就声明道德无关紧要。研究不关心对错的问题，也不关心诸如自由或人权的概念，意识形态同样并非需要考虑的问题，其他不予考虑的还包括爱国主义、清规戒律。它唯一关心的是如何让当前的美国政府永远保持有权力，永远是主宰者。

以前的研究一直把对和平的渴望、生命的重要性、民主制度的优越性、为最广大人民谋求最大的幸福、个人尊严、对健康和长寿的追求，以及其他有可能实现的愿望视为不言而喻的价值观，而且这些对于判断一项关于和平问题的研究的正当性是必不可少的。我们还没有因此找到实现的方法。我们已经试着去把物理学的标准应用到我们的思维中，它的首要特性并非大多数人以为的量化，就如同怀特海德（Whitehead）语录中说到的那样，"……它忽视所有的价值判断；比如，所有的美学判断和道德判断"。[1]

报告的主要结论是：在过去，战争一直是达成目标的唯一可行手段。只有在战时或面临战争威胁时，民众才会心甘情愿地戴着美国政府的枷锁而没有任何怨言。相比之下，恐惧使得他们宁愿扛起任何负担，也不愿被敌人征服和掠夺。战争能唤起人的激情和对美国的忠诚，这些都属于爱国主义的表现。为了胜利，即使再多的牺牲也在所不惜。反对这种观点被认为是叛国。不过，在和平年代，人们对于高税收、物资匮乏和官僚干涉总是忿忿不平。没有了敌人和战争，美国政府想要长治久安几乎是不可能的。当美国人不再尊重他们的领导人时，他们就变得具有危险性。因此，战争一直是"保持社会稳定"不可或缺的条件。报告中对此有精确的描述：

战争体制不仅对于国家作为独立政治实体的存在是不可或缺的，而且对于维持政治结构的稳定同样是必不可少的。没有了战争体制，政府就无法获得对它的"合法性"的默认，以及去统治社会的权力。战争的可能性让人们意识到政府存在的外在必然性，否则政府就无法长期掌握权力。历史经验已经多次向我们揭示了这样的例子，一个政权如果在受到战争威胁时无法维持其应有的可信度，就会由此走向解体，促成其解体的力量包括私人利益集团、社会不公引发的反应，或者其他导致瓦解的因素。在战争的可能性面前，其社会组织形态是最重要的政治稳定器……它能让社会维持必要的阶级分层，而且它能利用一个独立国家所固有的剩余战争权力来确保公民对国家的附属关系。[2]

---

[1] 伦纳德·勒温编辑：《关于和平的可能性和愿望的铁山报告》（纽约：戴尔出版集团），第13—14页。

[2] 同上，第39、81页。

和平的新定义

之后报告解释说，美国正在接近历史上的一个点，到达这个点，老的公式不再有效。为什么？因为现在有可能创建一个世界政府，在这个世界政府中，所有的国家都没有自己的军队，都统一接受一支世界军队的保护，这样一种态势就叫做和平。报告还写道："和平一词，正如我们已经在下面的篇幅中用到的那样……意味着全面和彻底的裁军。"[1]面对这样的情况，独立国家将不复存在，而且其政府也将没有能力去发动战争。世界军队可能采取军事行动打击叛变的下属政治单位，不过这种行动确切地说应该叫做维和行动，而参与其中的士兵又被叫做维和士兵。

之后报告提出的问题是：是否可能存在一个战争的替代物？地区政府有哪些其他手段——以及世界政府有哪些其他手段——可以用来使自己合法化并永续存在？找到这个问题的答案是该研究项目宣称的目的。

《铁山报告》的结论是战争的替代物必须具备下列三种特质：（1）经济上浪费或挥霍，（2）代表一种可信而且巨大的威胁，以及（3）为政府的义务兵役提供一个有逻辑的借口。

复杂的奴隶制度

关于义务兵役，报告的解释是常备军的一大优势是它们为政府提供了一个安置反社会人士和持不同政见者的场所。如果没有战争，政府必须对这些义务兵说，他们正在以一些其他形式与贫困做斗争，或者他们正在清理这个星球或为经济提供支持或服务于公共利益。每个

---

[1] 勒温前引书，第9页。

青年人都将被要求服役——尤其是在他们对政府的逆反心理最强烈的时期。而且年纪大些的人也会被征募，作为一种不用纳税和缴纳罚款的就业手段。持不同政见者也将由于"仇恨犯罪"和错误的政治立场面临巨额罚款，最终，他们都将进入义务兵行列。报告提到：

> 我们将检视……历史上曾经无数次动用军事机构为那些反社会人士在社会架构中提供一种可接受的角色……当前比较委婉的陈词滥调——"青少年犯罪"和"异化"——已经适用于各年龄段的人。在早期，是由军队直接处理这些情况，并且不会出现问题，通常通过强制征兵或彻底的奴役实现。

> 大多数人的建议是，处理战后问题需要把军队转变为和平部队或所谓的就业工作团。对社会不满的人、没有经济基础的人、心理上感到不安的人、顽固不化的"罪犯"、不可救药的"颠覆分子"和其他的失业者需要经由类似军队纪律的管理，而转变成有敬业精神的社会服务工作者……

> 控制社会潜在敌人的另一种可能的替代物，是以与现代技术和政治流程匹配的某种形式重新引入奴役制……开发并形成一种形式复杂的奴隶制度，可能是在和平时期的世界环境下实施社会控制的一个绝对的先决条件，这是完全有可能的。作为一个实际问题，把军队纪律的准则转换成一种形式委婉的奴役，将出人意料地几乎不需要任何修正；合乎情理的第一步将是采纳某种形式的"通用"兵役制度。[1]

竞技比赛

报告考虑了多种方法，利用这些方法，公众可以专注于不重要的事情，这样他们就不会有时间去参与政治性的争论或政治性的抵抗运

[1] 勒温前引书，第41–42、68、70页。

动。娱乐、游戏竞赛、色情文学和情景喜剧可以发挥重要的作用，不过竞技比赛被认为是所有选项中最有前景的。竞技比赛是个体或团队之间的竞争性事件，从性质上说相当暴力，能让观众以间接的形式消除掉他们因挫折而带来的不良感受。至少，一支富有激情的队伍会吸引一部分忠诚的拥趸，比赛必定会有一些选手遭受疼痛和受伤。对拥趸们而言，更好的情况是发生流血、甚至是死亡事件。普通人对暴力和血有着变态的迷恋。人群会聚拢过来并大声向站在宾馆楼顶的试图自杀者叫喊"跳啊，快跳啊"。很多驾驶员会把车子慢慢停到公路上最近的驻车点，呆呆地看着因车祸丧生的支离破碎的死者尸体。校园斗殴事件会很快吸引一干人围拢过来看热闹。拳击比赛、足球比赛、曲棍球比赛和赛车比赛每天都有电视直播，吸引了数以百万计的热血沸腾的拥趸，他们痴迷于每个危险的瞬间、每次有力的脸部击打、每次悲情的淘汰，以及那些失去意识或可能处于垂死状态的失败者被担架抬走的黑暗时刻。用这种方式，他们对社会的"愤怒"得到释放或集中喷发，而宣泄的对象则是对方队伍。罗马皇帝发明了马戏、角斗士、用野兽来公开处死罪犯，也恰恰是为了达成相同的目的。

在现代社会，似乎这样的概念已经显得荒诞不经，但让我们回顾一下1985年布鲁塞尔欧洲冠军杯决赛前发生的惨案，球迷的情绪由于过于激昂以至于失控，导致比赛开始前双方球迷在露天看台上大打出手，从而酿成38人死亡和超过400人受伤的海瑟尔惨案。《美国新闻和世界报道》（*U.S. News & World Report*）对此有如下解读：

悲剧的根源：某些专家指出，并非强迫、发自内心的对主队的部落式忠诚对很多人来说已经成为一种替代宗教。最糟的团体中包括黑帮成员，比如切尔西的杀人足球流氓团伙，该团伙由缺乏教育的男青年组成，足球比赛让他们找到了治愈无聊的刺激。

不过，英国并非足球暴力的唯一受害者。5月26日，墨西哥城有

8个人被杀，超过50人受伤……1964年发生在智利利马的球场暴力让超过300人付出了生命的代价。1969年一场在萨尔瓦多与洪都拉斯之间进行的足球比赛由于高度的争议导致了双方打了一场为期一周的战争，造成了数以百计的人伤亡。

美国因为它的主流运动橄榄球比赛中的球场暴力而备受指责，不过露天看台上的暴力却很罕见，因为美国人喜爱很多种运动项目，而民族自豪感并非利害攸关。加利福尼亚圣何塞州立大学心理学教授托马斯·塔特科（Thomas Tutko）曾经说："在其他国家，以前人们向敌人宣泄。现在，是他们的竞争球队激发了他们的激情。"[1]

在已经考虑了竞技比赛的所有衍生后果后，《铁山报告》得出的结论是它们并不足以取代战争。真实的情况是激烈的运动是有用的干扰项，而且事实上也确实为无聊且暴躁的集体忠诚者提供了发泄的渠道，不过它们对国民心态造成的效应还无法与战争的歇斯底里带来的那种高度紧张相匹敌。除非能找到战争的替代物，否则世界政府将不得不被推迟实现，因为很多国家有发动战争的动机。

找到一个可信的全球威胁

战争时期，大多数公民会毫无怨言地接受低质量的生活并绝对忠诚于他们的国家。如果能找到合适的战争替代物，那么同样的反应也将会出现。因此，必须要找到会对整个世界造成威胁的新敌人，而且被这样的敌人征服的预期也必须如同战争那样让人感到恐惧。报告在这点上不吝笔墨：

忠诚需要一个目标，而目标需要一个敌人。这是非常明显的，关键点是用来确定目标的敌人必须看起来真正让人感到害怕。粗略地

---

[1] 《英国足球耻辱的一天》，载于《美国新闻和世界报道》，1985年6月10日，第11页。

说，足以确保个体对社会忠诚的"敌人"的力量必须与社会的规模和复杂性成正比。当然，今天，这种力量在规模和可怕程度上必须是空前的。[1]

一个合适的全球性敌人，并不一定是真实存在的。当然，真正的威胁更好，不过一个人为发明的威胁照样管用，只要大众相信它是真的就可以了。相比其他，公众会更容易相信某些虚构的事物。可信度比真相更重要。

贫困是全球性敌人的一个选项，不过被否决，因为它还不够可怕。世界的大多数地区都深陷贫困。只有那些从来没有经历过贫困的人会把它看成一个全球性的威胁。对于大多数人而言，它仅仅是日常生活中的一个事实。

外太空异族的入侵也是一个需要认真考虑的选项。报告暗示类似的试验可能已经被尝试过。但是，公众的反应并不总是符合预期，因为威胁本身是"不可信"的。以下是报告的分析：

事实上，可信度是找出战争的政治替代物这个问题的核心。太空竞赛提议不被采纳的原因就在这里，太空竞赛在很多方面非常适合做战争的经济替代物，但雄心勃勃却不切实际的太空计划不可能自己产生一个可信的外部威胁。一直存在激烈的争论，即这样一种威胁将提供"最后的却是最好的和平希望"等等，而这种希望是由于人类联合起来抗击来自其他星球或外太空生物的破坏。已经有人建议进行多次试验来测试来自地球以外的入侵威胁的可信度；近年来多次出现的让人难以解释的"飞碟"事件事实上可能就是该类试验的早期尝试。如果是这样的话，结果可能并不让人感到鼓舞。[2]

报告发表于1966年，当时外星人存在的说法在普通人看起来非常

---

[1] 勒温前引书，第44页。

[2] 同上，第66页。

牵强。不过，随后几年，公众的看法有了改变。有越来越多的人相信不止一种智慧生命形式存在于地球以外的星球上，并正在监视着我们的文明。这种看法正确与否并不重要。问题在于电视上出现的与外星人的戏剧性相遇——即使这一幕是完全由高科技的计算机图形软件或天空中的激光生成——能被用于促使所有的国家在匆忙间整合成一个世界政府，该世界政府的宗旨是保护地球免遭外星人的入侵。另一方面，如果感到外星人有和平的善意，一个替代的场景是组建世界政府来代表一个统一的人类族群，该人类族群以某种形式的银河联邦实体存在，并发出单一的声音。今天，每种情景都比1966年时更加具有可信性。

可以作为一个有用的全球性威胁的候选对象还包括环境污染。它被视为最有可能成功的候选对象，因为它与可观察的现象，比如雾霾和水污染相联系。换句话说，它是真实的，并且因此是可信的。环境污染最终来临的地球末日情景如同核战争的结果一样可怕。这些预测是否精确并不重要。它们的目的是为了警醒大众，而不是告知。大众愿意接受生活水准下降、纳税负担更重和政府干预，因为这是"我们为拯救地球母亲而必须付出的代价"。

《铁山报告》真的谈到了这点？它确实涉及了，而且更加全面和深入。这里仅仅列举一些相关章节：

一个可取代战争的可信的替代物……这个"替代敌人"必须是一个更加直接、更加具体和更加能直接感受到的威胁。它必须证明确实有必要在人们广泛的关切中接受和付出"血的代价"。就这方面而言，前述提到的可能的替代敌人还是无法胜任。一个例外可能是环境污染，它对社会的危害是真正的、迫在眉睫的……比如，可能严重的环境污染最终将取代核战争，成为大规模摧毁物种生存的主要威胁。空气污染、食物来源和供水污染已经一直在恶化，但其治理还是有希望的；它构成了一种威胁，这种威胁只能通过社会组织和政治权力得到处理……

　　为此目的而有选择地夸大污染是真实的情况……不过污染问题在最近几年已经被广泛报道。不过，我们已经提到的可能的替代敌人中，有一些看起来不太可能，我们必须强调，如果要找到永久的和平，同时不会导致社会解体，我们要找到的是一个在质量和规模上都可信的敌人。以我们的判断，更有可能的结果是我们发明一种这样的威胁。[1]

报告的真实性存疑

　　《铁山报告》声明它是由一个15人的特别研究小组撰写的，这15人的身份没有被披露，而且他们也不希望自己被曝光。不过，该小组的一名成员认为该报告的意义非常重大，因此应该公开。他并非不同意报告的结论，而只是觉得应该有更多的人看到这份报告。他把自己的那一份报告交给了伦纳德·勒温，后者是著名作家和专栏撰稿人，而他又转而与转盘出版社（Dial Press）接洽出版事宜。之后该报告由戴尔出版集团（Dell Publishing）发行。

　　当时是约翰逊总统执政期间，而总统的国家安全事务特别助理是美国外交关系协会成员沃尔特·罗斯托（Walt Rostow）。他很快就宣布该报告是一本伪造的著作。哈德逊研究所、美国外交关系协会成员赫尔曼·卡恩也声称该报告并非正本。《华盛顿邮报》也指称该份报告只是一份"有趣的讽刺文学作品"。《时代》杂志老板、同为美国外交关系协会成员的亨利·鲁斯（Henry Luce）认为这份报告只不过是一个高明的恶作剧。此后，1967年11月26日，《华盛顿邮报》

[1]　勒温前引书，第66–67、70–71页。

刊发了关于报告的评论，作者为赫歇尔·麦克兰德里斯（Herschel McLandress），这实际是哈佛大学教授约翰·加尔布莱斯的笔名。加尔布莱斯也是美国外交关系协会的成员，他说他是最早了解报告真实性的人之一，因为他曾经被邀请参与报告的撰写。尽管他不是该小组的正式成员，但经常受邀提供意见并被要求保守秘密。此外，尽管他质疑让公众知道这份报告是否明智，但还是同意报告的结论。他写道：

> 由于我是以个人名誉担保这份资料的真实性，因此我会证明报告结论的正确。我保留的意见只是认为让报告无条件地公开是否明智。[1]

六周后，美联社从伦敦发回了一份报道，此后加尔布莱斯的态度又有了进一步的转变，他开玩笑地承认自己是"这个阴谋集团的一份子"。[2]

不过，这并没有让问题得到解决。接下来的日子，加尔布莱斯开始退缩。当被问到他的"阴谋集团"的表述时，他答复道："自查理二世以来，《时代》杂志第一次因为曲解言论而感到内疚……我坚定地认为报告的作者要么是迪恩·鲁斯克（Dean Rusk），要么是克莱尔·布思·鲁斯（Clare Booth Luce）。"[3]

加尔布莱斯的断言让第一个报道这份报告的记者很尴尬，于是他做了后续调查。六天后，他公布了自己的调查结果：

> 加尔布莱斯教授似乎倾向于认为被曲解是不好的行为。最新出版的剑桥报纸《代表队》（Varsity）刊登了下面的（磁带录音）对话：
>
> 记者："你知道《铁山报告》作者的身份吗？"

[1] 赫歇尔·麦克兰德里斯：《你还没有准备好的战争与和平的新闻》，载于《华盛顿邮报》"书界"栏目，1967年11月26日，第5页。

[2] 《时代日记》，载于《伦敦时代》，1968年2月5日，第8页。

[3] 《加尔布莱斯说他被曲解了》，载于《伦敦时报》，1968年2月6日，第3页。

加尔布莱斯："总体上说我是这个阴谋集团的成员，不过我不是报告的作者。我一直认为是这个人撰写了序言——勒温先生。"[1]

因此，在至少三个场合，加尔布莱斯公开为报告的真实性背书，但同时也否认自己是报告的作者。那么作者是谁？是伦纳德·勒温吗？1967年他说他不是。1972年他说他是。在《纽约时报》的书评栏目中，勒温写道："'这份报告'是我写的，总之……我只是想把战争与和平这个问题以一种煽动性的方式提出来。"[2]

不过等等！在那之前的若干年，专栏作家威廉·巴克利（William F. Buckley）告诉《纽约时报》说他是这份报告的作者。发表这项声明毫无疑问是有点开玩笑的味道，不过，我们该相信谁？该信什么？赫尔曼·卡恩、约翰·肯尼斯·加尔布莱斯、迪恩·鲁斯克、克莱尔·布思·鲁斯、伦纳德·勒温或是威廉·巴克利，究竟谁是报告的作者？

从最终的影响来看，谁是作者都没有差别。关键点还是《铁山报告》到底是一项智库研究课题，还是一份反映某种现实的讽刺文学作品。不管公开的是不是原文，其中提到的思想正在得到贯彻。让我们一手拿着报告，另一只手拿着日报，就能发现其中有不少应验的地方，让人费解的很多事情现在却一下子变得清晰起来：外星人入侵、开支浪费、美国工业的衰落、就业工作团、枪支管制、国家警察部队、联合国部队、裁军、世界银行、世界通货、生态灾难。《铁山报告》是对已经且还在继续塑造我们当前世界的计划的一次精准的总结，并且它还要去塑造我们的未来。

---

[1] 《碰瓷啊，教授》，载于《伦敦时报》，1968年2月12日，第8页。
[2] 《铁山报告》，载于《纽约时报》，1968年3月19日，第8页。

战争的替代品

关于环境灾难的预测被公众广泛接受，其中的科学性不在本书的研究范围。我所感兴趣的，是由美国外交关系协会控制的媒体为什么如此渲染这种威胁；或是为什么仇视大企业的激进环境团体能源源不断地得到美国外交关系协员会控制的基金会、银行和上市公司的资助。《铁山报告》对这些问题做出了回答。

正如报告中指出的那样，在这些问题上真相并不重要，重要的是用什么让人们相信那是真的。"可信度"才是关键。环境污染是现实，是可信的，加上媒体的配合和反复背书，计划已经见到成效。工业化国家的公众已经被无数的论文、戏剧、电影、主题歌曲、诗歌、车尾宣传贴、海报、示威游行、演讲、论坛、会议和音乐会宣扬的内容洗脑，结果是惊人的。政治家现在能当选，无非是因为他们的竞选纲领中表达了对环境问题的关注，并承诺关闭那些破坏环境的工业企业。没有人会去质疑这样做对经济甚至国家的损害。当我们赖以生存的星球衰败并走向死亡时，是否保护环境是没有区别的。没有人会去质疑这个基本前提，它怎么可能是假的呢？看看所有加入这场运动的电影明星和摇滚歌星吧。

尽管环境运动的追随者正沉浸在末日恐惧中，还是让我们看看领导人是如何想的吧。1970年4月22日是第一个地球日，环境问题的第一次政府高层峰会在里约热内卢召开，与会的有来自世界各地的环境保护主义者和政治家。会议期间，一份名为《环境手册》（*Environmental Handbook*）的出版物被广为传阅。美国外交关系协会成员、普林斯顿大学教授理查德·法尔克（Richard A. Falk）的一番话概括总结了手册的主题。法尔克认为这个星球面对四种相互关联的威胁——核战争、人口过剩、环境污染和资源枯竭。他又说：

"所有这四个问题的源头是主权国家无法有效地应对21世纪的人类事务。"[1]手册采用反问句写法继续宣扬美国外交关系协会的路线："单一民族国家的模式实际上可行吗，是因为他们有能力在一个下午相互毁灭？……为一个更加持久的人类组织——更多的税收、放弃国家旗帜，也许还需要失去一部分我们经过千辛万苦赢得的自由，大多数人愿意付出什么样的代价？"[2]

1989年，《华盛顿邮报》发表了一篇外交关系委员会成员乔治·凯南撰写的文章，他在文章中写道："我们必须做好……下一个时代的准备……支撑我们文明的地球在快速退化和堕落。"[3]

1990年3月27号，协会会员迈克尔·奥本海默（Michael Oppenheimer）在《纽约时报》撰文称："全球变暖、臭氧层破坏、森林锐减和人口过剩是即将到来的21世纪启示录的天启四骑士……环境问题正在变成排名第一的全球安全议题。"[4]

美国外交关系协会成员莱斯特·布朗（Lester Brown）领导着另一家名为世界观察研究所（Worldwatch Institute）的智库。在其《1991年的世界形势》（*State ofthe World 1991*）的年度报告中，布朗认为"拯救地球的运动将取代意识形态方面的斗争，成为新的世界秩序的组织主题。"[5]

在1992年的地球高峰会议的官方出版物中，我们发现这样一段内容："世界现在正面临更大的挑战，这些挑战对我们的公共安全构成了威胁，这种挑战是通过我们的行为对环境的影响而不是传统的军事冲突表现出来的。"

---

[1] 加勒特·德贝尔编：《环境手册》（纽约：巴兰坦/地球的朋友，1970年版），第138页。

[2] 同上，第145页。

[3] 乔治·凯南：《摆脱冷战思维的当代欧洲》，载于《华盛顿邮报》，1989年11月14日，B7版。

[4] 《纽约时报》是宣扬美国外交关系协会政策的主要平台之一。阿道夫·西蒙奥克斯1896年收购了该报纸，收购的资金分别来自美国外交关系协会先驱J.P.摩根、罗斯柴尔德家族的代理人奥古斯特·贝尔蒙特和库恩–勒布公司的合伙人雅各布·希夫。

[5] 莱斯特·布朗等著：《1991年的世界形势》（纽约：W.W.诺顿出版社，1991年版），第3页。

环保运动本身绝对正当，但我想说的是，它是美国外交关系协会的挡箭牌，它是挑选出来的战争替代品。

调整人类自己

罗马俱乐部（The Club of Rome）是一家由全球性的组织，它每年发布基于人口过剩和饥荒预测而导致的世界末日报告。俱乐部的成员来自世界各国，不过来自美国的成员包括著名的美国外交关系协会会员，如吉米·卡特、哈伦·克利夫兰（Harlan Cleveland）、克雷伯恩·培尔（Claiburne Pell）和索尔·利诺维兹（Sol Linowitz）。在他们1991年出版的《第一次全球革命》（*The First Global Revolution*）一书中，我们找到了这个论点：

在寻找让我们团结起来的新敌人时，我们提出的观点是污染、全球变暖、水资源短缺、饥荒和其他问题……所有这些危险都是由于人类干预的结果……真正的敌人是人类自己。[1]

正如罗马俱乐部认为的那样，如果真正的敌人是人类自己，就一定要对人类自身作出调整。伯特兰·罗素（Bertrand Russell）对此做了如下的解释：

我没有说生育控制是控制人口增长的唯一途径……战争，正如我刚刚评论的那样，迄今为止在这方面是令人失望的，不过也许细菌战可能更有效。如果在每一代人中来一次全球范围的黑死病，则灾难过后的幸存者可以自由生育却不会让这个世界人满为患……

除非存在一个世界政府，否则科学的世界性社会不可能稳定……为了阻止世界人口增长，世界政府是必不可少的。如果不是通过战

---

[1] 亚历山大·金、伯特兰·施耐德：《第一次全球革命：罗马俱乐部理事会发布的报告》（纽约：众神殿图书，1991年版），第115页。

争、瘟疫和饥荒达成这一目标，则需要一个强有力的国际权威机构。这个权威机构应当把世界的食物按照该权威机构成立时的人口比例发放给不同的国家。如果之后某个国家人口增加，它不得因为人口增加而获得更多的食物。这样不让人口增加的动机就具有非常高的强制性。[1]

确实，这个方法具有很高的强制性。"环保主义者"和人口控制鼓吹者之一是雅克·库斯托（Jacques Cousteau）。1991年11月他接受了联合国教科文组织旗下媒体《信使》（Courier）的采访，明确无误地表达了控制人口的观点。谈到癌症导致的死亡时，他说：

我们应当消除掉疾病吗？这个主意不错，不过长期看并没有好处。我们不应当让对疾病的恐惧危害到我们人类的未来。这是一件很糟糕的事。为了让世界人口数量保持稳定，每天必须有35万人消亡。不承认这一点也是一件极其糟糕的事。[2]

美国是侵略者

强制性手段的使用是这些计划的一个重要特征。我们并不奢望工业化国家的人们能在让他们利益受损的事情上采取合作态度，只能通过强制性手段让他们合作。他们不喜欢自己的食物被拿去救济其他地方的民众。他们也不会赞同由一个世界权威机构向他们征税并用这些税款去资助外国。他们也不会自愿放弃使用汽车或者选择更小的房子或公共宿舍，以满足联合国机构关于资源分配配额的要求。罗马俱乐部成员莫里斯·斯特朗（Maurice Strong）对这个问题进行了解读：

实际上，联合国正致力于研究环境入侵对世界其他地区的影

[1] 伯特兰·罗素：《科学对社会的影响》（纽约：西蒙和舒斯特出版社，1953年版），第103-104、111页。
[2] 《信使》，1991年11月，第13页。

响……在军事水平上，联合国是监护人。在环境水平上，联合国显然是最大的风险……联合国最关注的问题之一是能源价格——价格太低了……

显然，富裕的中产阶级目前遵循的生活和消费模式……需要大量的肉类摄入，消耗大量的冷冻和"方便"食品，他们拥有汽车、数不胜数的电子产品和家用电器，居家和办公室都安装了好几台空调……还有昂贵的郊区别墅……这些都是不可持续的。[1]

斯特朗的评论得到了世界环境运动领导人的高度赞同，不过这些言论引发了《亚利桑那共和报》（*Arizona Republic*）编辑的愤怒回应。

经济合作组织的演讲意味着两种情况：（1）由于大量新税种和管制措施的实施，导致西方国家生活标准的下降，和（2）财富从发达国家向不发达国家的大规模转移。该举措的可疑前提是，如果美国经济萎缩到相当于马来西亚的水平，世界是否将会变得更加美好……大多数美国人可能会抵制联合国关于美国国内限制使用汽车的决议。[2]

这个视美国为世界环境入侵者的莫里斯·斯特朗是谁？他生活在贫困中吗？他来自嫉妒美国繁荣的落后国家吗？他是一个节约自然资源的人吗？以上都不是。他是这个世界上最富有的人之一。不管日常生活还是出门旅行，他都是追求最极致的舒适感。他是一名慷慨的表演者。他投资加拿大石油产业，给他带来了巨额财富——他帮助加拿大石油产业实现国有化。莫里斯·斯特朗是1992年在里约热内卢召开的联合国环境与发展大会上的秘书长；而且是1972年在斯德哥尔摩召开的联合国首届人类环境会议的主席；他还是联合国环境规划署的创

---

[1] 《生态修复代价高昂》，载于《萨克拉门托蜜蜂报》，1992年3月12日，第A8版。也见于莫里斯·斯特朗为《超越相互依存》（纽约：牛津大学出版社，1991年版）一书所写的序言，第9页。

[2] 《通往毁灭之路》，载于《亚利桑那共和报》，1992年3月26日。

办人并担任首届秘书长；他还是联合国协会世界联合会的总裁、世界经济论坛的联席主席、罗马俱乐部会员、阿斯彭研究所的信托人，以及世界未来协会的创办人。这里提供的资料可能有点太多了，不过为了验证下述内容的重要性，这样不吝列举也是很有必要的。

针对经济危机的阴谋

莫里斯·斯特朗相信，如果世界上的发达国家能遵循要求降低它们的生活水准，则世界的生态系统就可以得以维持和保存。生产和消费的规模必须缩减。为了实现这个目标，这些富有的国家必须愿意接受定量配给、高税率。他说，它们基本不可能会自愿接受这种安排，因此需要采用强制措施。为了达成目的，有必要策划制造一次全球性的货币危机，从而利用货币危机摧毁它们的经济体系。之后，它们除了接受联合国的援助和控制外别无选择。

这种战略于1990年5月份提出，刊登在加拿大的《西方》（West）杂志上。在一篇名为《巴卡·格兰德巫师》（The Wizard of Baca Grande）的文章中，记者丹尼尔·伍德（Daniel Wood）描述了他在科罗拉多南部的斯特朗私人牧场为期一周的生活体验。访问过该牧场的美国外交关系协会的名人包括大卫·洛克菲勒、前国务卿亨利·基辛格、世界银行创始人罗伯特·麦克纳马拉（Robert McNamara），以及IBM、泛美航空和哈佛大学的首脑们。

在伍德待在牧场体验期间，斯特朗大肆谈论环境保护主义和政治议题。为了表达自己的世界观，斯特朗说他正计划写一篇介绍那些拯救地球领袖人物的小说。显然，这个小说也是有原型的。伍德写道：

为了把小说的情节讲清楚，他要以每年一度的达沃斯经济论坛作为背景。超过一千位的首席执行官、首相、总理、财政部长和著名学者在二月份汇聚在这里参加会议，并为来年设立经济议题。以此为背景，他接着说道："如果少数世界领导人认为地球的最大风险来自这些富裕国家的行为，那将会怎样？此外，如果世界要免于毁灭，那些富裕的国家将不得不签署旨在要求它们减少对环境的影响的协议，它们会这样做吗？……与会者做出的结论是'不会'。富裕国家不会那样做。它们不想改变。因此，为了拯救地球，与会者决定：难道只有让工业文明瓦解才是拯救地球的唯一方法吗？让这种情况发生是我们的责任吗？"

"与会的世界领导人，"他继续说道，"组建了一个秘密社团，并由其策划让经济崩溃。现在是二月，他们都在达沃斯。这里没有恐怖分子。他们都是具有全球地位的领导人，他们在全球的商品和股票市场很有影响力。他们利用其在股票交易、计算机和黄金供给方面的优势制造了一次恐慌。于是，他们不让全球股票市场关闭，而是让齿轮停止转动。他们让雇佣兵劫持在达沃斯的世界领导人作为人质。市场不会关闭。富裕的国家……"然后斯特朗只是轻轻动了下手指头，似乎他正在把烟头弹到窗外。

我坐在那里发愣。这不是哪个说书人在讲故事，在那里开讲的是斯特朗。他认识这些世界领导人。实际上，他还是世界经济论坛理事会的联席主席。他坐在权力的核心。他所处的位置使得他可以去做这件事。

"我大概说了不该说的话。"他说道。[1]

莫里斯·斯特朗构思的小说情节应该不值得严肃对待，至少不能用来预测未来。未来不可能以这种形式展开。首先，劫持工业化国家的领导人并不可能，因为他们是世界的领导者。来自第三世界国家的领导人还不具备引发全球性危机的能力。如果真有所谓阴谋的话，阴

---

[1] 丹尼尔·伍德：《巴卡·格兰德巫师》，载于《西方》杂志，1990年5月，第35页。

谋策划者一定是来自纽约、伦敦或东京的货币中心。

莫里斯·斯特朗让全球经济崩溃的阴谋是否真实并不重要，重要的是像他这样的人竟然会产生这样的想法。正如伍德指出的那样，他们身处高位，拥有巨大的能量和影响力。他们的实际计划可能不是这种场景，但也许存在另一个结局类似的剧本。如果说历史已经证明了什么的话，正是具备金融和政治权力的人有能力策划这种邪恶阴谋。他们发动战争、制造经济萧条、制造饥荒来达成自己的个人目的。我们几乎没有理由来相信当今的金融家比他们的前任更具有道德责任感。

此外，我们一定不能被对地球母亲假惺惺的关切所蒙蔽。呼吁发动战争来拯救地球是一个巨大的诡计。环境污染具有"可信性"，正如《铁山报告》对它称赞的那样，不过驱动这场运动的地球末日剧本是伪造的。

本章总结

美国政府背负5.8万亿美元的债务。到2001年，单单这些债券的利息支出每年就高达3600亿美元。这消耗了所有联邦收入的大约19%，相当于每年每个美国普通家庭要负担超过5000美元。这些支出并没有带来任何东西。它只是用来偿还利息。它是政府最大的单笔开支。国债的利息正在消耗掉超过36%的所得税收入。按照目前的膨胀速度，长此以往，这一比例将达到100%。

到了1992年，在政府机构工作的人超过了受聘于私营制造业企业的雇员。当人们可以通过投票把别人的财富转移给自己时，投票箱就成为多数人抢劫少数人的武器。这是不归路，这就是末日机制。

到1992年，联邦开支的一半以上都被用于发放各种津贴。这是另一种末日机制。津贴就是开支——比如社会保险和医疗——这些开支都是基于未来支付的承诺才确立的。各种津贴就占了联邦开支的52%。当这个数字再与用于支付国债利息的14%的联邦收入相加后，我们得到的是一个惊人的结论，就是所有联邦开支的三分之二是完全自动支付的，而且这一比例还在逐月升高。

最大的末日机制是美联储。美国的货币供应都是为了被借贷给某人而被创造出来并存在的。当贷款被偿还时，这些美元会消失。如果我们试着去还清国债，则美国的货币供应将遭到破坏。因此，在联邦储备系统下，国会即使有心消除国债，也不敢这样做。

联邦税收现在拿走了超过40%的私人收入。州、县和地方税收已经处于最高位。通胀正在吞噬剩余的一切。美国人半年工作获得的收入要交给政府。在美国，真实的工资一直在下降。年轻夫妻家庭如果只有一个人工作的话，则他们的生活水准肯定不如他们的父母辈。普通家庭实际净资产也还是在缩水。休闲时间也越来越少。拥有自己住房的美国人比例在下降。一个家庭拥有自己的第一套房子的年龄也在增长。中产阶级家庭的数量在减少。生活在官方规定的贫困线以下的人的数量在增加。越来越多的美国人在65岁时一文不名。

这一切的发生不是偶然的。美国外交关系协会的成员形成了一个影子政府，他们在实施一项计划，目标是有意识地让工业化国家衰落，以此作为让它们融入到一个世界政府的前提条件，并把这些工业化国家置于控制之下。

该计划中很多策略的原型可以追溯到1966年公布的一项由美国政府赞助的智库研究成果，这些成果以《铁山报告》的名义发表。该研究的目的是分析美国政府有哪些方法可以让自己永久掌握权力。报告的结论是，在过去，战争是唯一可行的达成上述目标的手段。但是，如果有了世界政府，发动战争从技术上说就无法实现了。因此研究的主要目的是探索其他能控制人口增长并让他们保持忠诚的方法。得出的结论是需要有一个合适的战争替代物，需要一个新的敌人，而这个新敌人会对人类生存构成可怕的威胁。威胁和战争都不必是真实的，仅仅让大众相信它们存在就可以了。

第25章
悲观的剧本

> 根据当前趋势的延续描述未来，包括一次假想的金融危机、恶性通货膨胀、经济崩溃、国内暴力、联合国新货币的发行、联合国"维和"部队的抵达，以及融入新的世界秩序。

我们现在已经准备好使用我们的时间机器展开最后的旅行。我们面前的控制面板上有几个开关。左边的开关表示时间方向，设定为"未来"。右边的开关表示基本假设，设定在第一档，显示的内容为"当前趋势不变"。我们暂时不用二档。中间的控制杆是一个节流阀，用于控制旅行速度。轻推控制杆让时间机器开始向前滑动——然后保持固定不动！

金融危机

现在是早晨4点5分。尽管纽约城还沉浸在梦乡中，花旗银行四楼的计算机检测到一场发育成熟的危机正在向我们走来。它发源于伦敦——比美国东部早5个小时——并且在短短几分钟内就像电子病毒一样蔓延到东京和香港。一小时前，全球的所有交易中心的计算机终端发出警报，自动拨号装置正在召唤资金经理人马上去他们自己的行情室。

恐慌源自于一些谣言，说美国最大的银行之一由于墨西哥贷款违约和它的第二大借款公司陷入破产，导致它受到牵连。昨天下午，银行总裁举行新闻发布会，否认问题很严重。为了展示自己的乐观态度，他宣布星期五银行派发的季度股息将比平时要高。专业的资金经理并不相信银行总裁的说辞。他们知道勾销这些贷款将耗尽银行的所有净资产。

所有的美国银行现在的业务都是相互关联的，这导致一家银行感冒，所有银行都要跟着吃药。到了早上5点钟，资金中心的多家银行正面临海外储户的疯狂提现。当第一抹阳光投射在纽约摩天大楼的幕墙上时，美国人也跟风去提现了，而且都是大额的提现。这就波及到了其他银行、保险公司和投资基金。平均的提现金额超过了300万美元。金库现金正在快速耗尽。

现在是早上7点45分。银行不久就要开门营业了，而记者和电视台采编人员已经守候在银行门口。是时候制定统一行动的计划了。

美联储主席已经安排与各家大银行首席执行官进行紧急电话会议，其中包括一名在加拿大北部垂钓小屋度假的银行家。总统也四处打电话，但他坚守"静默监控"的原则。除了联邦储备系统主席外，没有人知道总统也正在关注事态发展。

拯救银行就是拯救世界

花旗银行的首席执行官很快就找到了问题症结。没有银行能在48小时的时间内应对这么大规模的挤兑——规模稍小一些的挤兑也无法应付。钱并不在它们的金库。为了赚取利息，这些钱都被放贷出去了。既然一些大额的贷款项目发生违约，问题就很严重了。如果联邦储备系统不提供资金的话，则很多银行除了停止营业外别无他法。这将导致经济崩溃，以及接下去的数不清的灾难。美国人将失去工作；很多家庭将面对饥饿；国家安全将面临考验。而且这场风暴无疑将蔓延到全世界。谁知道接下来人们会面对哪些可怕的结果——混乱、饥荒和暴乱将席卷全美国？国外将出现革命？军人干政？核战争？

美联储主席不再说废话。他清醒地意识到银行绝对不能倒下。毕竟，不让银行倒闭也是联邦储备系统创建的理由之一。他要好好想想如何把这件事处理好。

是的，联邦存款保险公司已经瘫痪，不过无需为此担心。国会将授权联邦储备系统获得"信贷"或其他一些机制来创造它可能需要的货币。如果国会行动过于迟缓，联邦储备系统还有其他技术手段来确保相同的结果。同时，到美国东部标准时间早上8点钟，联邦储备系统的贴现窗口将充斥无限量的资金。印钞厂正在开足马力准备无限量供应货币。飞机和装甲运钞车正待命把刚刚印刷出来的货币运到各个需要的地方。此外，那些违约的贷款也没有被放弃。国会很可能救助这些破产的美国公司。而总统已经发表谈话，他将要求为国际货币基金组织和世界银行提供额外的注资。这些资金由联邦储备系统创造出来，并规定必须提供给违约国家使用，使得它们能继续为自己的贷款支付利息。

各家银行会被告知开门营业，一切跟往常一样有序、平稳。媒体已经知道有情况，但不了解其严重程度，因此只需要告诉他们已经掌握的情况。多一点情况都不能透露给新闻界。如果人们想从银行提款，给他们就是了。如果出现排长队现象，请求警察过来维持秩序，不过提现还是要照常进行。必要的话，在正常的营业时间后承诺继续开门营业，以满足储户的提现需要。最重要的是，让取款的储户有足够的时间来提现，从而维持公众平稳的心态。每笔交易都要被检查和复查。让取现的储户队伍从容不迫、有序前行。

装甲运钞车会在业务最繁忙的时段到达，护卫人员会提着一袋袋的钱，穿过在银行大厅等候的客户，让他们亲眼看到钱是不缺的。银行高管应该告诉客户，联邦储备系统提供的新钱已经运到，而且后续联邦储备系统还会提供更多的钱。一旦人们相信银行有能力付款，很多人会厌烦漫长的等候并放弃取款而回家。

成功避过了一场大恐慌

现在是第二天的下午6点钟。计划奏效了。昨天上午银行门口到处是排起长队、面露焦虑的储户，这种情况大多数出现在大城市，今天上午这样的长队又在银行门口重现。不过现在钱是足够供每个储户提现的。新闻媒体对此的反应也是不冷不热，确保各个专家的声音已经被公众倾听，比如得益于联邦存款保险公司和联邦储备系统的支持，银行不可能倒闭了。视频中有一半时间在播放装甲运钞车和卫士在运送一袋袋的钱。今天银行按时下班，不再有储户排成长队等待取钱。

尽管"甲板上的乘客"看到一切都是那么风平浪静，但实际上"锅炉房"中的形势已经近乎失控。超过10亿美元已经流失，大部分流向海外，而且大出血还在持续。联邦储备系统正在源源不断地注入新的资金，来填补资金外流留下的空白。其中两家银行已经让它们的计算机专家针对所有即将到来的交易启动一个两小时自动延时机制。有人提议可以有意让整个网络瘫痪，并归咎于业务过于繁忙，不过这个提议被否决了。有太多的人在使用系统。肯定有人会把真相透露给媒体。

私人储户的挤兑过去常常是联邦储备系统的噩梦。现在，与全世界的机构储户通过网络进行的挤兑相比，私人挤兑简直不值一提。

专业人士并不会被运钞车向银行运送一袋袋钞票的情景所触动，他们现在就要提取他们的钱——而且他们要马上收到钱。当他们通过电子银行收到钱后，他们会立即用钱购买其他更可靠的理财工具，比如股票、其他货币和黄金白银实物。

这是联邦储备系统最畅意的时刻。它正在行使自己很多年积累的权力创造货币：美国国债、外国国债、公司债务，甚至有给个人和合伙企业的直接贷款。数以十亿计的新美元一下子涌现出来。这些钱在全球流动，使得银行能有效地履行自己的职责，就是让储户可以拿回他们存在银行的钱。

银行的实际情况

现在是事件发生的七周后。发生了一些事，不过没有人知道到底发生了什么。就如星星之火可以燎原，公众陷入了恐慌。原始的人类本能被激发，人们涌向银行去提款。他们希望取回自己的钱。他们想要回自己的存款。

也许引发恐慌的关键是最新发表的统计数据，数据显示失业率又创新高；或是银行破产案例继续在攀升；或是国会投票决定再次提高国债限额；或是社会保障税又大幅度提高了；或是墨西哥又失去了14万个工作岗位；或是芝加哥和底特律又出现为争夺食品券和政府廉租住房而引发的骚乱；或是联合国维和部队增援国民警卫队；或是有谣言说美国银行已经技术性破产；或是联合国世界法庭裁定美国的汽车数量到12月31号必须削减30%；或是哥伦比亚广播公司的新闻主播在援引关于繁荣再次来临的预测时略显怀疑。

不管它是什么，现在每家银行外都排起长队，那些排队的储户脸上的表情很平静。银行金库中的钱无法满足储户的取款需要。大多数钱为支票货币，这意味着它仅仅是计算机中的一些磁脉冲信号。美国货币供应总量中只有约5%才是以铸币或纸币的形式存在。货币供应总量的大部分都在银行外，在收银机、电子钱包和自动取款机中循环。银行里面的钱数大约只占总量的0.5%。联邦储备系统的紧急货币供应——大部分只用于应对这样的危机——是不够的。这次，印钞机无法及时在短时期内供应足够的货币。

财政部和联邦储备系统的发言人出现在电视上，向整个国家保证大家无需感到恐慌，一切都在控制之下，唯一的问题是那些反应过敏的人的非理性行为，因为他们对他们的国家没有信心。

没有人相信他们。排队取款的队伍越来越长，人们开始发怒。银行员工在上班路上遭到路人的讥讽和嘲笑。已经有人发出了炸弹的威胁。零星的暴力开始出现。银行柜台的玻璃窗被挤破。人们呼吁国际保安服务公司的介入。总统宣布银行休假。

由于人们无法完全取出自己银行账户中的所有存款，于是他们都涌到各家商店利用支票货币疯狂消费。如果他们无法取回自己的钱，至少他们可以用账户中的钱购物。车库和地下室中到处是罐装食品、鞋子、酒、轮胎和武器。商品越来越少，价格节节攀升。道琼斯指数正在创下新高，因为投资者正在清空他们的账户，并用拿到的钱去买能够买到的商品。证券和交易委员会最终暂停了交易。

现在9个月已经过去了。危机对美国政治家来说一直是一种好事情，他们会因为这样的事件而得到表演和发挥的机会，并得到道德上的赞扬。这样的事件使得他们可以以此为契机，去展开所谓"真相调查"的全国旅行，穿着短袖衬衫在市政厅召开的会议上侃侃而谈。他们还在电视上亮相——他们总是在表达自己对事件一本正经的关切并誓言会承担起责任。这样的事件让他们的政治身份的合法性得到了强化，相比以前，某种程度上也让他们的存在看起来更有必要。在公众眼里，他们不再是以前的笨蛋和土包子，而是严谨认真的政治家。

美国当政的政党会说这样混乱的局面是前任遗留下来的。而在野党则指责是执政党失职才导致现在的局面。不过，双方在解决方案的选择上倒是取得了一致：扩大对联邦储备系统的授权和对经济的管制，进行更多的补贴、利益输送和国际承诺。这些都被称为"紧急改革"，甚至成为法律。由制造问题的同一批人负责提出解决方案。美国公众还在为有这样视野和智慧的领导人感到欣慰和鼓舞。

银行救助和更严重的通货膨胀

最重要的紧急改革措施是用纳税人的钱去救助银行。违约的外国贷款由国际货币基金组织和世界银行接管，而垮掉的公司借款人以贷款形式获得政府补助——大家都心知肚明这些贷款永远也无法收回。

其次，对银行实施国有化，至少是部分国有化。作为回报，银行会把大部分股份转让给政府，后者以官方合伙人的身份参与企业经营和管理。这并不是一种很剧烈的改变。银行已经准备好接受政府的深度管制，即使政府有权决定它们的利润、分红和高管的工资。这正是卡特尔希望看到的。通过这些措施，竞争得以避免，同时又确保了利润。货币学家和政治学家一直以隐身合伙人的身份参与其中。这样做只是使这种隐秘的关系变得更加透明。

从技术上说，银行不能倒闭。联邦储备系统对此一直坚守自己的承诺。当陷入困境的银行被接管后，储蓄额不超过10万美元的储户会得到全额保护。如果他们希望提款，而银行又没有能力支付的话，则联邦储备系统只要把钞票印出来就可以了。大家都不担心这些美元的价值。他们只是为拥有这些美元感到开心。

又过了十个月之后，这些新美元在经济体系中流动。货币供应增加的量相当于救助银行所需的钱，再加上福利、医疗保健、国债利息和对外援助的支出，这些支出都以垂直爬升的速度在增长。通胀已经制度化。

美元已经不再是全球通用的事实货币。外国投资者和其他国家的中央银行不再使用美元。他们让美元回流美国。超过一万亿的美元回流美国东西两岸地区，其规模就像成群的鸽子填满了天际线。这些美元被用于购买冰箱、汽车、计算机、飞机、货船、坦克、办公大楼、工厂、房地产——从而把它们的价格推向新高。原来可以购买一台新电视机的钱，现在只能买到一张邮票。

大多数商店不再接受支票和信用卡。工人的日结算工资也是用成捆的纸币支付的。人们在预期价格再次上涨前都纷纷跑到商店去采购各种日用品。整个商业体系处于瘫痪状态。银行贷款和房屋抵押贷款不再发放。储蓄账户已经消除，包括保单的现金价值。很多工厂倒闭。同样，很多商家也关门大吉。以物易物的贸易重新流行。老的银币也被拿出来使用，而一百美元只能换回一枚一角的银币。

1929年的华尔街股灾后，纸币的供应受到限制，因为它是以银为支撑而发行的，而且银的数量本身也有限。有钱的人可以购买无钱者的资产。由于价格下降，有钱人持有美元的时间越长，则他们能够购买到的东西越多。现在，情况恰恰相反，没有什么可以用来支撑货币供应。能够创造出来的货币可以是无限量的。唯一的问题就是印钞厂能否及时印出来并交付。钱太多了，价格就上来了。有钱的人正在快速花掉自己的钱，以免购买力的再次贬值。20世纪30年代，每个人都要美元。现在，每个人都对美元敬而远之。

1961年首次发布的《1号银行紧急规则》（*The Emergency Banking Regulation No. I*）授权美国财政部——无需国会的同意——可以控制任何人的银行账户、储蓄账户或保险柜。法案授权财政部可以确定租金、物价、工资和小时工资，以及实施定量配给。原来规定，这样的措施将在"美国遭到攻击"的情况下启动。现在法案中的措辞已经修改为"如果国家处于紧急状态"。联邦紧急事务管理署（FEMA）的权力已经扩张到可以管理财政部的指令。在"国家处于紧急状态"下，FEMA同样有权扣留任何公民并强迫他们迁居。

新货币

又过去了三个月，总统已经发表声明宣布美国处于紧急状态。今天，财政部长宣布多个国家已经批准了多边条约，该多边条约将解决美国的通胀问题。具体的做法就是发行被称为班柯（Bancor）的全球性货币，这个名字还是凯恩斯在1944年的布雷顿森林会议上起的。这个新货币将重启美国的商业，并消除通货膨胀。财政部长说，人类终于完全掌握了自己的经济命运。货币将成为每个人的仆人，而不是主人。

他还说，美国已经同意接受班柯为法定货币，适用于所有的债务，不管是对公还是对私。老的货币可以继续流通，不过将在三个月内逐步退出流通。之后，联邦储备券将不再有效。在过渡期内，老的货币可以按照一个班柯兑换五百美元的汇率在任何银行兑换。所有现有的以美元计价的合同——包括房屋抵押贷款——将按照相同的汇率被转换成以班柯计价。

在相同的一份声明中，美国财政部建议国际货币基金组织和世界银行支持新货币，并认为该新货币在某些方面远远胜于黄金。相反，它将得到整个世界的资产的支持。这包括参与的政府发行的债券，加上数以百万英亩计的已经被存入到联合国"环境银行"的未开垦的处女地。[1]美国的国家公园和森林已经被划归为自然保护区，现在它们将归联合国原野资产保护和强化署（WAPEA）管理。从这天开始，联邦储备系统将作为国际货币基金组织的下属单位存续。

尽管美国财政部长没有公开提到，但联合国公约同样会约束美国政府对现金的使用。每个公民会收到一个国际身份证卡。这些机器可读的卡的主要用途是当公民进入运输仓库和经过军事检查点时能及时识别和确定其身份。同样，卡的持有人在银行办理业务和在商店购物时可以用卡进入自己的支票账户付款，现在的支票账户也被称为借方账户。

每个公民在自己住家附近的银行都开设有一个账户。雇主发放工资和政府部门发放补助或其他款项都可以通过电子转账完成。大于五个班柯的现金交易在三个月后将是非法行为。大多数费用将通过借记卡完成。这是联合国货币交易追踪办公室（MTTA）打击假币和防止有组织犯罪集团洗钱的唯一有效途径。当然，这是次要的，真正的目标是政治上持不同政见者和那些地下经济体系中逃税的人。

如果没有这张卡，任何人都无法有收入，或者做买卖，而且他们也不被允许离开自己的国家，甚至都无法去另外一个城市。如果政府机构在任何一个人的卡上标注了"危险"字样，则他的卡将无法通过所有检查，而且他还将事实上被禁止从事任何经济交易活动，甚至无法旅行。这是终极的控制。

新货币还给控制集团带来另外一个好处，就是永远也不再有另外一次的银行挤兑潮了，因为现在提取货币的行为是非法的。

---

[1] "自然债务"交换项目最早于1987年美国科罗拉多州丹佛市举行的第四届世界原野会议上被提出，这个项目一直执行到现在。哥斯达黎加、玻利维亚和厄瓜多尔已经同意承诺不再开发它们的原野，以换得免除它们的债务。

通胀的恶果

　　恶性通货膨胀为骚乱的种子提供了丰富的土壤。经济上的绝望让大众走投无路。纽约的银行倒闭潮已经过去了三年，即使引入了班柯这个世界货币，通货膨胀依旧在肆虐。现在，美国人正在目睹发生在大城市的一波又一波的民众游行浪潮，他们高呼"提高工资"、"增加就业"、"增加政府补贴"、"加强价格管制"的口号。即使标价再高，商店里的货架上依旧空空如也，示威者还呼吁国有企业生产更多的商品。上街游行的人并不了解他们呼喊的口号的真正意思。他们并没有意识到资本主义已经在美国死亡很多年了。

　　尽管如此，还是有成千上万绝望中的民众被这些华丽辞藻所吸引。恐怖主义和暴乱在大城市地区层出不穷。希望抢掠战利品的投机分子不断涌入，暴乱的队伍日益膨胀和扩大。

　　人们被他们的暴力行为吓到，要求恢复法律和秩序。戒严令公布后，他们都松了一口气。美国人很高兴看到国际安保服务公司在他们的街区巡逻。他们也不介意自己被强迫要求待在家里或者甘愿被士兵随意扣押。实际上他们欢迎警察国家的全面复辟。

　　让人好奇的是暴力后面的组织还没有被美国政府禁止。相反，他们得到美国外交关系协会的捐款，而且他们的领导人被政治家待为座上宾。美国外交关系协会控制的媒体大大提升了他们的曝光率，并以同情的口吻介绍他们的事业。一些持不同政见者开始质疑这些人是不是当权者的同伙，而且他们的首要作用是恐吓大众，以便让他们接受警察国家的管制和约束。

　　不过，这些声音很快就静默了。质疑政府或媒体的人被贴上了狂热分子中的极端主义者的标签。美国当局说他们是当前灾难的源头。他们是追求利润和煽动种族仇恨的旧体制的残余。他们为政治上不正确的态度感到内疚并憎恨犯罪。他们被判决在态度纠正中心接受心理治疗和康复。那些没有马上认错的人将不可能再次出现。

房地产国有化

感受到"紧急措施"原始力量的第一个行业是美国的房地产。在通货膨胀的早期，人们用他们日益贬值的美元去偿还他们的抵押贷款。对债权人来说这是毁灭性的。他们现在收到的美元的价值只相当于他们贷款出去时的价值的很小一部分。金融危机已经让存款和投资资金消失，因此他们无法发放新的贷款来展期老贷款。此外，人们很难在乱世出售房屋，即便他们这样做的话，也没有人愿意接盘，而且利息又那么高。老贷款被还清后，新贷款没有发放下来。储蓄信贷协会在20世纪80年代由于房屋价格下降而深受其害，现在由于价格上涨正在走向破产。

国会通过救助银行并使其走出困境而完成了预期的政治安排。不过这样做并没有终止损失，仅仅是把损失转嫁给了美国纳税人。为了终止这种损失，国会通过《住房公平和改革法案》（HFRA）。它把所有以班柯为计价货币的合同以新的价值单位计价——称为"公平价值"——根据全国平均价格指数（NAPI）在前一周的周五确定该价值。这样做与利息无关。它只与班柯的价值有关。为了更形象地解释这一切，让我们把班柯转换回美元。星期五的一笔5万美元的贷款在星期天就变为92万美元。几乎没有人能负担得起这笔开支。数以千计的愤怒选民聚集在国会大厦门前大声抗议，而暴徒在外面用非常肮脏的话大声喧嚣。国会匆忙间投票并宣布暂停所有的抵押贷款的支付。到那天结束为止，所有人都不必再履行还款义务！人们带着满意的结果回到自己的家中，怀着对他们智慧又慷慨的领导人的感激之情。

这本应只是权宜之计，只是为以后更好的解决方案的出台做了必要的铺垫。但好多个月过去了，国会不敢修正这种安排。如果他们这样做的话，选民将利用自己手中的选票把他们赶下台。数以百万计的人们一直生活在他们自有的房子中，除了县税再无其他负担，但大部分连县税也负担不起。随后，各个县也宣布暂停向人们征税，但需要等到联邦政府同意按照刚刚通过的《地方政府援助法案》（ALGA）中的条款弥补他们的征税损失。

房东也处于相同的情况，因为实际上所有出租的不动产已经被国有化，即使是那些已经付清了所有款项的不动产。根据《住房公平和改革法案》，那些持有"租不如买"的观点并计划购买不动产的人将承受损失。对租金的管制使得公寓所有人获得的租金还不足以偿付他们的房屋维修费用，尤其还有不断上涨的税收。事实上，所有的出租房都已经被县政府扣留用于退缴税。由于县政府当前的绝大部分收入依靠联邦政府，作为回报，他们的不动产已经被转移给联邦机构用于联邦救助开支。

对美国领导人"尽忠职守"来解决他们问题而感到高兴的人来说，所有这一切都是合乎人心的。不过，形势逐渐变得清晰起来，联邦政府现在是他们所有的房子和公寓的所有人。人们住在这些房子里，但能不能长久住下去就要看美国政府的心情和脸色了。如果政府命令他们搬到别处去住，他们除了服从外别无他法。

工资-价格管制和工作大军

同时，为了治理通货膨胀，联合国工资和价格管制稳定署（WPSA）已经开始执行工资和价格管制。几家在通胀压力下生存下来的企业现在却因为这些措施而破产。为防止关键产业部门关门，

WPSA已经控制了它们。当员工拒绝低工资的工作或者拒绝指派给他们的工作时，他们将被逮捕。在坐牢或"志愿"参加联合国充分就业和环境复原军队（FEERA）之间，大多数人选择了后者。现在他们做的是指派的工作，工作将为他们换回食品和庇护所。很多人已经被委派了新的工作，在其他城市，甚至要去国外，具体取决于联合国国际人力资源分配署（IHRAA）的就业配额。他们的家庭也分配到了与他们的就业状况和他们的合作诚意匹配的住房。

现在汽车是在美国政府高官的专利品。在条件允许的前提下，工人会被安置在只要步行就能到达主要产业部门的兵营内。其他人则借助快速轨道交通上班，FEERA已经投资并扩充了快速轨道交通系统。对于被允许住在郊区的中层管理人员和高级技工，由"管道车"来回穿梭把他们载运到指定的上下客区，反之亦然。

莫里斯·斯特朗成了人力资源分配署的主人，巡视十五个分区，这些区域是基于北美大陆——包括美国和加拿大——切割形成的，斯特朗表示对美国很满意，至少，它已经不再是一个会侵犯世界的侵略者。

又一个二十年一闪而过，现在我们发现自己要面对新的世界秩序。在我们周围没有人确保它具体会在哪个时间启动。事实上，没有官方的启动日期，媒体也没有报道，也没有锣鼓喧天的仪式。在过去的十年或十五年中的某个时间，每个人都把它视为各种政治趋势和必然性的自然演化。现在，整整一代人被配置到合适的位置，他们的记忆中不再有其他的生活模式。很多老人都已经不再记得他们过去生活的很多细节。学校和教科书给过去的时代贴上的标签是无底线的竞争、自私和不公正。以前普遍拥有的东西，比如汽车、私有住房、三双鞋子，几乎不再被提起，如果被提起，也是被嘲笑为腐朽的奢侈手工制品。很幸运的是，这些物品已经退出历史舞台。

税收、通胀、衰退的终结

公众无需再关心高税收。大部分人不用再纳税。每个人都为政府工作——直接或间接——而且他们的工资直接通过电子汇兑存入美国政府管制的银行，而银行管控着所有的支出账户。即使那些被允许在表面保持私人企业身份的大企业也不过是政府的下级合伙人。它们受到全面的管制，同时它们也全部得到保护，没有了倒闭的风险。每个美国公民因他们的劳动收到的报酬由他的技术价值决定。他应该缴纳的税款很少甚至不用交税。现在美国政府的开支几乎全部来自货币供应的膨胀，以及来自工作大军创造的经济价值。

世界上的每个地区政府确定自己的开支，然后在公开市场出售债券来募集所需的资金。国际货币基金组织和世界银行是主要的买家。银行决定给每个地方政府的钱数，并根据开支需求再去"购入"等额的债券。它把"信贷"以电子汇兑的形式汇给银行，给地区拨款的任务就这样完成。一旦汇兑完毕，收到拨款的地区政府就有钱去支付它的账单。这样的做法连一个美元的税款都不用征收。国际货币基金组织和世界银行只要创造出货币，而地区政府只要花钱就可以了。

在过去，货币供应的增加将导致价格和工资也立即水涨船高。现在一切都变了。工资和价格被完全置于控制之下。不过，现在出现的情况是美国政府跳进了自己挖的坑。它需要通过涨工资来取悦工人，不过它也需要通过涨价来让工厂继续存续。因此，工资价格螺旋式的相互作用关系并没有消除，它只是延迟了几个月出现。而且，不同于自由市场供求关系的相互作用，现在它受到政治规则的控制。不管用何种方法，最终的结果是一样的。全世界的人民还在通过通货膨胀这种隐性税收为美国政府负担所需的开支。

在混乱的过去，美国已经经历了每年超过1000%的恶性通货膨胀的冲击。这种现象达成了一个目的，就是摧毁了民众对现有美国政府的信心。它能软化民众的意志并使得他们更愿意接受生活方式的剧烈变化，为创建新的世界秩序开辟了道路。不过现在我们已经实现了这一目标，而且极端的通货膨胀率——至少在没有战争的情况下——将导致公众的不满并且无法达成预期的目标。因此，通货膨胀现在已经成为制度化的安排，每年的通胀率基本维持在5%左右。通胀率被控制在最佳水平的一个考虑是为了使收入最大化，同时又不会使公众感到恐慌。所有人都认为5%的通胀率是"适中的"。不过我们倾向于忘记这个每年的5%，永远忘记。

5%幅度的货币贬值不仅适用于今年赚到的钱，也适用于从上年度余留下的钱。在第一年结束时，年初的1美元只值95美分。在第二年结束时，这笔钱再次贬值5%，只值90美分，等等。20年后，美国政府已经没收了美国人储蓄的64%的价值。工作45年后，隐藏在这些美元后面的隐性税将占到美元价值的90%。事实上，终美国人的一生，美国政府把所有的钱都拿走了。赚的利息将部分弥补通胀损失，但不会改变美国政府将钱充公的现实。

"适中的"5%通货膨胀率的效应

过去的四十年，美元从一步步贬值到了"当前"的价值，具体如下图曲线所示。

当然，这是平均值。一些属于官僚集团的中产阶级会把他们持有的一部分美元换成有形资产，或能产生收益的证券——它还能有所盈余——利用这些理财工具能在某种程度上削弱通货膨胀的影响。不过，对绝大数人来说，通胀对冲仅能适用于很少一部分的个人财富。

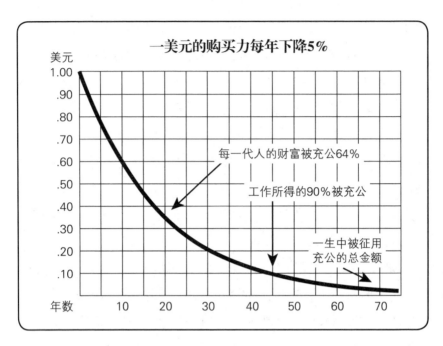

同样，我们发现在新的世界秩序中，通货膨胀已经通过制度化的安排固定在"比较温和"的5%的水平上。随着价格的不断攀升，每过五代或六代人，就可能推出一种新货币来取代老货币，目的就是消除货币上的几个零。不过没有人会足够长寿，经历超过一次的货币贬值。每一代人是不会关心前面一代人的损失的。年轻人也被卷入这个过程，但他们不知道这个过程是循环往复的，而非线性发展的。他们无法理解整体情况，是因为这个过程开始时他们还没有出生，而且当这个过程结束时，他们也已经去世。事实上，这甚至不需要一个结局。这个过程将永远持续下去。

利用这种机制——并且有工作大军的产出——美国政府可以完全不需要税收就可以存续。每个人一生中的产出在美国政府的完全支配下。工人被允许拥有彩色电视机、国家补助的美酒、消遣性药物，娱乐方面，他们可以从事剧烈刺激的体育运动，不过他们没有其他选择。他们无法脱离自己所在的阶级。社会被分成统治者和被统治者，中间是行政官僚。特权很大部分是指生育权。工人阶级和大部分管理人员为那些他们连名字都不知道的主人服务。不过他们真的在服务。他们的新主人是货币学家和政治学家，正是他们创造了新的世界秩序，也是他们现在控制新的世界秩序。整个人类就是处在高科技封建主义环境中。

高科技封建主义

通胀并非经济混乱的唯一表现形式，但它已经得到控制。商业的繁荣与萧条周期同样也已经是过去式。就像直接税已经消失一样，商业周期也不存在了。既然政府已经牢牢地控制住了经济领域的每个关键点，坦白地说就不允许商业周期出现了。市场不再有投机，因为没人有可供投机的资金。也不再有库存或生产资料的膨胀，在过去这样的膨胀会带来最大的未来收益，而现在的库存是由官僚体系的规则决定的。除此之外，利润同样由规则决定，而且尽管它们跟通胀保持同步，但它们还是有保障的。

现在是不会再现过去的经济混乱局面了。是的，每天有数以百万计的人生活困难，有数以千计的人因饥饿而死亡，但萧条却是非法的。没有政治家，没有作家，没有人敢于在媒体上暗示这个体制是失败的。每个月美国政府都会发布新的统计数据，并以某种晦涩的方式或其他方式告诉公众经济形势正在持续改善。尽管各地都有人在挨饿，饥饿却不再存在。尽管工作大军拥挤在非常脆弱的营房甚至帐篷中，尽管老房子和公寓由于缺乏维护正在倒塌，强迫越来越多的家庭去共用没有取暖设施的小房子——虽然这样，房屋短缺还是被官方宣布已经得到彻底的解决。经济方面没有更多的问题，因为这些问题现在是非法的。

来自过去的声音

在我们的时代机器的面板上显示着一条信息。它的内容是：存储器中的重复事件，请参阅1816年、1831年、1904年。这表明计算机发现我们现在看到的未来情况与我们过去的历史记录有类似性。我们最好对这些进行核对。在你的键盘上，输入以下内容：把数据发送给打印机，然后按下"执行"键。

现在打印机正在输出第一份内容。这是一个警示。1816年，托马斯·杰斐逊给山姆·科切福尔（Sam Kercheval）写了一封信，信中写道：

我们必须在经济与自由、慷慨与奴役之间作出抉择。如果我们陷入债务困局，以至于我们必须为我们吃的肉和我们喝的饮料、我们的日用必需品和我们的舒适安逸、我们的劳务和我们的娱乐缴税……我们的人民……必须每天工作16小时，然后把其中的15小时工作的所得交给政府……没有时间去思考，也没有办法叫我们的信息系统经理来对账；只要能获得维持生计的食物，我们很乐意把自己的枷锁套在难友的脖子上……这是所有人类政府的癖好……直到社会上充斥着行尸走肉……造成这一切的源头就是公共债务，其次是税收、不幸和压迫。[1]

第二份打印的文件是一份政治性评论和一份预言。1831年，一个名叫阿历克西·德·托克维尔（Alexis de Tocqueville）的法国年轻人在美国旅行，同时还在撰写一份关于美国监狱制度的报告，这份官方报告随后将被提交给法国政府。但他真正的兴趣却是这个新世界的社会和政治环境。他发现美国有很多值得他敬佩的地方，但与此同时，他也观察到他正在思考的也是美国走向毁灭的种子。回到法国的第二

[1] 《杰斐逊文选》（纽约：威利出版社，1994年版），第749–750页。

年，他开始整理四卷本的分析报告，报告对他游历美国时观察到的美国的优点和缺点做了详细的剖析。他的分析真的是太卓越了，而他的著作《论美国的民主》（*Democracy in America*）已经是政治学领域最为不朽的经典之一。计算机给我们选出的内容是这样的：

美国人坚持认为每个州的最高权力应当来自人民；不过一旦权力形成，它们可能还是像过去认为的那样，认为没有什么能限制权力，而且它们也准备好承认它有权力做它想做的任何事……植根于某些人心中的正义的概念已经很快在人们的意识中消失；全能和社会的唯一权威这种概念是最可能填补上去的……

观察报告中的第一个高潮部分是发现无数的民众——当然他们都是平等的，也是相似的——总是不停去追逐琐碎的且毫无意义和价值的快乐，并认为这种快乐就是他们生活的全部。每个这样的人，彼此分开居住，其他人对他来说都是陌生人；他的孩子和他的亲密朋友就构成了他所了解的人类……

在这种人上面的是无边的保护权力，这种权力自己让这些人满意和高兴，并照管这些人的命运。这种权力是绝对的、精确的、有规律的、有未来视野的，还是温和的。它会如同父母的权威，它的目标是让人成熟；不过另一方面，它也尝试着让他们永远停留在儿童时代：如果他们只想那些开心的事的话，他们就能很快乐……

在成功地把团体中的每个成员置于他们的控制之下并能任意地按照自己的意愿塑造他以后，这种至高的权力会接着把它的手臂伸向整个团体。它依靠一个小型的、规则复杂、精确的、统一的网络来覆盖整个团体的表面，通过该网络，大多数创新思想和最具有活力的人物都无法脱颖而出。人的欲望不会被消除，但却被弱化，被因势利导；它很少强迫人们去行动，不过他们始终受到约束。这样的权力不会摧毁现有的一切，它只是让一切都不会出现；它不会施行暴政，但它会压缩你的空间，削弱你，压制你的存在，并让你麻木，最终这个国家除了一群胆小怕事但很勤勉的动物外一无所有，在这群动物中，政府则扮演着牧羊人的角色……

我们同时代的人不外乎受到两种矛盾的激情的左右：他们要成为领导人，同时他们希望保持自由。由于他们不能摧毁这些相互冲突的趋向的任何一种，那他们就努力去让这两方面都马上得到满足。他们设计了一种唯一的守护型、全能型政府，但这个政府是通过民选组建的。它们结合了集中的原则与人民主权论；给了他们一个缓冲期：他们安慰自己，因为现在他们选择的政府以保护者的身份在监护他们。每个人都同意自己被置于严格的管束下，因为他看到的并非一个人或一个阶级，而是那些握住枷锁的大多数人。利用这种体系，人们足以摆脱自己的依赖状态，可以自由选择自己的主人，然后又再次去依赖自己选出的主人。[1]

人类工程学的工具

时间坐标为1904年的第三份文件是一份由大众教育委员会——约翰·D.洛克菲勒创办的最早一批基金会之一——发布的报告。基金会的宗旨是利用金钱的力量来影响教育的方向，并鼓吹集体主义和国际主义。教学的目的是利用课堂教育，鼓励人们服从美国政府。最终的目标是让公民足以胜任监督下的生产劳动，却不会去质疑权威或试图脱离自己的阶级。真正的教育只向精英阶层的孩子开放。除此之外的教育，最好的出路是被培养成熟练工人，而且针对这些人的教育还应让他们除了享受生活外没有任何理想抱负和远大目标。正如托克维尔

---

[1] 阿历克西·德·托克维尔：《论美国的民主（第2卷）》（纽约：阿尔弗雷·德克诺普夫出版社，1945年版），第290–291、318–319页。

对此所做的评论那样，"如果他们只想那些开心的事的话，他们就能很快乐"。

在大众教育委员会的第一本出版物中，弗雷德·盖茨（Fred Gates）对这项计划做了解释：

在我们的梦想中，我们有无限的资源，而人们把无限的顺服交到我们的手中。没有了传统教育理念的束缚，我们以善意去影响那些感恩且积极响应的乡下人。我们不应试着去让这些人或他们的孩子成为心智学习方面的哲学家或科学哲学家。我们不指望从他们中能培养出作家、编辑、诗人或学者。我们不应在其中寻找未来的伟大艺术家、画家、音乐家、律师、医生、传教士、政治家、国务活动家。放在我们面前的任务非常简单也非常让人着迷：就是当我们找到他们后，训练他们过一种非常理想化的生活，不管是在……在家里，在商店里还是在农场里。[1]

未来是如何确定的？

让我们继续旅行。让我们感到的欣慰的是，未来不一定就是我们假设的那个样子，中间有太多的变量。我们第一次的假设设定为第一档，它指向金融危机。如果我们选择的是下一个档位：无金融危机，我们的旅行将会截然不同。我们将不会看到银行外排成长队的储户，或涌向商店疯狂抢购，或股票市场关闭的现象。不过我们依旧还是在更远的未来看到了那种相同的绝望神情。这两条路或许将殊途同归。

只要目前世界上那些金融强权的力量不变，末日机制就仍会起作用。美国的选民并没有意识到正在发生在他们身上的一切，也因此这

[1] 《不定期文件第1号》，大众教育委员会，1904年。

一切是他们无法抵拒的。通货膨胀和工资/价格控制的发展或多或少是一样的，消费品将不复存在。第二个假设，只是让我们通过一条更温和的路径精确地抵达目的地。

几乎没有疑问的是，总体规划师喜欢更稳定的路径。有耐心的渐进主义几乎不会有风险。不过，并不是一切都在他们的控制之下。各种事件可能无法控制，而有实力的经济力量可能突然被释放出来。即使没有有意识的诱因，金融危机也还是有可能爆发。

另一方面，危机具备很大的影响力。而危机可能有多种形式：种族暴力、恐怖主义、瘟疫，甚至战争本身。不过这些形式都不会有什么区别。它不会改变我们的时间旅行的方向，它只是决定我们采取的具体线路。就像一条流动的河流，无论是否受到人工修建的渠道、壕沟和大坝的影响，它都会最终奔向大海。于是，我们的反思就是，无论是否会出现金融危机或任何其他灾难性事件，它都是相对不那么重要的。所有的假设都是无意义的。对我们来说，避免悲观剧本出现的前提是：当前趋势被逆转。

本章总结

未来事件的悲观剧本包括金融危机，之后是政府对所有银行的紧急救助，最终实现银行国有化。这需要花费令人震惊的成本，而且这个成本是用联邦储备系统创造的货币支付的。最后这种成本又以通货膨胀的形式传递给公众，最终由公众承担。

后续的通货膨胀是由福利支出、公费医疗开支、各种名目繁多的补贴和国债利息的持续膨胀引起的。美元将不再是事实上的全球通货。数以万亿计的美元经由外国投资人回流到美国，并很快被转换成有形资产。这导致比过去更高的通货膨胀。通货膨胀压力如此巨大，以致于工业和商业处于停滞状态。易货贸易成为常态。美国将与南美洲、非洲为伍——它们在经济上已经处于平等的状态。

美国政治家抓住机会并建议实施大胆的改革。这些改革更确切地说首先是制造问题：扩张政府权力、建立新的管制机构，以及对自由加以更多的限制。不过这一次，这些措施开始融入了国际因素。美元被新的货币取代，而联邦储备系统也成为国际货币基金组织和世界银行的分支。

电子汇兑逐渐取代现金和支票账户。这使得每个人的金融活动都可以被监控。如果一个人被标注为危险人物，他的身份证就会无法通过审核，就无法进行任何交易和旅行。

骚乱和种族冲突引发的街头暴力越来越多，为颁布戒严令提供了借口。公众也乐于看到士兵盘查身份证。警察国家以保护公众安全的名义粉墨登场了。

最终，美国政府以救助房屋抵押贷款行业的名义接管了所有的私人住所。因为以前的房东无力支付房产税，出租房产也同样被接收。人们被允许居住在这些房子中，但需要支付合理的租金，甚至不用交付租金。不过，最终局势会明朗起来，美国政府成了所有房子的所有人。人们能否居住在这些房子里完全取决于美国政府的意愿。美国政府可以随时要求他们搬迁。

工资和价格被管制。持不同政见者被编入以工作为主的军队。汽车只是统治精英的专利品。一般民众只能使用公共交通，能力平庸的人居住在美国政府所有的房子中，他们只需步行就能很快到达工作的地方。人们被降格为奴隶，必须顺从于他们的主人。他们只不过生活在高科技的封建主义时代。

不能确定未来恰好就是那种模式，因为有太多的变量在其中。比如，如果我们假设不会有金融危机出现，那我们的时间旅行就将变得不同。我们就不会看到银行门口排起长队或是人们涌向商店疯狂抢购或是股票市场关门这样的场景。不过我们依旧还是在更远的未来看到了那种相同的绝望神情。我们只是殊途终归。

第26章

现实的剧本

> 如果我们想避免悲观场景的出现，那需要做些什么；必须采取一系列具体措施来阻止货币狂欢的反复出现；评估经济面对的威胁将有多严峻；个人逃生清单及其他。

前面章节中的悲观剧本让人感到厌烦。没有人希望听到这些，即使它们是真实的存在。正如阿德莱·史蒂文森（Adlai Stevenson）在他竞选总统时说的那样："愉悦的幻想与讨厌的事实之间的竞争是不平等的。美国人喜欢听好消息。"

因此，乐观的剧本指所有的事情都顺顺利利的、繁荣再次回归、自由一直相伴吗？实际上，这并非不可实现。你可以在每天的报纸上找到它。它几乎是所有的美国政治家、专业人士和时事评论员共同信奉的信条。如果这就是你希望倾听到的，那你真是白白浪费了大把的时间来读这本书。

没有乐观的剧本。即使美国人民开始通过国会来削减开支、降低债务、摆脱束缚来逆转形势，但不经过惨烈的斗争，是不可能成功的。当第二合众国银行在1834年为自己的命运挣扎时，控制该银行的尼古拉斯·比德尔就开始在经济领域制造尽可能大的混乱和破坏，然后又去谴责杰克逊总统的政策。通过突然紧缩信贷和收回流通中的货币，他让国家陷入了全面的衰退。在他进攻的最高峰，他宣布："所有其他银行和所有商人可以破产，但美国银行不能倒下。"[1]今天的美联储能引发的破坏程度远远大于当年的比德尔。美国人不能自欺欺人地认为美联储会悄悄地放弃自己的权力而不像比德尔那样作出反抗。我们必须知道，会有严厉的惩罚和严酷的后果，而要承受这些惩罚和后果的是人是美国人民。

终结美联储的第七个理由

美联储与这一切有关联吗？答案是美联储是悲观剧本的起点。一系列的事件起源于美联储创造的美元货币，正是这些法定货币引发了美国政府债务，触发了通货膨胀，为政府扩大权力提供了借口，而政府权力的膨胀是一个持续不断的过程。把美联储从这个方程式上拿掉，则悲观剧本将停止上演——这是终结美联储的第七个、也是最后一个理由。

如果乐观剧本过于夸张、悲观场景也过于夸张的话，那我们希望展示的未来场景是什么呢？必然是现实的剧本。称呼它为现实剧本并不意味着暗示它肯定会出现，也不是暗示它很可能会出现。说它是现实的只是让人们了解，当某些条件符合时，它就会出现。本章的余下部分将专门用于分析这些条件。

让我们从我们的对立面——犬儒主义——来开始谈论："逆转当前的趋势实际上是现实的吗？现在还可以打破美国外交关系协会对政府、媒体和教育的控制吗？我们真的期望那些嚼着口香糖的人会去反对报纸、杂志、电视和电影吗？"

冷漠就这样加入进来："忘掉它吧。你什么都做不了。银行家和政治家拥有所有的财富和所有的权力。游戏已经结束了。尽力而为，

---

[1] 参见第17章。

享受生活吧。"

不要听从犬儒主义和冷漠的论调。它们是敌人的代理人。它们要你安静地站到队列中，不反抗，只服从。不过，它们确实表明了一种绝对不能被忽视的情形：斗争已经开始很久，而我们处于弱势。如果美国人想要逆转当前的趋势，我们必须准备好付出艰辛的努力。这并不表示"给你的国会议员写信"或"周二投票"或"签署请愿书"或"捐赠"，这些太容易了。那些措施依旧在斗争计划中扮演重要的角色，但它们远远无法满足需要。

在说明美国人民需要作何努力之前，让我们首先明确我们要完成的是什么。

那些绝对不能做的事

让我们从负面开始：那些绝对不能做的事。这份列表中最明显的例子是我们绝对不要向美国政府寻求所谓的"经济治疗方案"，因为这终将对我们不利。我们不能授予美联储、财政部或总统更多的权力，我们也不需要另外一个政府。我们甚至可能不需要任何新的法律，除非立法行为旨在废除现在还在目录上的老旧法律。我们的目标是缩小美国政府规模，而不是让它扩大。

我们不希望终结联邦储备制度后，再由财政部承担它的职责。这个建议很受大众欢迎，尤其是那些知道联邦储备体制有问题却没有研究过美国央行历史的人。民粹主义者和那些鼓吹所谓的社会信用的人一直在宣扬这种观点。他们仅仅争论美联储是私人所有的，还是不受政治势力控制的。他们认为只有国会才能授权发行国家的货币，而不是一些私人银行组成的团体。他们说，让财政部发行纸质货币和银行信贷，这样我们可以拥有所有所需要的货币，却无需向这些银行支付哪怕一个便士。

这是一个很有趣的辩论话题，不过它的瑕疵也很明显。首先，联邦储备系统是私人所有这个观点从法律上看并不成立。联邦储备系统的会员银行持有股份，但它们没有投票权。不管银行规模多大、交付的资本金多么雄厚，它们都没有投票权。股份不能出售或交易。股东没有任何与所有权有关的控制手段，而且事实上，它们服从于联邦储备委员会。联邦储备委员会的七名成员由总统任命，并需要参议院批准。真相是联邦储备系统不受任何政治势力的直接控制，但也绝不能忘记它是由国会创建的，也只能由国会决定它的消亡。事实上，联邦储备系统既不是政府下属的部门也不是私人所有的。它是一个混合体。它与大银行有关联，因为这些大银行在国会的照顾下一直享有特权。对联邦储备系统更精确的描述很简单，就是它是受联邦法律保护的银行卡特尔。

不过更重要的一点是，无论它是政府机构还是私人所有，实际上并没有任何区别。即使它是完全私人所有的，仅仅让美国政府去收编它也不会改变其职能和定位。可以肯定的是，相同的人会经营和管理它，而且他们将继续基于政治目的而利用它创造货币。英格兰银行是史上一切中央银行的鼻祖。一开始它是私人所有的，不过在近代它成为英国政府的下属机构。它继续以中央银行的身份在运转，没有实质的改变。所有其他欧美发达国家的中央银行就是它们政府的直属机构。它们在功能和定位上与联邦储备系统没有区别。结构和所有权上的专业性相比功能和定位没那么重要。把它移交给财政部，同时又没有废除它的职能——也就是说，没有取消它操纵货币供应的职能——只能是耗时费力的无功之举。

让美国财政部发行国家货币的建议则是另外一个问题，与谁拥有联邦储备系统没有任何关系。如果它遵守宪法并坚持诚实原则，则由联邦政府发行美元并没有任何不妥。宪法和诚实原则都禁止国会发行没有得到黄金或白银100%支持的纸币。如果你对这种观点还有疑问的话，在继续阅读下面的章节前可以重新读第15章。

真实的情况是，如果国会有权按照自己的意愿去创造自己需要的金钱，而无需联邦储备系统的参与，则无需为国债支付利息。不过联邦储备系统只持有国债的很小一部分。超过90%的国债由私人和私营机构持有。终止支付利息并不会对这些巨无霸的邪恶银行家造成伤害，但会让数以百万计的普通人失去他们的保单、投资和退休金。社会信用将一下子摧毁美国的经济体系。

而且我们依旧无法解决更深层次的问题。银行家会同这个骗局切割，但美国政治家会继续维持这个骗局。国会将扮演美联储的角色，货币供应会继续扩大，通货膨胀将继续肆虐，而美国会继续滑向死亡的边缘。

肯尼迪谣言

1981年，有谣传说肯尼迪总统是被幕后的金权政治势力暗杀的，因为他签署的"1110号总统令"指示财政部发行超过40亿美元的国库券。这正是我们将要讨论的对象：由政府而不是联邦储备系统发行，但没有黄金或白银支撑的纸币。按照上述谣传的说法，银行家们听到这个总统令后很生气，因为这会使他们损失因货币供应带来的利息收入。不过，追溯总统令出台的背景，发现它跟银元券而非国库券有关。银元券发行的基础支撑是白银，这意味着它是硬通货，因此从这点上看这个传言是错的。另外，银元券也是无息的，因此在这点上这个传言也经不起推敲。此外，还有第三个似乎被每个人都忽视掉的问题。总统令没有指示财政部去发行银元券，它仅仅是说财政部有权发行银元券，但没有证据表明财政部曾经发行过银元券。如果确实发行了银元券，它也从来不曾流通使用。1987年，当时的里根总统废除了这条总统令。

财政部确实在1963年发行了少量的国库券，不过这是根据1878年国会法案的授权执行的，用于取代已经退出流通的内战绿币。肯尼迪并非这个问题的始作俑者。到1969年它最后一次发行为止，流通中的国库券的总数也不过3.22亿美元——相比联邦储备券确实不算多。现在很多这样的国库券是收藏家的藏品。[1]

关于银行界在肯尼迪总统之死中扮演的角色的谣言之所以一直流传不息，是由于在保守派圈子中传阅的几本书。书中都援引了肯尼迪在遇刺前十天在哥伦比亚大学所做的演讲中的一段不祥的讲话。他是这么说的："总统这个位置一直是摧毁美国人自由的阴谋的组成部分，在我离开总统这个位置前，我一定让美国人民知道他们的困境。"[2]不过，当人们联系哥伦比亚大学要求检查这次演讲的文稿后，发现肯尼迪从来没有在那里发表过演讲——他遇刺前十天没有演讲，任何其他时间也没有！罗纳德·惠兰（Ronald Whealan）是位于波士顿的肯尼迪图书馆馆长，他提供了另外的线索："总统在遇刺前十天在白宫会见了葡萄牙驻美国大使。"[3]

或许，总统在另外一个日子、在其他客人面前发表了那番讲话？即使这样，这也是一段可以做不同解读的含糊不清的讲话。这段话不太可能是他想要揭露联邦储备系统的本质的暗示。肯尼迪毕生都是国际主义者，也参与过对美国货币供应体系的破坏和摧毁。因此，几乎没有理由去相信他会突然"幡然醒悟"并立即去跟自己毕生坚持的信

---

[1] 《美国货币史》（堪萨斯城：联邦储备银行，未注明出版日期），第10、11页。
[2] M.J.贝克曼：《共和国再生》（蒙大拿：自由教会，1981年版），第23页；也见于林德赛·威廉姆斯：《引诱一个国家》（阿肯色州：沃思出版社，1984年版），第26页。
[3] 惠兰给霍里·哈斯韦尔的信，1987年10月13日。

仰分道扬镳。

货币学派与供给学派

我们有点离题了，还是让我们重新聚焦于那些关于货币改革的空泛理论吧。货币供应理论和供给学理论是其中的佼佼者。货币供应理论的代表人物为米尔顿·弗里德曼（Milton Friedman），他认为应当由联邦储备系统继续利用曼德雷克机制创造货币，但货币的供应应当严格遵循国会而不是联邦储备系统制定的准则。供给学派的代表人物有阿瑟·拉弗（Arthur Laffer）和查尔斯·卡德莱（Charles Kadlec），他们也相信各种经济学公式，不过他们还有自己的一套公式。他们认为货币的数量由当前对黄金的需求决定。他们并不是要求纸币发行有充分的黄金作支撑，而是利用他们所谓的"黄金价格规则"——他们首先需要掌握自由市场上的黄金价格，然后通过扩张或紧缩货币供应来保持美元相对黄金的价值，使其保持相当的恒定。

这些学派在根本哲学观上是相似的，虽然每个集团都有自己的目标和准则，不过他们都同意实践的方法：操纵货币供应。他们都相信自由市场如果没有协助就无法正常运转；相同的理念还包括出于政治考量设立和创建准则，官僚机构和政府机关是需要智慧和诚实的。联邦储备系统在所有这些争论中毫无争议，因为它是进行干预的终极机制。这些人并不真正想改变它，他们只是想按照自己的理念操控这个系统。

偶尔会有一个真正原创的建议出现并吸引人们的眼球。1989年，在保守货币理论家的一次集会上，杰里·乔丹（Jerry Jordan）建议可以通过持有全国性彩票来扩张货币基础。政府可以颁发比出售彩票的收入更多的中奖奖金，超过部分就代表货币基础扩张的数量。据推定，如果希望紧缩货币供应，他们颁发的中奖奖金应当比出售彩票的收入要低。这是一个有趣的想法，不过乔丹先生很快就补充说道："当然，问题是对货币基础的增长不会有任何有效的制度性约束。"[1]确实，所有由人类控制的货币体系都有这个问题。

平衡预算修正案

一个所谓的针对宪法的平衡预算修正案也不是这个问题的答案。事实上，它只是一种幻觉。国会中最会花钱的人都是该修正案的支持者。他们知道它会受到美国选民的欢迎，但又不会对他们的花钱模式有丝毫的限制。如果他们花的钱受到了税收的限制，他们就会找个借口来提高税收。这是惩罚那些限制其花钱的选民的一种方式。另一方面，选民将在高税收的重压下崩溃，并进而要求所在辖区的国会议员反对先前他们还支持的修正案。而且这是很容易做到的。很多版本的平衡预算修正案上都有针对上述目的的安全舱口。"除了紧急状态外"，国会应当让预算保持平衡。那由谁来决定什么情况构成紧急状态呢？当然是国会。换句话说，国会应当让它的预算保持平衡，除非它不想这么做。这还有什么可说的？

一份严肃的预算案必须要处理的并非平衡预算，而是限制开支。如果做到了这一点，预算就没有任何问题。不过考虑当前国会的构成，这样的想法也只是白费时间。与其针对宪法修正案而施加政治压力，不如把那些肆意挥霍预算的人清除出国会。只要这些挥金如土的人还待在国会里面，他们就会找到捷径去躲避法律——包括宪法。

大多数平衡预算修正案中还存在的另外一个瑕疵是它不会影响预

算外开支，也就是津贴（entitlements）。这些津贴占据了所有联邦开支的52%，而且还在以每年12%的幅度在递增。忽略这些庞大开支的方案都毫无意义。再者，即使国会被迫停止赤字开支，平衡预算修正案也无法解决通胀或国债偿付问题。联邦储备系统现在可以通过在全世界借债来扩充美国的货币供应。这样，债务就不一定由国会促成。除非我们将注意力集中到联邦储备系统身上，否则我们只是在玩一个政治游戏，却没有任何获胜的希望。

每年，一些有心的国会议员会提交议案，要求对联邦储备系统展开调查或审计。他们会因此得到表扬，不过这一切只是徒劳。他们的提案很少或没有被宣传，而且从来没有走出委员会去付诸表决。但即使得到了认真的关切，实际上也达不到预期的效果。

表面上，国会的调查或审计提案看上去很不错，但要调查什么？我们明白联邦储备系统是言行一致的，而且完全符合法律规定。一些较小的不规范行为可能被曝光，比如个人滥用资金或依靠内幕消息牟取暴利，不过相比于大局，这些只能算是细枝末节。联邦储备系统是世界上最大也是最成功的骗局，无需一大队的专业调查人员和审计员，了解货币本质的任何人都能识破这个骗局。

提议对联邦储备系统进行审计的危险在于它可以提供借口，可以借审计之名实施拖延之实，给美国公众造成国会正在做事的错觉。同样，它让货币行家有机会去用连篇的废话和混乱的统计数据来制造烟幕。公众期望调查能解答所有的问题，不过被调查的集团和联合体会引导调查的方向，或至少给调查搅局。最后，当14卷的证词、图表、表格和证据被呈堂后，公众会无所适从。我们需要明白，我们并不需要一个对联邦储备系统进行审计的法案。我们需要的是终结它。

终结美联储

我们不能做的事情有很多，现在说说能做的事吧。终结美联储是很简单的事，所需要的无非是国会通过一项法案，其中包含这样一句话：《联邦储备法案》及其所有修正案自此被废除。不过这将使美元货币体系一夜之间被废除，并由此对经济体系造成极大的破坏和冲击。他们会以出现的混乱局面为证据，宣称这样做是错误的，而美国人民很可能投降。我们会发现又回到了悲观的剧本，尽管我们已经做了正确的事。

如果我们希望平稳过渡的话，在终结联邦储备系统前，必须采取某些措施。第一步就是把当前的法定货币换成真实的货币。这表示我们必须创建100%有贵金属支撑的货币体系——而且我们还必须在相当短的时间内完成这项工作。为此目的，我们同样必须明确当前美元的真正价值，使其能与新货币在相对合理的基础上完成兑换，然后退出流通。以下是需要采取的措施：

1. 废除法定美元的法律。联邦政府继续用联邦储备券缴纳税款，不过其他个人或组织可以自由选择是接受还是拒收，或者按照他们同意的折扣率接受。不必强迫人们去接受诚信货币。私营机构应当有创新和竞争的自由。如果人们希望用经济补助票（Green-Stamp）或迪斯尼优惠券或美国银行票据来作为交易中介，则应当允许他们有这样做的自由。唯一的要求就是必须诚实履行契约规定的义务。如果经济补助票公司说七张补助票可以买一盏水晶灯，那就这么做吧。迪斯尼应按照印制的面额接受优惠券。如果美国银行告诉储户说他们可以在任何时候取回自己的钱，则应当要求它的金库在任何时候都拥有100%的支撑（黄金或国库券）。在向新货币过渡期间，旧的联邦储备券将可以继续使用。

2. 除了下面步骤11中规定的情况外，冻结当前联邦储备券的供应。

3. 根据贵金属含量确定"真实的"美元价值，最好是采用过去的含量：371.25格令的银。它可以是白银或其他金属的其他重量标准，不过旧式银元已经得到了历史的证明。

4. 让黄金成为辅助性的通货准备金，可以用于代替白银，不采用固定价格比率，而是基于自由市场动态定价。由于黄金和白银的价格相互之间频繁变动，因此固定比价一直是不公平的做法。尽管黄金在这一比价下可以代替白银，但只有白银才是美元定价的基石。

5. 在美国造币厂恢复自由铸币制，并发行银元以及金币。银元和金币通过金属含量定值，只有含白银的硬币才可以被称为银元/美元，并根据白银含量标注面值。起初的铸币只用私人带到铸币厂的金属。禁止使用财政部提供的金属铸造这些硬币，财政部提供的金属的用途可参见步骤6。

6. 用专为此目的发行的联邦储备券偿付国债。创造没有支撑的货币是宪法所禁止的。不过，当没有人被法律强迫去接受联邦储备券作为法定货币时，它们就将不再是美国的官方货币，而只是一种不强制人们接受的政府票据。它们的实用性取决于它们可以被用于纳税，或公众预期可以用于日后兑换实际货币。因此，联邦储备券的创建，以及它们并不是美国的官方货币的概念，可以断定它的存在并不违反宪法。无论如何，事情已经发生了。用联邦储备券赎回政府债券的决定并非我们作出。国会很久前就作出了这个决定，在政府债券发行后就紧接着作出了这个决议。我们只是让它成为事实。货币就是因为这个目的而创建的。我们唯一的选择就是什么时候去做：现在或以后。如果我们允许债券继续有效，则利用通货膨胀达到拒付国债的目的。最初发行的美元的价值会逐渐减少到零，而利息还得继续支付。每个人的购买力将被破坏或摧毁。不过如果我们不想拒付国债并决定现在还清国债，则我们就将甩掉利息负担，并且同时为一个更加健康的货币体系做好了准备。

7. 以美国政府积蓄的黄金和白银（除了军用储备）为抵押，支撑所有流通中的联邦储备券。这些资产在很久之前就已经私有化了。在近代史的不同阶段，美国人拥有黄金是非法行为，而他们的私人财产被没收了。原则上这些没收的财产应当被返还给他们。其余的黄金供应同样属于美国人民，因为他们已经通过纳税并因为通货膨胀履行了还债的义务。除了支撑货币供应，政府对黄金或白银没有更多的需求，是时候把它归还给人民了。

8. 确定美国政府所有的黄金和白银的重量，再依据实际货币（白银）计算供应物的总价值。

9. 确定流通中的所有联邦储备券的数量，然后把贵金属的价值除以联邦储备券的数量得到实际货币的价值。

10. 按照流通比值兑换成美元，达到让所有联邦储备券退出流通的目的。这需要有足够的黄金或白银来赎回流通中的所有联邦储备券。[1]

11. 把所有基于联邦储备券订立的合同以相同的兑换比例换成以银元计价的合同。这包括抵押贷款合同和政府债券合同。采用这种方法，债务范围内的货币价值将基于相同的基础在同一时期内被兑换成货币。

12. 发行银元券。当财政部用银元赎回联邦储备券后，出售联邦储备券的人可以选择持有铸币或国库券，它们都得到100%的支撑。这些国库券将成为新的纸币。

---

[1] 由于浮动利率债券的价值是完全基于真实货币确立的，就没有理由去强制它们兑换，而且人们继续在日常商业活动使用它们是完全有可能的。因此，让浮动利率债券停止使用并在它被存入银行后尽快地把它兑换成真实货币是有必要的。马上，它们就变成了收藏家的宠儿并永远成为历史。

13. 终结美联储。只要不扮演美国中央银行的角色，让联邦储备系统继续作为票据交易所存在是可能的。票据交易所是有必要的，而那些当前联邦储备系统的银行可以继续提供这种服务。不过，它们不得再继续接受补贴，必须允许竞争存在。另外，国会特许的联邦储备系统必须被取消。

14. 引入自由金融理念。应当取消对银行的管制，同时，不再用纳税人的钱去保护银行。不再有更多的救助。联邦存款保险公司和其他政府"担保"机构也可以被淘汰，它们的职能应当转交给真正的私营保险机构。银行应当针对自己的活期存款提供100%的储备金，因为这属于契约责任。所有形式的定期存款都应当按照如今的信用违约掉期的规定兑现给公众。换句话说，储户应当被充分告知他的钱已经被用于投资，储户在拿回自己的钱之前必须等待一段规定的时间。竞争将确保给顾客提供最好服务的机构会发展壮大。那些在竞争中失败的机构将会倒下——无需银行监管机构的介入。

15. 缩小美国政府规模和覆盖面。作者的观点是美国政府的职责应当被限制于对生命、自由和财产的保护——仅此而已。这意味着现在寄生于联邦官僚机构上的所有计划都要被取消。如果我们希望保留——或者也许希望再次找回——我们的自由，则这些机构必须走进历史。为此目的，联邦政府应当出售所有与它的首要功能——保护有直接关联的资产——无关的资产，应当秘密地把它的服务尽可能多地转包出去，而且应当大幅度降税和简化税收结构。

16. 保持国家独立。我们必须让所有会导致裁军和经济相互依赖的项目转变方向和定位。由此，最重大的一步就是让我们退出联合国并把联合国逐出美国，不过这只是开始。数以百计的条约和行政协议也要被废除。有一些对我们和其他人来说是建设性的和互惠互利的，不过大多数必须被取消。

一些人会说用联邦储备券偿付国债相当于拒付债务。事实并非如此。用老的联邦储备券来纳税并非赖账，用它们兑换成合适比例的黄金和白银并非赖账，把它们兑换成稳健的货币同时购买力基本没有受损，从实质上说并不属于赖账。唯一赖掉的是旧的货币体系，不过这个体系设计的出发点就是想拒付债务。创建和维护联邦储备系统的货币学家和政治学家从来就没有想过去偿还国债。它一直是他们获利和取得权力的入场券。通货膨胀就是分期付款式的拒付债务。现有的美联储体系是一个政治骗局、一个会计学上的花招。我们只是明确了它的本质。我们也拒绝让这个游戏继续下去。

"宿醉"的力度

这16个步骤会有哪些影响呢？可以肯定的是，为了回归货币节制需要付出代价。除非一直狂欢下去，否则"宿醉"是无法避免的。让我们看看狂欢付出的代价吧。通过计算联邦储备券能兑换多少新货币，我们就能测得这个代价。

下列数字可以让我们有更清晰的了解。数据来自公开渠道和美联储的公示，不过没有办法知道这些数据的准确性。除了准确性问题，有些统计数据由于过于模糊，以至于联邦储备系统的专家都无法确定它们的真正含义。如果我们真要实施这个计划，有必要成立一个专门小组，其成员包括有能力审计这些账簿并分析化验各种金属的专家。不过，基于公众能够得到的最好资讯，我们可以粗略得到下述信息：

截至1993年9月30号，政府持有的白银总量为3020万金衡制盎司。如果我们假定新美元确定为相当于371.25格令银（等于0.7734金衡制盎司），那么其供应量等于39046338美元。[1]

同一日期的黄金价格为每盎司值384.95联邦储备券。而每盎司白银等于4.99法定美元。因此，它们之间的比值为77兑1。

黄金供应量为261900000盎司。因此，黄金的价值为26073517000美元（按盎司计算，是其重量的77倍）。

黄金和白银合计价值为26112563338美元。

联邦储备券的数量将是M1货币供应量（通货和活期存款）加上为偿还国债而额外增加的联邦储备券。1993年9月27号的M1总量为11037亿浮动利率债券（FRNs）。[2]国债规模为43957亿浮动利率债券。因此，要赎回的总量为54994亿浮动利率债券。

据此计算的下限是，每个联邦储备券的价值等于0.0047银元。一个银元值213联邦储备券！

不好，但不至于很坏

这可是一颗有点难咽的药丸，不过它听起来比它真实的情况更糟。请记住新美元比老美元有更强的购买力。硬币在日常生活中将扮演更重要的角色。五美分打一个电话和十美分买根雪茄的场景又将重现。至少一开始，这些商品和服务的价格很可能比较低。正如第7章中解释的那样，黄金或白银的数量将成为货币体系的基石。如果数量太少——无疑过渡期间将出现这种情况——它仅仅意味着每个标准货币单位的价值会比较高。在这种情况下，硬币将能解决问题。几个便士可以购买一杯咖啡；而一分硬币的十分之一可以打一次电话，等

---

[1] 尽管银元的重量为412.5格令（0.8594金衡制盎司），但它的纯度只有90%。因此，它的实际银含量为371.25格令银（0.7734金衡制盎司）。

[2] 对那些认为M2或M3是更合理的数据的人来说，可以参见"附录C：M1是减少的还是累计增加的？"，其中有作者的解释和美联储对此的回应。

等。新的小面额代币将满足这种需要。不过，在相对短的时期内，黄金和白银的货币供应将随着自由市场需求的增加而扩大。当供应量增加时，相对价值将下降直到达成自然均衡——正如过去一直出现的那样。到那时，就不再需要代币了，它的使命也就完成了。

有点不方便？是的。自动贩卖机必须及时调整以便接受新型硬币，不过这并不比它接受新型纸币或塑料银行卡更难。这是为了让真实货币有序回归所必须付出的小小代价。

另一种可能的解决方案是规定新美元的白银含量更低一些。优点是我们可以继续使用我们现有的货币，缺点是它在过渡期后会造成事实上的麻烦，原因是到了那时货币会变得太不值钱。即便现在不换，未来也要换。现在是采取行动的时候了，而且要做得好，做得对。银元的原始价值在经过几个世纪的反复试验后，如今已经确定下来，我们不必白费力气做重复的工作。我们知道它会长期存在并发挥应有的作用。

过去，银行尽享凭空创造货币放贷带来的利息收入，形成可观的现金流。这点将会被改变。银行必须在定期存款与活期存款之间划出明确的界限。顾客会被告知，如果他们希望拥有见票即付的特权，用铸币和国库券形式生成的存款将被放置在金库中，而且不会借贷给他人。因此，对银行来说是不会有利息收入的。如果银行无法通过存款获利，那它必定以安全保管储户存款和往来账户服务的名义向储户收取费用。如果顾客想从存款中获取利息收入，则他会被告知他的存款将被用作投资或被借贷出去，如果出现这样的情况，他就无法随时取回自己的钱。储户会可以选择定期存款，同时与银行签署一份协议，规定在投资到期前的一段时间不得取款。

这种做法对银行的影响是巨大的。银行将不得不提高利率来吸引投资资金。他们将不得不削减管理费用并取消某些奢侈的做派。利润率将被收紧。效率会得到提高。他们过去经常提供"免费"服务，实际上这些服务的成本是通过顾客的活期存款获得的利息收入消化掉的。现在，他们会为这些服务向顾客收取费用，比如对账和存款的安全保管等项目。顾客很可能在开始会为此有所抱怨，但从此以后不再会有免费的面包。

电子汇兑系统将很可能由于其极大的便利性而得到广泛使用，不过它不会是强制性的服务项目。现金和支票业务将继续扮演重要的角色。政府监控将是非法行为。尽管相比之前的联邦储备券，现在流通中的美元更少，但每个美元对应的价值却更高。每个人将最终获得与转换前一样的购买力。短期内，新老货币将一起流通，某些人会难以计算兑换的比例，不过对于欧洲人或外国人来说这是很常规的做法。没有理由认为美国人很傻，以至于算不出来。

好坏参半

我们不应当自欺欺人地认为这将是一次很容易的转换。它将是一段非常困难的时期，美国人将不得不让自己习惯于一种完全崭新的思考和行动模式。对当前货币供应的冻结可能触发股票市场和工商界的恐慌。股价会持续动荡，让股民票面上的财富消失殆尽。有些企业由于无法获得条件宽松的信贷而倒闭。实力弱小的银行被允许倒闭，而不是动用纳税人的钱去救助。失业形势在某段时间内将持续恶化。那些习惯了搭顺风车的人不得不面对免费午餐远去的失落。接受救济的人不甘心默默放弃他们的支票和食品券。媒体会煽动不满情绪。

这一刻我们面对着最大的危险，这一刻人们会厌倦于沙漠中的苦难旅程，并且不再憧憬于那片希望的土地。这一刻他们可能又开始渴望回到圈养状态、囿于法老王的奴隶坑。

不过，重要的是这些问题大都是暂时的。它们只在向新货币的过渡期间存在。只要造币厂还可以自由铸币，并且只要人们了解对白银和黄金硬币的需求，就会有络绎不绝的采矿主和珠宝商让大量新生的贵金属加入到美国的货币存量中。外国人无疑也将加入到这股流入大军中。旧有的白银和黄金铸币同样将在市场上重现。很快，当贵金属的存量对供求关系作出反应时，货币数量将增加，它的单位价值将下降，直到形成自然均衡。

那不是通货膨胀吗？是的，通货膨胀还是会有的，不过它跟以前由美元引发的通货膨胀有很大的不同，主要表现在四个方面：（1）不再是由为谋取个人利益试图操纵经济的政治家和银行家引发，引发通货膨胀的是让供求关系维持均衡的自然经济势力；（2）不再对美国有危害，并导致经济崩溃，它是治愈过程的一部分，治愈后迎来的将是繁荣；（3）如果我们不去执行过渡过程，则它的严重程度将更大；（4）它不再是一个设计成永久运转的连续体的一部分，它有一个内在的终止点，即自然均衡形成，均衡点的一侧是人们努力去开采黄金和白银，另一侧是努力去创造用黄金和白银可以买到的物质和服务。当均衡形成后，货币供应将停止扩张，通货膨胀将停止——以后再无货币供应的扩张和通货膨胀的出现。"宿醉"也将从此不再出现。从此以后，当技术的进步促进了生产效率的提高，最终也促进物价逐步下降。更低的价格，更好更多的就业机会，日益红火的繁荣，这一切让反对的声音越来越小。风暴过后，美国将迎来一个诚信的货币供应体系，一个没有国债的政府，以及永远告别通货膨胀的经济。

不管未来展现在我们面前的是什么样的一幅场景，前进的道路上可能还会有波折。我们最好保持紧张有序的心态去准备面对可能的激流险滩。我们采取的措施将增加得到另一种结果的机会。如果出现的是悲观剧本，我们做了什么将不会有什么区别，因为将不会有另一种结果。不过在现实剧本中，存在某些预警措施，正是这些预警措施会让我们的经济繁荣和健康呈现很大的不同。

为了充分欣赏这些措施中的智慧，我们最好的选择是思考一下：如果无法过渡到安全和理性的经济环境将发生什么。现实剧本的另一个变体是我们的整个体制可能崩溃。如果这一幕真的出现，我们也就没有必要担忧能否有序地过渡到健康合理的货币体系，因为它不会出现。我们的首要关切就是基本生存。

经济混乱和国内动乱并不一定是通往悲观剧本的序幕。如果有足够数量的人得到信息、明白敌人的整体计划，那些处在体制内的人将有能力在关键时刻提供领导力。如果街头出现流血事件和长期的无政府状态，会有许多文明人去填补权力真空并担负起责任。这听起来像是另一种悲观剧本，不过它真的不是。我们所能做的就是为此做好准备——如果它最终要来的话。

如何做好准备

我们能在金融方面做好哪些准备？为了避免让它变得如同一篇冗长的论文，让我们使用一目了然的清单形式，而不再冗长地叙述。

1. 摆脱债务。我们自己的房屋抵押贷款是一个理性的例外，当然前提是房价处于合理水平。企业的借贷同样也是一个例外，只要它是基于一个健康合理的计划实施的。投机性投资在这些时期并非好主意，除非你能承担起可能的损失。

2. 选择一家好银行。在不同银行都开设账户。在任何一家银行的存款都不要超过10万美元。切记并不是所有类型的账户都在联邦存款保险公司的覆盖之下。某些银行现在提供私人保险业务。你得知道你能承担多大的风险。[1]

3. 投资多元化，投资的关键字应包括一流投资、场外交易、成长性、收益、大型、小型、共同基金、债券、房地产、金银币、矿业股票和有形资产。在困难时期经营表现突出的行业有博彩、酒业和能让人忘却现实的娱乐业。当然，个人知识是绝对不可少的。

4. 避开最近表现"最佳"的投资。近期表现"最佳"表明其优异业绩已经成为历史，它们不可能再创造新高。相反，它们现在可能被高估了，并且有可能从此从巅峰滑落。看看一项投资在长时期中的表现——至少15年——尤其要观察在经济不景气时期这项投资的表现。

5. 当投资贵金属时，避免投资那些高收藏价值的项目——除非你准备成为这方面的专家。至于其他类型的投资，可以寻求专业的建议，但不要依赖它。不管是钻石、艺术品还是其他收藏品，道理都一样。否则，你将在遍布鲨鱼的水中遭到攻击，即使是最有经验的交易员也有可能在这里马失前蹄。

6. 把一部分现金收起来，包括某些古老的白银铸币。手头的通货应当足以支撑你大约两个月的日常生活。铸币只在经济形势更严峻、持续时间可能更长的情况下使用。没有具体的"正确"数量可供参考，一切仅仅取决于你自己的判断和财务能力。

从灾难中获益

所有这一切都是为了在大动荡中生存下去，并让我们在假设的动荡年代表现出领导力。这确实更像是消极的观点。正如阿德莱·史蒂文森说的那样，乐观积极的人更能发现好消息。它提供了一个振奋人

---

[1] 这并非一次轻松的分配。从独立的渠道获得专业的帮助会有帮助，这些独立的渠道有能力分析资产质量、贷款比例、债权比例、贷款−损失准备金和类型项目。

心的前景，就是我们有能力把这场灾难转化为我们的优势。我们实际上能从即将到来的崩溃中收益。这种想法已经催生数以百计的书籍和报道，其中都建议如何在其他人遭灾的情况下发财。甚至有人还建议利用蓬勃发展的环境产业发财，关键就是如何依靠美国的衰落让自己变得富有。

毫无疑问，基于对当前各种趋势的现实评估，我们有很多机会作出正确的投资决策。不过，这些机会中的大多数取决于能否准确把握市场机会。一个人必须很清楚什么时候买入，什么时候卖出，而且要掌握好买卖的价格。为了了解所有这一切，投资人必须对自己投资的产业有专业的认识，也必须掌握市场上每天的动态。他必须赶在普通大众之前完成自己的分析并得出自己的结论。当然，他的分析和结论还必须是正确的。大多数投资人没有准备好去那么做，因为他们必须依靠专业人士提供的服务完成这项工作，通常这些专业人士也就是那些鼓励投资人去投资该类型企业的人。如果投资是赢利的，分析师就能因此得到奖励。如果投资失败，则分析师还是有收入。

不过，对于那些"发灾难财"的人来说，机会有很多。在每个层级的投资业务以及法律界、医学界都能看到这种现象。顾客付钱寻求专业的意见，而不管它的质量如何。这种投资观念的难点在于，它实际上可能会让事情变得更糟。如果我们能够逃避通胀影响或依靠通胀获取财富，那我们就无需阻止通货膨胀，甚至会鼓励它继续存在。因通货膨胀而受益的这些人不太可能会认真地与通货膨胀做斗争，因为他们因它而积累起了财富，他们可能成为通货膨胀最积极的鼓吹者，即使他们深知这最终将使他们走向毁灭。

试图在经济下行期间留存自己的资金并没有错，但唯一真正的解决方案是使用自己的资金去阻止现在的趋势。从长远看，没有人能从被摧毁的美国中获益，也没有人能躲过崩溃的影响。你的资产、你的家园、你的工作、你的家庭以及你的自由都无法得到保护。正如亨利·黑兹利特所言："没有一个避险工具能有效抗击通货膨胀，除非阻止它出现。"

向教育进军

在这个时候一个人能做的最好的投资是去资助教育。美国人已经让人"偷走"了自己的国家，而且这种情况还一直在持续着，原因就是他们不了解正在发生的一切。只要这种状况存在，未来就毫无希望。我们设想的所有方案的起点都是唤醒美国。

那为此目的必须做哪些事呢？以下任务是我们必须要完成的：

1. 主动学习。做起来并不像听起来那么容易。它意味着一个庄严的承诺，把更多的时间和金钱用在看书、记录和讨论上，让自己了解更多。一定要做到。

2. 笔耕不息。列出一个朋友名单，这些朋友都是那种你认为最善于通过学习掌握更多知识的人，然后每月给他们寄送资料，这些资料能让他们开阔眼界，但其篇幅也不应太长，以免挫伤他们阅读的积极性。

3. 与其他有类似想法的人联合起来。人多力量大。三个单独行动的人只有三个人的力量。当组成一个团队后，他们努力的效果将倍增。这就是组织的力量。当选择了一个组织后，就去寻找有经验、有原则的领导层，让这个领导层证明他们的睿智和坚定吧。

4. 组成一个带教育性质的研究团队。给它取一个迷人的名字，比如现实俱乐部或意识午餐会。让会议变得有趣和简短。使用本地发言人，要求成员发表书评、展示视频、开展模拟辩论、举办派对。目标当然是影响新人，并非白费口唇。

5. 组建专门的委员会，和看法相近的朋友一起推动具体的项目和计划。下面是一些假设的例子：良性货币委员会、追求更好教育的父母、追求减税的美国人、支持私有制的北湾居民。这是一个影响政治结构的极好途径，同时，也能吸引到志同道合的新人的支持。

6. 扩大你在社区中的影响力。人们很少会去追随陌生人。你会因你的知识而被人所知和尊敬。加入那些在你所在的城市或行业中有影响力的团队中去。政治团体尤其重要，无需考虑党派。自愿参与工作并寻求扮演领导角色。以私人身份拜访你所在城市和县里面的政治名人并经常交流和沟通。向他们赠送书籍、文章和棒球赛门票——做任何能让他们记住你是谁的事。这对政治候选人来说至关重要。如果你有天赋，可以考虑投入竞选来谋得一官半职。

7. 利用政治，而不是被利用。美国人由于政治让自己陷入目前的混乱状态，我们也必须利用政治让我们走出混乱。走出来比进入更难，不过，策略很简单：把挥霍最多的官僚请出办公室，代之以立志创建健康货币体系和保持国家独立的人。清除挥霍者的方法就是曝光他们的投票记录，他们中的很多人不知道如何在关键议题上投票。让更好的候选人当选的方法就是加入他们的阵营，成为志愿者。在组织内工作但同时保持警惕！永远不要让你对阵营的忠诚胜过你对原则的坚持。政治党派一直是从最高层控制的，而主要政党则由我们必须反对的那些势力控制。你和你的候选人必须不能被党派所控制。否则，你的钱和你的努力最终将反噬你。[1]

先把这个警告放一边，我们不应气馁，因为这个任务并不像看上去的那样艰难。颠覆目前趋势的力量就掌握在535人的手中，其中包括435名众议员和100名参议员。为了控制住大多数，我们要做的就是

[1] 《新美国人》杂志每年会发布关于所有众议员和参议员的投票记录的优秀分析文章。杂志社地址为威斯康辛州阿普尔顿8040信箱，邮政编码54913。该杂志还提供大量的小册子，这些小册子是专为每个国会选区量身定做的，对公众开放。国会里面最会花纳税人钱的人对它恨之入骨！

对其中的268人的选举施加影响。事实上，如果我们能争取到的人接近这个数的话，我们很可能看到政治立场的改变。通过影响100个国会选区候选人的当选，我们就可能达目标！利用美国制度中仍旧还在的政治自由，每隔两年，我们就能不费一枪一弹瓦解并再造一个美国政府！不过我们最好早点动手，因为时间不等人。

结论和总结

现在这本书写到这里也差不多该结束了。它并非一本关于金融理论的书籍，它是一部侦探小说，到现在你应该已经知道答案了。

我们在书中谈到的历史跨度非常大，而且许多内容已经远离我们的主题。不过这也是必需的。没有更广阔的视野，反对联邦储备系统的运动将变得软弱无力。我们不能忽略战争、革命、萧条和欺诈这些因素。没有这样的长途旅程，我们只能局限于利率、贴现政策和法定准备金率的枯燥讨论——这些并非关键。

在序言中，我阐述了终结美联储的七大理由，现在在这里再重复一下：

- 它无法达成它宣称的目标。
- 它是侵犯公众利益的卡特尔。
- 它站在高利贷体系的最顶端。
- 正是它催生了对我们最不公平的税收。
- 它鼓励战争。
- 它让经济处于不稳定状态。
- 它是极权主义的工具。

本书的目的是论述上述论断的正确性。

我最终提出了一项回归的计划，该计划涉及六大步骤，每一步都基于历史上的教训形成。这些教训中混合了大量的理论，而这些理论的出处只能追溯到作者自身的想法。也就是说，我不能保证该计划具备可行性。不过它仍旧是一项计划。失败的尝试毕竟强过无所事事。就像一批正在沉没轮船上的人，我们必须冒溺毙的风险。我们不能一直无动于衷。

可以确定的是，这些建议不可避免地在技术方面存在瑕疵，因为机制仅仅是一个模式，其中肯定存在无法啮合的齿轮或断开的杠杆。它还需要各领域专家继续为此作出努力。即使有了专家的后续努力，工作还不算已经完成，因为它必须被提交给那些精通起草法律的人。他们的工作是双重的。首先，他们必须让它在现实政治环境下具有可行性。其次，他们必须堵上所有可能的漏洞和消除所有的不确定性，否则它们可能导致整个计划被颠覆。

不过这些顾虑不应当阻止我们启动这个过程。我们也许无法解决所有的技术问题，但我们确实能找到大问题的答案。我们的确知道必须终结联邦储备系统。那么，就让我们开始吧。

自从在杰基尔岛提出设立美联储这个设想到现在，这个"怪物"的体量已经非常庞大，而且能量巨大。现在它已经影响了很多国家，并强迫大众服务它、喂养它、顺服它、崇拜它。如果不终结它，它就会变成美国人永恒的主人。

它能被终结吗？是的，可以。

那如何终结它呢？用无数的真相来揭穿它的真面目。

那由谁来终结它？无数有决心、有勇气的战士。

征战已经开始。

邀请函

从撰写本书第一版书稿起到现在，我认为终结美联储越来越有必要。尽管我们获胜有益于经济和个人自由，但美联储也有帮手。我们有许多事情要做，因此我在本书的基础上创建了一项行动。我称之为"国际自由力量"，它的目的就是要改变世界。

如果你希望在阅读之外还贡献力量，希望你访问我的网站，审视我的目标、策略和原则。既然你已经看完了这本书，证明你或许与我志同道合。如果你愿意加入我的队伍，欢迎你成为其中的一员。

更多信息，请登录网站：www.freedom-force.org

如您希望获得更多相关的图书、音频和视频资料，请登录本书英文版出版方的网站：www.realityzone.com

附录A

美联储的架构和职能

美联储由三大主要机构组成：（1）联邦储备委员会。（2）地区联邦储备银行。（3）联邦开放市场委员会。其他次要机构包括：（4）持有联邦储备系统股份的商业银行。（5）顾问委员会。

联邦储备委员会的职能是决定联邦储备系统的货币政策。委员会由七名成员组成，由总统任命但需要通过国会的确认。任期为14年，这与总统任期是错开的。这样安排的目的是确保没有一个总统可以利用自己的任命权控制委员会的人事安排，从而达到操纵联邦储备系统政策的目的。其中的一名成员被选为委员会主席，任期为4年，而另一名当选的副主席的任期也是4年。主席负责管理委员会的人事，同时也是联邦储备系统内最有影响力的人。

委员会和少数几名顶层雇员负责委员会的管理。《联邦储备法案》授权总统在挑选执行委员时"应顾及到本国金融、农业、工业、商业和地理分区的代表性"。这个规定现在已经很大程度上被忽略，现在的成员主要来自金融业和银行业。

地区储备银行的职能是持有本系统的现金储备，向成员银行提供通货、清算支票，并作为政府的财政机构。

12家地区联邦储备银行分别位于亚特兰大、波士顿、芝加哥、克利夫兰、达拉斯、堪萨斯城、明尼阿波里斯、纽约、费城、里士满、旧金山和圣路易斯。它们属于企业法人，其股份由成为联邦储备系统成员的商业银行持有。成员银行选举所属地区联邦储备银行的董事。银行规模越大，持有的股份越多，不过它们在选举董事时都只有一张选票。

每个地区银行体系配备了九名董事。成员银行选举三名A级董事，他们代表金融产业；三名B级董事代表普通民众；剩余的三名C级董事由全国委员会任命。每个地区联邦储备银行的主席和副主席必须为C级董事。总裁和其他官员由联邦储备委员会选举产生。这种制度安排保证了联邦储备委员会有能力对该系统下面的各个地区分支机构实施有效的管制。

联邦公开市场委员会的职能是实施联邦储备委员会制定的货币政策，尽管它在制定政策时有相当大的自由裁量权。它主要通过买入或卖出各种联邦证券来管制货币供应和利率——尽管它也可以通过买卖外国货币和其他国家的政府证券履行它的职责。当它买入时，货币被创造出来，利率降低。当它卖出时，货币灭失，利率上升。政策是一日一定。事实上，它每分钟都被置于监控之下，而委员会经常干预市场从而影响到投资人的日常决策。

公开市场委员会成员由联邦储备委员会的所有董事和12家地区联邦储备银行的总裁中的五人组成。唯一的例外是纽约联邦储备银行的总裁是该委员会的常任成员。因此，再重复一遍，美联储在联邦储备委员会和纽约联邦储备银行总裁的牢牢控制之下，其中纽约联邦储备银行总裁的权势比他的任何一个同僚都要大得多。

24家债券交易商处理所有政府证券的交易。政府机构不能绕过上述交易商进行交易，因为后者依靠交易产生的佣金生存。

美联储会在不公开的会议上制定决策。在《信息自由法案》颁布之后，会议决策内容会在决策通过六周后以简报形式向公众公布，不过审议意见文本会被销毁。甚至连中央情报局都不曾享受这一保密特权。

成员银行的职能是为国家开展金融业务并执行联邦储备系统的货

币政策，具体做法就是在个人或企业借款人的接触点上把钱投入到联邦储备系统中或把钱从中取出来。

这导致了所有权上的一些问题。联邦政府在联邦储备系统中并不拥有任何股份。从这层意义上说，联邦储备系统是私人所有。不过，这实际上具有误导性质，因为它并非典型的私人所有制、由股东拥有并置于股东的控制之下。这就是真相。在美联储中，股份并没有产生业主权益，也不能被出售，或者作为抵押品被抵押，甚至也没有普通投票权。不管其持有的股份的大小，每家银行只有一张选票。实际上，股份并不"证明"拥有所有权，只是证明每家银行有多少营运资金投入到联邦储备系统中。按照正常的理解，它不是政府机构，也不是一家私有企业。它要服从政治管制，因为它对政治家和选举过程有很强大的控制权，它设法让自己独立于政治上的操纵。简而言之，它是一家卡特尔，它的组织架构就是为此目的而专门设计的。

人类经济行为的自然法则

自然法则第一条

教训：当黄金（或白银）作为货币来使用时，当供求力量不受政府干预时，新增金属货币的供应量总会成比例地接近于那些新增的可以购买的服务和商品的数量。物价的长期稳定是这些力量的可靠结果。这一过程自动发生，不偏不倚。任何政客干预的企图都会损害所有人的利益。

法则：当货币以黄金（或白银）供应为基础，且不受政府干预时，长期的物价稳定有可能实现。

自然法则第二条

教训：当美国政府着手操纵货币供应量时，无论那些试图主导这一进程的人多么聪明，出发点是多么好，还是免不了会以通货膨胀、经济混乱和社会动荡收场。相反，当政府将其货币权力局限于维持重量单位和贵金属度量的恒定时，结果必定是物价稳定、经济繁荣和政治平稳。

法则：为享有繁荣经济和平稳政治起见，政治人士的货币权力必须局限于维持重量单位和度量的恒定。

自然法则第三条

教训：法币是没有贵金属支撑的纸币，法律要求人们接受它。法币可以让政客们不加征税收就扩大开销，它是引发通货膨胀的原因之一。美国人所失去的购买力就是通货膨胀从他们那里转移到政府手里的购买力，因此，通货膨胀是种隐性税。这是种最不公平的税，因为它对那些支付能力最弱的人征收最重，这些人主要为低工资者和固定收入者。它还通过侵蚀储蓄价值来惩罚勤俭持家的人。这遭到人们的怨恨，总是会导致社会动荡和分裂。

法则：一个使用法币的国家会遇到经济困难和社会动荡。

自然法则第四条

教训：准备金货币是由贵金属担保的，但这些贵金属仅保障其面值的一部分。准备金货币是个混合物，部分是收据货币部分是法定货币。一般说来，公众并未意识到这一点，他们相信，准备金货币可以实现随时足值兑换。当纸包不住火时，正如时不时所发生的那样，银行的资金会不断外流，而只有排在最前面的少数几个储户能够得到偿付。由于准备金货币可以为银行家挣得与金银所挣同样多的利息，这对银行家来说是个巨大的诱惑，于是他们会造出尽可能多的准备金货币，越多越好。当这种事情发生时，准备金率就会越来越小。

法则：准备金货币总会蜕变为法定货币，它只是过渡中的法定货币而已。

自然法则第五条

教训：人的本能之一是把自己的利益置于其他人的利益之上。如果有机会，即使最优秀的人也无法抵御损人利己的诱惑。尤其是能以隐晦的形式获取利益时，人性就表现得更加淋漓尽致。当然也有人经得起这种人性的考验，不过这样的人很少。在历史的长河中起作用的总是普遍的规律。

创造和灭失一个国家的货币供应的权力，为个人获利提供了无限的潜力。纵观历史，这种权力的初衷都是为了保护公众，不过结果一直适得其反。它会伤害公众，被那些掌握权力的人用于获取个人私利。

法则：当人们被授权掌控货币供应时，最终他们会利用这些权力把他人的财富收入自己囊中。

附录C

M1是减少的还是累计增加的？

以下是作者给就职于联邦储备系统的公共信息部门的迈克·杜布罗（Mike Dubrow）的信的复印件。在1994年的一次电话会议上，杜布罗先生承认，如果美联储不受控制的话，那么信中的设想就是正确的。他说联邦储备系统将不会让这样的事发生，因为它将导致通货膨胀。当美元从M1扩张到M2并且再次回到M1时，联邦储备系统将减少货币供应来消弭货币扩张的影响。换句话说，设想是正确的，不过联邦储备系统有权力把它的影响抵消掉——如果它想这么做的话。至少，M1是累计增加的。同样，在考察货币供应量时，它是很有效的标准。

G.爱德华·格里芬

加利福尼亚州西湖村，4646信箱，邮编：91359—1646

1994年1月19日

收件人：迈克·杜布罗

传真#（202）452-2707

联邦储备系统

华盛顿特区

尊敬的杜布罗先生：

今天早上我们通过电话进行了讨论。现在，我正在准备一份关于联邦储备系统的文件，并发现了一个有趣的问题。这是个本质性的问题，我曾经交谈过的很多人都无一例外地认为自己知道答案，可是一旦深究起来，却发现他们根本就不知道这到底是什么一回事。

M1是减少的还是累计增加的？

我的理解是货币供应有三种不同的定义：

M1＝通货＋短期存款

M2＝M1＋短期定期存款

M3＝M2＋机构长期存款

显然，当货币从支票账户取出然后再存入到存款账户后，它会导致M2增加，不过问题在于：它是M1的一部分还是要把它从M1中减去？赫伯特·梅奥（Herbert Mayo）在他的书《投资》（*Investments*）中写道："如果个人把资金从存款账户挪到支票账户，则货币供应在狭义定义（M1）下是增加的，不过如果采用广义定义（M2）的话，是没有影响的。"这暗示说，当货币从支票账户挪到存款账户后，要把它从M1中减去。否则，当它从存款账户再回流到支票账户后，它就没有导致M1增加。当我们在电话中谈论这个问题时，你确认他的解释是对的。

不过怎么会这样呢？当货币从支票账户挪到存款账户或用作任何其他投资时，它并没有从金库中消失。它被用于完成投资项目。它交给了供应商或承包商或某个雇员，并重新出现在他们的支票账户中，在那里它又变成了M1的一部分。因此，看起来它真的根本就没有从M1中分离出来。它只是增加了M2。

我设想了一个可能的解释，就是货币事实上确实从金库中消失了，或者至少从簿记分类账中消失了，当然时间很短。这正是它进入存款账户与它随后转到借款人的支票账户这两个行为之间的时间差。这个时间可能比较短——也许平均起来不到30天——不过当计算货币总量时，它依旧需要被加以考虑。因此，当货币从支票账户挪到存款账户后，M1是减少的，不过这只是暂时的影响。只要新的M2货币被重新定向到借款人，则M1将增加。这个解释正确吗？

感谢你在这些让人迷惑的问题上对我的帮助！

谨致问候。

G.爱德华·格里芬

（805）496-1649

参考书目

Adams, Charles. *Fight, Flight, Fraud: The Story of Taxation.* Curacao, The Netherlands: Euro-Dutch Publishers, 1982.

Aldrich, Nelson W. Letters to John A. Sleicher, July 16,1913; to William Howard Taft, Oct. 3, 1913. Nelson Aldrich Papers. Library of Congress.

Angell, Nonnan. *The Story of Money.* New York: Frederick A. Stokes Co., 1929.

Attali, Jacques. Translated by Barbara Ellis. *A Man of Influence: Sir Siegmund Warburg, 1902-82.* London: Weidenfeld, & Nicolson, 1986.

Atwood, Harry. *The Constitution Explained.* Merrimac, Massachusetts: Destiny Publishers, 1927; 2nd ed. 1962.

Ballard, Robert. "Riddle of the Lusitania." *National Geographic.* April, 1994, p. 68.

Balsiger, David, and Charles E. Sellier. *The Lincoln Conspiracy.* Los Angeles: Schick Sunn Classic Books, 1977.

Bancroft, George. *A Plea for the Constitution.* New York: Harpers, 1886; rpt. Sewanee, Tennessee: Spencer Judd Publishers, 1982.

Barnes, Harry Elmer. *In Quest of Truth and Justice: De-Bunking the War Guilt Myth.* Chicago: National Historical Society, 1928. Rpt. New York: Arno Press, 1972.

Barron, Clarence W. *They Told Barron*; Notes of Clarence Walker Barron. Edited by Arthur Pound and Samuel Taylor Moore. New York: Harper and Brothers, 1930.

Basso, Louis. *A Treatise on Monetary Reform.* St. Louis, Missouri: Monetary Realist Society,1982.

Bentley, Elizabeth. *Out of Bondage.* New York: Devin-Adair, 1951.

Beard, Charles. *The Rise of American Civilization.* New York: Macmillan, 1930. Vol. I.

Bell, Garrett de, ed. *The Environmental Handbook.* New York: Ballantine/ Friends of the Earth, 1970.

Biddle, Nicholas. *Correspondence, 1807—1844.* Reginald C McGrane, ed. New York: Houghton Mifflin, 1919.

Binningham, Stephen. *"Our Crowd": The Great Jewish Families of New York.* New York: Harper & Row, 1986.

Bogart, Ernest Ludlow. *Economic History of the American People.* New York: Longmans, Green & Co., 1930.

Bolles, Albert S. *The Financial History of the United States,* 4th ed. New York: D. Appleton, 1896. Vol. I.

Bovard, James. *The World Bank vs. The World's Poor.* Cato Policy Analysis. Washington, D.C. : Cato Institute, 1987.

Bowers, Claude G. *The Tragic Era: The Revolution after Lincoln.* New York: Houghton Mifflin,1957.

Bryan, William Jennings and Mary Baird. *The Memoirs of William Jennings Bryan.* New York: Kennikat Press, 1925.

Brzezinski, Zbigniew. *Between Two Ages: America's Role in the Technetronic Era.* Westport, Connecticut: Greenwood Press, 1970.

Budenz, Louis F. *The Techniques ofCommunism.* Chicago: Henry Regnery, 1954.

Burnham, James. *The Web of Subversion: Underground Networks in the U.S Government.* New York: The John Day Co., 1954.

Cappon, Lester J., ed. *The Adams-Jefferson Letters.* New York: Simon and Schuster, 1971.

Carnegie, Andrew. *Triumphant Democracy.* New York: Charles Scribner's Sons, 1893.

Catterall, Ralph CH. *The Second Bank of the United States.* Chicago: University of Chicago Press, 1902.

Catton, Bruce, author. Richard M. Ketchum, ed. *The American Heritage Picture History of the Croll War.* New York: American Heritage Publishing Co., 1960.

Chambers, Whittaker. *Witness.* New York: Random House, 1952.

Chandler, Lester V. *Benjamin Strong, Central Banker.* Washington, nc.: Brookings Institution, 1958; rpt. New York: Amo Press, 1978.

Chernow, Ron. *The House of Morgan: An American Banking Dynasty and the Rise of Modern Finance.* New York: Atlantic Monthly Press, 1990.

Churchill, Winston. *The World Crisis.* New York: Scribner's Sons, 1949.

Clark. Kenneth. *Ruskin Today.* New York: Holt, Reinhart & Winston, 1964.

Commager, Henry S., ed. *Documents of American History.* New York: F.S. Cofts & Co., 1940.

Cooper, Richard N. "A Monetary System for the Future." *Foreign Affairs.* Fall, 1984.

Crane, Philip M. *Surrender in Panama.* Ottawa, Illinois: Caroline House Books, 1978.

Crozier, Michael; Huntington, Samuael P.; and Watanuki, Joji. *The Crisis of Democracy.* New York: New York University Press, 1975.

Davidson, James Dale, and Rees-Mogg, Lord William. *The Great Reckoning.* New York: Summit Books, 1991.

Dall, Curtis B. *FDR: My Exploited Father-In-Law.* Tulsa, Oklahoma: Christian Crusade Publications, 1967.

Diggins, John P. *Mussolini and Fascism: The View from America.* Princeton, New Jersey: Princeton University Press, 1972.

Disraeli, Benjamin. *Coningsby.* New York & London: Alfred A. Knopf, 1844.

Dobbs, Zygmund. *The Great Deceit: Social Pseudn-Sciences.* West Sayville, New York: Veritas Foundation, 1964.

Donavan, Robert J. *The Assassins.* New York: Harper & Brothers, 1952.

Eisenschiml, Otto. *The Hidden Face ofthe Civil War.* New York: Bobbs-Merril, 1961.

Eisenschiml, Otto. *Why Was Lincoln Murdered?* Boston: Little, Brown and Company,1937.

Ewert, Ken S. "The International Monetary Fund." *The Freeman.* April, 1989.

Federal Reserve Bank of Chicago. *Modern Money Mechanics.* Revised October 1982.

Federal Reserve Bank of St. Louis. "Money, Credit and Velocity." *Review.* May, 1982, Vol. 64, No. 5, p . 25.

Federal Reserve Bulletin. October, 1988.

Fehrenbacher, Don E., ed. *Abraham Lincoln: Speeches and Writings,* 1859-1865. New York: Library of America, 1989.

Ferrell, Robert H. *Woodrow Wilson and World War* 1. New York: Harper & Row, 1985.

Figgie, Jr., Harry. *Bankruptcy* 1995: *The Coming Collapse of America and How* to *Stop It.* Boston: Little, Brown and Company, 1992.

Finder, Joseph. *Red Carpet.* New York: Holt, Rinehart and Winston, 1983.

Fisher, Irving. *100% Money.* New York: Adelphi, 1936.

Forbes, John Douglas. *J.P. Morgan, Jr.* Charlottesville: University Press of Virginia, 1981.

Forrester, Izola. This *One Mad Act.* Boston: Hale, Cushman & Flint, 1937.

Galbraith, John Kenneth. *Money: Whence It Came, Where It Went.* Boston: Houghton Mifflin, 1975.

Gardner, Richard. "The Hard Road to World Order." *Foreign Affairs,* April, 1974.

Glass, Carter. *Adventures in Constructive Finance.* New York: Doubleday, 1927; rpt. New York: Amo Press, 1975.

Gouge, William M. *A Short History of Paper Money and Banking in the United States.* Philadelphia: T.W. Ustick, 1833; rpt. New York: Augustus M. Kelly, 1968.

Goulevitch, Arsene de. *Czarism and Revolution.* Hawthorne, California: Omni Publications, n.d., rpt. from 1962 French edition.

Gyohten, Toyoo, and Morrison, Charles E. *Regionalism in A Converging World.* New York: Trilateral Commission, 1992.

Green, Timothy. *The New World of Gold.* New York: Walker & Co., 1981.

Greenspan, Alan. "Gold and Economic Freedom." In *Capitalism: The Unknown Ideal.* Ed. Ayn Rand. New York: Signet Books, 1967.

Greider, William. *Secrets of the Temple.* New York: Simon and Schuster, 1987.

Groseclose, Elgin. *America's Money Machine: The Story of the Fedeml Reserve.* Westport, Connecticut: Arlington House, 1966.

Groseclose, Elgin. *Money and Man:A survey of Monetary Experience,* 4th ed. Oklahoma: University of Oklahoma Press, 1976.

Hacker, Louis M. *American Capitalism.* New York: Anvil, 1957.

Hagedorn, Hermann. *The Magnate: William Boyce Thompson and His Time.* New York: Reynal & Hitchcock, 1935.

Hancock, Graham. *Lords of Poverty.* New York: Atlantic Monthly Press, 1989.

Hargrave, John. *Montagu Norman.* New York: Greystone Press, 1942.

Hersh, Burton. *The Mellon Family: A Fortune in History.* New York: William Morrow and Co., 1978.

Hoffman, William. *David: A Report on a Rockefeller.* New York: Lyle Stewart, Inc., 1971.

Horan, James D. *Confederate Agent: A Discovery in History.* New York: Crown, 1954.

Jackson, Stanley. *J.P. Morgan.* New York: Stein and Day, 1983.

Jasper, William F. *Global Tyranny.* Appleton, Wisconsin: Western Islands, 1992.

Jastram, Roy W. *The Golden Constant.* New York: Wiley, 1977.

Jefferson, Thomas. *The Basic Writings of Thomas Jefferson.* New York: Willey Book Company, 1944.

Jefferson, Thomas. *The Writings of Thomas Jefferson.* NewYork: G.P. Putnam's Sons, 1894. Vols.4, 10.

Jefferson, Thomas. *The Writings of Thomas Jefferson.* Library Edition. Washington: Jefferson Memorial Association, 1903. Vols. XIII, XIV.

Jensen, Merrill. *The New Nation.* New York: Vintage Books, 1950.

Josephson, Matthew. *The Robber Barons: The Great American Capitalists, 1861—1901.* New York: Harcourt Brace Jovanovich, 1934.

Jud, G. Donald and Woelfel, Charles J. *The Desktop Encyclopedia of Banking.* Chicago: Probus Publishing Co., 1988.

Kellock, Harold. "Warburg, the Revolutionist." *The Century Magazine.* May 1915, p. 79.

Kenan, H.S. *The Federal Reserve Bank.* Los Angeles: Noontide Press, 1966.

Kennan, George F. *The Decision* to *Intervene: Soviet-American Relations, 1917—1920.* Princeton, New Jersey: Princeton University Press, 1958.

Kennan, George F. *Russia Leaves the War: Soviet-American Relations, 1917—1920.* Princeton, New Jersey: Princeton University Press, 1956.

Kennan, George F. *Russia and the West under Lenin and Stalin.* Boston: Little, Brown and Company, 1961.

Kenworthy, Joseph M., and George Young. *The Freedom of the Seas.* New York: Ayer Company, 1929.

Keynes, John Maynard. *The Collected Writings of,* Vol V. 1930 rpt. New York: Macmillan, 1971.

Keynes, John Maynard. *A Tract on Monetary Reform.* London: MacMillan and Co., 1923.

Kitchel, Denison. *The Truth About the Panama Canal.* New Rochelle, New York: Arlington House, 1978.

Kolko, Gabriel. *Main Currents in Modern American History.* New York: Harper & Row, 1976.

Kolko, Gabriel. *The Triumph of Conservatism.* New York: The Free Press of Glencoe, a division of the MacMillan Co., 1963.

Krooss, Herman E., ed. *Documentary History of Banking and Currency in the Unites States.* New York: Chelsea House, 1983. Vol. III. Also 1969 edition. Vol. III.

Labaree, Leonard W., ed. *The Papers of Benjamin Franklin.* New Haven: Yale University Press, 1960. Vol. II.

Larson, Martin A. *The Continuing Tax Rebellion.* Old Greenwich, Connecticut: Devin Adair, 1979.

Laughlin, J. Lawrence. *The Federal Reserve Act:* Its *Origin and Problems.* New York: Macmillan, 1933.

Lewin, Leonard, ed. *Report from Iron Mountain on the Possibility and Desirability of Peace.* New York: Dell Publishing, 1967.

Lewinsohn, Richard. *The Profits of War through the Ages.* New York: E.P. Dutton, 1937.

Lindbergh, Charles A., Sr. *Banking and Currency and the Money Trust.* Washington, D.C.: National Capital Press, 1913.

Lindbergh, Charles A., Sr. *The Economic Pinch.*1923 rpt. Hawthorne, California: Omni Publications, 1968.

Lockhart, R.H. Bruce. *British Agent.* New York and London: G.P. Putnam's Sons, 1933.

Lundberg, Ferdinand. *America's Sixty Families.* New York: Vanguard Press, 1937.

Lyons, Eugene. *Workers' Paradise Lost.* New York: Funk & Wagnalls, 1967.

Mackay, LL.D., Charles. *Extraordinary Popular Delusions and the Madness of Crowds. 1841* rpt. New York: L.c. Page & Company, 1932.

Makin, John H. *The Global Debt Crisis: America's Growmg Involvement.* New York: Basic Books, 1984.

Martin, Rose L. *Fabian Freeway: High Road* to *Socialism in the U.S.A.* Boston: Western Islands, 1966.

Mayer, Martin. *The Bankers.* New York: Weybright & Talley, 1974.

McAdoo, William G. *Crowded Years.* New York: Houghton Mifflln, 1931. Rpt. New York: Kennikat Press, 1971.

McIThany, William H. "No Civil War at All." *Journal of Individualist Studies.* Fall and Winter, 1992.

Mclaughlin, Andrew C. *The Confederation and the Constitution.* New York: Collier Books, 1962.

Moody, John. *The Masters of Capital.* New Haven: Yale University Press, 1919.

Morton, Frederic. *The Rothschilds: A Family Portrait.* New York: Atheneum, 1962.

Mullins, Eustace. *Secrets of the Federal Reserve.* Staunton, Virginia, Bankers Research Institute, 1983.

Myers, C.V. *Money and Energy: Weathering the Storm.* Darien, Connecticut: Soundview Books, 1980.

Myers, Gustavus. *History of the Great American Fortunes.* New York: Random House, 1936.

North, Douglass C. *The Economic Growth of the United States.* New York: W.W. Norton, 1966.

Orwell, George. *1984.* New York: New American Library/Signet, 1949.

Owen, Robert L. *National Economy and the Banking System.* Washington, D.C.: U.S. Government Printing Office, 1939.

Paul, Ron, and Lewis Lehrman. *The Case for Gold.* Washington, D.C.: Cato Institute, 1982.

Perloff, James. *Shadows of Power.* Appleton, Wisconsin: Western Islands, 1988.

Pike, Henry R. *A History of Communism in So.uth Africa.* Germiston, South Africa: Christian Mission International of South Afica, 1985.

Polley, Robert L., ed. *Lincoln: His Words and His World.* Waukesha, Wisconsin: Country Beautiful Foundation, 1965.

Poor, Henry V. *Money and Its Laws.* London: Henry S. King and Co., 1877.

Pratt, Sereno S. *The Work of Wall Street.* New York: D. Appleton, 1916; rpt. New York: Arno Press, 1975.

Quigley, Carroll. *The Anglo-American Establishment: From Rhodes* to *Civeden.* New York: Books in Focus, 1981.

Quigley, Carroll. *Tragedy and Hope: A History of the World in Our Time.* New York: MacMillan, 1966.

Ramsay, David. *History of the American Revolution.* London: Johnson and Stockdale, 1791. Vol. II.

Rees, David. *Harry Dexter White: A Study in Paradox.* New York: Coward, McCann & Geoghegan, 1973.

Remini, Robert V. *Andrew Jackson and the Course of American Democracy, 1833—1845.* New York: Harper & Row, 1984.

Remini, Robert V. *Andrew Jackson and the Course of American Freedom, 1822—1832.* New York: Harper & Row, 1981.

Remini, Robert V. *The Life of Andrew Jackson.* NewYork: Harper & Row, 1988.

Ricardo, David. *The Works and Correspondence of David Ricardo: Pamphlets 1815—1823.* Piero Sraffa, ed. Cambridge: Cambridge University Press, 1951.

Vol. IV.

Richards, R.D. *The Early History of Banking in Engwnd.* New York: Augustus M. Kelley, 1929; rpt. 1965.

Richardson, J.D. *A Compilation of the Messages and Papers of the Presidents, 1789—1908.* Washington: Bureau of National Literature and Art, 1908. Vol. II.

Ritter, Lawrence S., ed. *Money and Economic Activity.* Boston: Houghton Mifflin, 1967.

Roscoe, Theodore. *The Web of Conspiracy: The Complete Story of the Men Who Murdered Abraham Lincoln.* Englewood Cliffs, New Jersey: Prentice-Hall, 1959.

Rothbard, Murray N. *America's Great Depression.* Kansas City: Sheed and Ward, 1963.

Rothbard, Murray N. *Conceived in Liberty: The Revolutionary War, 1775—1784.* New Rochelle, New York: Arlington House, 1979. Vol. IV.

Rothbard, Murray N. "The Federal Reserve as A Cartelization Device." *Money in Crisis.* Barry N. Siegel, ed. New York: Ballinger, 1984, pp. 89 ff.

Rothbard, Murray N. *The Mystery of Banking.* New York: Richardson & Snyder, 1983.

Rothbard, Murray N. *What Has Government Done to Our Money?* Larkspur, Colorado: PineTree Press,1964.

Ruml, Beardsley. "Taxes for Revenue Are Obsolete." *American Affairs.* January, 1946, p. 35.

Russell, Bertrand Arthur William. *The Impact of Science on Society.* New York: Simon and Schuster, 1953.

Samuelson, Paul A. *Economics,* 8th ed. New York: McGraw-Hill, 1970.

Saussy, F. Tupper. *The Miracle on Mainstreet.* Sewanee, Tennessee: Spencer Judd, 1980.

Schrader, Del. *Jesse James Was One of His Names.* Arcadia, California: Santa Anita Press, 1975.

Schlesinger, Jr., Arthur M. *The Age of Jackson.* New York: Mentor Books, 1945.

Schweikart, Larry, ed. *The Encyclopedia of American History and Biography.*

New York: Facts on File, 1990.

Scott, Otto. *The Secret Six: The Fool as Martyr.* Vol. III of *The Sacred Fool Quartet.* Columbus, South Carolina: Foundation for American Education, 1979.

Selgin, George A. *The Theory of Free Banking: Money Supply under Competitive Note Issue.* Totowa, New Jersey: Rowman & Little Field,1988.

Seligman, Edwin. *Proceedings of the Academy of Political Science.* Vol IV, No.4. New York: 1914. pp. 3-6.

Sennholz, Hans F. "The Great Banking Scandal." *The Freeman.* Nov., 1990, p. 404.

Sennholz, Hans F. "The Great Depression." *The Freeman.* Irvington-on-Hudson. March,1988, p.90.

Sennholz, Hans F. *Money and Freedom.* Spring Mills, Pennsylvania: Libertarian Press, 1985.

Sennholz, Hans F. "Old Banking Myths." *The Freeman.* Irvington-on-Hudson, New York. May, 1989, pp. 175-76.

Seymour, Charles. *The Intimate Papers of Colonel House.* 4 vols. New York: Houghton Mifflin Co., 1926.

Shapiro, Leonard. *The Russilln Revolutions of 1917.* New York: Basic Books, 1984.

Shaw, Archer H., ed. *The Lincoln Encyclopedia: The Spoken and Written Words of A. Lincoln.* New York: Macmillan Co., 1950.

Shaw, W.A. *Theory and Principles of Central Banking.* London & New York: Sir I. Pitman & Sons, Ltd., 1930.

Siegel, Barry. *Money in Crisis: The Federal Reserve, the Economy, and Monetary Reform.* Cambndge, Massachusetts: Ballinger,1984.

Simpson, Colin. *The Lusitanill.* Boston: Little, Brown & Co., 1972.

Smith, Arthur. *The Real Colonel House.* New York: George H. Doran Company, 1918.

Smith, Vera C. *The Rationale of Central Banking.* London: P.5. King & Son, 1936.

Smyth, Albert Henry, ed. *The Writings of Benjamin Franklin.* New York:

Macmillan, 1906. Vol. VII.

Sprague, Irvine H. *Bailout: An Insider's Account of Bank Failures and Rescues.* New York: Basic Books, 1986.

Steffens, Lincoln. *The Letters of Lincoln Steffens.* New York: Harcourt, Brace, 1941.

Stephenson, Nathaniel Wright. *Nelson W. Aldrich in American Politics.* New York: Scribners, 1930; rpt. New York: Kennikat Press, 1971.

Sumner, William Graham. *A History of American Currency.* New York: Holt, 1884.

Sutton, Anthony C. *The Best Enemy Money Can Buy.* Billings, Montana: Liberty House Press, 1986.

Sutton, Anthony C. *National Suicide: Military Aid to the Soviet Union.* New Rochelle. New York: Arlington House, 1973.

Sutton, Anthony C. *Wall Street and the Bolshevik Revolution.* New Rochelle, New York: Arlington House, 1974.

Sutton, Anthony C. *Wall Street and FDR.* New Rochelle, New York: Arlington House, 1975.

Sutton, Anthony C. *Wall Street and the Rise of Hitler.* Seal Beach, California: '76Press, 1976.

Sutton, Anthony C. *The War on Gold.* Seal Beach, California:'76Press,1977.

Tocqueville, Alexis de. *Democracy in America,* Vol. II. New York: Alfred Knopf, 1945.

Trotsky, Leon. *My Life.* New York: Scribner's, 1930.

Turner, Dennis. *When Your Bank Fails.* Princeton, New Jersey: Amwell Publishing, Inc., 1983.

United Nations. 1985 *Report on the World Social Situation.* New York: United Nations, 1985. Publication E/CN.5/1985/Rev.1, p. 14.

Vanderlip, Frank A. "From Farm Boy to Financier: Stories of Railroad Moguls." *The Saturday Evening Post.* Feb. 9, 1935, p. 24.

Vanderlip, Frank A. *From Farm Boy to Financier.* NewYork: D. Appleton-Century Company, 1935.

Vieira, Jr., Edwin. *Pieces of Eight: The Monetary Powers and Disabilities of the United States Constitution.* New Jersey: Sound Dollar Committee, 1983.

Viereck, George Sylvester. *The Strangest Friendship in History: Woodrow Wilson and Colonel House.* New York: Liveright Publishers, 1932.

Viola, Hennan J. *Andrew Jackson.* New York: Chelsea House, 1986.

Warburg, James. *The Long Road Home.* New York: Doubleday, 1964.

Warburg, Paul. *The Federal Reserve System: Its Origin and Growth.* New York: Macmillan, 1930. Vol. I.

Watt, James G. *The Courage of A Conservative.* New York: Simon and Schuster, 1985.

Weinstein, Allen. *Perjury: The Hiss-Chambers Case.* New York: Vintage Books, 1978.

Weiss, Roger W. "The Colonial Monetary Standard of Massachusetts." *Economic History Review,* No. 27, November, 1974, p. 589.

Welles, Chris. *The Last Days of the Club.* New York: E.P. Dutton, 1975.

Wheeler, George. *Pierpont Morgan and Friends: The Anatomy of a Myth.* Englewood Cliffs, New Jersey: Prentice Hall, 1973.

"Why Did We Let Trotsky Go? How Canada Lost an Opportunity to Shorten the War." *MacLeans* magazine. Canada, June, 1919.

Willis, H. Parker. "The Failure of the Federal Reserve." *The North American Review.* May, 1929, pp. 547-56.

Willis, H. Parker. Letters from Henry Parker Willis to J. Laurence Laughlin. July 14, 18, 1912. J. Laurence Laughlin Papers, library of Congress, July 14 & 18, 1912.

Wilson, Derek. *Rothschild: The Wealth and Power of A Dynasty.* New York: Charles Scribner's Sons, 1988.

Wilson, R McNair. *Monarchy or Money Power.* London: Eyre and Spottiswoode, Ltd., 1933.

Wrangell-Rokassowsky, Carl. *Before the Storm.* Ventimiglia, Italy: Tipo-Litografia Ligure, 1972.

Yago, Glenn. *Junk Bonds: How High Yield Securities Restructured Corporate America.* New York: Oxford University Press, 1991.